修訂二版

2020 年版

國貿條規解說
與運用策略

張錦源 劉鶴田 著

Incoterms 2020:
Concepts and
Practice

三民書局

修訂二版序

　　本書前身出版於 1987 年，繼第二版之後，於 2002 年 9 月出版第三版，書名更改為《貿易條件詳論》。2012 年 5 月第四版，鑑於國際商會貿易條件即《國貿條規》已取得主流地位，書名乃改為《國貿條規解說與運用策略》。

　　而國際商會於 2020 年恰逢成立 200 周年，國貿條規也逢 10 年修正之周期，因此決定以貨物流通過程的安全 (Security) 與如何防止國貿條規的誤用為主題等加以修正，以配合此盛況，本書也決定配合新的國貿條規版本做出修正。

　　因國貿條規有不同版本，本書此次修正也特別在書封上註明為 2020 年版《國貿條規解說與運用策略》。

　　本書分為三篇：第一篇介紹國貿條規的淵源與規則、第二篇以解說 2020 年版國貿條規的十一個貿易規則為主、第三篇則從策略運用角度探討其在實務上的應用。另因有先進建議應恢復原《貿易條件詳論》一書對美國修正貿易定義所做的解說，方便美國線之貿易業者需要時做查閱，本版遂將其收錄於附錄中。

　　本書錯誤在所難免，尚祈各位先進不吝惠予指正。

劉鶴田　謹識

2020 年 8 月

序

　　本書前身出版於 1987 年，繼第二版之後，於 2002 年 9 月出版第三版，書名更改為《貿易條件詳論》，解說範圍以國際商會貿易條件為主，並旁及於美國對外貿易定義與美國商法典中的貿易條件等。由於貿易社會變遷結果，美國《統一商法典》於 2004 年修正時，已廢除有關貿易條件的部分，而國際商會貿易條件（即國貿條規）已逐漸取得主流地位，因此本書決定就 2010 年版國貿條規 (Incoterms® 2010) 作為解說對象，以新的面貌出版。

　　本書分為三篇：第一篇介紹國貿條規的淵源與原則；第二篇以解說 2010 年版國貿條規的十一個貿易規則為主；第三篇則從策略運用角度探討「2010 年版國貿條規的運用策略」，內容結構已不同於第三版，書名因此改為《國貿條規解說與運用策略》。

　　本版對國貿條規的解說與運用加入了不少的新資訊，希望能在理論與實務方面對學術界與實務界有所幫助，然錯誤在所難免，尚請各位先進不吝惠予指正。

張錦源、劉鶴田　謹識

2012 年 5 月

國貿條規解說與運用策略

目 次

第三篇　2020 年版國貿條規的運用策略

第四篇　附錄

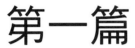

第一篇

國貿條規的
淵源與原則

第一節 ▶▶▶▶
貿易條件的意義

在國際上尚無受各國普遍承認的統一國際貿易法情形下，世界各國的貿易廠商在進行交易或履行貿易契約義務時，其所根據的規範是什麼？長期以來，各國貿易廠商根據何者從事鉅額的貿易業務？再者，貿易當事人間發生爭端時，又根據何者做妥善的解決呢？換言之，在法律、風俗及習慣相異的國家之間，足以使貿易當事人服膺且具有權威性的規範為何？在長期國際貿易實踐中，逐漸形成的習慣作法和先例，而由權威性的國際性組織或商業團體就這些習慣作法和先例加以解釋或歸納成文的商業慣例 (Commercial customs and usage)，即是具有權威性的規範。這種慣例，先是行於一地方，繼之擴展至一國，而後為國際間所遵循，最後乃成為國際貿易慣例 (International trade custom)。各國法院或仲裁機構也大多根據這種慣例以解決貿易上的爭議。這種慣例固然不是國際條約，就是在私法上對於貿易當事人，也不直接具有法律上的強制力和拘束力，但在國際貿易界卻已演變成定型的慣例，其效力幾與法律相同。

國際貿易與國內買賣有很大的不同。在國內買賣，買賣雙方一般是採取面對面的交易，一手交錢，一手交貨，即使是送貨上門的交易，通常也只是涉及國內不同地區之間的運送，情況比較單純。但是，在國際貿易，由於貨物要跨越國境，從出口國運往進口國，這就產生許多複雜的情況，並引起許多國際貿易所特有的風險 (Risks)、費用 (Costs; Expenses) 和義務 (Obligations)。於是，從事國際貨物買賣的雙方當事人，在從事貨物買賣活動時，對於以下一些特殊問題，莫不特別關心：

1. 交　貨

在國際貿易中，買賣雙方分處於兩個不同的國家，賣方究竟應在何地交貨？在賣方的工廠、倉庫交貨，還是在貨物的裝運地或裝運港、目的港或買方營業地交貨？

2. 風　險

貨物在運送途中可能遭遇到各種風險，使貨物遭到滅失 (Losses) 或毀損 (Damages)，這種風險究竟應由何方承擔？以何時、何地為界限？

3. 費　用

在國際貿易中，貨物需由一個國家運往另一個國家，其間會發生各種費用，其中有哪些費用包括在售價中而應由賣方負擔？哪些費用不包括在售價中而應由買方負擔？

4. 義　務

國際買賣的貨物一般都要經過長距離的運送。在這種情況下，究竟由賣方還是由買方負責安排運送事宜？由誰負責辦理貨物運送保險事宜？又，各國政府對於對外貿易都有一系列的管制措施，如實行進出口許可證制度、外匯管制制度、關稅制度等，在這種情況下，究竟應由賣方或買方負責申領輸出入許可證和辦理貨物通關手續？除此之外，對於貨物的交付，買賣雙方各應負擔何種通知義務？賣方應向買方提出何種單據，才能要求買方付款？

在國際貿易中，如每次交易時都將上述問題以冗長的條文約定，則不勝其煩，也不符講求效率的貿易需要。所幸在國際貿易實踐中，買賣雙方大都可以透過採取一定的「貿易條件」(Trade terms)，例如 FOB、CIF 等，求得解決。這些貿易條件是在國際貿易的長期實踐中形成的，並且已經得到廣泛的採用，而成為一種重要的貿易慣例。當這些條件用於報價時，即成為報價條件的主要部分之一，等到報價被接受以後，這些條件載明於買賣契約中，又成為買賣契約的主要部分之一。

基本上，貿易條件都是以賣方履行交貨義務的地點作為買賣雙方之間劃分彼此所應承擔的責任和義務的標準。所以，有些人又將貿易條件稱之為「交貨條件」(Delivery terms)。例如從賣方的立場來說，最理想的是能夠在其工廠或倉庫交貨，這樣賣方就可以不必承擔貨物離開工廠或倉庫之後所發生的風險和費用，也不必辦理運送、保險以及申領輸出許可證等與輸出有關的事宜，並且一般在交貨時就可以收到貨款；但另一方面，從買方的立場來說，他可能會要求賣方把貨物交到目的地，由賣方辦理運送、保險以及與輸出入有關的事宜，並希望能在收到貨物之後才付款。根據買賣雙方的不同要求，雙方可以透過協議採取各種不同的交貨安排，例如雙方可以約定在賣方工廠或倉庫、賣方國家的港口船邊、裝運港的船上、目的港的船上，或是在買方營業地交貨等。這些由不同的交貨地點所形成的條件，在國際貿易中習慣上都是用幾個縮寫的英文字母來表示，例如，「工廠交貨」以 EXW 表示；在裝運港「船邊交貨」以 FAS 表示；在裝運港「船上交貨」以 FOB 表示；「稅訖交貨」以 DDP 表示等等。這些在國際貿易中被用來說明買賣雙方在貨物交接方面的責任、費用和風險劃分的各種縮寫術語，就叫做「貿易條件」。

一般而言，貿易條件的功能，主要在於劃分一筆交易中買賣雙方之間各自所應承擔的風險、費用和義務。詳言之，貿易條件具有下列三種功能：

1. 風險移轉

貿易條件規定在一筆交易中，賣方應負擔貨物的風險到何時、何地為止；何時、何地以後的風險歸由買方負擔。也就是說，貿易條件可用以劃分買賣雙方就買賣貨物應負擔的風險的界限。前已指出貿易條件在基本上是交貨條件，所謂交貨 (Delivery) 就是將買賣標的物交付之意。原則上，貨物的風險則於貨物交付時由賣方移轉買方。我國《民法》第 373 條規定：「買賣標的物之利益及危險，自交付時起，均由買受人承受負擔，但契約另有訂定者，不在此限」。不同的貿易條件，有其不同的交貨地點，因此，貨物風險負擔的移轉界限（時、地）也互不相同。然而，在一筆交易中，所採用的貿易條件一經確定，其交貨地點也就確定；交貨地點既經確定，風險負擔的移轉界限也就隨之而確定。

2.費用劃分

　　貿易條件規定在一筆交易中，哪些費用應包括在售價中，而由賣方負擔；哪些費用不包括在售價中，而須由買方負擔。換言之，貿易條件的第二種功能在於規定買賣標的物價格的結構。採用不同的貿易條件，買賣雙方所負擔的風險、責任和費用也因之而有所不同，但這些風險、義務和費用最後都在售價上反映出來。一般地說，如賣方所承擔的風險大、責任重、支付的費用項目多，則貨物的售價也高；反之，如賣方所承擔的風險小、責任輕、支付的費用項目少，其貨物的售價也相應較低。同樣的貨物，在按「工廠交貨條件」(EXW) 出售時，其價格一般應低於按裝運港「船上交貨條件」(FOB) 出售的價格；而按裝運港「船上交貨條件」出售的價格又應低於按「稅訖交貨條件」(DDP) 出售的價格。從這個意義上看，不同的貿易條件也代表了貨物的不同價格結構，所以貿易實務界往往也把貿易條件稱為價格條件 (Price terms)。

3.義務分配

　　貿易條件規定在一筆交易中，由何方負責安排運送、保險事宜、申領輸出入許可證、辦理通關手續、買賣雙方應負的通知義務、賣方應向買方提出的單據文件。例如，按 CIF 交易時，賣方應負責安排船舶、購買保險、申領輸出許可證、辦理出口通關事宜，並向買方提出商業發票 (Commercial invoice)、可轉讓或通知運送人即可將貨物轉售給他人的通常裝船運送單據 (On board transport document)、保險單 (Insurance policy) 等，此外還須將貨物已在船舶上交付一事，給予買方充分的通知。

　　從上述可知，貿易條件不但可表示買賣貨物價格的結構，而且更重要的是規定買賣雙方各應履行的義務、負擔的費用以及風險移轉的分界點或關鍵地點 (Critical point)。所以貿易條件實包含了許多甚為複雜而又極為重要的法律涵義，絕不可單純地視其為僅是表示價格結構的價格條件而已❶。

---

❶　ICC *Business World* 在其 1986 年 7 月至 9 月期第 17 頁 "What's in a Word? A Lot When It Comes to Trade Terms!" 一文中，強調 FOB、CIF 等貿易條件雖然只有三個英文字母，但其所涵蓋的意思卻很豐富。

　　由於貿易條件在國際貿易中具有劃分買賣雙方當事人間風險、費用和義務的作用，買賣雙方在磋商交易和訂立買賣契約時，只要選用某一雙方認為合適的貿易條件，就可以據此確定他們之間的責任與義務，而不必逐項磋商討論。所以，貿易條件的廣泛採用，為買賣雙方提供了很大的方便，它簡化了交易的程式，縮短了磋商的時間，並可節省交易的開支和費用❷。

第二節 ▶▶▶
「貿易條件」一詞的商榷

❀ 一、主要國家使用的貿易條件用語

　　前面已提及，FOB、CIF 等，在英文稱為 Trade terms，但在實務界或學術界，其名稱卻頗為不統一。在歐洲方面，雖大都將 FOB、CIF 等稱為 Trade terms，但也有將其稱為 Delivery terms 或 Shipping terms（尤其在英國方面）或 Commercial terms（尤其在法國方面）者❸。

　　在美國方面，一部分人將 FOB、CIF 等稱為 Quotation terms 或 Price quotation；一部分人將其稱為 Trade terms；更有一部分人則將其稱為 Sales terms 或 Terms of sales；著名的美國《統一商法典》(*Uniform Commercial Code*)（第 2 篇 2-319–2-324 已於 2004 年刪除）在 2004 年以前則又將其稱為 Delivery terms；也有一部分人稱其為 Price-delivery terms❹。

　　在日本方面，實務界及早期的學術界，都將 FOB、CIF 等稱為「價格條件」(Price terms)；近年來，學術界雖已逐漸改稱為「定型貿易條件」(International trade

---

❷　張錦源 (2004)。《國際貿易法》(6 版)，頁 228。臺北：三民書局。

❸　Alasdair Watson (1981). *Finance of International Trade*, 2nd ed., pp. 41–43; Arthur J. Day. *Exporting for Profit*, 1st ed., p. 75.

❹　Philip MacDonald. *Practical Exporting and Importing*, 2nd ed., p. 110; H. J. Berman & C. Kaufman (1978). "The Law of International Commercial Transactions (Lex Mercatoria)," *Harvard International Law Journal*, 19, p. 221.

terms) 或「貿易條件」(Trade terms)，但實務界則大部分仍稱其為「價格條件」❺。

而我國對於 FOB、CIF 等的稱呼更為不統一。實務界多仿照日本，將其稱為「價格條件」(Price terms)；在學術界則無統一稱呼，常見的有「貿易條件」(Trade terms)、「價格條件」(Price terms)、「報價條件」(Quotation terms)、「定型貿易條件」、「交易條件」、「價格術語」、「商業用語」、「貿易術語❻」或「貿易條規」。在中國大陸方面，則稱為「貿易術語」或「國際貿易術語」。其名目之多，簡直令人眼花撩亂，無所適從。

持平而論，將 FOB、CIF 等條件稱為「貿易條件」(Trade terms)，似乎失之過廣，因為「貿易條件」一詞涵義甚廣，除指 FOB、CIF 以外，凡是一筆交易的品質、數量、交貨、保險、價格、索賠等條件，都可以包括在內，用來專指 FOB、CIF 等條件，並不十分相宜。而且可能會與國際貿易理論中常用的「貿易條件」(Terms of trade) 一詞相混。

如將 FOB、CIF 等條件稱為「交貨條件」(Delivery terms) 或「價格條件」(Price terms)，又失之過狹，因為這些條件並不限於表示交貨或價格而已。或許稱為「交貨價格條件」或「交貨價格術語」(Delivery-price terms) 更好。

至於將 FOB、CIF 等條件稱為「報價條件」(Quotation terms)，也並不適合。因為「報價條件」的內容要比 FOB、CIF 等的內容要廣泛得多，所以，不宜稱其為「報價條件」。

---

❺　Clive M. Schmitthoff. *Export Trade*, 7th ed., p. 8: The special trade terms are primarily designed to define the method of delivery of the goods sold. They are, however, often used for another purpose, namely to indicate the calculation of the purchase price and, in particular, the incidental charges included therein; p. 20: The FOB clause is frequently taken as a basis for the calculation of the price of the goods sold and not as a term defining the method of delivery.

❻　中國大陸學者多稱其為「貿易術語」。

二、條件規則

1. 2000 年版以前的諸版本，都將 FOB、CIF 等條件稱為貿易條件 (Trade terms)，雖然 2000 年出版物的副標題稱為解釋貿易條件之 ICC 官方規則 (ICC official rules for the interpretation of trade terms)，有用到規則 (Rules) 一字，但每個條件之前的類似導言，均說是本條件 (This term)，可是繁體中譯本，卻多將各個條件稱為「條件規則」，例如 FCA 是翻譯成「貨交運送人 (FCA) 條件規則」。

2. 到了 2010 年版，在引言中則將 Trade terms 改稱為 Incoterms® rule，Incoterms® 標記為商標，窺其用意似在宣示經國際商會統一解釋的條件是規則，想有別於其他機構制定或解釋的貿易條件，但一般說的規則是指由民間組織制定，具備有商事習慣之條文化規定而言，這容易讓人產生 Incoterms® rule 就是商事習慣之錯覺，似乎並不理想。本書姑且就將此新用語翻譯為「條件規則」。

3. 國際商會對解釋條件規則的各個版本，並不採取新版本一經公布實施，過往各個版本即為失效之制度，因此於訂立貿易契約時應註明適用的版本，畢竟 2010 以後的 FOB 條件，與 2000 以前的版本不同，因為風險轉移的時點已經改採把貨裝載船舶上，而非以船舶欄杆為分界線。

三、小　結

綜上，將 FOB、CIF 等條件稱為「貿易條件」(Trade terms) 固然並不十分相宜，然而，由於國際商會 (International Chamber of Commerce, ICC) 所制定且被廣泛採用的《使用於國內與國際貿易條件的國際商會規則》(*ICC Rules for the Use of Domestic and International Trade Terms*，簡稱「國貿條規」(Incoterms))，FOB、CIF 等條件雖於 2010 年版均改稱為 "Incoterms® Rules"，但引言中也有出現使用 Trade terms 的例子。因此本書沿用前版《貿易條件詳論》，也將此等條件稱為 Trade terms，並譯成「貿易條件」，同時將 Incoterms、Warsaw-Oxford Rules

及 American Foreign Trade Definitions 等規則中所規定的 Trade terms 稱為「定型貿易條件」或「標準化貿易條件」(Standardized trade terms)，而將這些規則以外的貿易條件，諸如 FOB&C、CIFFO、FOB airplane 等稱為「非定型貿易條件」或「非標準化貿易條件」。但行文若有必要，也會使用「貿易條件」或「條件規則」一詞。

第三節 ▶▶▶
貿易條件在國際貿易中的重要性

在國際貨物買賣，報價 (Offer) 一經被接受 (Accepted)，通常都須簽立買賣契約，而在買賣契約中必訂有各種交易條件 (Terms and conditions of transaction)。在各種交易條件中，構成契約骨幹者即為貿易條件。例如國際商會用了數百字的篇幅解釋買賣雙方在 CIF 下應負的義務、風險與費用，由此可知，CIF 三個字母可替買賣契約省卻許多文字。當然，像這樣的術語，自然會受到重視並成為契約的特徵。於是一般的契約名稱也就常以其所選用的貿易條件稱呼，例如以 FOB 訂約者，即稱其為 FOB contract；以 CIF 訂約者，即稱其為 CIF contract。

買賣契約在國際貿易中具有不可或缺的重要性，而貿易條件又在買賣契約中居於如此重要的地位，因此研究貿易條件的商業與法律涵義，對於從事或研究國際貿易實務的人而言，可說是頗具意義的課題。

貿易條件在國際貿易實務中的重要性，可分述如下：

1. 成　立

就國際貨物買賣契約的成立而言，買賣雙方以貿易條件作為報價與接受的基準。

2. 履　行

就國際貨物買賣契約的履行而言，買賣雙方以所選用的貿易條件作為各自履行義務，享受權利的依據。

3. 糾　紛

就國際貨物買賣契約的糾紛而言，買賣雙方以所選用的貿易條件作為解決糾紛、劃分責任的準則。

由上述可知，我們欲求國際貿易工作的順利進行、減免貿易糾紛的發生，不僅對於貿易條件的內涵須有充分的認識，而且必須能隨情況的不同，活用各種貿易條件❼。

第四節 ▶▶▶
貿易條件的解釋規則

由於歷史背景、法制的不同，加上各地風俗習慣、地理環境的差別，逐漸形成許多獨特的貿易習慣。在貿易條件方面，這種現象尤為顯著。雖然在國際貿易中，各種貿易條件的使用已有相當的歷史，也已很普遍，但各國地區對於同一貿易條件的解釋卻一直相當紛歧。這對經營國際貿易的業者而言，不但很不方便，而且增加很多無法預料的危險。

有鑑於各國地區貿易條件解釋的紛歧常常引起誤會與糾紛，嚴重影響國際貿易的發展，國際間有識之士及有關機構咸認為貿易條件的解釋有加以統一或標準化的必要。於是，經過數十年來的努力，此項統一或標準化的工作，已有相當可觀的成果。

此項工作的進行可歸納成三類，以下將分述之：

1. 標準化

標準化的模範契約 (Model contract)，通常於特定貨物交易時——諸如大宗貨物或資本財，為業者所採用。此類標準契約格式，大都是由各國相關的國際貿易協會所設計，僅於買賣契約當事人同意的情形下才有效。當然，當事人也可對協議加以若干的變更。例如英國倫敦 The Grain and Feed Trade Association

---

❼ ICC (1980). *Guide to Incoterms*, 2nd ed., No. 354, pp. 8–9; ICC (1986). *Business World*, July–September, p. 17.

Ltd. (GAFTA) 即制定了數十種標準契約格式供業者使用 （包含 Imported Feeding Stuffs in Bags (CIF terms)、Feeding Fish Meal (CIF terms)、United Kingdom and Eire Grain (FOB terms) 等）。美國紐約 North American Export Grain Association, Inc. 也曾為穀物交易制定了若干標準契約格式，例如其中 NAEGA No. 2 (FOB)，即是最常用的一種標準契約格式。

2. 特定解釋

在個別買賣契約中將貿易條件予以特定解釋者，乃因此類貨物的買賣尚無統一的一般交易條件，也無標準化的模範契約格式可供應用，故由當事人於契約中予以特定解釋，以產生當事人所預期發生的效力。

3. 統一規則化

貿易條件解釋的統一規則化，進行迄今，已陸續產生了下列幾種解釋規則。這些解釋規則為較多的國家或貿易界所熟悉、承認和採用，也就成了有關貿易條件的國際貿易慣例。

關於貿易條件，目前國際上有較大影響的國際慣例有下列三種：

一、使用於國內與國際貿易條件的國際商會規則

本規則簡稱 Incoterms （國貿條規），在 1936 年由國際商會制定，定名為 Incoterms 1936，副標題為 *International Rules for the Interpretation of Trade Terms*（貿易條件的國際解釋規則），1953 年重加修訂，標題改為 Incoterms 1953，副標題仍同。Incoterms 為 "International commercial terms" 的簡稱 （法語 Commercial 一詞等於英語的 Trade），意即「國際商業用語」。Incoterms 1953 所解釋的貿易條件共有九種。嗣為因應事實需要，先後於 1967 年、1976 年、1980 年、1990 年、2000 年、2010 年及 2020 年補充或修訂。

現行 Incoterms 為 2020 年修訂的版本，由國際商會以 ICC Publication, No. 723E 刊行（自 2020 年 1 月 1 日生效），所解釋的貿易條件共有十一種❽。

---

❽　關於 Incoterms® 2020 的內容，請參閱本書第二章。

二、美國對外貿易定義

本解釋規則係於 1919 年在紐約 India House 舉行全美貿易會議 (National Foreign Trade Convention) 時制定，原名為 *Definitions of Export Quotations*，通稱為 *India House Rules for FOB*。

1941 年，由美國商會 (The Chamber of Commerce of the United States of America)、美國進口商全國委員會 (The National Council of American Importers, Inc.) 及全國對外貿易委員會 (The National Foreign Trade Council, Inc.) 三機構組成的聯合委員會 (Joint committee) 再加以修訂，並改稱為 *Revised American Foreign Trade Definitions–1941*（《1941 年修訂美國對外貿易定義》），簡稱「美國定義」(American Definitions)。

嗣又於 1990 年再修訂，稱為 *Revised American Foreign Trade Definitions–1990*《1990 年修訂美國對外貿易定義》，但因 1990 年再修訂的資料來源仍不明確❾，因此本書乃將之稱為《1941 年修訂美國對外貿易定義》。

本規則所解釋的貿易條件共有六種，不過其中 FOB 又分為六種，所以實際上其所解釋的貿易條件共有十一種之多。

三、華沙—牛津規則

本規則的前身是《華沙規則》(*Warsaw Rules*, 1928)，該規則為國際法協會 (International Law Association) 於 1928 年在波蘭首都華沙制定，共有二十二條規

---

❾ 目前有關 1990 年再修訂的出處是由 Harry M. Venedikian 與 Gerald A. Warfield 兩人所著。由 John Wiley & Sons, Inc. 於 2000 年所出版的 *Global Trade Financing* 一書的附錄三第 449 頁 "Revised American Foreign Trade Definitions" 中提及 adopted 1990 by a Joint Committee representing the Chamber of Commerce of the United States of America, National Council of American Importers, Inc., National Foreign Trade Council, Inc.，接下來的 Foreword 第二段更直接指出：The following Revised American Foreign Trade Definitions–1990。

則，旨在統一解釋 CIF 買賣契約下，買賣雙方的權利與義務。嗣於 1932 年在各國商會的協助下，在英國牛津開會，予以修訂並改稱為《華沙─牛津規則》(*Warsaw-Oxford Rules 1932*)，共有二十一條規則。

以上三種貿易條件的解釋規則，以 Incoterms 最為通行。在國際貿易中應用很廣，早已成為具有最大影響的國際貿易慣例。自國際商會公布 Incoterms 1980 之後，美國商會、美國進口商全國委員會、全國對外貿易委員會等七個主要商業團體，也向美國貿易界推薦 Incoterms，以取代《1941 年修訂美國對外貿易定義》。然而，目前美洲國家的一些貿易廠商，尤其美國貿易廠商仍習於採用《1941 年修訂美國對外貿易定義》的貿易條件。至於《華沙─牛津規則》，則因所解釋的貿易條件僅有 CIF 一種，目前採用者不多。

此外，瑞典貨運承攬業者協會 (Swedish Freight Forwarders' Association) 為簡化買賣雙方費用的劃分，企圖以代碼 (Code number) 表示貿易條件中的費用項目，乃於 1969 年制定了 Combiterms 1969（1969 年複合條件），將 Incoterms 中各貿易條件的條文予以重編，按其內容分別賦予標題 (Headings)，並以代碼表示貿易條件中各有關費用項目 (Cost units) 以簡化買賣雙方費用的劃分，便利自動化作業，對於併裝併櫃的貨物運送具有莫大的助益。嗣為配合 Incoterms 1980、Incoterms 1990、Incoterms 2000 及 Incoterms® 2010 的修訂，分別於 1980 年、1990 年、2000 年及 2010 年重新修訂，並改稱為 Combiterms 1980、Combiterms 1990、Combiterms 2000 及 Combiterms 2011，其中各貿易條件及所規定買賣雙方費用負擔的劃分，分別與 Incoterms 1980、Incoterms 1990、Incoterms 2000 及 Incoterms® 2010 大致相同（目前尚未發現其配合 2020 年版做出修正），只是重點放在詳列買賣雙方應負擔的費用項目 (Detailed breakdown of cost elements)。Combiterms 主要通行於以瑞典為主的北歐國家 (Northern European countries) 商人之間的貿易❿。

---

❿　J. Ramberg & S. Sundell (1982). *Combiterms: System for Cost Distribution Between Seller and Buyer According to Incoterms 1980*, p. 2.

第五節 ▶▶▶
貿易條件解釋規則的任意性及其適用

　　前節所述各種貿易條件解釋規則都是由民間機構所制定的統一規則，並非由國家政府所制定，也非條約，故這些解釋規則均無法律的強制性，對當事人並無拘束力。換言之，唯有當事人在契約中約定採用這些解釋規則，才對當事人發生法律上的拘束力。同時，這些解釋規則，對於同一型的貿易條件，其解釋也不盡相同，有時甚至頗有出入。故為避免無謂的爭議，制定這些規則的機構，均於其各規則的引言中強調，要求貿易商在其所訂買賣契約中訂明究竟採用何種規則。

　　例如 Incoterms® 2020，在其引言中有一段下列文字：

> 　　If parties want the Incoterms® 2020 rules to apply to their contract, the safest way to ensure this is to make that intention clear in their contract, through words such as "[the chosen Incoterms® rule] [named port, place or point] Incoterms® 2020."
>
> 　　假如當事人想在契約中使用 2020 年版國貿條規的貿易條件時，最好的確保方法，是將此意圖透過類似如下用語清楚地表明：「所選用的國貿條規貿易條件，包括指定的港口、地方、地點，並標明 2020 年版國貿條規。」

　　American Definitions 在其引言中則有以下文字：

> 　　These revised definitions have no status at law unless there is specific legislation providing for them, or unless they are confirmed by court decisions. Hence, it is suggested that sellers and buyers agree to their acceptance as part of the contract of sale. These revised definitions will then become legally binding upon all parties.
>
> 　　這些修訂的定義除非經過特別的立法，或經法院判決加以確認，否則不具備法律上的地位。因此，建議買賣雙方將其列為買賣契約的一部分，如此，這些修訂的定義就具有法律的效力，拘束所有的當事人。

《華沙—牛津規則》對於此點，也有下列文字：

> In the absence of any express adoption of these Rules in the manner hereinafter appearing, they shall in no case be deemed to govern the rights and obligations of the parties to a sale of goods on CIF terms.
>
> Their adoption as herein provided shall be conclusive evidence that the parties intend their contract to be a CIF contract.
>
> 在 CIF 下的貨物買賣，如果未表明採用本規則，則買賣雙方當事人的權利義務，絕不可視為是依照本規則處理。
>
> 本規則一經採用，即視為當事人意欲訂立的契約為 CIF 契約的決定性證據。

為避免對同一貿易條件作不同解釋致引起爭執，業者於簽訂契約時，應先確定採用何種解釋規則，然後將採用的解釋規則，訂明在契約中，這樣就可以避免許多不必要的誤會。通常在契約中所註明貿易條件的依據條款如下：

> Unless otherwise expressly stipulated herein, this contract is governed by the provisions of *Warsaw-Oxford Rules 1932*.

或

> Unless otherwise specially stated, this contract is subject to the conditions of *Revised American Foreign Trade Definitions–1941*.

這些條款不外是表明：倘契約無明文約定，則有關貿易條件的解釋，依約定的解釋規則處理。

假如契約中未約定適用何種解釋規則，而發生爭執時，應該如何處理？鑑於國際商會所制定的 Incoterms 被廣泛使用，其影響力甚大，故在當事人無特別約定之下，各國法院或仲裁機構往往推定當事人間合意適用 Incoterms 的解釋規則。

此外，應提醒讀者的是，買賣雙方合意適用某一貿易條件，並不意味著其買賣契約即絕對受該貿易條件的支配。換言之，該貿易條件即使經買賣雙方合意適用，仍不具絕對的效力。假如買賣契約中有與該貿易條件內容衝突的特別規定，則將優先適用該特別規定。而且，買賣雙方也可先約明適用某貿易條件解釋規則（如 Incoterms® 2020）的某一貿易條件（如 FOB），再斟酌實際需要予以增刪、變更。

第六節 ▶▶▶
貿易條件的種類與分類

❦ 一、貿易條件的種類

　　貿易實務界所使用的貿易條件種類甚多，除前述各種解釋規則中所解釋的定型貿易條件之外，尚有許多非定型的貿易條件，諸如 FOB airplane、FOB factory、FOBS、FOBST、C&I、C&FFO、FOB&C、FIS、Franco、Free warehouse 等四、五十種。茲先就一般常見的貿易條件分類如下，至於各種定型或非定型貿易條件，容於以後各章分別介紹。

❦ 二、貿易條件的分類

　　貿易條件的種類多而複雜，因此為便於比較分析，學者常將其理出分析的標準，茲分述如下：

㈠依貨物運送的風險與費用分擔標準區分

　　🟢 表 1–1　依貨物運送的風險與費用分擔標準區分的貿易條件

貨物運送的風險與費用	貿易條件
均由買方負擔 (Goods moving at buyer's risk and cost)	EXW、FCA、FAS、FOB
貨物運送風險由買方負擔，費用由賣方負擔 (Goods moving at buyer's risk and seller's cost)	CFR、CIF、CPT、CIP
均由賣方負擔 (Goods moving at seller's risk and cost)	DAP、DPU、DDP

㈡依交貨地點區分

　　🟢 表 1–2　依交貨地點區分的貿易條件

交貨地點	貿易條件
出口地交貨	EXW、FCA、FAS、FOB、CFR、CIF、CPT、CIP、DAP（出口國邊境）❶
進口地交貨	DAP、DPU、DDP

---

❶　DAP 如果使用在邊境交貨，如邊境為出口國邊境時，屬於出口地交貨條件；如所指為第三國邊境，則既不屬於出口地交貨條件，也不屬於進口地交貨條件，而應屬於第三國交貨條件。

㈢依買賣雙方負責辦理出進口區分

1.進口商負責辦理出口

⑴貿易條件：只有 EXW 一種。

⑵特點：賣方應依約提供契約規定的貨物及有關憑證，交貨後一切風險和費用就移轉給買方；買方應依約接受貨物，給付貨款，負擔接受貨物後的一切風險和費用，並自行辦理有關出口的手續，裝運出口。

⑶實務上：此貿易條件對買方十分不便，故國際貿易中應用不多。

2.出口商負責辦理出口

⑴貿易條件：包括 FCA、FAS、FOB、CFR、CIF、CPT、CIP、DAP、DPU 及 DDP 等。

⑵特點：賣方須負責把貨物交給運送人承運，並自行辦理有關出口的手續。其中 FOB、CFR 及 CIF 的特點是，只要賣方將貨物裝上船，向買方提供運送單據 (Shipping documents)，就算完成交貨義務，並可憑裝運單據收回貨款，而買方取得裝運單據後就取得貨物的所有權。

⑶實務上：FOB、CFR 及 CIF 對買賣雙方當事人都比較有利，因此在國際貿易中應用最廣。

3.出口商負責辦理進口

⑴貿易條件：只有 DDP 一種。

⑵特點：賣方不僅要將貨物運到目的地，而且還須在進口國辦理進口手續和支付進口稅、碼頭捐等各種與進口有關的費用。

⑶實務上：由於賣方所承擔的責任和風險太大，因此在國際貿易中，採用此貿易條件者尚不普遍。但隨著企業的國際化，採用此條件者必將增多。

表 1-3　依買賣雙方負責辦理出進口區分的貿易條件

負責辦理出進口者	貿易條件
進口商負責辦理出口	EXW
出口商負責辦理出口	FCA、FAS、FOB、CFR、CIF、CPT、CIP、DAP、DPU、DDP
出口商負責辦理進口	DDP

㈣依運送中貨物風險由何方負擔區分 ⓬

1.裝運地契約 (Place-of-shipment contract; Shipment contract)

　　裝運地契約，或稱發送契約，係指賣方須將貨物於裝運地交付運送人運往指定地點，但賣方並不保證貨物安然運抵指定地點的買賣契約。換言之，有關貨物在運送中可能遭受的遲延、滅失或毀損的風險，於賣方將貨物交付運送人占有時，即轉由買方負擔。在裝運地契約類型之下，除買賣雙方另有合意外，賣方必須：

　　⑴將貨物交付運送人佔有，並依貨物性質及其他情況，與運送人訂立合理的運送契約。

　　⑵取得並適時交付或提供買方以適當形式的單據，俾使買方得以佔有貨物，或交付其他依契約或交易習慣所要求的單據。

　　⑶適時通知買方有關貨物交運事宜。

　　屬於裝運地契約類型的貿易條件有：FAS、FCA、FOB、CFR、CIF、CPT及 CIP，但貿易條件如運用於國內買賣，則視後面所列地點的不同，或屬於裝運地契約，或屬於後述的目的地契約。例如臺中的工廠以 FOB Keelung 的條件，將貨物出售予臺北的出口商，則該 FOB 係屬於目的地契約的貿易條件。

2.目的地契約 (Place-of-destination contract; Destination contract; Arrival contract)

　　目的地契約，或稱送交契約，係指賣方須將貨物運至特定地點交由買方處置，並負擔貨物交由買方處置以前一切運送中可能遭受的遲延、滅失或毀損風

⓬　EXW 使用者導引中規定："Ex Works means that the seller delivers when he places the goods at the disposal of the buyer at the seller's premises...The seller does not need to load the goods on any collecting vehicle..." 由上述可知，EXW 的交貨地（賣方營業場所）同時為裝運地及目的地。因此也可以說，EXW 既非裝運地契約，也非目的地契約，有人稱其為取貨契約 (Pick-up contract)。依 UCP 600 Art. 25 b 規定，表明取貨 (Pick-up) 的日期，該日期將視為裝運日期。依此，我們也可以說 EXW 屬於裝運地契約。

險的買賣契約。因此，貨物的風險於賣方在特定地點適時適法交由買方處置後，不論買方是否立即提貨，即移轉由買方負擔。在目的地契約下，如貨物於賣方應負擔的風險之下發生滅失或毀損的事故，則賣方因不完全交付，須對買方負賠償責任，除非賣方另行交付無瑕疵的貨物以代替受損或已滅失的貨物。反之，若貨物的滅失或毀損係於買方應負擔的風險之下所發生者，則買方不得以貨物滅失或毀損為由而拒絕支付貨款。屬於目的地契約類型的貿易條件有：DAP、DPU 及 DDP。

⊕ 表 1-4　依運送中貨物風險由何方負擔區分的貿易條件

契約類型	貿易條件
裝運地契約	FAS、FCA、FOB、CFR、CIF、CPT、CIP
目的地契約	DAP、DPU、DDP

㈤依買賣類型區分

1.國際買賣

　　凡是賣方須負責辦理輸出地一切出口所需的通關手續，負擔因此而生的稅捐、費用及申請輸出許可證；而買方則須負責辦理輸入地一切進口所需的通關手續，負擔因此而生的稅捐、費用及申請輸入許可證者，則這種買賣屬於國際買賣或出口買賣 (Export sale)。在此情形下，必須由買賣雙方共同分工協力，才能順利完成交易。屬於國際買賣類型的貿易條件有：FCA、FAS、FOB、CFR、CIF、CPT、CIP、DAP 及 DPU。

2.國內買賣

　　凡輸出入通關事宜及輸出入稅捐、費用及輸出入許可證的申請，均歸由當事人中的一方全部負責，他方當事人則僅負責協助者，在此情形下，雖為國際買賣，但是買賣雙方所處的地位與國內交易的買賣雙方所處地位並無不同者，則這種買賣屬於國內買賣 (Domestic sale)。屬於國內買賣類型的貿易條件有：EXW（出口地的國內買賣）及 DDP（進口地的國內買賣）[13]。

---

[13]　葉永芳。〈國際商會國貿條規的逐項分析〉，《商務仲裁》，期 8，頁 11。

表 1-5　依買賣類型區分的貿易條件

買賣類型	貿易條件
國際買賣	FCA、FAS、FOB、CFR、CIF、CPT、CIP、DAP、DPU
國內買賣	EXW、DDP

⬧ 表 1-5　依買賣類型區分的貿易條件

㈥依賣方交貨方式區分

1. 實際交付 (Actual delivery; Physical delivery)

指賣方將貨物實際交給買方、其代理人或履行輔助人，使貨物的佔有支配得以直接而實際地移轉給買方的交貨方法而言。依實際交付的貿易條件交易時，賣方將貨物置於買方的實際控制之下，就算完成交貨義務，才有權向買方收取貨款，也就是說，原則上，買方是憑貨而非憑單據付款。

實際交付的地點可以是在出口國，也可以是在進口國，屬於實際交付類型的貿易條件有：EXW、FAS 及傳統的 FOB (Orthodox or classic type FOB)（以上為在出口國實際交付）；DAP、DPU 及 DDP（以上為在進口國實際交付）。一般而言，在出口國實際交付對買方不利；在進口國或在第三國實際交付對賣方不利，因此，在國際貿易中較少採用。

2. 象徵性交付 (Symbolic delivery)

又稱單據交付 (Documentary delivery)，指賣方以表徵貨物所有權的單據交付買方或其代理人，以代替貨物實際交付的交貨方法而言。按象徵性交付的貿易條件交易時，賣方在裝運貨物後，將貨運單據交給買方（大多數情況下都是透過銀行）就算完成交貨義務，並有權要求買方支付貨款。也就是說，不論貨物是否運抵目的港（地），賣方憑交付貨運單據即可向買方收取貨款。

象徵性交付的地點一般是在出口國。最典型的象徵性交付貿易條件為：額外服務 (Additional services) FOB、CFR 及 CIF❶。至於配合貨櫃運送而產生的貿易條件有 FCA、CPT 及 CIP，依這些貿易條件交易時，賣方將貨物送到貨櫃場後，可取得收貨單 (Dock receipt)，並能據此向船公司換取提單；如貨交航空

---

❶　FOB 買賣在交易習慣上雖屬實際交貨買賣，但在國際貿易契約中，通常因為有跟單匯票結帳的特約，故根據當事人的合意，變為象徵性交付。大崎正瑠 (1982)。《FOB 條件和 CIF 條件》（初版），頁 21-22。

運送人，則可取得空運提單；如貨交複合運送人，則可取得一種證明從起運點到終點的全程運送單據——複合運送單據 (Multi-modal (Combined) transport document)。由於這些運送單據不一定是表徵貨物所有權的物權證券 (Document of title)，所以，這些單據的交付不一定能替代貨物的實際交付。因此只有賣方向買方提供的貨運單據為物權證券（如提單）時，這些貿易條件才算屬於象徵性交付的貿易條件❺。

表 1-6　依賣方交貨方式區分的貿易條件

賣方交貨方式	貿易條件
實際交付	1.在出口國實際交付：EXW、FAS、傳統的 FOB (Orthodox or classic type FOB) 2.在進口國實際交付：DAP、DPU、DDP
象徵性交付	1.典型的象徵性交付：Additional services FOB、CFR、CIF 2.配合貨櫃運送而產生：FCA、CPT、CIP

㈦依貨物交付方式區分

表 1-7　依貨物交付方式區分的貿易條件

貨物交付方式	貿易條件
賣方直接交付買方	EXW、DAP、DPU、DDP
賣方藉由運送人轉交買方	FCA、FAS、FOB、CFR、CIF、CPT、CIP

㈧依 Incoterms 2000 區分

Incoterms 2000 將貿易條件分為四種基本上不同的群組 (Group)：

1. E 群 (Group E)

其特點為賣方在其營業場所（包括工廠、工場、倉庫等）將貨物交給買方就完成交貨義務。屬於 E 群的貿易條件有：EXW。

2. F 群 (Group F)

其特點為賣方將貨物交給買方所指派的運送人就完成交貨義務，主要運費歸由買方負擔。屬於 F 群的貿易條件有：FCA、FAS 及 FOB。

3. C 群 (Group C)

其特點為賣方須負責訂立運送契約，並支付主要運費，但不承擔裝船後或

---

❺　CPT/CIP 雖與 CFR/CIF 相似，但並非象徵性交貨條件。朝岡良平 (1976)。《貿易買賣和商慣習》（3 版），頁 452。

發貨後貨物滅失或毀損風險，或因發生事故所造成的額外費用。屬於 C 群的貿易條件有：CFR、CIF、CPT 及 CIP。

4. D 群 (Group D)

其特點為賣方必須承擔將貨物送到目的地為止的全部費用及風險。屬於 D 群的貿易條件有 DAF、DES、DEQ、DDU 及 DDP；Incoterms® 2010 則改為 DAT、DAP 及 DDP 三種。

雖然 Incoterms® 2010 已不採用此種群組分類，但是為了論述方便，不少書籍（如 Jan Ramberg 的 *ICC Guide to Incoterms® 2010*）仍繼續沿用這四個群組來說明相關的條件，因此特保留此種群組的分類。

🌐 表 1-8　依 Incoterms 2000 區分的貿易條件

類　型	貿易條件
E 群	EXW
F 群	FCA、FAS、FOB
C 群	CFR、CIF、CPT、CIP
D 群	1. Incoterms 2000: DAF、DES、DEQ、DDU、DDP 2. Incoterms® 2010: DAT、DAP、DDP

㈨依 Incoterms® 2010 區分

Incoterms® 2010 將貿易條件改分為兩種群組類型：

🌐 表 1-9　依 Incoterms® 2010 區分的貿易條件

類　型	貿易條件
適用於包括複合運送在內的任何運送方式	EXW、FCA、CPT、CIP、DAT、DAP、DDP
僅適用於海運及內陸水路運送	FAS、FOB、CFR、CIF

㈩依 Incoterms® 2020 區分

Incoterms® 2020 將貿易條件改分為兩種群組類型：

🌐 表 1-10　依 Incoterms® 2020 區分的貿易條件

類　型	貿易條件
適用於包括複合運送在內的任何運送方式	EXW、FCA、CPT、CIP、DAP、DPU、DDP
僅適用於海運及內陸水路運送	FAS、FOB、CFR、CIF

㈢依 Incoterms® 2000–2020 區分

⊕ 表 1–11　Incoterms® 2000–2020 區分

條件規則	2000 年版	2010 年版	2020 年版
EXW	有	有	有
FCA	有	有	有
CPT	有	有	有
CIP	有	有	有
DAT	無	有	無
DAP	無	有	有
DPU	無	無	有
DDP	有	有	有
DDU	有	無	無
FAS	有	有	有
FOB	有	有	有
CFR	有	有	有
CIF	有	有	有
DAF	有	無	無
DES	有	無	無
DEQ	有	無	無

第七節 ▶▶▶
貿易條件的理論基礎

　　貿易條件是一份簡式的買賣契約 (A short form of sales contract)，而賣方交付貨物與買方支付價金是雙方最主要的義務，因此國貿條規也以買賣契約主要的要素為基礎，規範買賣雙方各負有十項義務。其中更以交貨為重要的理論基礎，延伸出其與風險移轉和費用負擔的連結關係，因此若無例外，交貨後風險移轉，爾後的費用由買方負擔。

一、交　貨

在各種貿易條件之中，「交貨」(Delivery) 是一項重要問題，因為交貨地點不同，買賣雙方對於費用和風險的承擔，以及貨物價格的計算也隨之而異。因此先從交貨說起。

買賣是以移轉貨物所有權為目的。賣方有義務將買賣標的物交付給買方，使買方能自由使用、收益或處分。所謂交貨就是將買賣標的物交付之意。從法律上而言，對於物有事實上支配或利用之力者（我國《民法》上稱為管領之力）稱為佔有，交貨就是物的佔有權的移轉。佔有權得由本人自行取得或委託他人代為取得，在出口地交貨的貿易條件，如 FAS、FOB 等，賣方將貨物交給承運人之後，即可認為承運人已代買方接受了賣方的交貨，但買方保留查驗貨物的權利。承運人除代買方佔有貨物之外，同時負有運送之責，故貨物在運送途中發生滅失損壞時，應由承運人或買方負責。

而國際商會統一解釋國貿條規之初，即深受英國判例與英國買賣法之影響，直到 2020 年版仍可以看到英國法的影子，ICC 這幾次的修正似乎覺得不妥，儘量要淡化英國法甚至是法律的影響，想建立屬於自己的交貨概念。

二、Incoterms® 2020 引言關於交貨之說明[16]

A2 所規定的交貨可以說是國貿條規賣方最重要的義務之一，因為接續而來的 A3 風險的移轉及 A9 費用的劃分都是以交付的時點作為移轉和劃分的基準。因此，在 Incoterms 2000 的引言 (Introduction) 行業用語 (Terminology) 中，特別針對交貨在 Incoterms 的兩種不同意義加以說明：

　1.交貨是用來辨別賣方究竟已於何時履行了在 A4 下所規定的義務。

　2.交貨是用來決定 B4 下買方接受貨物 (Taking delivery) 的義務。

該引言對於買方接受貨物的本旨特別以 C 群貿易條件為例，重申賣方在貨物交運時即已履行交貨義務，並說明買方有義務提領貨物且此義務很重要，可

[16]　ICC (2019) Incoterms® 2020 ENG, pp. 4–6. pub723E.

避免買方收受貨物前發生不必要的貨物儲存費用。而買方接受貨物並不意謂買方已接受符合買賣契約的貨物。

到了 Incoterms® 2010 也在引言中說明，交貨在貿易法與實務確實存有不同的意義，但 Incoterms 指的僅是貨物滅失或毀損由賣方移轉給買方的地點 (Where) 而已。

而 Incoterms® 2020 則在引言 IV 交貨、風險及費用 (Delivery, Risk, and Cost) 中用十段 (16–26 Paragraph) 來加以說明其意義。

Incoterms® 2020 是這樣說：

㈠交貨與風險和費用的關係

A2 所定義之交貨地也是費用與風險的分界點，因此：

1. 當賣方在 A2 所指定之交貨地點，如果貨物符合所規定之契約本旨 (A1)，風險就移轉給買方負擔，因此爾後買方就不能向賣方要求貨物毀損滅失之損害賠償。

2. 交貨也是費用劃分的重心點，原則上在交貨地以前的費用歸賣方負擔，之後歸買方負擔。

㈡交貨地點與 11 個貿易條件之關係

2010 年版以前，把十一個條件分為 EFCD 四個群組，很適合用來說明交貨地點，EXW 與 DDP 彷彿處在地球的兩極，而 F 組與 C 組則是處在中間。

1. EXW

EXW 的交貨地點是靠近賣方場所，賣方把貨放置在該場所交由買方處置時起就算是交貨，爾後買方是否把貨物安全運抵其所意圖達到之目的地則非所問，所以 EXW 的風險移轉是開始於買方啟動運送鏈把貨運走之前。

2. DAP/DPU/DDP

D 群組的交貨地點是靠近買方的場所，賣方在指定目的地到達的運送工具上，DAP/DDP 並不負責卸貨，而 DPU 則須負責卸貨方算交貨。

至於風險的轉移則較遲緩，必需等到貨物運抵目的地了，也就是在運送鏈啟動之後，貨物實實在在送到了交貨地之後，方才移轉。

3.交貨地處在買賣雙方中間之 F 組與 C 組

交貨地處在買賣雙方中間有七個規則，其中 F 組有三個，C 組有四個，它們的交貨地點是比較靠近賣方這一側 (Seller's side)，也就是預期運送開始之那端，這種買賣我們稱為裝運買賣交貨 (Shipment sales delivery)，至於何時交貨可分為：

⑴ FCA 是把貨物裝載到由買方提供之蒐集運送貨物的卡車上，或者把貨物運送到買方指定運送人之場所，在未卸貨情況下交給運送人處置即屬交貨。

⑵ CPT/CIP 是把貨物交給了運送人就完成了交貨。

⑶ FOB/CFR/CIF 是把貨物放置在指定裝船港之船舶上就完成交貨。

㈢交貨地與目的地

1.在 D 群組原則上是交貨地同時也是目的地。

2.在 C 群組，如 CIF（或 CIP）Bangkok 其貿易條件後面所附加的地方曼谷，是指賣方應負責安排運送契約，把貨運送到目的地曼谷，這個附加在後面的地點，絕不是也不可能變更為交貨地點，當貨物已經在交貨地交給運送人，或是交到船舶上，風險就已移轉，因為 C 群組之目的地並不會是目的地。

㈣小　結

若加以分析，交貨地點可以在賣方營業場所，可以在買方營業場所，也可以在兩個營業場所間的某個地點。以《聯合國國際貨物買賣契約公約》(CISG) 第 31 條 (a) 為例，如果交貨地點涉及到運送，賣方應把貨物交給第一個運送人。Incoterms 的規範方法則是在每個規則的 A2 特定了交貨的地點，因此如在買賣契約說明適用 Incoterms，則賣方可清楚知道他要在哪個地方履行交貨的義務。但為了讓這十一個貿易條件的 A2 能夠運作順遂，買賣契約的當事人應在契約中清楚界定雙方同意的精確交貨地點。

此外，某些貿易條件項下的交貨，並非直接把貨交給買方，而是交給第三人，這個第三人通常指的是交貨地點的運送人。對於貨交運送人的解釋，各地的習慣又有不同的解讀，參照 2010 年版以前引言的定義，所謂之運送人是指與其訂立運送契約的一方 ， 包括買方與賣方自己的運送人 。 至於 2020 年版中 FCA/DAP/DPU/DDP 不需要第三方運送人時，對運送有了新的規定。

三、交貨與所有權的移轉

買賣雖然以移轉所有權為目的，但依英美法，所有權移轉的時期因其為不特定物買賣或特定物買賣而有所不同。在不特定物 (Unascertained goods) 買賣，貨物未特定化以前，所有權不能移轉於買方；在特定物 (Specific goods) 買賣或經特定化的貨物，所有權在雙方協議移轉時間（雙方有意移轉的時間）移轉。一般而言，不特定貨物於交貨時才特定化。故，原則上（即除非賣方以某種方式保留所有權），貨物於交付買方時，其所有權即移轉買方。實務上，國際貿易大部分是不特定物買賣，因此，除非賣方以某種方式（例如掌握提單）保留所有權外，否則所有權因交貨而由賣方移轉買方。

由於各國的買賣法對所有權移轉的規定容有或多或少差異，因此 Incoterms 並未加以規定，由買賣雙方依契約適用的準據法加以解決。

四、賣方交貨買方接受貨物

1. 交貨應該具有兩層意義，第一層是賣方應依 A2 約定的時間與地點把貨交由買方處置即屬交貨，第二層意義是當賣方已如此交貨，買方即應接受貨物 (The buyer must take delivery)。

2. 當貨物已經處於讓 「買方處分之狀態」 (to place the goods "at the disposition of the buyer") 買方必須接受貨物。

3. 賣方提供貨物 (Tendering goods)，然後買方接受貨物 (Taking delivery)，對於接受貨物的英文名詞 ， 為了避免跟法律上之 「受領」 (accept, acceptance) 意義產生混淆 ， 因此 Incoterms 自 2000 年起 ， 才將使用之 Accept delivery 改為 Take delivery，例如 1990 年版 FOB 之 B4 是這樣規定的 "Accept delivery of the goods when they have delivered in accordance

A4…"。ICC 的起草者顯然小心翼翼地想建立一個屬於自己的交貨與接受貨物之概念，想與法律意義之「交付」或「受領」不同。

📖 範　例

　FCA Keelung CY/CFS USD50 per set INCOTERMS® 2020 在價格條件和貿易條件所代表的意義為何？

👤 解　析

　1.價格條件：說明每套價格 50 美元。

　2.貿易條件：說明以基隆港 FCA 為條件。

　從上例可知貿易條件與價格條件在實務上有密切關係，因此常常將貿易條件稱為價格條件。

　根據以上說明，在指定地點交貨的貿易條件具有下列要點：

(1)以在特定地點交貨為條件，交貨地點因貿易條件而異。

(2)貨物的所有權，原則上因交貨而由賣方移轉到買方，而有關貨物的費用與風險，在交貨之前由賣方負擔，交貨之後則由買方負擔，故買方所負擔的費用與風險，因貿易條件而異。

(3)不同的貿易條件，必然產生不同的價格。

 習　題

一、選擇題

(　) 1. Incoterms® 2020 並未包括下列何種貿易條件？　(1) DAP　(2) FAS　(3) FOR　(4) CPT。

(　) 2. CIF 華沙－牛津規則可適用於下列何種貿易條件？　(1) CFR　(2) CPT　(3) CIP　(4) CIF。

(　) 3.下列有關 Incoterms® 2020 的敘述，何者錯誤？　(1) 2020 年正式生效　(2)國際與國內買賣均可使用　(3)屬於貿易條件解釋規則　(4)屬於國際

貿易條約。

（　） 4.下列何種貿易條件不適合用於複合運送方式？ ⑴ FCA ⑵ FOB ⑶ EXW ⑷ CIP。

（　） 5. Incoterms® 2020 的 "Ⓡ" 是表示 ⑴註冊商標 ⑵專利 ⑶著作權 ⑷版權所有，翻印必究。

二、問答題

1.請說明貿易條件在國際貿易所扮演的功能。

2.請說明何謂定型貿易條件？

3.請說明《華沙─牛津規則》（CIF 買賣契約的統一規則）與 Incoterms® 2020 下的 CIF 有何不同？

4.請說明貿易條件底下交貨與風險和費用彼此之間的關係。

5.請說明 Incoterms® 2010 將貿易條件由 Incoterms 2000 的 E、F、C、D 四個群組改分為兩個群組的理由何在？

第一節 ▶▶▶
國貿條規的制定經過及其沿革

一、Incoterms 1936

　　第一次大戰結束後，國際商會 (ICC) 於 1919 年在巴黎創立，宗旨為促進國際貿易與合作、改善國際商務的環境，並謀求解決有關經貿問題。創立之初，國際商會即以統一貿易條件的解釋作為其主要工作之一，開始蒐集各國各地區使用的貿易條件，然後予以整理，去蕪存菁。經過十幾年的磋商研討，終於在 1936 年制定了具有歷史性意義的貿易條件解釋規則，定名為 Incoterms 1936（1936 年版國貿條規），副標題為 *International Rules for the Interpretation of Trade Terms*（貿易條件的國際解釋規則）。至於 Incoterms 一詞係 International commercial terms 的簡稱。本規則所解釋的貿易條件共有十一種，每一貿易條件均訂明買賣雙方應盡的義務，以供業者自由採用。

　　本規則在 1936 年 1 月開會討論時，雖曾因部分解釋與英國習慣不同遭英國委員反對，以及義大利委員的聲明保留，但本規則實際上大部分係以英國習慣為依據，所以在同年 6 月理事會會議時，以絕大多數同意通過，並以 Incoterms 1936 之名，在巴黎總部公布❶。

二、Incoterms 1953

　　第二次大戰之後，鑑於國際情勢的複雜化，咸認為貿易條件的重新整理以及各貿易條件內容的修訂乃成必要，

---

❶　上阪酉三 (1976)。《國際貿易條件基準》（9 版），頁 6-7。

國際商會遂於 1953 年 5 月在奧地利首都維也納召開會議，審議 Incoterms 的修訂案。同年 10 月修訂完成，並頒布新修訂的 Incoterms，定名為 Incoterms 1953。此次修訂是以 Incoterms 1936 為基礎加以整理及歸納，將罕用的 Free (...named port of shipment) 及 Free or Free Delivered (...named point of destination) 兩種貿易條件刪除，並將剩下的九種貿易條件的內容，參照各國委員的意見，加以充實或修訂。

三、Incoterms 1980

Incoterms 於 1953 年修訂之後，為各國業者廣泛採用，對於國際貿易的發展貢獻良多。但自 1950 年代末期以後，鑑於西歐與東歐社會主義國家集團，以及東歐社會主義國家之間盛行邊境交貨及進口國交貨的貿易實務，國際商會乃於 1967 年補充 Delivered at Frontier (...named place of delivery at frontier) 及 Delivered Duty Paid (...named place of destination in the country of importation) 兩種貿易條件，以配合貿易需要。又鑑於利用航空運送貨物的情形日益普遍，復於 1976 年增訂了 FOB airport (...named airport of departure) 一種，使適用範圍再予擴大。嗣以貨櫃運送的發展，多種運送方式的複合運送 (Multi-modal (combine) transport) 乃應運而生，門到門 (Door-to-door) 的交貨方式已逐漸為世界各國採用，為配合這種國際貿易的需要，國際商會又於 1980 年增訂 Free Carrier (...named point) 及 Freight or Carriage and Insurance Paid to (...named point of destination) 兩種貿易條件，並將 Freight or Carriage Paid to (...named point of destination) 予以修訂，使能擴大適用於一貫作業的複合運送。故國際商會所解釋的貿易條件，至 1980 年為止，已有十四種之多。該會於 1980 年 3 月將此十四種貿易條件彙成冊，以 ICC Publication, No. 350 刊行，並定名為 Incoterms 1980。

四、Incoterms 1990

鑑於電子資料交換 (Electronic Data Interchange, EDI) 通訊的使用日益增

加，以及國際運送技術的變化，特別是貨櫃貨物的單元化、複合運送及近海運送中汽車和火車的駛進駛出式運送，國際商會為了使貿易條件能適應這種形勢的需要，乃於 1991 年 4 月正式發布新的 Incoterms，即 Incoterms 1990，並自同年 7 月 1 日起生效實施。Incoterms 1990 共有十三種貿易條件，比 Incoterms 1980 減少了一種。不過，實際上除了將 Incoterms 1980 的 FOA、FOR/FOT 併入 FRC 並改稱為 FCA 之外，另增加了 DDU 一種而已。

五、Incoterms 2000

國際商會為了 Incoterms 能與貿易實務保持同步，1996 年決議修改，其轄下的國際商業管理委員會，於 1997 年 6 月成立修改工作小組，將設計好的問卷透過各國國家委員會向該國有關的銀行、保險廣泛蒐集意見，主要問題如：(1)為了與現行貿易實務契約契合，Incoterms 1990 的哪些部分是需要修改的；(2) Incoterms 1990 的哪些條款曾因語意不明而引起糾紛或者誤解而需要澄清的 (To clarify)。

依回收問卷，工作小組修改初稿，送予各國國家委員會表示意見並召開修訂會議，前後三易其稿，最後於 1999 年 9 月中旬公布正式英文版，並於 2000 年 1 月 1 日正式實施。

Incoterms 2000 主要修訂部分，可綜合歸納為：

㈠船邊交貨條件 (FAS)

FAS 變更為由賣方負責辦理出口通關有關事宜及負擔有關費用。

㈡目的港碼頭交貨條件 (DEQ)

DEQ 修改為有關貨物進口所需付的關稅、稅捐及其他費用，以及進口通關的辦理手續均由買方負擔。

㈢貨交運送人條件 (FCA)

FCA 強調若在賣方的營業場所交付，由其負責裝貨，若在賣方場所以外的地方交付，賣方不負責卸貨。

㈣邊境交貨條件 (DAF)

DAF 特別強調在辦妥出口通關但尚未辦妥進口通關，置於「尚未卸載之到達運送工具上的貨物」即屬交貨。

㈤稅前交貨條件 (DDU) 及稅訖交貨條件 (DDP)

DDU 及 DDP 的買方應負責從到達的運送工具上卸貨。

六、Incoterms® 2010

㈠2010 年版對貿易條件做 2 種分類

將十一個貿易條件分為任何或多種運送方式類型與海運及內陸水路運送方式模型。理由是為了解決貿易條件誤用的問題，特別是 FOB/CFR/CIF 仍使用在貨櫃運送上，這可能與 2000 年版將十一個條件分類為 E、F、C、D 四個群組有關，因此修正為如下兩個類型：

1.任何或多種運送方式

此類型包括 EXW/FCA/CPT/CIP/DAT/DAP/DDP 等七個條件，使用於意欲交貨的目的地及（或）卸貨的目的地是在內陸地點或港口。

2.海運及內陸水路運送方式

此類型包括 FAS/FOB/CFR/CIF 等四個條件，僅應被使用於意欲交貨的目的地及（或）卸貨的目的地是在港口。

㈡在起草技術方面的新變革

1.對首頁副標題做出更正

2000 年版的首頁之正標題為 Incoterms® 2000，副標題是國際商會解釋貿易條件之官方規則 (ICC official rules for the interpretation of trade terms)。

2010 年版的首頁為 Incoterms® 2010，副標題是國際商會對使用於國內與國際貿易條件之規則 (ICC rules for the use of domestic and international trade terms)。

2.解釋每種規則之前，新增一段導引 (Guidance note)

2000 年版在解釋十一種貿易條件之前，新增導言 (Introduction) 一節，分二

十二段 (Paragraph) 做導引性說明，2010 年版之中文版則改稱為引言 (Introduction)，將引言內容精簡為五段。

3. 在介紹每個規則前，新增導引 (Guidance note) 一段

導引是用來解釋各條件的基本原則，說明何時使用該條件，何處風險轉移，以及何人負擔哪些費用，為使用者作正確適當地運用導引。

4. 擴大電子紀錄或單據的使用範圍

1990 年版及 2000 年版是在每個貿易條件的賣買雙方義務中的 A1/B1 對電子紀錄有如下說明：「賣買雙方必須提供之商業票得以等同的電子訊息代替。」

2010 年版則改在每個條件的 A1/B1 用「功能等同原則」說明，所有 A1/B1 至 A10/B10 的任何單據，本於雙方合意或慣例，得以等同的電子紀錄等代替。

㈢新增 DAT 及 DAP 取代 DAF/DES/DEQ/DDU

2010 年版新增 DAT 及 DAP 兩個貿易條件，取代 2000 年版的 DAF、DES、DEQ、及 DDU 等貿易條件。

DES 與 DEQ 是 12 世紀就有的貿易條件，是古老的傳統純海運條件。DES 把貨一直運送到目的港的船上交貨；DEQ 則把貨一直運送到目的港，負責把貨卸在碼頭上，並負責輸入通關及繳交關稅。

ICC 認為 DAP 與起草中的 DAT，可以取代這兩個古老的條件，另外也可吸收 DAF 及 DDU，因此廢除四個貿易條件，新增 DAT 及 DAP 貿易條件。

㈣ FOB/CFR/CIF 改採以貨物裝載於船舶上做危險移轉點

這三個條件風險的轉移，以前的版本均規定是以船舷 (Passed the rail) 為其時點，2010 年版則改為貨物以放置於船舶上 (On board the vessel) 方才移轉。

㈤解決連環買賣適用國貿條規之問題

1. 大宗物資買賣如穀物與飼料貿易協會 (GAFTA)，或國際植物油油料和動物油聯合會 (FOSFA) 都各自成為體系，有自己的契約格式，適用的貿易條件，除非買賣雙方能夠在這些契約格式的版本裡，明白表示適用 Incoterms，否則業者很少適用 Incoterms 的版本。

2. 解決之道之一就是克服連環買賣的中間商交貨的問題，交貨是大宗物資

買賣的第一個上游賣方，負責把貨裝到船舶上的中間商不需再負裝貨的義務，他們也沒有與運送人訂定運送契約，中間商只是個「單據買賣」的商人，最主要是透過提單的轉讓而已。

3. 為了適應這種狀況，2010 年版乃規定「購買已如此交付的貨物」就算交貨，解決了此項問題，希望獲得大宗物資商人的青睞。

㈥貨櫃場作業費 (THC) 負擔的明確化

THC (Terminal Handling Charges)，又稱為 CHC (Container Handling Charges)、ECHC (Empty Container Handling Charges) 或 OTHC (Origin Terminal Handling Charges)，並無權威的定義，為除了運費以外，船公司在進出口地向買方或賣方收取的費用。費用的多寡會隨著地點與時間的不同而異，Incoterms 2000 並未對買賣雙方如何分擔 THC 的費用作出規定，只勸告買賣雙方宜於契約加以訂明。

2010 年版則在相關條件的 A6/B62 對 THC 加以明確化規定。

第二節 ▶▶▶
2020 年版國貿條規的修訂歷程與經過

一、Incoterms® 2020 修訂緣起

為了肆應貿易市場的變化，並繼續保持與貿易相關聯業務的互動，俾利於全球貿易的發展，ICC 乃於 2016 年 9 月開始成立工作小組，準備進行十年一次的修改，旋於 11 月向約 150 個國家和地區委員會進行調查，要求針對約 8 個問題發表看法，並提供其他表定問題以外的修正意見，這 8 項問題為❷：

1. 2010 年版有關貨物安全的相關規定是否足符需要？

2. VGM (Verified gross mass) 亦即核實貨櫃總重量，是否應納入規定，其費

---

❷　ICC CLP internal document: INCOTERMS® 2020 Questionnaire-Response due from ICC national committees by 20 January 2017.

用由誰負擔？

3. FAS 條件是否乃予以保留？

4. FOB、CFR、CIF 是否應予修正，讓這三個貿易條件得適用於貨櫃運送？

5.對契約標的物的所有權應否做出規定？

6.應如何修正本規則，讓國貿條規更適合於大宗物資交易？

7. EXW 及 DPP 是屬於國內貿易的條件，是否可以跟其他貿易條件加以區隔？

8. CIF/CIP 的保險是否足夠？

然後依據回復起草了第一稿，送各國家委員會評論，再就草稿進行修正，這樣來來回回大概起草了三稿以上的版本，終於 2019 年 9 月 10 日底定正式對外宣布，並於 2020 年元月正式實施。

二、Incoterms® 2020 修訂內容簡介

(一) DAT 條件修正為 DPU

1. 2010 年版的終點站交貨條件 (DAT)，乃指賣方在指定的目的港或目的地的指定終點站，從到達的運送工具把貨卸下。但買方希望卸貨地點不要限縮在終點站，例如資本財等設備能夠再往後挪，可以運到買方工廠內 (at the site of a factory) 卸貨。

2. 2020 年版採納了這項意見，交貨地不再以指定終點站為限，此外並無做其他變更。

3.修正版本把三個大寫英文字母改成為 DPU (Delivery at Place Unloaded)。

(二) CIP/CIF 保險承保範圍的變更

1. 2010 年版的這兩個條件，若未特別規定，賣方保險承保的範圍為 (C) 條款或類似之 FPA 條款，對散裝物資而言，倒也算是適合，但對製成品 (Manufactured goods) 就可能不合適，因為貨價可能會較高，因此對保險範圍作出了修正。

2. CIF 較常用於大宗物資，因此 2020 年版有關保險的種類依舊維持投保

(C) 或 FPA，而 CIP 較常用於製成品的買賣，保險的種類提高為投保 (A) 條款或類似之 all risk 條款。

㈢費用的劃分更詳細

1. 在修正的過程，有業者反映，費用劃分之糾紛日益增加，特別是在港口或交付地周圍發生的費用究應由誰負擔的問題 (Those in or around the port or place of delivery)。

2. 因此如何更精確的劃分買賣雙方間費用的分擔，這次做了很大的改善，在 2020 年版十一個貿易條件的 A9/B9，做了詳細的規定，內容幾乎囊括了所有相關之費用，做出適當的分配由買賣雙方之一方負擔。

3. 這次修正建立了一個原則，那就是賣方負擔所有直至交付地點的費用 (Incurred up to the point of delivery)，買方負擔爾後有關的費用 (Costs beyond that)。

㈣安全需求有關的資訊 (Security requirements)

運送安全（如強制掃描貨櫃）需要資訊變得越發重要，如若資訊不符需要，則會增加費用與貨物遲延到達的風險。雖然 2010 年版的確有對安全資訊提供的責任與費用做出規定，但仍有待加強，2020 年版因此在 A4/A7 項，對安全需求相關資訊做出了更詳盡的提供規定。

㈤賣方及買方使用自己的運送工具問題

2010 年版起草時的假設是，貨物乃由買方或賣方選定之第三方運送人把貨從賣方處所運至買方處所，並未特別考慮到 FCA/DAP/DPU/DDP 的情況，因為這些規則的賣方或買方常會用自己的運送工具運送，並不需要第三方運送人或與之簽訂運送契約。

2020 年版為配合這種情況，明示規定買方或賣方得自行提供運送安排以及訂定運送契約。

㈥ FCA 與提單

1. FOB 經常被使用於貨櫃裝運，如此賣方將暴露於如下的風險，因為當貨櫃被送進集散站，或停留在裝船港口，迄裝載於指定的船舶上這段時間，賣方對該貨櫃已失去實質控制權，但對遇到的不可預料風險或費用，還是要負責任。舉例而言，貨櫃若在貨櫃場發生損害，賣方應負擔毀損的風險，所以貨櫃運送不宜使用 FOB。

2. 起草小組也聽到了一些抱怨，FOB 賣方從集散站經營者那裡收到了令人咋舌的帳單，是關於儲藏及積載的費用 (Storage and loading)。ICC 說對這些抱怨最好的回答就是賣方應該堅持使用 FCA 而不是 FOB。

3. 但問題出在，有的賣方總是希望付款能與 L/C 相連結，L/C 通常會規定賣方應提供裝船提單，而 FOB 的賣方是要負擔裝船義務的 (On board)，因此給了 FOB 使用的機會，裝船了當然會提供裝船提單。

4. 可是如果使用 FCA，運送人原則是提供待運提單而非裝船提單，但有些用 FCA 規則開出的信用狀，還是約定要提供裝船提單，如果鼓勵使用 FCA 替代 FOB 規則的使用該怎麼辦？長遠之計，是貿易融資使用的單據能改變需求，不再使用裝船提單。

5. 2020 年版短期順應這種狀況也做了稍微的改變，允許 FCA 的雙方當事人，得同意買方直接要求運送人簽發裝船提單給賣方。

㈦起草技術方面的改善

1. 引言 (Introduction) 部分，本版特別增加篇幅，尤其針對買賣契約如何選擇最適合的國貿條規做出了詳細解說，避免誤用問題的發生。

2. 2010 年版本置於各條件之首的導引，英文名稱是用 The Guidance Notes，2020 年版改稱為使用者導引 (Explanatory Notes for Users)❸，導出了各相關條件的特性，特別是：

⑴何時應該使用 (When it should be used)？

⑵何時風險轉移 (When risk transfers)？

⑶費用如何劃分 (How costs are allocated)？

導引的目的在幫助使用者選擇最適合的貿易條件，且一旦發生糾紛可以

---

❸　國貿條規 2020，國際商會中華民國總會之官方繁體中譯本是譯為「使用者的解釋性註記」。

提供作為解釋性導引之用。

3. 重組每個貿易條件的賣方與買方的各項義務，A1/B1…A10/B10，就以交貨義務為例，它是每個貿易條件的重點所在，重組後也由以前的 A4 調整為 A2。另外 A3 原規定的運送與保險，也分拆開來獨立規定，如表 2-1 所示。

⊕ 表 2-1　賣方與買方的義務

A1-A10	賣方義務	B1-B10	買方義務
A1	一般義務	B1	一般義務
A2	交　貨	B2	接受貨物
A3	風險移轉	B3	風險移轉
A4	運　送	B4	運　送
A5	保　險	B5	保　險
A6	交貨／運送單據	B6	交貨／運送單據
A7	輸出／輸入通關	B7	輸出／輸入通關
A8	檢查／包裝／標示	B8	檢查／包裝／標示
A9	費用劃分	B9	費用劃分
A10	通　知	B10	通　知

4. 增加規則逐條本文 (Article-by-article text of rules)

2020 年版書末附有一項額外的工具，即增加規則逐條本文，列出各個條件的因素，可就各個貿易條件互相比較，例如想比較各個條件的交貨地點 (Delivery point)，現在變得可能。

茲以表 2-2 表示 2020 年版之修正❹。

⊕ 表 2-2　Incoterms® 2020 修正重點

修正重點	Incoterms® 2020 修正重點說明
1. 在 FCA 提單加註已船戳記	• FCA 交易，當事人（或者是他們的融資銀行）經常要求一份加註已裝船戳記之提單，但 FCA 貨交運送人就已履行交付，把貨裝載船舶上已經是在完成交付之後，賣方比較不容易從運送人處取得已裝船提單 • 2020 年版新規定，買賣雙方得合意，由買方指示運送人於貨物裝船後，簽發已裝船提單給賣方，然後賣方有義務提示

---

❹　本表參考自 Lowdown on Incoterms 2020 overhaulin International Shipping News, https://www.hellenicshippingnews.com/lowdown-on-incoterms-2020-overhaul/, visited day 2019/12/25.

	該提單給買方 • ICC 強調買賣雙方若合意如此履行，賣方對買方並無義務負擔其與運送人簽訂之運送契約義務
2. CIF 與 CIP 的最低承保範圍不同	• 針對 CIF 與 CIP 分別提供了不同的最低保險承保範圍：舊版本，CIF 與 CIP 最低承保範圍均是 (C) 條款。2020 年版的 CIF 仍舊維持為 (C) 條款，當事人得合意提高為 (B) 甚至是 (A) 條款 • 2020 年版的 CIP 修正為，賣方最低承保範圍為 (A) 條款，增加買方之利益，當事人得合意降低為 (B) 甚至是 (C) 條款（如果希望）
3. FCA/DAP/DPU/DDP 得用自己之運送工具運送	• 2010 年版起草時的假設是，貨物乃由買方或賣方選定之第三方運送人把貨從賣方處所運至買方處所，並未特別考慮到 FCA/DAP/DPU/DDP 的情況，因為這些條件的賣方或買方常會用自己的運送工具運送，並不需要第三方運送人或與之簽訂運送契約 • 2020 年版為配合這種情況，明示規定買方或賣方得自行提供運送安排以及訂定運送契約
4. 有關安全之需求在運送義務與費用部分增加更多之規定	2020 年版對於與安全有關之需求部分，希望比以前之版本增強更有效的規定，現在這個議題在貿易實務很流行，故特別在各條件之 A4/A7 加強其應負之義務，增加之費用部分，則在 A9/B9 做出相應規定
5.使用者導引	• 2010 年前版本置於各條件之首的導引英文已由 The Guidance Notes 改稱為 "Explanatory Notes for Users"，導引點出了各相關條件的根本特性，特別是： 何時應該使用 (When it should be used)？ 何時風險轉移 (When risk transfers)？ 費用如何劃分 (How costs are allocated)？ • 導引的目的在幫助使用者選擇最適合的貿易條件，且一旦發生糾紛可提供作為解釋導引
6.費用劃分欄目重新安排	• 費用劃分之順序重新安排，基於買賣的所有不同特點，其順序改列在各個規則底下之 A9/B9，同時在國貿條規適用之相關義務項下 (Item)，如 A6/B6 義務部分也有說明 • 這項修正的目的無非要提供給使用者，在同一個地方就可看到費用的完整清單，買賣雙方可以更瞭解到在各個規則底下其應負擔的費用
7. DAT 已修正為 DPU	• 2010 年版的 DAT 是在 DAP 之前，2020 年版則對此次序作出調整，DAP 擺在 DPU 之前，其目的是在反映 DAP 條件交貨的發生是在 DPU 之前 (occurs before delivery on DPU terms) • 這項修正，是在反映新版的 DPU 交貨地點可以在任何地方，不僅僅是 2010 年版的終點站而已，當然交貨地點如果不是終點站，那麼該地點應適合於卸貨

三、如何對應國貿條規 2020 之修正

㈠貿易條件誤用的問題是否可以得到解決？

1. Incoterms® 2020 年版為第九次修正，這次在形式和實質上對 2010 年版的某些觀點做出修正，還有改善 2010 年版所要防止 (prevalent) 卻沒有防止的貿易條件誤用的問題。因此 2020 年版在引言部分，針對買賣契約如何選擇最適合的國貿條規做出了詳細解說，特別強調貨櫃運送若仍使用 FOB/CFR/CIF 條件，而非使用 FCA/CPT/CIP 條件之可能產生的後果。

2. 這要從國際商會的角色談起，最初 ICC 是個國際間廣為承認的標準貿易條件之集其大成者 (Collection)，對貿易條件賦予權威的解釋。隨著新型國際運送工具的出現，ICC 也變成了是貿易條件的創新者，例如新設了 FCA 條件，就是要配合海運貨櫃船的使用，當貨物一進入貨櫃場，風險就已經轉移，不必再如使用 FOB，必須等到貨物裝載在船舶上風險方始轉移。儘管如此，但業者還是喜歡使用 FOB 系列的規則。所以 2020 年版縱然在引言或導引中告誡，恐怕誤用的問題依然存在。

3. 從日本在 1995 年、2002 年、2007 年、2012 年四次問卷調查中的資料，可以看出，業者喜歡使用傳統 FOB/CFR/CIF 貿易條件的情況並沒有顯著改變。FOB/CFR/CIF 在 1995 年使用率約 95%，17 年後之 2012 年約 60%❺。顯然值得 ICC 當局深思。

表 2–3　貿易條件使用率

貿易條件	1995	2002	2007	2012
FOB	38.7%	23.6%	22.5%	20.4%
CFR	22.5%	22.0%	20.6%	18.5%
CIF	32.8%	23.5%	22.2%	20.6%
FCA	0.6%	2.3%	2.1%	3.5%
CPT	0.00%	1.7%	1.6%	2.2%
CIP	0.4%	1.7%	2.2%	2.7%

❺　作者依日本文獻統計之資料。

(二) EXW 與 DDP 條件的慎用

何以國內貿易型的 EXW/DDP 也可以適用於國際貿易？

1. 就 EXW 而論，從賣方的角度來看，在國內只要把貨準備好，處於可交貨之狀態就算交貨，出口有關事項都由買方辦理，再說 DDP 條件規則，賣方一直把貨送到買方門口，等待買方把貨卸下也就完成交貨，從買方角度來看，顯與國內貿易型態無異。

2. 所以國內貿易可以分為兩種，一種就是純粹之國內貿易，另一種是具有國際貿易成分的國內貿易，後者簡單講就是 EXW 是輸出貨物從國內購入，DDP 是輸入貨物在國內轉賣。

   ICC 可以廢了這兩個條件嗎？從本質上講是不可以，因為這兩者是屬於具有國際貿易成分的國內貿易，從信守承諾上講也是不可以，因為在出版品封面上的副標題 (ICC rules for the use of domestic and international trade terms)，就已經說這是國際與國內貿易皆可以使用。

3. 那問題出在何處？EXW 牽涉到外國企業可否在輸出國辦理輸出通關手續，以及有出口退稅的國家，誰可享受退稅優惠？

   DDP 也會牽涉到是否外國人可以辦理輸入通關手續，將來如果誤報關稅，例如高價格低報價 (Undervalue)，補徵或罰徵關稅要向誰課徵之問題。這也是在本次修正時，有人主張廢除的原因，因此宜慎重使用這兩個貿易條件。

(三) FCA 簽發提單的困境

允許 FCA 的雙方當事人，得同意買方直接要求運送人簽發裝船提單予賣方，這是 2020 年版修正的一大亮點。可是也有它的困境，那就是應列誰為提單上的託運人 (Shipper)？

如果列賣方為託運人，貨物到達目的地了，買方怠於提貨，固然託運人與運送人間並無運送契約關係，但運送人得依據提單後面的條款，要求託運人即賣方支付延滯費 (Demurrage) 或滯留費 (Detention)，賣方只好支付，再向買方求償，於是會產生一個問題，那就是買賣契約是否應訂定一個類似買方最晚提貨

日期 (Latest date of receipt) 的條款？

㈣大宗物資買賣與 2020 年版適用的問題

2010 年版的修正，提及了大宗物資連環買賣的轉賣中間商，因為貨物是第一個賣家負責裝船的，他們只是提單等單據的轉讓商而已，為解決裝貨的問題，因此用「購買已裝運貨物」作為替代裝運貨物之交貨的意義。但大宗物資買賣是否因為如此而適用了 Incoterms？恐怕未必，因為大宗物資買賣，大部分有他們自己的標準契約格式，似乎未規定有國貿條規的適用，茲加以說明。

1. 契約格式中未規定適用國貿條規者

　　⑴ GAFTA（The Grain and Feed Trade Association；穀物與飼料貿易協會）的標準契約格式有如下之記載 "Insurance: to be covered by the buyer, as specified in the GAFTA from the goods across the ship's rail"。

　　⑵ FOSFA（The Federation of Oils, Seeds and Fats Association；國際植物油油料和動物油聯合會）。

　　⑶ 屬於砂糖契約的 SAL (The Sugar Association of London) 及 RSA (The Refined Sugar Association) 契約格式。

　　其中 RSA 契約格式為肆應砂糖運用貨櫃運送的新發展，推薦了 FAS 及 FOB 兩個條件，用於貨櫃裝運 (One of the major structural changes in the refined sugar market over the past few years has been that sugar is increasingly shipped by container. To address this development, the RSA has introduced new terms to apply to FAS and FOB shipments by container)。

　　⑷ 這些協會制定之大宗物資買賣契約格式，並無提及有適用的國貿條規，當事人若僅依格式版本交易，而未對其中之條件作出修正或加入敘明適用 Incoterms。顯然 2020 年版對適用於大宗物資買賣的修正，對實際上的大宗物資買賣毫無意義。

2. 契約格式中有規定適用國貿條規者

　　但還是有些物資的契約格式規定有其適用的國貿條規，如標準石油產品契約有提及適用的國貿條規，其他如乙醇 (ethanol)、煤炭、金屬等契約也規定有適用的國貿條規，因此業者就要注意檢查這些標準契約格式，考量 2020 年版，是否適合引進標準契約格式加以適用。

如果決定引入 2020 年版，則要通知對方，以及公司裡貿易執行相關之部門此項變化，應在契約與單據製作上多加留意。

四、Incoterms® 是個註冊商標

在 2010 年 6 月 ICC 公布了一套 《國貿條規商標及標章使用規則》("Incoterms®" Trademark and Logo Usage Rules)，主要內容是在說明 Incoterms® 是 ICC 已在很多國家註冊的國際馳名商標並受著作權的保護，該項著作的複製要得到 ICC 的書面允許。雖然 ICC 鼓勵並促進協力廠商以符合 ICC 著作權政策的方式使用於買賣契約，但畢竟 Incoterms 只是由國際商會設計出來的一項產品與服務，並指定使用於特定用途之條件的商標而已，不是設計使用於任何貿易條件放諸四海皆準的一套準則 (Not a generic term that may be used to designate any trade terms)。此外，Incoterms 只限使用於國貿條規的規則 (ICC's Incoterms® rules) 及其他經 ICC 出品的相關產品，例如 *ICC Guide to Incoterms*。

⑴ ICC 並進一步說明，若在契約引用該項規則要如影隨形的在條件的後面冠上 "Incoterms® 2010"，例如："FCA 38 Cours Albert 1er, Paris, France, Incoterms® 2010" (The chosen Incoterms rule followed by the named place Incoterms® 2010)。其中，"FCA" 是 chosen Incoterms rule（即貿易條件）；"38 Cours Albert 1er, Paris, France" 是 named place （即地址或地方）；"Incoterms® 2010" 是對所選的國貿條規版本的證明。此外，Incoterms® 2010 是個形容詞而不是一個名詞，不應單獨使用。

⑵ Incoterms® 2010 後面要跟隨一個普通術語，例如規則／貿易條件／定義 (Followed by a common generic term, such as "rules", "trade terms", "definition")，也不要在 Incoterms® 2010 前面使用定冠詞，除非後面跟隨了一個普通術語。

⑶ 不宜使用單數的 "Incoterm"，縱然只提及 Incoterms 當中的一個條件（規

則），也應說明是一個國貿條規規則 (An Incoterms® rule)。

(4)信用狀 (Letter of Credit, L/C) 條款與單據對®商標的處理。開狀申請人在開狀申請書，或者銀行員在繕打 SWIFT MT 700 L/C 格式時，繕打®商標對開狀銀行會造成一些困擾。而受益人在繕打單據時如果未依 L/C 條款標明 Incoterms® 2010（或以前相關版本）或省略了®商標是否構成單據瑕疵？在 Incoterms® Rules Q&A 的第 1 題中特別強調，這並不屬於單據瑕疵。至於 SWIFT MT 700 L/C 格式是否應繕打®商標，SWIFT 或各銀行應有相關的規定。

五、使用 Incoterms® 2020 的表明方式

Incoterms 歷經九次修正，但並不意味先前之版本即已失效，因此當事人仍得適用以前版本。

因此如果買賣雙方在大宗物資貿易上還是想用 Incoterms 2000 的 DES 或者 DEQ，當事人應該註明 "DES (or DEQ) Incoterms 2000 rule"；如果不小心註記為 "DES (or DEQ) Incoterms® 2020 rule"，將合理的被設想為雙方的原意就是要適用 Incoterms 2000。

習 題

一、選擇題

（　）1. 下列何者較常使用於大宗物資買賣？　(1) FCA　(2) CPT　(3) CIP　(4) CIF。

（　）2. 買方使用 "Incoterms® 2010 DDU at buyer's warehouse" 與賣方締約，則賣方應把此條件當作　(1) 2020 年版的 DAP 貿易條件　(2)不是 Incoterms 所規範的非定型貿易條件　(3) 2020 年版的 DDP duty and VAT unpaid 的變形條件　(4) 2000 年版的 DDU 貿易條件。

（　）3.下列何者不宜使用於貨櫃運送？ ⑴ FCA ⑵ FOB ⑶ CPT ⑷ CIP。

（　）4.下列有關 Incoterms® 2020 各個貿易條件底下的買賣雙方義務之費用劃分 (A9/B9) 的敘述，何者錯誤？ ⑴並未作任何更動 ⑵修改得更為精簡 ⑶將費用如清單般列出，修改得更完整詳細 ⑷只在文字敘述方面做出形式潤飾而已。

（　）5. Incoterms® 2020 的 CIP 賣方應自付費用投保至少符合協會貨物保險條款之 ⑴ (A) 條款 ⑵ (B) 條款 ⑶ (C) 條款 ⑷ FPA 條款　之承保範圍的保險。

二、問答題

1.請說明 THC 在 Incoterms® 2020 針對 DPU 之修正中有何特別規定？

2.請說明 Incoterms® 2020 針對 FCA 之修正有何特別規定？

3.請說明 Incoterms® 自 2010 版本以來，特別標明其已經註冊為商標的意義為何？

4.請說明 Incoterms® 2020 的修正，對貿易條件的誤用是否可以得到解決？

5.請說明 Incoterms® 2020 使用者導引 (Explanatory Notes for Users) 對使用者而言，有何作用？

Incoterms 與買賣契約、運送契約和保險契約彼此的關係為何，以下擬加以分析。

一、國貿條規與買賣契約的關係

(一)國貿條規與 CISG 公約適用之順序

> **案例摘要**
>
> 在國際商會有關 CFR 契約的仲裁個案 (Case 12784) 中敘明，賣方出售金屬產品一批與買方，雙方發生應優先適用 CISG 或 Incoterms 的爭執。
>
> **仲裁判斷解說**
>
> 針對準據法部分，仲裁庭認為，首先應適用買賣契約的約定，若契約未約定，才依契約的準據法，該案準據法為 CISG，而依 CISG 第 9 條規定，Incoterms 在很多國家被承認為是貿易慣例，應優先適用；若 Incoterms 無法提供解決，方才適用 CISG。
>
> 此外，CISG 對貿易條件並未規定，因此確定買賣雙方彼此的權利義務關係是以買賣契約為優先，其次是 Incoterms，然後為 CISG。

(二)國貿條規十項義務之由來

1. 1936 年在將國貿條規之權利義務標準化的時候，係參考英國相關的判例與當時主要國家的相關法律，列入作為賣方與買方之義務，其中有所謂之「所有權移轉迴避原則」，亦即國貿條規不列入買賣雙方義務之中，因為所有權何時移轉各國法律與判例規定不一，因此就讓給了 CISG 公約或各國法律，以及雙方當事人於契約自行規定。

2. 到了 1980 年版，為了便利瞭解與閱讀乃採對比方式 (Mirror method)，將各條件的義務均調為十項，用相同之標題如交貨 (Delivery)，賣方列為 A 項、買方列為 B 項接受貨物 (Taking delivery)，作出規定，可以左右對照參看。

㈢買賣契約補國貿條規之不足

國貿條規只針對買賣雙方重要之基本義務作出簡要的規定，其他如所有權移轉、交貨之時間、場所與方法等，依照契約自由原則由當事人自行於買賣契約做更詳細的約定。

二、國貿條規與運送契約的關係

國際貿易不僅僅與買賣契約有關，也需要運送契約的安排，因為國際買賣契約簽定後，接下來就是要把貨物從賣方營業場所運至買方選擇指定的交貨地點。誰要安排運送事宜以及誰要負責運費，就會讓賣方與買方和運送人彼此產生交集，為此，Incoterms 替買賣雙方在運送過程中扮演的不同角色設計出了不同的規則，例如 CFR 是由賣方負責訂定運送契約。

㈠運送之三個階段

運送可以分為三個階段：

1. 前程運送 (Pre-carriage or upstream carriage/Inland carriage within export country)

這是屬於輸出國內之運送階段，包括把空貨櫃載到賣方處所，再從賣方場所把貨送到貨櫃場或機場等地之運送。

實務上若是由船公司代表他的客戶把空貨櫃拖到如南投南崗工業區再拖到臺中港，稱為運送人接運 (Carrier haulage)，這段運送風險是由運送人承擔，此時接收貨物地顯示為賣方場所。但如果此項貨物移動是由賣方或其指定運送人所為，則是稱為商人接運 (Merchant haulage)，這段運送過程若發生風險是由賣方負擔。

2.主要運送階段 (Main carriage/Intercontinental)

　　這是運送的主要階段，用來說明利用船舶或航空器等運送工具，把貨物由一個國家運送到另外一個國家。這指的是國際運送階段，乃把貨由出口國之 A 港（機場）運到進口國之 B 港（機場），屬於港到港 (Port to port) 的貨物運送。

3.後段運送 (On-carriage/Inland carriage within import country)

　　後段運送是指貨物運抵目的地卸貨於目的港或貨櫃集散站之後，運往買方場所或其指定地方之貨物運送移動。

　　這項貨物運送移動若由船公司代表他的客戶為之，稱為運送人託運，提單會顯示運送之最後目的地 (Final destination)，運送風險由船公司負擔，至於空櫃於約定期限過後，船公司會負責拖回。

　　這項移動若由買方或其指定之運送人為之稱為商人接運，風險由買方負擔❶。

㈡國貿條規與運送契約間之關係

1.買賣契約與運送契約最大的不同是買賣契約有契約自由原則之適用，但是運送契約卻存在有不少的國際公約對運送人之最高賠償責任做出限制，因此當事人應另外訂定保險契約迴避運送風險。此外，從賣方門口把貨運送到買方門口，除有一個契約運送人 (Contract carrier) 之外，尚有一些實際運送人 (Actual carrier)。

　　例如從高雄港把貨運到美國阿肯色州之小岩城，會用到船運與鐵路運送等不同物流運籌模式運抵目的地，相對會比較複雜。

2.國際商會為幫助業者在使用國貿條規與實際履行運送契約可能遇到的問題，特於 2016 年出版了 *ICC Guide on Transport and the Incoterms® 2010*

❶　Difference between Pre-Carriage, Carriage and On-Carriage, https://shippingandfreightresource.com/difference-between-pre-carriage-carriage-and-on-carriage/, visited day 2019/11/28.

Rules，目的是在幫助運送人及與其簽訂運送契約之當事人，就彼此的意圖及其所關心之事項，有一個參考依據，在每個貿易條件底下列出十個共同之問題，然後就此十個問題列出參考指引，這十項分別為：

⑴如何把貨物交給運送人 (How are goods handed over to the carrier)。

⑵何時及如何把貨物交給受貨人 (When and how are goods delivered to the consignee)。

⑶誰應支付運費 (Who shall pay the price for transport)。

⑷什麼額外費用將被附加於運費 (What additional costs can be added to the price for transport)。

⑸運費可有什麼可變動部分如附加費 (Is there a variable part to the price for transport i.e. additional factor)。

⑹何時應支付運費 (When is the price for transport payable)。

⑺貨物應如何包裝 (How are the goods to be packaged)。

⑻買方或賣方負責辦理貨物通關 (Is the buyer or the seller responsible for customs clearance)。

⑼誰應負責辦理貨物之積載及捆紮繫固 (Who is responsible for stowage and securing)。

⑽為了履行運送，運送人應簽發哪些種類單據 (What sort of document should be issued by the carrier for the execution of a transport)。

三、國貿條規與保險契約的關係

海上貨物保險之標的物通常包括船舶、貨物及運費保險，以船舶為例，油輪因為容易汙染海域，大部分國家港務當局都要求船舶需有保險，方能進港，購買石油使用的貿易條件若為 CIF，保險公司會轉向英國倫敦的再保險公司投保再保險，但因當時伊朗受經濟制裁，英國不能承保此類再保險，一度引起印度、日本及中國大陸之間的困難處境。

㈠ CIP/CIF 與貨物運送保險

1. 貨物於交貨運送途中會有不可預料的風險，例如自然災害與意外事故會導致貨物滅失或毀損，致賣方無法獲得價金或者買方無法領到貨。而當事人是否要保險，Incoterms 對此並不強求（Incoterms 在 A5/B5 說明彼此對他方不負有保險義務）。但在 CIP/CIF 下，保險變得很重要，都要求賣方投保貨物運送險，但因貨物的型態與保險的種別互有不同，Incoterms 用了一些原則來勾勒 A5/B5 不同保險範圍的規定。

2. CIF/CIP 針對保險人、被保險人、受益人、保險範圍、保險起訖時間等有簡要性之規定，此外應參考各國保險法與協會貨物保險條款 (LMA/IUA) 2009 年版等之規定。

㈡協會貨物保險條款與 Incoterms® 的關係

在 CIP/CIF 的 A5 保險中分別規定賣方應投保符合協會貨物保險條款 (LMA/IUA) 的 (A) 及 (C) 條款或任何類似條款所提供之貨物保險。顯然有必要在此加以說明。

1.《協會貨物保險條款》

倫敦保險人協會 (The Institute of London Underwriters) 所制定之協會貨物保險條款 (Institute Cargo Clause, ICC) 已成為確定承保範圍與當事人雙方權利義務的重要海上貨物運送保險慣例。

而倫敦保險人協會已於 1998 年 12 月 31 日與「倫敦國際保險與再保險市場協會」(The London International Insurance and Reinsurance Market Association, LIRMA) 合併稱為 「倫敦國際保險人協會」 (The International Underwriting Association of London, IUA)。

1982 年版本的協會貨物保險條款，到了 2009 年則由 IUA 與勞埃德市場協會 (The Lloyd's Market Association, LMA) 加以修正，修正後之條款稱為 LMA/IUA 2009，但還是有人稱為 ICC 2009。在 1982 年以前的水險主要有 All risk（全險）、WPA（水漬險）、FPA（平安險）三種，1980 年將三種改稱為 (A)、(B)、(C) 條款。

2. ICC 1982 與 2009 之比較

　(1)保險效力的開始

　　1982 年版的《協會貨物保險條款》規定，保險效力開始於貨物運離倉庫之時 (From the time the goods leave the warehouse)；但 2009 年版則修正為保險效力開始於貨物從本保險契約所載起運地點的倉庫或儲存處所，為了立即從貨物裝進或裝入運送車輛或其他運送工具，以便開始起運，保險效力即自前述貨物搬動時開始生效 (Start at first move in warehouse/storage for transit...for the purpose of the immediate loading)，但不包括運送過程以外的儲存，例如當被保險人或其員工使用任何運送車輛或其他運送工具或任何貨櫃作為通常運送過程以外的儲存時 (Cover does not therefore extend to temporary storage prior to transit on vehicles or to such storage in holding areas within a warehouse)。

　(2)保險的終止

　　1982 年版是以「交付給」(On delivery to) 保單所載目的地之受貨人所屬或其他最終倉庫或存放處所時終止；2009 年版則於最後倉庫或保險契約所載目的地之儲放處所，自運載車輛或其他運送工具上完成「卸載至」(On completion of unloading) 本保險契約所載明目的地之最終倉庫或儲存處所時終止。

　　一般稱此規定為倉庫到倉庫條款，簡稱倉到倉條款。倉到倉條款分別見諸於 2009 年版 (A)、(B)、(C) 條款的第 8 條及《協會貨物罷工險條款》的第 5 條。新修正的條款顯然擴展了保險責任的起訖期間，對於被保險人有利。有人為了與以前的「倉到倉條款」相區分，將其簡稱為「從倉庫隔板到車後擋板條文」(From shelf to tailgate)，簡言之，就是延伸到包括起運出庫的裝車、發運過程和抵達入庫的卸車過程。

　　至於 Incoterms® 2010 則是用比較模糊的方法寫為承保範圍是從交貨地點起至指定目的地。

(三)其他類似條款

　　以丹麥為例，丹麥在 2010 年 3 月依 ICC 2009，重新修正了 New Revised Danish Marine Cargo Insurance Conditions。

另外中國大陸也有自己的 PICC (The People's Insurance Company of China) 條款。

其他類似條款可能指的是類似 ICC 2009 有如上述之丹麥或中國大陸版本之條款❷。

㈣ ISBP 針對 UCP 600 有關保險之補充規定

ISBP（International Standard Banking Practice，國際銀行標準實務）681 號於 2007 年 7 月公布，再於 2013 年 7 月公布修訂版之 ISBP 745 號，兩者均適用於 UCP 600 號的審查單據，以下茲述其對 UCP 600 有關保險之補充規定。

1.有關保險條款相互取代之問題

⑴ ISBP 681 第 173 條相關規定

ICC(A) 可取代 All risk；但 All risk 並不能取代 ICC(A)，依此類推。因為 ICC 1963 年的全險、水漬險和平安險，已於 1982 年修正為 (A)、(B)、(C) 條款。本於從新原則的原理，1963 年的 All risk 等險種並不能取代 1982 年以降修訂並賦予新名稱的 (A)、(B)、(C) 條款。

此外 ICC(A)、ICC(B) 或 ICC(C) 若未標明年分如：Covering marine risks as per Institute Cargo Clauses (A) dated 1/1/82 或 Covering marine risks as per Institute Cargo Clauses (A) dated 1/1/2009，則應依新版本。

⑵ ISBP 745 第 K18 段

當信用狀要求提示全險保單，提交的若是已標明為全險或批註為特別險別除外，即已滿足要求。

此外，若保險單據表明其承保的為倫敦保險協會貨物運送保險條款 (A)，或者空運保單載明其承保的為倫敦保險協會貨物運送保險條款（空運），即符合信用狀要求之全險條款或批註的條件。

2.倉至倉條款無追溯保險責任生效的效力

⑴ ISBP 745 K10 段 c 項認為倉至倉條款並沒有追溯保險責任生效的效力。

---

❷　劉鶴田 (2010)。國際貨物運輸保險（2009 年）修正條款之研究，臺灣經濟金融月刊，46 卷，11 期，頁 36。

按本段 c 項說明，保險單據顯示保險基於「倉至倉」或類似條款已經生效，且保單出具日期晚於裝運日期，這並不表示保險生效日期是不晚於裝運日期 (Not later than the date of shipment) ❸。

⑵在 ISBP 681，如果提交的保險單據顯示的出具日期晚於運送單據上的裝運日期，但保險單據還顯示了「倉至倉」條款的情況，是符合的。

⑶但 ISBP 745 c 項認為倉至倉條款並沒有追溯保險責任生效的效力，因此保單的出具日期如晚於運送單據上的裝運日期，則構成了單據不符。

第二節 ▶▶▶
2020 年版國貿條規的基本原則

✿ 一、國際與國內貿易無縫接軌原則 （Where applicable 的功能）

Incoterms 2000 的引言曾認為，通關手續乃指賣方或買方負擔將貨物運出出口國或運入進口國通過海關的義務，這項義務延伸的手續不僅包括繳納關稅和其他行政規費，還包括履行一切與貨物通過海關有關的行政事務以及向當局提供必要的資訊並繳納相關費用。

在歐盟或其他自由貿易區，當域內貨物流通不再有繳納關稅的義務和對輸出入的限制時，有人認為 Incoterms 相關的條款還硬性規定乃需辦理貨物通關義務的用詞並不適宜。為此，「可適用的情況下」(Where applicable) 的用語被嵌入了相關貿易條件的 A7/B7、A9/B9 相關義務的規定裡。因此，「在無須辦理進出口通關手續的情況下」，使用該用語就可以避免混淆。

Incoterms 明顯表示可適用於國際與國內貿易 (特別針對美國)，為讓國際與國內貿易都可適用 Incoterms，只有在需要通關時（可適用情況下）才辦理進出口通關或結關手續。何以特別針對美國？因為美國的統一商法典，已於 2014 年

---

❸ 林建煌 (2013)。品讀 ISBP 745，頁 584，廈門大學出版社。

廢除貿易條件相關的規定，或許希望 Incoterms 可以填補在美國使用之空缺。

此外，歐盟 2019 年新規定不允許非歐盟住民或私人機構辦理 EXW 之輸出通關業務。而在美加墨自由貿易協定域內若使用 EXW 交易，在一定金額以上，應由賣方出具 NAFTA 格式 (Form)，否則仍會被課關稅。

二、提供安全通關資訊與運送安全資訊義務分開處理原則

2010 年之後，我們必須承認，安全 (Security) 有關之議題在貿易與運送部門變得日益重要（如強制掃描貨櫃），如若資訊不符需要，則會增加費用與遲延的風險，2010 年版的確有對安全資訊提供的責任與費用做出規定，這次修正版，則在 A4/A7 對安全義務做出了更詳盡的提供規定。以下茲敘述國貿條規有關安全資訊規範之演變。

至於這裡所指的安全有人主張是一般意義所指的安全，不須涉及到網路安全，或者其他可以想像得到的安全，如果希望也把這些包括進去，應另行在契約中規定 ❹。

㈠ Incoterms® 2010 之規定

1.進出口通關與提供安全通關資訊義務分開處理原則

911 事件以後，歐美國家為保護國境安全，Incoterms® 2010 將相關保護措施延伸到即將進入該國邊境的貨物必須作相關安全資訊的申報。如何將相關安全資訊的申報在買賣雙方之間作合理的分配？另外，提供安全通關資訊的義務也與辦理進出口通關義務有關，究竟是兩者分開規定抑或合併規定較為妥適？

Incoterms 2000 在 A2/B2 中分別規定了買賣雙方辦理進出口通關手續的義務；A10/B10 則規定了賣（買）方為協助買（賣）方取得貨物輸出入以及過境其他國家所需的單據與資訊的義務。

Incoterms® 2010 參考此兩項條款的起草技術，將提供安全資訊義務，獨立於 A2/B2 進出口通關義務之外，另行於 A10/B10 分別作出了規定。

---

❹ https://www.clydeco.com/insight/article/a-practical-overview-of-icc-incoterms-2020.

2. 提供安全資訊費用的分配原則

賣方協助買方為貨物輸入及為運送至目的地所需的安全有關資訊，風險與費用由買方負擔。

反之，賣方為貨物的運送及輸出與過境第三國所需的安全有關資訊，風險與費用由賣方負擔（EXW 無此項規定）。

3. ICCCLP 對安全資訊費用的補充解釋❺

歐盟自 2011 年 1 月 1 日起實施進口匯總申報 (Entry summary declaration, ENS) 制度，所有交貨至歐盟的賣方於貨物裝運前 24 小時均應提供相關的安全資訊，但對於究竟應由誰負擔該項申報費用，業者卻有不同的作法。有的是附加在通常的海運費用裡面，由支付運費的一方負擔(不管是運費已付還是待收)，但有些運送人（主要是亞洲）則是要求由託運人 (Shipper) 預付。因此遂請求 ICCCLP 針對「此項費用究竟應由誰負擔？」、「是否應把安全申報當做是進出口申報手續的一部分？」做出說明。

Incoterms® 2010 就有關「安全資訊費用」應該由誰負擔產生了一些問題。以歐盟為例，經由觀察可發現，運送人處理此項費用各有不同的付款方式，例如就危險物資的費用而言，衛生與港口當局各有不同的法規，因此這項費用在某些個案是附加在通常的海運費用裡面，由支付運費的一方負擔（不管是運費已付還是待收），但有些運送人（主要是亞洲）則是由託運人 (Shipper) 預付。因此，實務上就出現了不同的觀點，這項費用應由誰負擔？是否應把安全申報當做是進出口申報手續的一部分？

ICCCLP 的補充解釋首先說明，有鑑於安全申報制度日趨重要，Incoterms® 2010 的起草小組曾經調查全球有關貨物安全申報的規範，但發現各國並無統一的實務可言，因此只好將國貿條規 A2/B2 與 A10/B10 的內容加以小幅度的改變。

至於安全資訊費用究竟是由賣方或買方負擔，理應依當事人選擇的貿易條件而定，ICCCLP 遂舉 FCA、DAP 加以說明。

---

❺　請參閱 Incoterms® Rules Q&A 第 3 題有關的說明。

⑴ FCA

假設在 FCA 下，交貨地點是在賣方營業場所以外的地點：

如果一個日本的賣方出貨到歐盟國家，由於 FCA 的賣方只負責出口通關並不辦理進口通關手續，但 ENS 是歐盟進口的制度，應由買方辦理，因此賣方並不負責辦理該項手續。

但依照 A10/B10 的規定，賣方應循買方的要求協助提供相關的單據與資訊完成該項申報手續，並由買方負擔辦理該項手續的風險與費用。

至於貨物交付後，運送所需的安全申報資訊，則由買方負責處理，而依 A10 賣方應負責協助提供安全申報資訊與資料。

⑵ DAP

假設在 DAP 下，買方的營業場所在巴黎，而賣方的國家位處歐盟之外，且貨物輸入第一個到達點是法國，則：

由於 DAP 的賣方並不負責辦理進口通關手續，而 ENS 是歐盟進口的制度，應由買方辦理，因此賣方並不負責辦理該項手續。從而，ENS 申報就會由海運運送人負責，但與運送人締結運送契約的是負有把貨運至指定地點巴黎義務的賣方，因此運送契約會要求賣方提供給運送人完成 ENS 申報所需的資訊，該項申報所需的費用也會向賣方收取。

當然，DAP 的買方也負有提供必要資訊與賣方轉交給海運運送人完成 ENS 申報的義務，因為 B2 規定，負責辦理進口通關手續是買方的義務，所以買方有補償賣方為完成 ENS 申報支出的費用義務。

㈡ Incoterms® 2020 之規定

1. 每個條件之 A4 新增符合運送安全有關需求之義務

除 EXW 規定，賣方應循買方請求，以買方風險與費用提供符合運送安全有關之需求，供作安排船務需要外，其餘皆規定賣方應有符合運送安全有關需求之義務。

2. A7 則規範輸出入通關安全有關之資訊

在可適用之情況，賣方應提供或協助買方提供輸出安全通關，及（或）辦理輸入與過境安全通關手續，所需之任何單據或資訊。

3. A9/B9 運送安全有關費用之規定

在 A9/B9 費用之劃分中，對提供運送安全有關費用應由誰負擔之問題，有獨立劃分出來做規定。

㈢運送安全有關之需求資訊

2001 年 9 月 11 日美國發生恐怖攻擊事件，美國國土安全部 (United States Department of Homeland Security, DHS) 為防止恐怖事件的再發生和兵器等的輸入，決定推動整個貿易安全制度，舉凡與貨物輸送有關的整個供應鏈，全體都要強化與實施一系列的謹慎安全措施。

1.美國海關商貿反恐聯盟 (Customs Trade Partnership Against Terrorism, C-TPAT)

C-TPAT 最主要目的是在防止恐怖分子及其武器輸入美國，C-TPAT 希望透過海關與貿易社群之合作，強化美國邊境以及確保整體貿易供應鏈之安全，參與此計畫者得降低進、出口貨品查驗比例，國與國間有相互承認制度。

供應鏈係指從工廠→陸路運送→整合業者或配銷中心→陸路運送→裝船港口→船運→轉運港口→船運→卸貨→陸路運送→零售配銷中心之整個流程。

在 911 恐怖攻擊前，美國海關重視進口地點之查驗，911 後查驗重心逐漸擴大延伸，即海關從進口地點，增加轉運地點之介入（貨櫃安全計畫，CSI 型態），再進一步擴大到確保所有海運港口之安全（ISPS 型態），進而確保整個供應鏈之安全（C-TPAT 型態）。

2.美國的貨物安全措施 (Cargo related security)

⑴貨櫃安全計畫 (Container Security Initiative, CSI)

本措施規定貨櫃進入美國港口前的事前檢查。依據 2006 年的《安全港口法》(Safe Port Act)，美國與其他國家本於兩國互惠協議，讓美國安全人員可到全世界前 20 大港口，後來也擴及到中小規模港口，對出口到美國的貨櫃實施事前檢查；對手國也可派員在美國港口實施貨櫃的事前檢查。

⑵24 小時原則 (24 hours advance vessel manifest rule)

開往美國的船舶於開航前 24 小時內，要向美國海關申報諸如艙單等相關資料。若違反 24 小時原則，第一次罰 USD5,000，第二次罰 USD10,000。

⑶ 10+2 原則 (Importer security additional carrier requirements)

由於美國認為 24 小時原則無法有效遏止武器與彈藥的輸入，遂於 2009 年 1 月 26 日起增加 10+2 原則，過渡期為 1 年，於 2010 年 1 月 26 日起開始強制施行。

10+2 原則指的是進口安全申報 (Importer Security Filing, ISF) 和運送人附加要求措施，即運送人和進口商在貨物經船隻進入美國之前，需通過船貨清單自動傳輸系統 (Automated Manifest System, AMS) 將電子申報資料送入美國海關和國土安全部。

① 10+2 原則中的 「2」 要求船公司需申報有關船運裝載位置計畫資料 (Vessel stow plan) 與裝載貨櫃的狀況訊息 (Container status message)。

② 10+2 原則中的「10」要求進口商應將 a.工廠的公司名稱和地址；b.賣方的公司名稱和地址；c.買方的公司名稱和地址；d.貨物送達的公司名稱和地址；e.進口商的海關登記號碼；f.受貨人的美國保稅號碼；g.所有貨品的原產地；h.海關關稅編號（6 碼）；i.貨櫃的裝櫃地址；j.併櫃的公司名稱和地址等十項資訊全數整合與整理，提供給為其報關服務的報關行，而託運人應將有關資訊及時提供給進口商或為其報關服務的報關行。此外，在申報操作方面，進口商可以委託其信任的海外代理代為申報。

上述申報資料中，有些由賣方提供，有些由買方提供，至於如何分配提供相關貨物安全措施的資訊，Incoterms® 2020 對此有了對應的規定。

⑷ WCO 的 AEO 制度

美國以外的國家也開始實施這些制度，這些對貨櫃的掃描、貨物的安全檢查，以及對貨物之安全分析，是需要花費用與時間的，為了讓無辜的貨物從賣方流到買方的過程能夠快速通關，於是 WCO (World customs organization) 出面了。

首先制定安全架構標準 (WCO safe framework of standards) 然後又訂了一些安全標準，目的在促進建構一個有效之窗口，去發現安全威脅，避免通關遲延及減少費用之支出。

WCO safe 是在促進「海關與民間企業的合作」，安全認證優質企業 (AEO) 是指與海關形成夥伴關係，具備完善的供應鏈安全措施並經認證後的經營者，可獲得海關提供實質的便捷通關優惠。AEO 是要讓供應鏈體系之參與者，用一套自足的評估體系，以最佳作業確保內部政策及程序，能夠充分捍衛貨物的裝船，貨櫃直到目的地為止的安全確保。

我國之《關稅法》第 19 條，優質企業認證及管理辦法，亦有引進 AEO 制度。

三、買賣雙方誰在當地有營業場所就由誰負責辦理通關與結關原則

除了 EXW 與 DDP 以外，Incoterms 建立了買賣雙方誰在當地有營業場所就由誰負責辦理通關原則 (The party domiciled in the country to be in charge of the clearance obligation)。

就理論而言，這個原則是適合的，因為居住於當地的一方比較瞭解究竟需要的費用有哪些，進出口通關或結關可能遭到的風險與費用有哪些，同時進出口稅費方面的減免或退稅由他來辦理也比較方便。但這個條件不適用於 EXW 與 DDP。

四、貨物交付風險負擔即移轉原則

國貿條規也建立了貨物交付後風險即移轉的原則 (The risk of loss or damage to the goods is transferred from the seller to the buyer when the seller has fulfilled his delivery obligation)。

但交貨後風險即移轉原則，可能會產生時間差 (Time lag) 的問題，因為由賣方交貨到買方實際物理受領貨物會有時間的差距，在這時間的差距中，貨物可能會發生滅失或毀損。例外的情形為：

1. 風險提早移轉

　　例如 FOB 的買方未通知指定的船舶。

2. 貨物已裝船但風險不移轉的情形

　　例如 FOB 的賣方未通知買方貨物何時已裝船。

五、買賣雙方充分通知對方原則

　　買賣雙方需要彼此協助，讓對方瞭解備貨是否完成、指定運送工具情況、何時已把貨交到船上或交給運送人、貨物何時會抵達買方指定目的地，讓對方就交貨或受領貨物作業準備就緒，因此要充分通知對方。

㈠通知的重點

　　通知的重點主要為通知內容的充分與通知時間的充分。一般認為主要包括：

⑴何時貨物準備就緒將可裝運 (When the goods will be ready for shipment)。

⑵何時貨物將交到裝船港 (When the goods will be delivered to the loading port)。

⑶何時及何處貨物將交到裝運港的船（飛機）上 (When and where the goods will be loaded on board the vessel at the port of loading (aircraft))。

⑷預計貨物何時將抵達何處的卸貨港或地點 (When and where the goods are expected to arrive at the unloading port)。

㈡通知的作用有哪些？

　　這些通知的資訊對散裝物資與傭船契約的當事人尤為重要，因為涉及延滯費與快遣費，還有買方安排倉庫與對下游經銷商鋪貨的準備。若再細分可分為：

1. 買方在何種情況下要通知賣方？要通知什麼？

表 3-1　買方通知賣方事項

類　型	通知事項
EXW、DAP、DPU、DDP	通知賣方將在何時及在何處受領貨物 (When and where he should take delivery)
FCA、FAS、FOB	通知賣方其已指定的運送人資訊及交貨時間 (Carrier and delivery time)

| CPT、CIP、CFR、CIF | 通知賣方裝船時間及（或）目的地（港）(The time for shipping the goods and/or the destination)。因為買方有時保留有裝船時間及（或）目的地（港）指定權 |

2.賣方在何種情況下要通知買方？要通知什麼？

⊕ 表 3–2　賣方通知買方事項

類　　型	通知事項
EXW	通知買方何時及何處貨物將交由買方處置
FCA、FAS、FOB	通知買方何時及何處已將貨物交由買方處置
CPT、CIP、CFR、CIF	通知買方何時及何處已將貨物交與運送人
DAP、DPU、DDP	通知買方何時及何處貨物將到達指定目的地

3.關於已交貨的事實要及時通知

　　買方要申辦進口手續、保險、領貨、倉儲、配銷等手續，需要有充分時間準備，因此賣方必須將貨物已交付的事實及時的通知，若未及時通知，賣方要承擔因此而產生的損失。

案例摘要

Rheinberg-kellerei GMBH v. Vineyard Wine Co.

FOB 的賣方於船舶開航後未通知買方，兩個星期後沉船，買方控告賣方。

法院判決解說

　　Wells 法官認為賣方疏於通知買方貨物已裝船的事實，剝奪了買方採取防範滅失或毀損的機會，遂判決風險未移轉。

4.關於已交貨的事實要詳實的通知

　　賣方應明確的將契約項下的多少貨物已於何時及何處裝上什麼交通工具，若是船舶，應通知買方船舶名稱、開航及抵達時間，方便買方做好提領貨物與轉售等的準備工作。

5.通知的方式

　　Incoterms® 2020 並未提及要用何種方式通知買方，例如 E-mail、傳真或紙本寄信等都是可接受的方式，因此若契約有特別規定應依規定，無規定則依通常得為保存紀錄的方式通知。

例如若 L/C 要求 "Beneficiary's certification addressed to the applicant manually signed stating that the correct 10+2 ISF (Importer Security Filing) documents was released to buyer 24 hours before the container leaving the port"，則賣方就應出具受益人證明已將 10+2 資訊告知買方。

6.通知不實的責任

案例摘要

買方從澳洲進口羊毛 5,000 公斤，貿易條件為 CFR Keelung transshipment permitted。

賣方於 7 月 9 日用 E-mail 通知買方：船名 "AAA"，預計於 7 月 20 日在香港轉船，船名為 "BBB"，到基隆港時間約為 8 月 10 日。BBB 於 8 月 18 日方抵基隆，但甲去提貨時根本未發現契約的標的物。經調查發現該標的物早已於 7 月 20 日由另一艘船 "CCC" 運抵基隆，而該批貨物遂被海關加收延滯費用。

依 Incoterms® 2020 A10，賣方認為已經給予買方貨物裝船的通知，但買方認為賣方錯誤通知了船名及船期，又未及時的將貨物轉船計畫發生的變化及時通知買方，違反 Incoterms® 2020 A10 充分通知的義務。

賣方抗辯：貨物未按原計畫轉船不是賣方造成的也不是他所能控制的，因此不應承擔責任，是船公司沒有盡到正確通知義務，應該向船公司索賠。

法院判決解說

由於 Incoterms 並未規範違約及違約的法律效果，因此是否違約應依買賣契約準據法認定。但充分通知可讓買方有充分資訊與保險公司溝通，因此賣方仍應及時通知轉運船舶的船名。

7.買方充分（必要）的通知

在 FOB 下，買方有義務及時充分的通知賣方關於船名和船期等裝船事宜。

> 📖 **範　例**
>
> 　　L/C 有效期限為 2011 年 4 月 30 日，買方於 3 月 22 日用 E-mail 通知裝船期限為 4 月 1 日至 4 月 10 日，但通知內容並無船舶名稱。
>
> 　　3 月 26 日買方再 E-mail 通知船名為 "Rebecca"，但並未告知具體裝船日期。
>
> 　　賣方因此抗辯：買方未盡充分通知義務，致無法作好裝船準備無法及時裝船。

8.買賣雙方未充分通知的效果

　　⑴風險的提早移轉。

　　⑵危險負擔不移轉。

　　因此增加的費用 (Additional cost) 由對方負擔。

六、負責裝貨不負責卸貨原則

　　FCA 採取了誰在裝卸場所擁有裝卸設備就由誰負責裝卸原則 (The party in charge of the loading and unloading facilities should be responsible for the operations so that the seller loads the goods on the collecting vehicle)。此外，在 FCA、DAP 及 DDP 下，原則上買方負有卸貨義務 (The buyer generally unloads the goods from the seller's arriving vehicle)。

㈠裝　貨

1. EXW 是本原則的例外

　　EXW 為了維持賣方負擔義務最輕責任原則，因此賣方把貨放在工廠附近周圍即為履行交貨義務，不負擔裝貨義務，但得於買賣契約規定 EXW loaded at seller's risk: "The seller to be responsible for the loading of the goods on departure and to bear the risks and all costs of such loading"。

2.裝貨是否包括貨物的積載 (Stow) 與填充 (Stuff)

> **📖 範　例**
>
> 　　賣方用 FCA FCL to be loaded and delivered at the seller's premises 方式售予買方危險物資 (Dangerous goods) 一批，買方指定的運送承攬人 (Forwarder) 已將空櫃拖至賣方工廠，賣方應允將貨物裝進貨櫃，但拒絕為之積載堆棧與繫固 (Accepts loading the goods into the container but refuse to stow them inside)，理由為危險物資在貨櫃裡的堆棧需要特別的知識 (Special knowledge) 與訓練，亦即賣方願意把貨物搬入貨櫃，但不願意把貨「填擺與固定」於整個貨櫃。
>
> **🗣 解　析**
>
> 　　假若貨物未經過適當的捆紮 (Secured)，運送途中不幸釀成災害時，賣方要負法律責任，因此拒絕積載堆棧與繫固。但若無特別約定，這應該是屬於買方的義務。
>
> 　　為慎重起見，似乎應於買賣契約對裝貨的意義做個完整定義，例如 "Loading means that the seller should loading and arranging the goods within the container so that the container is ready for shipment and can be sealed"。

㈡卸　貨

　　DPU 是本原則的例外，其他貿易條件賣方並不負責卸貨。

㈢勞工聯盟等與裝卸貨的關係

　　《國際公路運送公約》 (Convention on the Contract for the International Carriage of Goods by Road, CMR) 禁止公路運送人從事裝運的工作，原因之一是在避免運送人的受僱人若進入賣方工廠從事裝貨，容易捲入賣方的勞資糾紛 (The CMR convention rules prevent the carrier to perform the loading of the goods and may even lead to a labor dispute if a carrier's employee entered the store of the vendor to do the loading himself)。因此有人會採用 EXW 的變形條件 "EXW loaded at seller's risk"，或 "EXW loaded at buyer's risk" 來避免裝貨的困擾。

㈣連環買賣的裝貨問題

1. FOB/CFR/CIF 連環買賣

大宗物資買賣於貨物運送途中常發生轉賣的問題，貨物已在海上運送途中，透過提單等背書轉賣給第二個或第三個買受人，第一個賣方已把貨裝船了，爾後轉賣的賣方當然不必再行裝船，因此 Incoterms® 2010 修正，對連環買賣用「購買已如此交付裝運的貨物」(Goods that have been shipped) 代替「裝貨的義務」(To allow the seller to procure goods that have been shipped as an alternative to the obligation to ship the goods)。

2. FAS 連環買賣

FAS 因屬船邊交貨，賣方把貨物交付至船邊，然後由第一個買方，轉賣給第二個買方，然後又轉賣給下一個買方，船到了約定港口，應由最後一個買方負責裝船，因為 FAS 的導引是稱為「購買已依約交付裝運的貨物」(Already so delivered for shipment)，賣方不必再將貨交付到船邊，但若第二個買方尚未訂艙，則訂艙與裝船都要由最後一個買方依 B3 的規定，自負費用訂定運送契約。如果裝船後又轉賣，就可能會變為 FOB/CFR/CIF 的連環買賣。

FAS 較少發生連環買賣的情形，基本上連環買賣是以傳統提單的背書轉讓而遞延發生，Incoterms® 2010 也規定 FAS 有連環買賣的適用。

3. Incoterms® 2020 連環買賣

Incoterms® 2020 除 EXW 外，其餘 10 個條件均有連環買賣之適用。2010 年版只在 FAS/FOB/CFR/CIF 規定有連環買賣之適用。

七、賣方負擔費用至指定交貨地點原則

每個貿易條件有關費用的劃分很重要，除了讓買賣雙方知道「誰要做什麼」以外，還要知道「誰要負責該項費用」。

Incoterms 奠定的費用劃分原則是賣方負擔費用至指定交貨地點，爾後發生的費用由買方負擔 (The seller has to pay costs necessary for the goods to reach the agreed point of delivery, and the buyer has to pay any further costs after that point)，

此外，該項業務由誰處理，就由其負擔該項費用原則。

㈠費用的種類

1.第一種分類將費用的種類劃分為四種

　　⑴發貨運送與交貨費用 (Dispatch, carriage and delivery cost)

　　　①在買方場所交貨的費用 (Loading at the seller's premises)。

　　　②運送至指定交貨地點的前段運送費用 (Pre-carriage in the country of export)。

　　　③訂立運送契約所發生的費用 (Booking space and issuing transport documents)。

　　　④貨物出口以前有關的倉儲堆棧與處理費用 (Warehousing, storage and handling charges pending dispatch of the cargo from the country of export)。

　　　⑤在出口國租賃輸送設備與器械的費用 (Hire of transport equipments and appliances in the country of export)。

　　　⑥主要的國際運費 (The main international carriage)。

　　　⑦貨物在進口國卸貨後所發生的倉儲堆棧與處理費 (Warehousing, storage and handling charges subsequent to discharge in the country of import)。

　　　⑧在進口國租賃輸送設備與器械的費用 (Hire of transport equipments and appliances in the country of import)。

　　　⑨運送至買方場所之後半段運送作業 (On-carriage in the country of the buyer)。

　　　⑩在買方場所產生的卸貨費用 (Unloading at the buyer's premises)。

　　⑵貨物進出口通關所產生的費用 (Customs clearance for export and import)

　　　①關稅、加值稅與其他官方規定的規費 (Duty, VAT and other official charges)。

　　　②進出口通關的報關行費用。

③其他如取得輸出入許可證、進出口政府實施的強制檢驗費用、領事發票、海關倉儲等費用。

⑶買賣的一方提供額外服務所產生的費用 (Services or assistance rendered by one party to the other in addition to what the assisting party required)。例如 EXW 的賣方協助取得輸出許可證；FOB 的賣方協助洽訂運送契約；DDP 的買方協助取得輸入許可證。

⑷在 CIP/CIF 下產生的保險費用 (Insurance)。

2.第二種的分類將費用的種類劃分為三種

⑴實際物理操作的費用 (Physical operation)，例如包裝 (Packing)、處理 (Handling)、運送 (Transportation)、儲藏 (Storage) 等費用。

⑵行政作業費用 (Additional operation)，例如單據製作、通關費用、保險費用等。

⑶裝運前檢驗 (Pre-shipment Inspection, PSI) 費用。

㈡該項業務由誰處理，就由誰負擔該項費用原則的例外

1.由第三者提供的服務有時無法明確劃分：例如理貨公司 (Stevedores) 從事的裝卸費用 (Loading and discharges)。

2.準官方的費用 (Semi-official charges)

3.因裝船與交貨交替發生的儲存費用 (Charges for their storage pending shipment or delivery)

4.因不可預料事件所發生的費用 (The division of costs whenever additional cost are caused by unexpected events)

上述這些例外必須於買賣契約另外約定。

八、THC 劃分原則

㈠ THC 的定義

THC 就如字面意義而言，乃指在特定國家之特定港口或集散站，由運送人或者運送人委由第三方操作人員，為處理貨物所產生之理貨費用，它是一筆屬

於地方性質之費用，原則上依當地港口慣例，或者依買賣契約，或者依運送契約決定如何收取或向誰收取，但一般則是由運送人選擇將 THC 的全部列為運費，或一部分屬於運費與一部分屬於 THC。

(二) THC 的性質

1.不同型態之貨物有不同之 THC

特別的設備或者特別的貨物例如危險物資、冷藏貨櫃，或者超規格貨物 (Out of gauge, OOG) 需要特別的照料與監視，收取之 THC 會與一般貨物不同。

2.不同之港口，縱然屬於同一航線收取之 THC 也不同

即使相同之船公司航行在相同之航線，不同之港口會收取不同之 THC。例如亞洲到歐洲航線，掛靠上海、新加坡、馬來西亞巴生港、漢堡、鹿特丹，每個港口收取之 THC 會不同。

3. THC 的費用有時候很貴

THC 有時候會浮動，費用可持續達一年之久，就以 2017 年 9 月運費從鹿特丹到紐約 20 呎貨櫃運費是 USD765，但 THC 卻是收取 USD235，是運費的 30%❻。

4. THC 依運送航路之不同有三種

(1)第一種是啟航地 THC (Origin terminal handling charge, OTHC)，是在啟運地收取。

(2)第二種是目的地 THC (Destination terminal handling charge)，是在目的地收取。

(3)第三種是轉運地 THC (Transhipment terminal handling charge)，是在轉運港口或集散站收取。

(三) THC 的種類

至於不同名目的費用哪些要歸類入 THC 也是見解歧異。

1.海　運

THC 的定義是必須付給船公司的費用，因它在貨櫃集散站提供接收整櫃與

---

❻　https://www.xeneta.com/blog/terminal-handling-charges, visited day 2019/12/31.

堆放，然後把貨物交給裝船港的船舶，或者是在目的港的船舶接受並且堆放貨物，然後交給受貨人。

2. 貨　櫃

不管是運送人自己的貨櫃還是承租的貨櫃，在貨櫃場的空櫃處理費 (Handling operations at container depots)、領取空櫃費 (Pick up an empty container prior to loading it)，或者歸還空櫃費 (Return the empty container after discharging it) 可能也包括在 THC 的範圍內。

3. 裝船港或貨櫃集散站

此類的 THC 分為十七種，但此種分類方式僅涉及發生在集散站的移動費用，未包括在貨櫃集散站外的輸送、裝櫃或拆櫃費用。

㈣ THC 的解決方式

1. 用 All in one prices 來解決 THC 的問題

縱然無法給予定期船條件 (Liner term) 完美的定義，但實務上大家認為在定期船條件底下賣方負擔出口國產生的 THC，買方負擔在進口國產生的 THC。此外依港口通常的習慣 (Manners customary at the port in sea transport) 也可用來解決 THC 負擔的問題。但是，有些跨國企業直接與運送人洽談貨物從門到門 (From door to door) 或門到港口 (From door to port) 全部費用，並且包括裝貨與卸貨的 THC，例如報價條件為 CPT-KOBE (Incoterms® 2020) container yard, gate out。

2. 把 THC 包括於運費之內

由於 THC 所包括的進出口地操作費用屬地方費用 (Local charges)，一般是用當地幣別表示，而運費則是用諸如美元或歐元計算，可是各個港口的 THC 又各不相同，為了保持運費的競爭性，運送人傾向於把 THC 從運費中獨立出來。

3. 把 THC 分為交貨前 (pre-delivery) 的 THC 與交貨後 (post-delivery) 的 THC

由於船公司認為 THC 不是運費的一部分，買賣雙方應自行協商。因此，除非當地有習慣或當地碼頭有分配 THC 的習慣，且買賣雙方也同意依該習慣劃分，否則買賣雙方宜於契約約定。

㈤ Incoterms 對 THC 的規定

運送人對於 Incoterms 2000 以前 THC 究竟由誰負擔有疑義，例如 CIF/CFR 的 THC 已包括在賣方支付的運費裡面，但買方又要被運送人或集散站經營人索討貨物在港口或集散站，貨物利用相關措施移動所產生的費用，導致買方可能面臨對同樣的服務要付兩次費用的情形。

Incoterms® 2020 延續 2010 年版之規定，在相關條件之 A9/B9 遂作出相應的規定，明文分配應該由誰負擔，避免買賣雙方對由誰負擔發生爭執。

然後，再於各規則的引言 (Guidance note) 加以說明，例如 CPT/CIP 的引言說：除另有規定外，如果運送契約已經包括目的地的卸貨費用，賣方不得向買方索償該項卸貨費用，CFR 與 CIF 也有類似規定。

但 FCA/FAS 出口地的 THC，Incoterms® 2020 對此部分並未著墨。有人建議 FCA 的 A9 應新增如下之條文："FCA costs up to ship's side for seller's account unless included in freight"。Jan Ramberg 認為 THC 最好於買賣契約說明，例如 "50% of THC to be paid by the seller" 或 "THC for seller's account"，避免未來發生糾紛。

總之還是有模糊地帶 (Grey area)，Incoterms® 2020 的 A9/B9 規定得比以前的版本更詳細，某種程度也澄清了買賣契約與運送契約的關係。可是 THC 是個比較廣義的概念，還是存有模糊地帶。

THC 究竟應由誰負擔，應考慮與分析構成 THC 的各項費用是發生在 A4 交付之前或之後，然後判斷該費用在條件底下屬於哪一方應負的義務，最好要在買賣契約中明文規定。

九、兩個關鍵地點原則 (Two critical point rule)

如果把貿易條件有關費用的負擔與風險的移轉加在一起考量，兩者都是在同一個地點及時的由賣方移轉與買方的貿易條件，我們可以稱之為單一關鍵地點貿易條件 (Single-point trade term)，E 群、F 群和 D 群的貿易條件即是。反之，風險早於費用移轉 (Risks before costs)，也就是費用的負擔與風險的移轉不在同一個地點同時由賣方移轉與買方的貿易條件，我們稱之為兩個關鍵地點貿易條件 (Two point trade terms)，C 群貿易條件屬之。

⊕ 表 3–3　CPT/CIP/CFR/CIF 的兩個重要關鍵地點

第一個關鍵地點	用來決定風險負擔移轉之所在，即決定賣方交貨與風險負擔的分界點
第二個關鍵地點	用來決定費用負擔至該地點之所在，乃是賣方要締結運送契約把貨物運送至該指定地點 (The named place of destination or port to which the seller must contract for carriage)

1. 第一個關鍵地點

若貿易條件為 CIP L.A. 或 CPT Seattle，但並未特別指定交貨的地點，則當貨物進入依賣方選擇的地點即屬交貨，風險負擔也就從那時候開始移轉，若是複合運送則於貨物交與第一運送人時起移轉。該地點可能買方無法作實質掌控，因此買方可指定一特定地點。若買方需要稍晚時點再移轉風險，例如在港口或機場，則應於契約中訂明 (The risk to pass at a later stage (e.g., at an ocean port or an airport), they need to specify this in their contract of sale)。

2. 第二個關鍵地點

當事人除應精確的指定目的地以外，也應清楚的說明該指定目的地的特定地點 (Place)，因為運送至該特定地點的費用是由賣方負擔。

十、運送的通常路線與習慣方法原則

CPT 與 CIP 的 A4 規定，運送契約應以通常路線與習慣方法去訂立，此外在 CFR 與 CIF 當中也規定賣方應自負費用，按通常條件訂立以運送該貨物所常用類型的船舶，經過通常航路，把貨物運至指定目的港的運送契約。

貿易條件是屬於買賣契約的簡式格式，除買賣契約另有規定外，國貿條規自應將運送契約的簡要內容嵌入相關的規則裡面，國貿條規針對賣方運送義務的規定，可以分為四個部分加以說明：

⑴運送契約條款（件）問題 (The terms of the contract of carriage)。

⑵貨物裝運問題 (The shipment of goods)。

(3)運送路線問題 (The route of shipment)。

(4)貨物卸貨問題 (The discharge of goods)。

與本原則有關的是(1)與(3)。茲分析之：

㈠運送契約條款（件）問題

1.按通常條件訂立運送契約

如果未按通常條件訂立運送契約，買方得要求賣方負損害賠償責任甚至拒絕接受貨物，賣方原則應依貨物的性質以及其他有關的具體情況訂立運送契約 (The nature of the goods and the other circumstances of the case)。

通常條件可能無四海皆準的標準可循，但運送條款若符合《海牙規則》、《海牙威士比規則》、《漢堡規則》、《鹿特丹規則》或是買賣契約的《準據法》，應認已符合通常運送條件。

至於買方可能會將某些運送的特定條件包括或除外於買賣契約的運送條款 (Contain or exclude a particular term)，例如契約規定貨物需要冷藏，或者貨物運送途中需要保持恆溫等特定條件，並且要求賣方出具有關證明。這種運送條件應是屬於「特定條件」而非這裡所稱之通常條件。

2.定期船與不定期船的通常條件問題

海運貨物之運送可分為定期船 (Liner term) 或不定期船 (Tramp term)。不定期船通常運送人並不負擔貨物裝卸 (Free In and Out, FIO)。

㈡運送路線問題

1.通常路線或航路

所謂通常路線或航路指的是裝卸港之間地理上最直接的航線 (Direct geographical route)。除有正當理由 (Reasonable cause) 外，船舶不得有繞航等情事，若提單背面條款載有正當理由得繞航，應屬於前面所提及之通常條件。

2.轉運是否有違通常路線的問題

除買賣契約有特別規定貨物應直航 (Direct shipment) 外，裝於貨櫃的貨物原則得轉運。

⊜通常類型之海船

通常類型之海船一般又稱為船型，乃指用以運送該類貨物的海船。舉例而言，若船型太小，在冬天橫跨大西洋時，可能不具堪航能力，或者船舶太大、吃水量太深，進不了裝船港等。

本項規定的理由旨在督促 C 群貿易條件的賣方，除了關心運費高低等影響自己的利益因素外，也要考慮運送的交通工具應配合貨物的性質與其他具體狀況，訂定運送契約。

十一、保險的最低承保範圍原則

投保水險除了本於風險控管理念分散損失以外，另外也可彌補《海商法》針對運送人的賠償責任限制，或根本不賠致不能從運送人處得到足額或完全不賠償的損失風險。

1. 2010 年版的這兩個條件，若未特別規定，賣方買保險的種類為採最低承保範圍原則亦即保 (C) 或 FPA 條款，對散裝物資而言，倒也算是適合，但對製成品 (Manufactured goods)，就可能不合適，因為貨價可能會比較高。因此作了以下的修正。

2. CIF 較常用於大宗物資，因此 2020 有關保險的種類，依舊維持投保 (C) 或 FPA，而 CIP 較常用於製成品的買賣，保險的種類提高為投保 (A) 或 All risk 條款。

至於其他九個規則均規定賣方對買方與買方對賣方均無義務投保保險，目的乃讓賣方或買方去作裁量要如何投保，還有投保範圍要到何種程度。

㈠ CIF 為什麼僅要求投保最低承保範圍原則

1.從買賣標的物作考量

買賣雙方投保的保險承保範圍 (Scope of cover) 要到何種程度必須依貨物的種類與運送路線 (Transport route) 來作決定，如果 CIP/CIF 均規定要投保 ICC(A)，對某些貨物而言，可能無此需要，例如砂石、煤炭木材或廢鋼材貿易也許投保 ICC(C) 就已足夠。因此賣方保險義務僅規定投保最低保險承保範圍，再由買賣雙方依個案於買賣契約合意規定投保何種保險。

2.從轉賣運送途中貨物作考量

若屬於連環買賣，賣方無從考量轉買者究竟需要投保何種險別。為了將相關的 A5 作標準化規定，線頭的賣方投保的是最低標準的保險險別，若轉買人另有需要，得自行或要求線頭之賣方投保額外附加險。

3. CIF 投保 ICC(A) 反容易產生保險事故

有專家主張若規定投保 ICC(A) 反有鼓勵發生道德風險之情事，意即鼓勵偷竊，反而不利於被保險人，保險公司會要求被保險人協助採取特別防範措施 (Special loss-preventing measures)，否則不予理賠。

4.符合保險原理

保險制度的設計，原則上應由投保人與保險公司諮商，並作風險評估，然後決定承保範圍，因此規定最低承保範圍，然後再依評估結果投保附加保險，此舉比較符合保險原理。

㈡得依買方要求投保額外附加險

買方要求投保額外附加險可分為兩種情況：

1.賣方已投保最低的 ICC(C)

若買方願意把投保險別升等為 ICC(A) 或 ICC(B) 險別，應由買方自負費用及提供相關保險資訊。

2.賣方已投保 ICC(A)、ICC(B)、ICC(C) 等各險種

例如賣方已投保 ICC(B)，但買方要求加保竊盜險或賣方已投保 ICC(A)，但買方要求加保罷工險。加保的附加保險種類不少，Incoterms® 2020 僅舉戰爭條款與罷工條款為例，恐怖行為除外條款 (Termination of Transit Clause (Terrorism)) 等，也屬額外附加險的一種。

㈢為什麼 CIP 要投保 ICC(A)

2020 年版這次修正打破了 CIP 投保最低承保範圍原則，此乃因為修正小組瞭解到這兩個貿易條件，承載貨物的性質互有不同，CIF 是純屬海運條件，原則用於承載大宗物資，CIP 則是使用於多種運送方式之貿易條件，通常使用於

承載高價值之製造貨物，買賣雙方比較需要承保較高保險種類之險種，因此調高為投保 ICC(A) 條款或 All risk。

㈣為什麼投保時要乘以 110%

投保的貨物價值加 10%，其用意在彌補貨物於正常到達販賣後買方所可得到的利潤／損失，1906 年英國的《海上保險法》(Marine Insurance Act 1906) 就已有此規定。

因是最低規定，因此可可亞的買賣契約模範格式規定是乘以發票金額 (Invoice value) 的 12.5%。

雖然 Incoterms 並未禁止雙方把投保金額加保至超過 20% 以上或者低於 10% 以下。但若超過 10% 以上，應注意我國《保險法》與諸如英國《海上保險法》有關保險金額不得超過保險價額的規定。

㈤無保險利益不得索賠

1. 有保險利益者得向保險公司索賠

我國《保險法》第 14 條規定：「要保人對於財產上之現有利益，或因財產上之現有利益而生之期待利益，有保險利益。」另我國《海商法》第 127 條規定：「凡與海上航行有關而可能發生危險之財產權益，皆得為海上保險之標的。海上保險契約，得約定延展加保至陸上、內河、湖泊或內陸水道之危險。」

保險利益是指要保人或被保險人對保險標的所具有經濟上的利害關係，這種利害關係必須是法律上認可的各種關係而享有經濟利益者（包括現存的或可期待的利益與權利），亦即兼顧法律上的利益與經濟上的利益❼。

另 ICC 2009(A) 的第 11 條保險利益則規定：「11.1 為期能獲得本保險之補償，被保險人於被保險標的物發生損失之時，必須持有保險利益。」

2. FAS、FOB 與 CFR 的買方何時方有保險利益

在 FAS 下，賣方必須在指定裝運港，於約定期日或期間內，以該港口習慣方式，在買方所指定裝貨地，將貨物置於買方所指定船舶邊止，風險移轉給買方，此時買方才有保險利益。

---

❼　張錦源 (2011)。《國際貿易實務詳論》(修訂 16 版)，頁 427。臺北：三民書局。

FOB 與 CFR 則於將貨物置於船舶上，風險負擔移轉後方有保險利益，運送前階段 (Pre-carriage) 並無保險利益，買方自不得向保險人索賠。

㈥對保險期間有精確的規定

Incoterms® 2020 CIP/CIF A5 規定保險期間應涵蓋貨物自交貨地點 (Point of delivery) 起至少至指定目的地（港）為止 (Place (port) of destination)，這只是原則規定，因為在個別的保單會記載運送路線與交貨地點與指定目的地等，此有《保險法》第 87 條可稽：「保險契約，除記載第 55 條規定事項外，並應載明下列事項：

　　⑴運送路線及方法。

　　⑵運送人姓名或商號名稱。

　　⑶交運及取貨地點。

　　⑷運送有期限者，其期限。」

㈦保險期間與倉到倉條款的關係

Incoterms 2000 的 CIP/CIF A3b 規定，保險期間應依照 B5 及 B4 的規定，亦即自貨物交與運送人（超過裝船港之船舷）(B5) 起至買方接受貨物 (B4) 時止。

但 Incoterms® 2020 的 CIP/CIF 延續 2010 年版，對保險語言的使用則較為精確，意即保險期間應涵蓋貨物自 A2 指定的交貨地點起至指定的目的港（地）。對保險的起始與終止期間有了更明確的規定。但 Incoterms® 2020 敘明的保險期間並不等於一般所稱的「倉到倉條款」(From warehouse to warehouse)。

㈧賣方應提供保單證明

保單在各地會有不同的專門用詞，美國保險人會稱保險證明 (Insurance certificate) 為保單，但在大英國協會員國如紐西蘭則認為 Insurance certificate 的意思有別於保單 (Has a distinct nuance that is different to insurance policy)。因為保險證明係在統保單 (Open policy) 底下所開出的單獨證明 (Stand-alone cover)，僅為該次特定買賣而存在，也就是 Incoterms 所稱的等同保險證明。

㈨賣方應循買方要求提供額外投保所需的資訊

若無特別約定，CIP/CIF 的賣方會依約定或 A3 規定投保，買方有需要或連環買賣的「線尾」買方有需要額外投保，得自負費用請賣方提供投保所需資訊。

㈩ CIP 要保什麼險

CIP 可適用於包括複合運送在內的任何運送方式，而海上運送以外的陸空運送與水險的 (A)、(B)、(C) 條款本質上會有所不同，畢竟共同海損只在水險發生，因此雙方應明白約定 CIP 的保險種類，若未約定，應依 A5 規定，投保 ICC(A)。

十二、交付通常運送單據原則

運送單據的架構基本上可以分為兩個體系，一個是提單體系 (Bill of lading system)；另一個是貨運單體系 (The waybill system)；新興的則是電子運送單據體系。三種體系所產生的都是屬於此處所稱的通常運送單據。

㈠國貿條規與運送單據

1. Incoterms 1980

Incoterms 1980 CIP 的 A7 規定：「如習慣需要，自費提供給買方通常的運送單據」。

2. Incoterms 1990

Incoterms 1990 將賣方應提供的運送單據由提單改稱為通常運送單據 (Usual transport documents)，這似乎打破了傳統自 CIF《華沙一牛津規則》以來的提供符合要求的運送單據（僅指 B/L 為限）。在 A8 並承認運送單據得以等同的電子記錄代替。Incoterms 2000 的規定與 Incoterms 1990 類似。

3. Incoterms® 2010

Incoterms® 2010 說明交貨單據除可由 EDI B/L 取代之外，其他任何電子記錄或程式做出的資訊與紙本具有相同效力。

Jan Ramberg 認為，使用電子記錄或程式作為運送單據者，雙方間應於契約對該項電子資訊代替運送單據使用做出特別規定，且該資訊使用的電子系統應已臻成熟，並符合國際通用的標準。此外，取代運送單據紙本的電子記錄或程式，應特別標明是由何種系統所發出，例如是 Bolero 系統或是符合《鹿特丹規則》第 9 條 1 項的電副程序 (Electronic procedures) ❽。

4. Incoterms® 2020

2010 年版之 A8 標題是交貨單據 (Delivery document)，2020 年版之 A6/B6 則改為交貨／運送單據，但只有 EXW 之 B6 的標題是使用交貨證明 (Proof of delivery)。

㈡ 2020 年版 A6/B6 之分析

1. EXW

賣方無義務提供交貨／運送單據，但買方應提供與賣方已接受貨物之適當證明。

2. FCA

賣方提供已依 A2 交貨之通常證明 (Usual proof)，但循買方請求應協助提供運送單據 (Transport document)。

3. CPT/CIP

賣方應依習慣或買方之要求，提供依 A4 所規定運送契約之通常運送單據。

4. DAP/DPU/DDP

賣方應提供與買方，能夠讓買方提領貨物需要之任何單據 (Any document)。

5. FAS/FOB

賣方應提供與買方已依 A2 交貨之通常證明，如果這項通常證明是運送單據，賣方應協助取得此運送單據。

6. CFR/CIF

賣方應提供與買方通常運送單據 (Usual transport document)。

㈢提單體系

其兩大特徵為：

1. 背書轉讓 (To be "negotiable")

提單轉讓制度的設計，一是利用提單受貨人欄如指示式的記載，如 "To order of shipper"；二是由託運人於提單背面用背書方式轉讓給次一持有人，方

---

❽　Jan Ramberg (2011), *ICC Guide to Incoterms® 2010*, p. 73.

便貨物所有權的轉讓。

2.代表貨物所有權 (To represent "documents of title")

提單一旦背書轉讓貨物所有權即移轉。

㈣貨運單體系

貨運單的設計，基本上是讓該單據不具備提單體系的物權證券功能，因此受貨人欄不會用 To ship's order 記載方式來呈現，最後的受貨人早已確定 (The ultimate receiver of the goods is indicated in the transport document)，貨物於目的地未被領走前，得提示託運人聯行使貨物的變更指示權之外，是不能用背書等方法轉讓的。

貨運單原本使用在鐵路、公路與航空運送，1990 年的 CMI uniform rules for sea waybills 也引進了海運的運送單據體系。

㈤電子運送單據體系

CMI 的《電子提單規則》(Rules for Electronic Bills of Lading) 可說是電子運送單據的代表。這些電子紀錄的設計基礎是建立在運送契約當事人同意在可轉讓電子系統 (Transferability-system) 從事操作，有權轉讓的當事人可透過電子資訊，也即是利用金鑰 (Key) 把貨物的物權移轉給第三人後，舊的金鑰密碼失效，電子單據新的受貨人有了新的金鑰密碼，可以用這方法繼續轉讓單據或者去受領貨物，是個利用 EDI 的封閉系統，這樣的電子提單稱為 EDI B/L。

另一個系統 Bolero Net，它的電子提單稱為 Bolero B/L (B B/L) 是建立在電腦開放平臺 (Door-opener) 操作的系統。

表 3–4　B B/L 與 EDI B/L 的區別

	B B/L	EDI B/L
建立者	可信任的第三者 (Trusted third party)	運送人
建立地點	開放式的平臺	封閉式的平臺

第三節 ▶▶▶
2020 年版國貿條規 [Introduction] 引言之分析

一、制訂引言之目的

㈠引言之由來

引言是 2000 年版所增加的，當時繁體中文之官方版譯為「導言」，自 2010 年版以後才改譯為「引言」，2010 年版的導言較諸 2000 年版的內容卻變得輕薄短小。

引言在國貿條規中扮演什麼地位？2010 年版的引言中有提及，它的角色是在提供國貿條規於使用及解釋時充為一般性之說明，並不構成任何版本國貿條規之一部分 (Does not form part of those rules)。

ICC 起草 2020 版本第二稿的時候，這份草稿並沒有包括引言 (Introduction) 及導引 (Guidance note) 在內，起草小組應各國要求後表示，2020 年版的引言將比 2010 年版的內容更詳細，最後定稿的引言，內容包括以下十種，用意是要告訴使用者引言制訂的目的，其內容分十項敘述：

1. 國貿條規處理的是什麼。

2. 國貿條規不處理的是什麼。

3. 如何最佳化地草擬貿易條件之條款。

4. 2020 年版規定之交貨、風險與費用。

5. 2020 年版與運送（契約）。

6. 國貿條規與買賣契約及其他契約之關係。

7. 十一種貿易條件之分類——海運及內陸運送以及任何或多種運送方式之規則。

8. 國貿條規次序（之調整）。

9. 2020 年版與 2010 年版之不同。

10. 對使用變形貿易條件之警告。

㈡對 2020 引言之意見

　　如果稍加注意 2020 年版引言之標題，大概係出自 ICC 出版之 *ICC guide to Incoterms 2000* 第一章瞭解國貿條規 (Understanding Incoterms)，及 *ICC guide to Incoterms® 2010* 第二章瞭解國貿條規 (Understanding the Incoterms® rule)，執筆者是 Jan Ramberg，撰寫的內容淺顯易懂。2020 年版的執筆者應是 Charles Debattista，其本身是個律師，有些地方例如「六、2020 版本與運送」，撰寫內容深奧，非法學者需深思才能懂，但對習法者而言又不夠深入。

二、國貿條規處理與不處理的是什麼？

㈠國貿條規處理的是什麼？

　　引言的第五段 (Paragraph)，開宗明義就說，國貿條規處理 (Describe) 的是義務、風險與費用。然後又說明，國貿條規用十個條項 (Ten articles) 來處理買賣雙方之基本義務，賣方稱為 A 條項，買方稱為 B 條項。

㈡國貿條規不處理的是什麼？

　　國貿條規本身不是買賣契約也不是用來代替契約，它們只是用來反映不是特定型態或實務的貿易實務而已。因此散裝貨物可用，裝櫃之電子產品也可使用，甚至也可使用於空運，用來運送 10 個棧板之鮮花。

　　既然不是買賣契約，所以國貿條規不處理以下事務：

　1. 買賣貨物之規格。

　2. 付款之時間、地點、方法、貨幣種類及其幣值。

　3. 違反契約可尋求之救濟方式，常見的違反契約是遲延及履行義務時違反約定。至於解決糾紛之準據法管轄地，採用仲裁或訴訟等方式，也不在其內。

　4. 制裁之效力 (Effect of sanction) 及輸出入之禁止，和智慧財產權。

　5. 關稅之徵收。

　6. 不可抗力與艱困情事 (Hardship)。

　　當然，最重要的是不處理貨物所有權之移轉與買賣貨物之所有權問題。

(三)如何最佳化的草擬貿易條件之條款

　　最佳化的把國貿條規嵌入買賣契約中，引言說起草的標準方式是先列出選擇之條件規則，其後寫上指定之港口（地方或地點），再加上選用之國貿條規版本，例如 CIF Vancouver port INCOTERMS® 2020。

　　1.這裡要說明的是依國貿條規選用之貿易條件乃是經 ICC 統一解釋之十一種定型貿易條件，美國修正貿易定義之 FOB 似乎不宜選用。

　　2.至於何以要標明國貿條規之年份，因為國貿條規修正之版本，並不廢除以前之版本，因此若未標明，於發生糾紛恐將引起法官或仲裁人員等之如何確定是使用何版本之問題。例如 2020 年若有一筆買賣是用 CIP Chicago Incoterms®，其保險條款是保 (A) 條款或 (C) 條款，恐會產生糾紛。

　　3. EFCD 4 個群組，除 C 群組條件外，貿易條件後面所加之港口或地方等是貨物之交付地點，也是風險移轉地點，D 群組的是貨物交付地同時也是目的地。

　　同時這個附加之港口或地方要清楚確定，如果 FOB 所加的裝船港不確定，買方不知如何派船，CPT 所附加的地方不清楚，賣方亦不知如何訂定運送契約。

(四) 2020 版本規定之交貨、風險與費用

　　請參看交貨一節有關之說明。

(五)國貿條規與運送人

1.誰是運送人

　　(1)把貨放置在船舶上，或者把貨交給運送人處置即完成交貨，貨物與運送人就產生了連結，但為什麼有時候卻需要去確認誰才是運送人？

　　因為有時候貨物會有數個運送人，每人只負責陸海空其中一段之運送，這種情況如果是屬於所謂之一貫運送契約，其中一個運送人負責整個運送鏈 (The entire carriage chain) 就不會發生問題。

　　(2)有問題的是如 CIP 或 CPT 場合，先把貨交給公路或鐵路運送人，次第再交給海運運送人，海運有時候也會發生先交給內河運送之子母船等淺海

(Short sea) 運送人,再交給海運運送人,這時,究竟是交給第一、第二,甚至是第三運送人時方才發生交貨之行為?

⑶這看似單純之運送問題,但卻也是個買賣問題,因為數個運送人如果在轉運送過程中貨物發生毀損滅失,會產生風險是歸買方還是賣方負責之問題,所以在連環運送過程中,是把貨交給哪個運送人才算完成交貨,風險才轉移是個關鍵問題。

⑷因為多數運送人彼此間的關係,可以是複數相互獨立之契約,也可以是第一個公路運送人充當賣方之代理人,與後續之海運運送人簽訂運送契約。

⑸就以 FCA 為例,在 FCA 運送人指的是由買方指定,在約定之時間與指定之地方把貨交給其處置的人,因此賣方把貨交給公路運送人把貨運到指定地點,風險與交貨並不發生在交貨給公路運送之運送人,而是由買方指定在約定時間與地點把貨交給其處置之人,這也就是為什麼在 FCA 底下交貨地點越精確越好之原因,此情形也會發生在 FOB,若用子母船或駁船運送時,交貨地點與風險轉移會發生在把貨裝載於船舶上之時。

⑹在 C 群組規則就比較複雜,不同之法律體系會導出不同之法律結果,在 CPT/CIP 似乎依 A2 規定交付之第一個運送人即為運送人。

但買方應該不知賣方與第一運送人甚至是後續之運送人間,運送契約是做如何安排,他所知道的是貨物正在途中,所以貨交給第一運送人時,就已完成交貨義務,風險也就已移轉。

2. 小　結

其實在買賣契約中就運送之約定很難周全,無法與運送契約配合,至於 C 群組的運送契約固然是由賣方訂定,但受貨人 (Consignee) 仍得向運送人求償,只是因為受國際公約或該國海商法律對運送人賠償責任之限制,無法得到充分之賠償。

(六)國貿條規與買賣契約及其他契約之關係

貨物之輸出入形成了一個網狀契約 (A network of contract)，彼此各自運作，但透過國貿條規，特別是在單據方面，會將買賣契約、運送契約、保險契約與融資契約聯繫在一起。

就買賣契約而言，交貨需要提供單據，除自己提供之商業發票外，依照運送契約，運送人需要提供運送單據給買方或者賣方，CIP/CIF 項下之保險人也須提供保險單據與賣方，付款方式如果是信用狀，銀行審單人員就需審查單據是否符合信用狀之要求。

國貿條規並不涉入運送契約之簽訂，但在 A4/B4（運送）及 A6/B6（交貨證明）是與運送及單據有關，運送人固不必受國貿條規相關義務之拘束，簽發符合國貿條規之運送單據，保險人也不受國貿條規之拘束，自行依據保險契約簽發保險單據，銀行也依信用狀條款審查單據是否符合，但既然是屬於網狀契約之一部分，彼此盡量要互相配合 (Match)，因此與國貿條規互相契合，也是其中一環。

(七)把十一種貿易條件正確分類為兩大類型

沿襲 2010 年版仍把十一個貿易條件分為任何或多種運送方式之規則，及海運和內陸水路運送規則兩個家族，只是 DAP 的順序往前挪到 DPU 的前面而已。瞭解並區分這兩個家族之不同，才能正確使用這十一種貿易條件。

類似把 FOB 條件使用在內陸地點，例如機場或倉庫是貿易條件之誤用，會發生買方有義務去訂定從內陸接貨的運送契約，或者訂定從鄰近港口接貨的運送契約，CIF 契約也是如此。

(八)誤　用

導致誤用最大的原因是業者只把貿易條件當作價格條件使用，當然誤解國貿條規之本質也是原因之一。其實貿易條件是一份買賣雙方一般義務之清單，更重要的是在何處交貨，因為交貨地點也決定了風險轉移之地點。

誤用最大的壞處之一是什麼？這可會導致費用之誤差，與重複和產生不必要之費用。

(九)買賣雙方十項義務次序之調整

這十項義務都是重要的，但某些項目比其他項目更重要 (But some are more important than others)，此外為讓業者更容易瞭解，這次做了次序調整。

(十)對使用變形條件之警示

國貿條規並未禁止變形條件之使用，但是有風險，如果堅持使用，應在買賣契約中清楚交代這項變更意圖之目的是什麼。

至於如果意圖變更 A9/B9 費用之分類，也要清楚說明交貨地點和風險移轉時點是否也變更。

另外，ICC 對未定型貿易條件之態度又如何，並未見在引言中有所說明，未定型乃指未經 ICC 統一解釋之貿易條件，例如紐澳一帶偶見貿易業者要求報價 FIS (Free into store)，一般翻譯為買方倉庫交貨條件，有一點類似 DDP，最好還是不要使用，因為定義交貨風險轉移均不明確，還是使用定型貿易條件較為妥適。

還有如 Free into wagon，一般翻譯為車廂內交貨條件，這與 1980 年版之 FOR/FOT（鐵路交貨條件）類似，FOT 指的是 Free on truck，Truck 在同年版的解說是與 Wagon （火車車廂） 相同意思 (The words truck relate to the railway wagons...)，但這個條件已經於 1990 年廢除，而後併入 FCA，因此還是用 FCA 條件較為妥適。

習 題

一、選擇題

（　）1. CIF 下，買賣雙方未約定賣方應投保的協會貨物保險條款時，賣方應投保 ⑴(A) 條款 ⑵(B) 條款 ⑶(C) 條款 ⑷War risk 條款。

（　）2. 在裝貨方面，下列何種貿易條件不遵循「負責裝貨不負責卸貨」的原則？ ⑴EXW ⑵FCA ⑶DPU ⑷DDP。

（　）3. 在卸貨方面，下列何種貿易條件不遵循「負責裝貨不負責卸貨」的原則？　(1) EXW　(2) FCA　(3) DPU　(4) DDP。

（　）　4. FOB 的買方若未及時充分的通知賣方關於船名和船期等裝船事宜，則
(1)風險提早移轉　(2)風險不移轉　(3)風險於裝船時轉移　(4)風險於超
過船舷時移轉。

（　）　5. FCA 的賣方提供與買方的安全資訊費用是由誰負擔？　(1)賣方　(2)買
方　(3)買賣雙方各負擔一半　(4)運送人。

二、問答題

1. 請說明何謂兩個關鍵地點原則？

2. 請說明 FAS 的買方何時方有保險利益？

3. 請說明國貿條規針對賣方運送義務所規定的四個部分為何？

4. 請說明如果買方有義務通知賣方，但卻疏於通知賣方，其法律效果為何？

5. 請說明國貿條規與買賣契約兩者間的關係。

第二篇

2020 年版國貿條規的解說

一、前　言

EXW（Ex Works，工廠交貨）是國貿條規 1936 年版就有的條件規則。

1. Ex 是拉丁語，具有 from、out of 的意思，中文之意義是「從」。Work 是工廠之意義。

2. 因為貨物種類的不同與交貨地點的不同，所以會產生類似之其他用語，例如 Ex works/Ex factory/Ex mill/Ex plantation/Ex warehouse 等來表示在賣方工廠／倉庫／農場／礦山等地交貨，但無論如何國貿條規都總稱為是 EXW。

所以 EXW 可以是在工廠、作業場、農場、礦山，或是第三者之工廠、作業場、倉庫等等交貨的術語。

3. 在契約書或商業發票通常記載的方式是：EXW acer Taipei A factory Taiwan, USD60,000 Incoterms® 2020。使用在國際貿易，那麼出口港例如為基隆，卸貨港為紐約，則可以不用記載。

二、使用者導引

㈠定　義

EXW 乃指賣方在自己工廠、倉庫、農場或其他買賣標的物所置放的指定交貨場所 (The point at the place of delivery)，在指定期日或期間內，交由買方處置時起，即屬交貨，貨物的風險與費用移轉由買方負擔。賣方不須把貨裝載於任何收貨的運送工具上，當需通關時，亦無需辦理輸出通關手續。

本條件規則適用於所選擇的任何種類之運送方式，亦得使用於多種運送方式。EXW 最適合使用於國內貿易。

㈡用法上應注意事項

1.指定交貨地方或地點宜明確

僅指定特定地方固無不可，但最好再進一步更精確地指出特定地方之特定交貨地點 (Point)，因為這會關係到交貨與風險之轉移和費用之劃分。

如果不這樣精確地指出交貨地點，賣方就會選擇一個最適合本契約目的之最佳地點交貨。賣方選擇的，可能會是在買方意欲交貨地點之前的地點，這就會與買方意欲交貨地點有落差，如果貨物發生毀損滅失就是在該落差的地段，風險則是由買方負擔。

2.裝載貨物風險

⑴由於本條件是賣方負擔責任最輕的條件，因此縱使在賣方場所交貨，賣方並不負責裝載貨物。但基於人情義理，賣方在自己場所有裝載之設備，也有懂得勞工安全規則等法令人員，本於協助之意思幫助裝載貨物，這時應於契約釐清裝運的風險究竟應該由誰負擔，否則風險是要由買方負擔。因此買方人員若因法令等問題無法在賣方場所裝貨，就宜採用 FCA 條件，裝貨風險歸賣方負擔。

⑵舉　例

交貨地點可以在賣方營業場所或其他指定地，例如倉庫，有時賣方會報 "EXW Godown"，因為 Godown 一般稱為倉庫 (Warehouse)，然究竟是賣方自己的倉庫，抑是供應鏈底下組裝廠或是供賣方儲存貨物的營業倉庫，宜加以說明，因為若是營業倉庫，貨物搬入與搬出的費用涉及應由誰負擔的問題。若是賣方自己的倉庫，且買方堅持使用 Godown，報價可使用 "EXW seller's godown at ABC location"。

3.輸出通關

EXW 適合在國內買賣或者關稅同盟等域內使用，因為貨物不必辦理輸出通關，但若使用在其他國際買賣，賣方只是提供相關資訊協助辦理通關手續，如果買方有困難辦理此項通關程序，就宜採用 FCA 條件。所以：

(1)外國人

如果外國人不適合在出口國辦理通關或者有關商品檢驗與檢疫，則不適用 EXW，但輸出國貿易法規若規定可以出具委託書，由出口國的貨運承攬人 (Forwarder) 代為辦理，可考慮使用。

(2)國內廠商

若國內廠商不諳出口手續或因其他原因，會以 EXW 銷售給國內出口商，再由國內出口商以其他貿易條件轉售國外進口商。但若跨國公司在我國有子或分公司，擅於物流組織能力，也會使用 EXW。

第二節 ▶▶▶
解　說

一、一般義務

(一)提供符合契約本旨的貨物

國際貿易實務書籍會說明約定商品品質之方法，有依實物、憑樣品或說明買賣等方式，但交付之商品即應依照契約本旨，符合契約描述之品質材料及手工之產品，也要與樣品之型式或規格相符 (Fitness)，英國買賣法則稱作是符合商業銷售之品質 (Merchantable quality)。

至於數量通常是買賣契約之要素，也應符合，法諺有所謂「法律不管細瑣之事原則」(The law does not concern itself with small matters)，因此在 1912 年 Shipton Anderson & Co. v. Weil Bros. & Co. 一案中交貨數量上限為 4,950 噸，實際交貨超過了 55 磅 (Lb) 法官認這該當於細瑣之事，而認符合契約本旨。但如果付款方式為信用狀，數量增減則應留意信用狀統一慣例相關之規定。

㈡提供商業發票

國際貿易實務使用的單據大略可分為下列幾種：

　1. 商業單據 (Commercial documents)

　2. 金融單據 (Financial documents)

　3. 運送單據 (Transport documents)

　4. 官方行政單據 (Official administration documents)

　　EXW 因是賣方責任負擔最輕的條件，賣方只需提供商業單據的商業發票❶即可，除非雙方另有約定。

　⑴商業發票的內容

　　商業發票載有買賣貨物的內容，可供作請求支付貨款及進貨證明之用。在實務上，不論以何種貿易條件交易，賣方均須提供商業發票。至於其內容，通常包含賣方、買方名稱、貨物名稱、規格、數量、單價、總價等等，此外，如有要求，其格式尚須符合買方國家的法令規章。又若當事人同意利用電子系統通訊時，得以等同的電子訊息替代商業發票。

　⑵商業發票的用途

　　商業發票原本是買賣雙方契約項下交貨與付款的單據，但進出口通關時，行政當局有時也會要求提示，作為關稅完稅價格的參考。因此，有些開發中國家的買方會要求賣方製作商業發票的價格時，應做成實際成交價格的一半方便少繳關稅。但某些出口國家有出口退稅的制度，出口商於出口報關時因為牽涉到出口退稅的金額問題，會按正常商業發票價格報關，至於提供給買方的發票，買方的付款如果能夠獲得保障，有時也會配合買方提供第二套低估價值的發票 (Undervalue invoice) 給買方，但本於誠信原則，並不鼓勵這種商業作法。

㈢契約所約定的其他符合證明

　　買方要求「其他單據」與買方於契約所約定「其他符合證明」可能不同，買方要求的其他單據諸如原產地證明 (Certificate of Origin, C/O)、衛生證明

---

❶　商業單據包括 Proforma invoice、Packing list、Weighting list 等。

(Health certificate) 或清潔檢驗合格證明書 (Clean report of findings)，這可能是買方為了通關 (Customs formalities) 所必要的單據，也可能是屬於 A9 須由賣方協助取得的單據。至於其他符合證明，可能是賣方等出具的檢驗證明等，但有人認為應是指 A9 的 Weighting list、Counting list 與 Packing list。

㈣單據得以電子記錄或程式代替

國際貿易電子化又稱為「電子貿易」，乃由貿易文書處理到銀行外匯業務，國際運送輸出入手續海關等相關體系連結在一起之貿易資料處理網絡，具有準確避免重複製單等功能。電子貿易已由 EDI 封閉系統演化到 Bolero Net 開放系統，兩者產生的單據方式會不一樣，Incoterms 要如何看待電子貿易的資訊？

Incoterms 2000 是規定接受等同的電子資訊 (Or its equivalent electronic message)；為了適應新革命性電子程式產生，Incoterms® 2010 直接規定，無論是 A1 到 A10，或者是 B1 到 B10 所要求的單據，只要當事人同意或有慣例存在，得以等同電子記錄或程式代替，到了 2020 年版之用語，則改稱為得以紙本或等同之電子格式 (Electronic form) 代替。

㈤買方有支付價金之義務

買方應依買賣契約所訂之價格與付款方式，支付貨款與賣方。

二、交　貨

賣方在約定期間內，把貨放在指定的交貨場所，交由買方處置。簡言之，就是貨品已處於可交付的狀態 (Deliverable state)，意即符合契約 + 時間 + 地點 + A10/B10 通知 (Notice)，即屬交貨。

㈠可交付狀態的推定

須貨物已經特定化 (Identified)，茲說明如下：

1. 貨物特定化為交付與危險負擔的先決條件：Incoterms 2000 的 B5 是規定貨物已正式指撥 (Appropriated) 為該契約的標的物，至於英國 1995 年的《貨物買賣法》第 61 條、CISG 第 67 條還有 2010 則統一使用 "Identified" 一詞，一般翻譯為特定化。

何謂特定化，Incoterms 2000 的 B5「已很清楚確定的將貨物分出或特定化的歸類於買賣契約項下 (Set aside or otherwise identified as the contract goods)」，但爾後之 2010 與 2020 年版則不再對特定化下定義，這應該還是有可供參考之處。

2. 貨物特定化的表現方式：通常是參考 CISG 第 67 條第 2 款的規定，其方式可以分為以下三種：

(1) 貨物已加標記。

(2) 已出裝運單據 (Shipping documents)。

(3) 已通知買方 (By notice giving to the buyer or otherwise)。

3. 貨物是否無條件的被特定化：英國《貨物買賣法》第 18 條第 5 款規定：「除非當事人表示其他的意思……在非特定貨物的買賣中，當處於可交付狀態的貨物被無條件指撥到契約項下時，貨物所有權移轉給買方。」這種指撥行為可以由賣方徵得買方同意完成，也可以由買方徵得賣方同意完成。上述提到的無條件指撥是指如果貨物將通過海路運送運至買方，在裝船前，即使貨已標上目的地或受貨人名稱，賣方仍可替換貨物，只有在裝船時，貨物才能被無條件認為特定化，亦即應達到該批貨物必須被不可撤銷地用於履行某個契約的標準。但這似乎應屬於買賣契約所有權等的範疇，從而 Incoterms 並未加以規範。

㈡貨物放在指定場所交由買方處置

指定場所的法律用語為契約履行地，若沒有例外，應是指在賣方營業場所或其他指定地點交貨，且原則上是置放在陸上的營業場所，但亦可置放在內陸水路或海上。

1. 指定場所原則上要符合買賣標的物的性質。農、漁、畜或酒類產品有的要冷藏、冷凍或恆溫；易燃物或危險物資甚至指定場所四周要符合標的物的性質。賣方本於對該物品的專業，應依該行業實務將貨物適當的置放於該場所，若買方對置放場所有特別要求，則費用由買方負擔。

2. 指定場所得為賣方營業場所以外的地點，如 EXW seller's warehouse、

EXW bailee's warehouse 都是指定場所。有些人請物流公司保管貨物,有些自有品牌 (OBM) 公司請代工廠作存貨管理 (Vendor Managed Inventory, VMI),則此指定場所應係在賣方營業場所以外的地點交貨。

3. 指定場所亦可位處在內陸水路或海上。由於 EXW 可適用於包括複合運送在內的任何運送方式,因此在公海捕魚之船,日本的商社會用運輸船靠船邊搬運漁貨。

4. 買方領貨地點選擇權的保留 (B10)

⑴買賣雙方可以於契約約定交貨地點。

⑵有時因賣方營業場所有數處,如果買賣契約並未約定交貨地的特定地點,A2 規定將該交貨地特定地點的選擇權給予賣方,賣方得選擇最適合契約目的的地點。

⑶如果買方保留指定交貨地的受領貨物選擇權,若已行使選擇權,應適時通知賣方;若不行使選擇權,則買方要負違約責任。

5. 交貨時間之種類與區別

⑴買賣雙方針對交貨時間可於契約加以約定,時間可分為期日與期間,我國《民法》規定,稱期日為某年某月的某一天,若未以時訂單位,1 天為 24 小時;期間是指從某一期日到另一期日。

⑵Lead time/Shipment time/Delivery time 的區別:買賣雙方約定交貨的時間究竟應該多長? 若是電子業, 因須對客戶作出快速反應 (Quick response),因此有所謂的「100/2」,亦即於 2 天內能把 100% 貨物組裝好並送至客戶指定的交貨場所。但一般的國際貿易實務,由報價到出貨,當與客戶溝通時,通常會使用到三個名詞 Lead time/Shipment time/Delivery time,這三個名詞非常容易混淆,茲說明如下:

① Lead time:指貨物的生產時間,即從接單到生產完成的時間。

② Shipment time:指將貨物交給運送人運往目的港(地)的時間,是屬於國際貿易實務或 UCP 等使用的用語, 就以 UCP 600 第 20 條 (a) 項 (ii) 款為例,它規定為 "The date of issuance of the bill of lading will be deemed to be the date of shipment..."。另外，UCP 600 第 24 條的鐵、公路等運送單據也使用到 The date of shipment，並不限於使用在裝船。

③ Delivery time：其在國際貨物買賣法、國貿實務或運送契約有不同的意義，但在 Incoterms 底下乃指貨物滅失或毀損的風險在指定地點由賣方移轉給買方的時間。

6. 交貨時間的約定：

有時買方會含糊規定：

⑴ Delivery: ASAP (As soon as possible)。

⑵ Delivery: During August 20__ 或 August/September 20__。

⑶ Delivery: During August 20__ in seller's option 或 August/September 20__ in seller's option（買方將裝運期間授權給賣方）。

⑷ Delivery: During August 20__ in buyer's option 或 August/September 20__ in buyer's option（買方保留裝運期間的選擇權）。

⑸ Delivery: August 1st, 20__ on or before...。

⑹ Delivery: Within 30 days after receipt of your L/C 或 Within 30 days after receipt your 30% deposit by T/T...。

⑺ 賣方應於約定期日或期間內交付貨物，若買方保留選擇權則應將受領時間通知賣方，若交付時間未約定（如 ASAP），似應解為於合理期間 (Reasonable time) 交付。

A2 針對約定期間並未如約定地點一般擬制為將決定權授與賣方。

㈢於約定地點與時間賣方交貨而買方提領貨物

1. 指定交貨地 (Delivery place) 的約定地點 (Agreed point)

本於當事人自治原則 (A party autonomy rule)，當事人可以指定交貨地是在賣方營業場所或其他指定地，但這兩個交貨履行地可能有數處或數個地點可供選擇，也應於契約約定交貨地點。

如果約定地點未於契約特定 (Specific point)，則擬制規定賣方有選擇權，選擇最適合契約目的的地點交貨。

2. 在約定期日 (Date) 與約定期間 (Period) 交貨

買賣雙方對交貨的確切時間 (The exact time) 可作進一步的約定。

3. B10

B10 對上述指定交貨地點與指定時間如若買方採取選擇權保留方式，則由買方決定。

㈣賣方不負責裝貨

ICC 為了維持 EXW 是賣方負擔責任最輕的貿易規則，打破了誰在該場所擁有裝卸設備與人員就由誰負責裝卸的金科玉律，因此賣方把貨放在工廠或指定交貨地附近即為履行交貨義務，不負擔裝貨義務，但得於買賣契約做如下約定："The seller to be responsible for the loading of the goods on departure and to bear the risks and all costs of such loading"。

㈤美國《統一商法典》(1941) 的交付分類

1. 裝運地契約 (Shipment contract) 與目的地契約 (Destination contract)

⑴裝運地契約：把貨交給運送人即已履行交付 (Under a shipment contract, the seller is required only to deliver the goods into the hands of a carrier)。

⑵目的地契約：把貨送交指定目的地的買方或第三人即已履行交付 (The seller is required to deliver the goods to a particular destination, usually directly to the buyer, although sometimes the buyer designates that the goods should be delivered to another party)。

2. 交付不涉及貨物移動的往取契約 (Pick up contract)

指買方需要到賣方的營業場所去受領貨物 (The buyer to pick up the goods at the seller's place of business)。CISG 第 69 條第 1 款即在規定此種交貨方式，EXW 基本上是屬於此種交付方式。

三、風險的移轉

暫且不論 CISG 或者各國民法對風險負擔的定義，風險負擔的風險基本上

應包括價金風險 (Price risk)、保險風險 (Insurance risk)、商業風險 (Commercial risk) 與政治風險 (Political risk)。但是若談及買賣法的風險負擔，最初主要是用來解決價金風險的，倘若貨物發生滅失或毀損，買方是否應負有支付價金的義務，這表現在《國際貨物買賣法統一公約》(ULIS) 第 96 條：「風險一旦移轉給買方，縱使貨物業已滅失或毀損，買方亦應支付價金」，也就是把風險視為價金風險。

但通常買賣法概念底下的風險是指買賣標的物的物理滅失、毀壞或損害 (Physical loss, deterioration or damage of the goods sold)，滅失或毀損是通常事變 (Accident) 所引起的，雙方當事人的故意或過失不屬於這裡所說的風險，從而被偷、水漬、溫度過熱甚至變質等，還有運送人的航海管理與處置過失均屬之。

然而國家行政強制行為是否亦包含於此風險內？例如被沒收與輸出入通關和禁運的風險 (By reason of confiscation, import or export customs' formalities or embargos)，有人認為那是政府的法律措施，與風險無關 (A legal measure which "has nothing to do with risk")；有人認為似應包括在內。

㈠ Incoterms 底下風險的意義──物理上的風險

A3 僅提到 "All risks of loss of or damaged to the goods" 對貨物所引起的一切滅失或毀損風險。Jan Ramberg 的解讀是：「『對貨物所引起的物理上的滅失或毀損』並不包括遲延或不履行契約所引起的風險。」

㈡ 已依 A2 交貨作為確定風險移轉的標準

風險在何時移轉給買方？由契約的訂立到把貨實際交給買方為止，不同的時點，都有可能發生風險。因此有主張契約訂立的時點或所有權移轉時當標準，Incoterms 是採用交貨時點作為風險移轉的標準，因為貨物已交付予買方，此時買方會處於較好的地位去保護貨物與採取安全措施，縱然貨物突遭危害，也可迅速搶救，防止災害擴大。

風險移轉需貨物已經特定化，且交貨時間已到 (The time is due)，交貨地點也已特定。

㈢約定期限與交由買方處置的關係

1.相關法規說明

EXW 是十一種貿易條件中唯一不涉及賣方運送貨物的風險移轉，意即買方自行到賣方營業場所取貨。

有關運送人運送貨物的問題，CISG 與 Incoterms 均對此有規定。

(1) CISG 第 69 條第 1 款：在不屬於第 67 條與第 68 條規定的情況下，風險負擔自買方受領貨物時起，或買方未能於確定時間受領，則自貨物交由買方處置且買方違約並未於約定時間受領貨物時起風險移轉買方負擔。本款的重點在於貨物已處於交由買方處置的狀態，但買方違約於約定期限屆滿後風險方移轉由買方負擔。

(2) Incoterms® 2020 的 A2 規定，賣方於約定日期或期間內將貨物交由買方處置即屬交貨，再配合 A3/B3 的規定，已依 A2 交貨者，風險就移轉由買方負擔。

📖 **範　例**

希臘雅典的賣方以 EXW (賣方場所交貨) 條件賣五百部洗衣機給倫敦的買方，雙方約定自 2011 年 3 月 1 日起兩個星期交貨，3 月 1 日賣方即通知買方：「貨已就緒，買方可以隨時取貨」，但 3 月 12 日貨物被竊。

👤 **解　析**

(1)若依 CISG 的規定，買方應於違反契約未提領貨物時，方負擔風險，亦即買方於 3 月 15 日未提領貨物才有風險負擔可言。

例如買方至 3 月 25 日尚未提領貨物且貨物遭竊，則由買方負危險負擔責任。

(2)若依 Incoterms® 2020 的 B2 (Taking delivery (接受貨物)) 規定 "buyer must take delivery...when A2 and A10 (Notice to the buyer (通知買方)) has been complied (符合)"，Jan Ramberg 在 *ICC Guide to Incoterms*®

2010 一書的評釋 (Comments) 說：當貨物將就緒時，賣方必須充分的通知買方，以便買方能準備即時提貨，因此風險是從通知日就移轉。從上文可知，貨物於賣方 3 月 1 日通知交由買方處置之時起就移轉給買方，因此應由買方負擔風險。

Incoterms 規定，賣方將貨物交由買方處置時，風險即移轉給買方，但以賣方必須將貨物已就緒 (Goods available) 的事情給予買方充分的通知為前提。在此情形下，若買方提貨前貨物發生毀損、滅失，其損失將由買方負擔。具體而言：(1)若約定交貨日期為 3 月 1 日，則 3 月 1 日以後的風險由買方負擔；(2)若約定交貨期限為 3 月 1 日至 3 月 15 日，如賣方於 3 月 1 日通知買方「貨已就緒，買方可隨時取貨」，則 3 月 1 日以後不論買方是否取貨，此時風險移轉給買方。但此種規定對買方甚為不利，也不合理，因為在買方取貨以前，貨物仍在賣方手裡，買方無法對貨物進行投保。所以實務上應在契約中約定「風險於買方實際取貨時移轉」較佳。

2.風險的提早移轉 (Premature of passing risk)

如果買方有權利於約定期限內指定交貨的時間與於約定交貨地指定交貨地點，但卻未給賣方充分的通知，則至期日屆至或期限屆滿風險由賣方移轉至買方。

四、運　送

賣方並無義務替買方訂定運送契約，但應循買方之請求，提供賣方所持有之買方負擔風險、費用與安排運送所需的資訊，包括與運送有關之安全資訊。

為什麼要如此規定？因為 EXW 不管是國內買賣或國際買賣的運送契約，是買方要對自己負責，並不必對賣方負責，賣方又負最少之義務，所以買賣雙方均無義務為他方訂定運送契約，保險契約也是如此。

五、保　險

㈠買賣雙方均無義務為他方購買保險

賣方並無義務替買方訂定保險契約，但應循買方之請求，提供賣方所持有之買方負擔風險、費用與購買保險運送所需的資訊。

㈡實務討論——EXW 的保險問題

如前所述，賣方把貨放置於指定場所供買方處置並通知買方，貨物的危險就移轉給買方負擔，根據 ICC 2009 的倉到倉條款，是否可解釋為放置於儲存場所即屬於為起運目的所為的儲存，而包括於貨物運送保險期間內？因倉到倉條款所指的儲存是屬於交貨目的所為的儲存，因此這種解釋並不符合該貨物保險條款的意旨。

1.德國作法

德國認為買方投保的火險可以涵蓋這段期間 (May cover this period)，但若發生保險事故，保險公司會檢查這段的暫時儲存 (Pre-storage) 是否列入當初投保的保險金額之內，如果低於保險價額則減少賠償。

2.英國作法

買方投保的火險，除另有特別規定外，並不涵蓋 EXW 的暫時儲存。

3.怎麼補救這個時間差？

⑴買方可與賣方特別約定於約定時間內，自己的卡車到工廠提貨行為準備就緒時風險方移轉 (When the buyer collects his goods as soon as they are made available)，如果不可能則只好改用其他貿易條件，如 FCA。

⑵賣方投保的火險與買方投保的海上保險，這兩種險均承保該貨物的滅失或毀損。

⑶如果賣方沒有投保火險，那麼應考慮 ICC 2009 倉到倉條款。該條款規定針對以出貨為目的暫時儲存的可能風險均予以承保，通常包括火險的火災、爆炸、雷電，空難災害 (Impact or crash of aircraft) 的風險也包括在內。

但針對上述⑵與⑶而言，保險公司通常會要求提供倉庫結構與安全有關的資訊加以評估，若結果是否定的，那只好改而使用 FCA。

六、交貨／運送單據

賣方並無義務提供交貨／運送單據給予買方，買方則應提供給賣方適當之接受貨物證明。

由於賣方不負責運送有關的安排，因此除商業發票以外，不必提出有關交貨單據，但賣方會要求提出受領貨物的證明 (Proof of delivery)。

理論上，買方或請 Forwarder 或委託卡車公司前來提貨時自備交貨證明，但實務上卻不太可能達成。故賣方會退而求其次請卡車公司開具受貨單交給賣方，若未事先開具，會請司機當場填製，但由於司機不可能隨身攜帶公司印鑑，大多僅蓋上橡皮圖章並加上司機簽名，這是屬於較好的情況；若司機拒絕蓋章，則此時賣方自製的領貨單上僅有司機簽名，缺少卡車公司的公司圖章，萬一發生糾紛，賣方應負舉證責任，證明司機是該卡車公司的履行輔助人，比較麻煩。

七、輸出入通關

(一)賣方協助買方辦理通關

在可適用情況下，賣方應循買方請求，並由買方負擔風險與費用，獲得任何辦理輸出入通關及過境第三國通關手續，所需之單據與資訊，比方是：

1. 輸出入及（或）過境第三國之許可證。
2. 輸出入及（或）過境第三國之安全通關資料。
3. 裝運前強制性檢驗。
4. 其他官方強制批准書等。

(二)買方辦理通關

在可適用情況下，買方應履行及支付任何辦理輸出入通關及過境第三國通關手續，所需之單據與資訊，比方是：

1. 輸出入及（或）過境第三國之許可證。
2. 輸出入及（或）過境第三國之安全通關資料。

3. 裝運前強制性檢驗。

4. 其他官方強制批准書等。

㈢賣方協助提供相關資訊

買方在出口國有分公司或委託當地 Freight forwarder 辦理出口通關，但有時需要賣方協助提供相關資訊，其風險與費用由買方負擔。

這些單據大部分國家稱為輸出許可證，但其他國家亦有不同的名稱，因此用其他官方批准書來概括。

㈣協助提供貨物安全通關必要的任何資訊

請參閱第二章第二節有關的說明。

㈤ PSI

WTO 訂頒有裝運前檢驗協定 (The agreement on preshipment inspection)，目的在避免進口國實施的 PSI 會構成貿易的障礙。

PSI 乃進口國政府僱用私人公證公司，在出口國對出口貨品進行價格、數量、品質、關稅分類及估價等檢查及檢驗，以保護進口國的財政利益和彌補行政機關管理能力的不足。

八、檢查／包裝／標示

檢查指的是對貨物品質數量等進行之查驗或度量衡等之作業。包裝是為了保護貨物於運送或轉運時不受損害，在產品外部所實施之保護層面，可以是紙箱、木箱或者把好幾個紙箱收縮包裝於棧板上。

標示則是用來描述有關貨物與裝貨人、運送人與受貨人間有關的資訊，一般是顯示在包裝的外表，供運送途中辨識之用，尤其是危險物資大部分國家有強制的標示規定。

標示的概念應廣於嘜頭，若屬重物亦應包括包裝貨物的重心點位於包裝的上方、下方或左右等資訊。

㈠檢　查

賣方為符合 A2 交貨之目的，應自行負擔費用進行所需之檢查品質、丈量、過磅及計數等作業。

(二)包裝與標示

1. 賣方應自付費用對貨物加以包裝。有的內包裝 (Inner packing) 會形成貨物的一部分，須由賣方負擔，至於貨物交付後需要運送，應該如何包裝？因貨物種類的不同而有不同的包裝方式，對於要不要包裝？如何包裝？用何種材料包裝？要包裝到什麼程度？最好於買賣契約中約定。

2. 在某些特定貿易的慣性，運送該種類的貨物是以裸裝銷售者，不須包裝。

3. 賣方應以適合於該貨物的運送方式施以包裝及標示，如果雙方對包裝另有特別約定，或對標示另有要求，則依雙方之約定。

   也就是雙方若未約定，則施以適合該貨物通常運送方式之包裝。即買方到賣方工廠取貨運離，所必要之適合運送方式包裝，通常就是貨物在賣方所在地依慣例所作的包裝。

4. 至於是否施以外銷包裝？2000 年版本的用語是「締約前賣方已獲知，諸如運送方式與目的地 (For example modalities, destination are made known to the seller...)，則施以該運送方式的包裝」，2020 年版則不再強調，由雙方另外合意約定。

📖 範　例

請問棧板是包裝還是貨物的一部分？

👤 解　析

實務上，棧板被認為是屬於包裝的一部分，例如有人是用木質棧板上面擺貨物或裝貨物的紙箱，然後用熱收縮膜把貨物固定在棧板上 (By shrinking wooden pallet)，但澳洲等國家對含有木質材料要煙燻證明，則在 EXW 下煙燻費用要由誰負擔？

通常賣方報 EXW 價格應該包含簡易包裝費用；但是，如果買方對包裝有額外的特殊要求，需要特殊包裝材料或需要特殊材料，賣方就有可能提出不承擔包裝費用，或要求漲價。

　　因此，為了杜絕以上情況，買方在向賣方詢價時，有關包裝的方式應作明白清楚的約定，以避免締約後賣方要加收額外的包裝費，買方卻又覺得不合理的情事發生。

九、費用之劃分

㈠賣方應負擔之費用

　　直至交貨以前所發生之費用，但不包括由買方依 B9 所負擔之部分。

㈡買方應負擔之費用

1. 直至賣方交貨之時起，以後所發生之費用。

2. 補償賣方依 A4、A5、A7 循買方請求，由賣方協助所取得單據與資訊之費用。

3. 在可適用之情況下，辦理輸出通關之關稅等稅費及其他通關手續等之費用。

4. 如果契約貨物業經特定化，買方應負擔下列情事所增加之額外費用：

　⑴當貨物已處於交由買方處置之狀態，但買方未能提領貨物。

　⑵買方未依 B10 就提領貨物時間與地點，發出充分之通知。

表 4-1　EXW 買賣雙方負擔費用的劃分

賣方負擔費用	買方負擔費用
直至交貨以前所發生之費用，但不包括由買方依 B9 所負擔之部分	直至賣方交貨之時起，以後所發生之費用
－	1. 補償賣方依 A4、A5、A7 循買方請求，由賣方協助所取得之單據與資訊之費用 2. 在可適用之情況下，辦理輸出通關之關稅等稅費及其他通關手續等之費用 3. 如果契約貨物業經特定化，買方應負擔以下額外之費用： 　⑴當貨物已處於交由買方處置之狀態，但買方未能提領貨物 　⑵買方未依 B10 就提領貨物時間與地點，發出充分之通知

十、通　知

為讓買方能夠受領貨物，賣方應給予買方必要的通知；同樣買方如果保有約定期限內指定時間與約定交貨地指定交貨地點的權利亦應通知賣方。

㈠賣方應通知事項

賣方應充分通知買方，貨物業依 A2 規定完成交貨。

當然，賣方應將其已決定的工廠（或倉庫）的地點、地址、上班時間等相關資訊通知買方。

㈡買方應通知事項

在充分合理時間前通知賣方其在約定期限內指定之時間，應通知賣方，以及在交貨地方，其已指定之交貨地點。

㈢通知的效力

賣方的通知在於將貨物已處於可交由買方處置的狀態告知買方，自該時起縱然買方尚未物理上實質佔有，風險即移轉給買方。

㈣買方指定的卡車公司要通知賣方嗎？

買方若有指定的卡車公司，最好通知賣方，以免賣方受騙。

📖 範　例

賣方於交貨當日突然接到自稱為甲公司職員的 A 來電，謂當日下午 2 點左右將開車前來取貨，賣方職員不疑有他即於交貨的三個紙箱註明貨物交給甲公司 A 先生，賣方職員於 A 領貨時曾核對 A 的身分證，並要求於賣方自製的領貨單簽名並註記車號後，將貨交予 A，不久之後真正的甲公司人員前來提貨不著，始知受騙。

👤 解　析

EXW 的賣方應於指定交貨地點，將未裝上運送工具的貨物交由買方處置。買方依 B10 的規定應將接受貨物的時間與地點充分通知賣方。

雖然通知事項沒有明言將由何人或指定何運送公司前往取貨，但買方仍應予以通知，或由賣方進一步確認為宜。

第三節 ▶▶▶
運用與問題解說

一、EXW 規則的實務運用

EXW 的適用場合：

（一）委託採購 (Indent) 或貿易商轉賣

進口商委託出口地的採購代理人從事貨物採購並辦理各項出口手續，或者出口貿易商向製造商採購，並至賣方場所自行取貨與裝運物，然後轉賣與國外的買方。

（二）農、林、漁、牧產品的出口

就以鰻魚輸銷日本為例，養殖場希望能以現金交易，則在鰻魚池邊交貨後的風險由貿易商負責，養殖場不需承擔運送中鰻魚的損傷、出口報關、匯差損失、國外客戶付款風險以及其他不可預期的問題，因此會使用 EXW。

（三）民用航空機的買賣

波音出售如 747 等民用航空機，會將飛機停置於交機坪，由買方自行開回或即排入航班，從美國載旅客回國。

（四）整廠輸出或機器設備的買賣

聯合國歐洲經濟委員會 (UNECE) 針對整廠輸出定有標準契約條款，其中的 No. 188 就是針對 EXW 所設的模範格式。

對於機器設備的買賣，有些出口商會用自己的貨櫃 (Shipper's own container) 將機器零組件預先固定 (Prefabric) 在貨櫃裡面並附有圖說，如此一來，一則可以避免貨物運送過程的損害；二則當貨櫃到買方工廠時，買方可按圖索驥，自行從貨櫃依排放次序組裝完竣，此時該貨櫃不需返還，也不需於貨櫃場拆櫃，能節省許多時間和金錢。

二、EXW 如何運用在航空貨運？

　　買方若要將 EXW 使用在航空運送，則必須要有物流與資訊管理一元化的功能，例如日本買方向德國進口小型精密機械，發展出來了一套精密的 24 小時操作體制，將原本由航空公司實施的打盤作業 (Unit Load Device, ULD) 改成由買方在賣方工廠活用自己的飛機貨物裝載系統 (Cargo handling system)，然後將 ULD 移到機場裝上機艙，到日本機場後，送入保稅倉庫拆盤，然後運往目的地。

　　若此交易係使用 EXW，則買方必須：

　　1. 檢查賣方的貨物是否符合契約要求的個數、品質、價格、數量與規格。

　　2. 負擔對貨物運送特殊規格的打盤包裝費用。

　　3. 把貨物搬上運往機場的卡車。

　　4. 公路運送過程避震技術的運用。

　　5. 辦理通過出口國海關的各項手續。

　　6. 與航空公司洽訂機艙。

　　7. 運回日本後的各項手續與拆盤和避震運送往目的地等。

　　有時買方可能無法自己完成，因此需要委託物流公司以買方的名義辦理某些手續。

三、EXW 與《國際公路運送公約》並用的矛盾

　　EXW 下，賣方不負責裝貨，但是《國際公路運送公約》(The Convention on the Contract for the International Carriage of Goods by Road, CMR) 雖僅述明運送人自受領 (Take over) 貨物時起負責，但法院判決咸認為裝貨並非運送人的責任，若果真如此，賣方不負責裝貨，而買方僱的卡車司機也不裝貨（因素之一是怕捲入賣方公司勞資雙方的爭執），此時就會有矛盾產生。

四、EXW 的付款方式

㈠以 L/C 方式付款

如果使用 L/C 方式付款，則賣方須提供商業發票及由買方簽發的已領貨物的適當證明，但開狀銀行可能並不信賴買方簽發的受貨證明。由於銀行基本上無法掌控物權，且運送承攬人收據 (Forwarder's Cargo Receipt, FCR) 並非 UCP 600 的運送單據，加上 Forwarder 是聽從買方的指示而非銀行的指示，如果貨物裝船了，Forwarder 拿到提單後也是直接寄給買方而非銀行，因此除非開狀銀行對開狀申請人（買方）有十分的信心，否則似乎對 EXW 開狀並不熱心。

㈡使用擔保信用狀

此種方式較佳。

㈢貨物特定化與風險提早移轉的最大期限

貨物應特定化並加標示與其他貨物加以區隔，因為散裝貨物若未如此特定化，萬一賣方破產或部分貨物毀損，買方就不容易主張權利。

另外買方若怠於領貨，應於契約規定依遲延受領最長時間 (Maximum limit time for delay) 方便貨物轉賣等事宜。

習　題

一、選擇題

( )　1. 在 EXW 下，賣方應提供的單據為　⑴商業發票　⑵提單　⑶原產地證明　⑷輸出許可證。

( )　2. 在 EXW 下，輸出國強制實施的出口檢驗費用應由誰負擔？　⑴賣方　⑵買方　⑶買賣雙方各負擔一半　⑷運送人。

( )　3. 在 EXW 下，把貨交給買方處置，由買方對貨物做必要檢查的費用應由誰負擔？　⑴賣方　⑵買方　⑶買賣雙方各負擔一半　⑷運送人。

( )　4. EXW 的賣方交貨行為於何時完成？　⑴貨物已經製作完成　⑵貨物

已經特定化且賣方已充分通知買方　(3)貨物尚未施以外銷運送方式的包裝　(4)貨物已經裝上買方的運送工具。

(　)　5. EXW loaded at seller's risk 乃指　(1)賣方只協助裝貨　(2)賣方不負擔裝貨的風險　(3)買方負責裝貨　(4)賣方負擔裝貨的風險。

二、問答題

1. 請說明在 EXW 下，貨物的特定化於什麼狀況下完成？

2. 請說明 EXW 的買賣雙方各負有何種通知對方的義務？

3. 請說明若有一批貨物要出口，則 EXW 的賣方負有何種協助買方的義務？

4. 請說明若出口國對貨物的出口有退稅制度，則買賣雙方應於契約中作何約定，以避免貿易糾紛？

5. 請說明在何種情形下，買方宜選擇 EXW 作為貿易條件？

一、前　言

FCA (Free Carrier) 貨交運送人條件規則。

㈠ FCA 的演變

Free carrier（Incoterms 1980 稱 FRC，Incoterms 1990 以後改稱為 FCA）是在 1980 年由 ICC 所創造出來的，目的是在配合當時運送的需要，例如貨櫃與駛上駛下船舶的使用。如今貨櫃的使用不停在擴增，運送人並不是在船舶旁邊接受貨物，而是在內陸的某個貨櫃接受點 (Receiption point)，我們通常稱之為貨櫃場或貨櫃集散站 (CY or CFS)。貨物可先在賣方場所裝櫃堆放再移到貨櫃場等候海上運送。此時套用 FOB 的風險負擔移轉點（當時是 Rail）用在 FRC 上，就不合適，因此 FRC 的風險負擔自 Incoterms 1980 改為貨交運送人時就已移轉。Incoterms 1980 除 FRC 外尚有 FOR/FOT 和 FOB airport 等貿易條件，而 Incoterms 1990 則將這三個貿易條件合併成為 FCA。除在海運方面要取代傳統的使用於散裝輪船的 FOB，成為貨櫃輪的貿易條件 (Container trade terms) 外，也把 FCA 設計成一個全方位在任何運送模式均可使用的條件。

㈡創造 FCA 條件之考量

如前所述，貨櫃會先進到 CY/CFS，因此使用諸如 FOB 南投南崗工業區，或者 CIF Chicago 等，就顯得有些不合適。

因為，傳統之 FOB/CFR/CIF 等三個條件，若不是使用在港口，而是內陸城市地點，會在風險轉移等方面產生爭執，因此 ICC 在當時就決議增設新的條件來適應這種情況，但要如何增設？大概有以下兩種模式：

1. 仿照美國修正對外貿易定義，美國型的 FOB 有六種，其中有一種是從 FOB 延伸出新的對應條件，例如 "FOB named inland carrier at named inland point of departure"（內陸起運地點之內路運送工具交貨），基本上該當於 FCA。也就是將 FOB 再細分為兩種。

2. 另立一個新的貿易條件以為肆應

最後的抉擇是另外創造一個新的條件 FRC，後來簡稱改為 FCA。

(三) FCA 的特色

FCA 的賣方只要把貨交給買方指定的運送人，風險負擔就已移轉。除了買方自行到賣方工廠把貨取走外，把貨交給了運送人之後，與真正裝上飛機或船舶等總是會有一段時間差。在 FCA 下，此段時間差的風險屬於買方，因此 FCA 較諸 FOB 對賣方比較有利。

Jan Ramberg 曾說，他深信某些地區還是無法接受 FCA。幾個世紀以來，歷經淬鍊的 FOB 早已深植於商人的心中，對商人而言，他們關注於價格更甚於風險。儘管 ICC 一再強調貨交運送人後，賣方對貨物已經無法實際控管，而且對由買方指定的運送人也無契約關係。如果還是堅持用 FOB，賣方又沒有投保裝船前賣方受益險 (Risk before loading for benefit to shipper)，風險真的不小。

支持 FCA 的人認為，大部分的 FOB 價格條件，船公司若報的是 All in one 的運費，則裝船費用等既包括於運費中係由買方負擔，那麼 FOB 就等同於 "FCA seller's premises + inland freight and THC" 或者 "FCA carrier's premises + THC"。若 FOB 賣方負擔的費用與 FCA 相差不多的情況下，FCA 的風險是貨交運送人就移轉，而非 FOB 之把貨裝載於船舶上，反倒有利於賣方。對賣方而言，何樂而不為？

更進一步的，有人主張用 "FCA on board carrying vessel" 來代替 FOB，其理由為 FCA 乃在特定的地點交貨，如果指定地點在裝船港船舶上，豈不是可以將 FOB 廢除 (Because FCA is at a defined place, FOB could actually be deleted from

Incoterms® even for bulk shipments)。

但買方的態度呢？也許，買方未必樂意支付自貨物交由運送人之時起到貨櫃置放於船舶上止所發生的 THC (He must to pay cost occurring between the point at which the goods are handed over to the carrier and the point where the container is placed on board the container the ship THC)，但 THC 的問題可於契約規定 "THC to pay by the seller" 來迴避。雖然買方希望風險移轉愈晚愈好，但只要貨交運送人，買方就有保險利益，因此買方得用保險來轉嫁風險，影響不大。

真正的關鍵是在散裝貨情形下，買方若用 FOB，則貨物直到置放於買方傭船的船舶之上所發生的費用（包括理貨公司的費用）均由賣方負擔，故買方會傾向於使用 FOB。

由於習慣的影響，尤其在亞洲地區，大家還是喜歡用 FOB 勝過 FCA。因此一再如 ICC 所說的，使用者一直在誤用貿易條件，2020 年版也只好稍作讓步，允許買方得指示運送人簽發提單，希望提高 FCA 的使用度。

二、使用者導引

㈠定　義

FCA 指的是賣方在其營業場所或其他特定地點，將貨交給運送人或買方，自該時起，風險就移轉給買方的貿易條件。

由於交貨地點可在賣方的營業場所，也可以在賣方營業場所以外的地點，因此貨物的流轉可以由門到門 (From door to door)，也可以由集散站到集散站 (From terminal to terminal)。所以 FCA 適用於包括複合運送在內的任何運送方式把貨運到指定地點。

至於何謂賣方營業場所，一般認為是可以包括任何由賣方控制的場所，但 ICC 發現在某些個案裡，有些賣方是將集散站當作賣方營業場所。在此情形本諸 FCA 的賣方有裝貨的義務，那麼賣方就有義務把貨物裝上買方指定的運送工具，如果運送工具是船舶，賣方也負有裝貨義務。因此在貨櫃集散站等發生的費用與裝貨費用是由賣方負擔。

所以 ICCCLP 認為賣方營業場所的概念並不是很具體，因此提醒買賣雙方應在買賣契約做出特別約定❶。

㈡交貨及風險

1. 當交貨是在賣方場所，賣方把貨裝載在買方指定之收貨卡車上，風險就轉移。

2. 當交貨是在賣方以外場所，賣方把貨裝載自己之車輛，開往買方指定之運送人，或其他指定之人的場所，在未卸貨之情況下交由運送等人處置，即屬交貨。

3. 無論選擇哪一種交貨方式，方式確定了，交貨地點也確定了，自交貨之時點起，風險與費用移由買方負擔。

㈢交貨地方與交貨地點

此段「使用者導引」之說明，類似 EXW 之交貨地方與交貨地點說明，請逕行參考。

㈣或購買已如此交貨之貨物

ICC 設計貿易條件也考慮到，FCA 也可適用於大宗物資之轉運中買賣，因此連環買賣之中間商可以用「或購買已如此交貨之貨物」代替。

㈤輸出入通關

在可適用狀況下，賣方應負責輸出通關，但不負責輸入及過境第三國之通關，也無義務繳交輸入與過境關稅。

㈥FCA 買賣提單加註裝船日期

1. 如果是用 FCA 南投南崗工業區交貨，南投不是個港口，船不能開進去，因此無法寄望於運送人簽發裝船港為南崗工業區，並附有裝船日期之提單，但是因為付款方式採用信用狀之需要，銀行要求附有裝船日期之提單，上面註明裝船地點為臺中港，交貨地點為南崗工業區，為了應付這種需要，國貿條規 2020 年版第一次採用了以下之選擇機制。

2. 此機制乃買賣雙方基於契約合意，由買方指示運送人，簽發附有裝船日

---

❶　請參閱 Incoterms® Rules Q&A 第 5 題有關的說明。

期之提單給賣方，運送人也只能簽發在臺中港裝船日期之提單，然後再循信用狀程序交給買方，讓買方去提貨。

3. 當然運送人有選擇權是否如此簽發，一旦簽發了，那麼提單上面之交貨日期與裝船日期將會不一致，此時賣方又將遇上了信用狀上面引起的困難。

📖 範　例

L/C 要求的運送單據："Full set of clean, multi-modal transport document, showing goods dispatched or taken in charge or shipped on board, consigned to order of Bank of Taiwan...."

三、用法上應注意事項

(一)海　運

1. 交貨地點若在賣方營業場所

(1) FCA 若為整櫃交貨，則賣方要負責把貨物裝載於貨櫃，然後加以固定並關上貨櫃門後加以鉛封 (Its responsibility shall stop when the cargo is stuffed, striped and sealed into the FCL container in the seller warehouse or works or any point agreed with the buyer❷)，交與運送人。

(2) FCA 若為併櫃貨物，則賣方應將貨物裝載於買方提供的運送工具。

2. 交貨地點若在賣方營業場所以外的地點，例如指定的貨櫃場或集散站交貨

若是整櫃或是併櫃貨物，賣方應負責把貨交至指定場所的費用，但若該項費用已包括於運送契約內，則不在此限。

(二)空　運

如果是空運，除買方或其指定運送人至賣方場所取貨外，賣方應將貨物交至機場航空集散站交給 Forwarder。

---

❷　Abdel-Aziz Hariri (2010). "Incoterms 2010 Seminar Minutes."

㈢交貨場所

1.交貨地點若在賣方營業場所

不論是使用空運或海運，因臺灣四面環海，這「運送前階段」原則是由買方指定的運送人負責內陸運送 (The pre-carriage to be controlled by the buyer's carrier)。

2.交貨地點若在賣方營業場所以外的地點

原則上賣方應將貨物運往由買方指定的運送人控制的地點交貨，例如 FCA TPE airport 或者 FCA Moscow railstation cargo terminal。也可以把貨交予買方指定之人，例如 FCA forwarder's warehouse。

若欲使用 FCA，則買方選擇一個有實力的國際複合運送人從事運送服務就顯得至關重要。

㈣交貨方式

1.若在賣方營業場所交付

賣方負責把貨裝上運送人提供的運送工具上。

2.若在賣方營業場所以外的地點交付

將放在賣方運送工具上尚未卸載的貨物交給運送人處置。

所謂「賣方運送工具」，並不一定是指該運送工具是屬於賣方的，也可以是與賣方簽訂運送契約的運送人所有的運送工具 (It may be a carrier contracted for by the carrier)。

㈤貨物的控制與付款問題

在 FCA 下，若約定貨物交給運送人時，買方即須支付貨款，則買方宜要求賣方提示可轉讓運送單據，或在不可轉讓運送單據的場合，應要求賣方交出該運送單據「託運人聯」(His copy of the transport document to him，即 Sender's copy of the waybill 或 Copy for shipper)。在此情形下，依照一些國際運送公約（例如《國際公路運送公約》(CMR)，《國際鐵路運送公約》(CIM)，《國際航空運送華沙公約》 (Warsaw Convention)），賣方再也無法指示運送人將貨物予以改運 (Rerouting) 他處。如有人要求改運，運送人於接受之前，有義務要求提示貨運單的託運人聯。如運送人怠於履行此項義務而逕予改運，則應補償買方因而所遭受的損害。然而，目前一些新型的運送單據，尤其是海運貨運單 (SWB) 或定期輪貨運單 (Liner waybill) 或運費收據 (Data freight receipt)，並未仿照上述國際公約適用有關貨運單 (Waybill) 的改運手續的規定，因此，買方不宜憑這些運送單據就支付貨款。除非採適當措施以防止賣方對運送人為新的指示而將貨物改運他處。

依 FCA 交易而採 L/C 或 D/P 付款方式時，賣方最關心的是，在開狀銀行或買方未付款前，如何保留貨物控制權 (Right of control) 以保障其債權的問題。假如運送人發行的運送單據是可轉讓運送單據——例如 Negotiable B/L, Negotiable combined transport document——則賣方只要握有這些單據即可控制貨物，不致發生問題；但如所發行的運送單據為不可轉讓運送單據（例如前述的 AWB、SWB、Road or railway consignment note、FBL 等）或貨運承攬人出具的 FCR，則該等單據上的受貨人 (Receiver or consignee) 於貨物運抵目的地時，即可要求運送人或 Forwarder 交出貨物，而不需提出上述運送單據或 FCR。因此，假如這種運送單據或 FCR 上的受貨人為買方，而又採 L/C 或 D/P 付款方式時，賣方很有可能陷入錢貨兩失的窘境。也就是說，買方可能一方面拒付，他方面卻又把貨物領走。關於此，讀者宜特別留意。

實務上，可規定以開狀銀行或經同意的銀行為受貨人，而以買方為受通知人，同時，在運送單據上加上「不可撤銷的」(Irrevocable) NO DISP (No disposal) 條款，以防賣方指示運送人改運。

第二節 ▶▶▶ 解　說

🍀 一、一般義務

㈠賣　方

1.提供符合契約本旨的貨物

在 2011 年 3 月日本福島核輻射事件之前，國際買賣契約中所謂提供符合契約本旨的貨物（即雙方約定賣方應負的物的瑕疵擔保責任）是指，貨物應具有通常價值或通常效用，以及權利瑕疵擔保權利與他人不得主張智慧財產權責任，但在事件爆發後增加了「賣方應擔保貨物未受核輻射汙染」的規定。

國外進口商常說 "We just want to remind that we absolutely need that every shipment is accompanied by the declaration of no nuclear containation, and, in addition it is also necessary that a short declaration is shown in the commercial invoice"。

2.提供商業發票

⑴商業發票的內容

商業發票載有買賣貨物的內容，可供作請求支付貨款及進貨證明之用。在實務上，不論以何種貿易條件交易，賣方均須提供商業發票。至於其內容，通常包含賣方、買方名稱、貨物名稱、規格、數量、單價、總價等等，此外，如有要求，其格式尚須符合買方國家的法令規章。又若當事人同意利用電子系統通訊時，得以等同的電子訊息替代商業發票。

⑵商業發票的用途

商業發票原本是買賣雙方契約項下交貨與付款的單據，但進出口通關時，行政當局有時也會要求提示，作為關稅完稅價格的參考。因此，有些開發中國家的買方會要求賣方製作商業發票的價格時，應做成實際成交價格的一半方便少繳關稅。但某些出口國家有出口退稅的制度，出口商於出口報關時因為牽涉到出口退稅的金額問題，會按正常商業發票價格報關，至於提供給買方的發票，買方的付款如果能夠獲得保障，有時也會配合買方提供第二套的低估價值的發票 (Undervalue invoice) 給買方，但本於誠信原則，並不鼓勵這種商業作法。

3.契約要求的貨物符合契約本旨的證據

買賣契約如有特別約定，賣方須提供證據 (Evidences) 以證明其提供的貨物確與契約所規定相符，則賣方應提供此項證據，如公證行出具的公證報告應由買方負擔。

例如 L/C 常見以下的條款：

⑴ Certificate of quality issued by SGS with seal container van numbers and report（SGS 出具的品質證書）。

⑵ Certificate of quantity issued by SGS with per van quantity report（SGS 出具的數量證書）。

對於上述費用由誰負擔，應於買賣契約特別約定。

此外，符合契約的證據應包括進口國政府要求的產品符合性證書 (Certificate of Conformity, COC; Varification of Conformity, VOC)。

COC 有下列幾項目的：

⑴幫助貨物順利進口通關。

⑵保證進口的產品符合當地法律規定和相關技術法規標準。

⑶防止假冒偽劣產品進入當地市場。

就以歐盟的玩具指令 (EN 71) 為例，一般要求就⑴物理安全性能、⑵燃燒以及⑶是否有八大重金屬釋出做檢驗。

若認屬於 A1，則賣方負責協助提供的單據由買方負擔；若契約有特別規定，則屬於賣方特約的協助義務。

㈡買　方

買方有支付價金的義務。

二、交　貨

・在指定地的約定地點交貨

1.交貨地點

　　由於 FCA 為可使用於各種運送方式的交易，因此，其交貨地點也隨運送方式的不同而異。例如是港口、機場、特定貨櫃集散站或特定地點交貨，應於契約特別約定。

2.在約定的期日或期間交貨

　　若買賣契約有約定，依其約定。

3.把貨物交給運送人或其他人

　　⑴運送人

　　在 FCA 下，由於是買方指示賣方將貨物交給其所指定的人運送，Incoterms 2000 對「運送人」的定義為承擔履行運送契約或購買鐵、公路與海空和內河運送或結合上開多式聯運之人。依其定義，所謂運送人應包括實際運送人和契約運送人。Incoterms® 2010 則是在引言中對運送人解釋為與他（指的應是託運人）訂立運送契約的他方當事人，與《鹿特丹規則》的定義相同。

　　⑵其他人

　　貨交運送人並非表示僅能把貨交給運送人本身 (Carrier himself)，當把貨交給貨櫃場經營人 (Terminal operator) 或其他為運送人計算的人 (Anybody else working for account of the carrier)，例如倉庫營運人 (Warehouse operator)，均是其他人，亦即非承擔貨物運送契約責任之人。

4.交貨地點

　　⑴交貨地點若在賣方營業場所

　　原則上是希望 「運送前階段」 能夠由買方指定的運送人來負責 (The pre-carriage to be controlled by the buyer's carrier)。因此若在賣方場所交付，賣方負責把貨裝上運送人提供的運送工具上；若是整櫃，則賣方要負責裝載貨物於貨櫃然後加以固定並關上櫃門後加以鉛封。

⑵交貨地點若在賣方營業場所以外的地點

原則上是希望賣方能將貨物運往由買方指定的運送人控制的地點交貨 (To require the seller to bring the goods to a named place controlled by the buyer's carrier)。因此在賣方營業場所以外的地點交付，則將放在賣方運送工具上尚未卸載的貨物交給運送人處置。

5. 交貨地點及運送方式的選擇權

⑴買方保留指定選擇權

假如在訂立買賣契約時，買方保留日後決定交貨地點及運送方式的選擇權，則同時約定買方此項選擇權的範圍以及在何時以前行使此項選擇權一節，至為重要。

⑵買方未保留指定選擇權

在買賣契約中指定的交貨地方 (Place)，運送人有數處收貨地點 (Receiving point) 可資選擇，但卻對於交貨地點的指定未保留選擇權，賣方可就指定交貨地方中選擇最適合契約目的的收貨地點作為交貨地點。

6. 交付方式

買方若未特別通知，賣方得依貨物性質與數量要求可能方式交運貨物。例如賣方運送水果，可依水果的性質要求用冷藏貨櫃交運貨物。此外，裝運的貨物數量雖未裝滿 20 呎整櫃，但輸往某些國家如烏克蘭，因等待併櫃需要一段時間，貨物既已達到一定數量，整櫃與併櫃可能相差無幾，本於時間與經濟考量結果，得以整櫃交運。

三、風險的移轉

㈠風險負擔的問題

・貨物風險的移轉

⑴貨物風險的內容：貨物風險包括貨物滅失及毀損兩者，係指因意外事件 (Fortuitous events)，致使貨物遭受滅失或毀損者而言。若非基於意外事件所致的滅失或毀損，諸如因貨物包裝不良、標示不清楚或因貨物本質或

固有瑕疵所致的滅失或毀損，其風險並不因交貨而由賣方移轉買方。

(2)貨物風險移轉時、地：

　①原則：賣方負擔貨物滅失或毀損的一切風險直至其於指定地方或地點，在約定交貨日期或期間內，以約定方法或依該地點習慣方法，將貨物交給買方所指定或賣方所選定的運送人或其他人保管時為止，買方則負擔自此以後的貨物滅失或毀損的一切風險 (A3、B3)。

　②例外：若買方未將運送人名稱、運送方式及貨物交付運送人的日期或期間、地點給予賣方充分的通知，或其指定的運送人未能接管貨物，則買方承擔自約定交貨日或約定交貨期間屆滿日起貨物滅失或毀損的一切風險 (B3)。根據一般原則，貨物的風險於貨物交付時移轉，但依本例外規定，貨物尚未交付運送人，風險照樣移轉買方，這種情形，在法律上稱為「風險提早移轉」(Premature passing of risk)。

(3)貨物風險移轉條件：依據貨物風險移轉的原則，貨物必須經正式特定化於契約項下，也即貨物必須已經特定，可辨認其為買賣契約項下的標的物時，其風險才移轉買方。因此：

　①在(2)之①的情形，既已完成交貨，貨物已經得以辨認其為契約項下的標的物，所以，不發生特定的問題。但在某些情形，貨物以整批發送（例如散裝貨）給數個買方，且個別買方的貨物未加分置或無法辨認哪一部分屬於某一買賣契約項下的標的物，則在貨物未經正式特定之前，其風險不移轉買方。

　②在(2)之②的情形，其風險提早移轉的條件，貨物也必須已經特定化，例如已將貨物予以適當包裝及標示 (B3)。

㈡禁止輸出入的風險負擔

　1.禁止輸出的風險：取得貨物輸出所需任何輸出許可證或其他官方批准書的風險，歸由賣方負擔 (A7)。因此，萬一出口國政府禁止契約貨物輸出時，則其後果由賣方負責。但通常買賣契約中多有免責條款的規定，同時有些國家的法律也規定，政府禁止輸出時，契約即失效。

2. 禁止輸入的風險：取得貨物輸入所需任何輸入許可證或其他官方批准書的風險，歸由買方負擔 (B7)。因此，萬一進口國政府禁止契約貨物輸入時，依買賣契約中的免責條款，買方應可免責，同時有些國家的法律也規定，政府禁止輸入時，契約即失效。

㈢將貨物併成運送單位 (Transport unit) 的併裝費用負擔問題

把貨物裝載在貨櫃、拖車、平板貨櫃 (Flats) 或墊板的裝櫃費、裝上拖車或平板貨櫃的費用，或墊板費（也即貨物單元化費用或併裝費用）究應由何方負擔，常引起爭議。依 FCA 的 A9 規定，這些併裝費用通常包含在運費中，而由買方負擔，但仍需顧及特定行業或特定地方的習慣。如特定行業或特定地方的習慣與上述規定有相異之處，則買賣雙方最好在磋商買賣契約時，將這種習慣適時通知對方，以免引起誤會，甚至發生糾紛。例如，在我國：

1. 貨物未達整櫃載量的出口貨物（即 LCL cargo）在貨櫃貨物集散站的裝櫃費用，通常都由賣方負擔，但依 FCA 的 A4 規定則理應包含在運費中，歸由買方負擔。

2. 貨物空運出口的場合，貨物在航空貨運站交給運送人後的打盤費用，依 FCA 的 A4 規定本應包含在運費之內，而由買方負擔，但實際上多由賣方負擔。

然而，上述裝櫃、打盤費用賣方是否已列入貨價之內，卻不得而知。所以，買方是否應歸償賣方所支付的這些費用，難免會引起爭議。類此情形，買賣雙方在訂立買賣契約時，宜約定貨價中已包含上述有關費用，賣方不得向買方求償。

四、運　送

・運送契約

1. 運送契約概說

運送契約的內容主要為：

⑴託運人把貨物交給運送人。

⑵運送人把貨物安全的送抵目的地。

⑶運送人把貨物交給受貨人。

但應由誰負責安排運送或負擔運費？原則上是由買賣契約與使用的貿易條件來做決定。

那麼，運送單據又扮演什麼功能呢？買賣契約與 Incoterms 和 UCP 均會特別著重運送單據。運送單據已經不只是託運人與運送人之間的問題，還有第三人與銀行等都會特別關注在運送單據上，因此運送單據要充分的顯示交貨時間、貨物數量與品質以及其他受貨人與銀行可資信賴的攸關貨物內容的描述，運送單據的描述，得作為付款或是貨物貿易融資的依據。因此賣方要注意 UCP 600 第 19 條至第 27 條的相關規定。

2.賣方與訂定運送契約的關係

依 FCA，買方須負責安排運送事宜，即負有訂立運送契約並支付運費的義務。賣方的義務只限於把貨物交給買方所指定的運送人運送，所以，賣方並無訂立運送契約的義務。

然而，假如安排運送並不困難，而且不論由買方或賣方出面與運送人訂約，運費都差不多時，由賣方出面以買方風險及費用訂立運送契約往往更為實際。這也就是為什麼在許多情形下，由賣方代為安排運送事宜成為商業習慣作法 (Commercial practice)。

但必須強調的是，賣方並無代為訂立運送契約的義務，而且買方也非必須要讓賣方來訂立運送契約。假如賣方的代為安排運送事宜是基於雙方當事人間先前交易的習慣作法 (Usual practice between the contracting parties in previous dealings between them)，那麼賣方可以把代訂運送契約一事「當做對買方的額外服務」(As an additional service to the buyer)。但是如果買方另行通知賣方不必代訂運送契約者，不在此限。此外，上述因賣方的額外服務而生的費用，諸如貨運承攬人及裝卸貨物代理人費用 (Freight forwarders' and shipping agents' charges)，應由買方予以補償。

因此，若買方比賣方有可能以更低廉的費率安排運送，或者因其他理由必須由買方出面訂立運送契約（例如政府法令規定）時，買方必須把將由自己安排運送一事通知賣方，最好是在訂立買賣契約時就把此事告知賣方。否則會發生雙方當事人都以為對方不安排運送事宜，結果雙方卻都與運送人訂立運送契約，以致產生額外費用的問題。

反之，由於某種理由賣方不應允買方要求代為訂立運送契約，或者賣方不願遵循商業習慣作法，那麼他就必須迅速將此事告知買方，否則可能會發生額外的風險與費用。

無論如何，不管是循買方的要求，或是遵循商業習慣作法而安排運送事宜，賣方是不承擔任何風險的，因為賣方畢竟是在買方負擔風險與費用下提供這種額外服務。所以，假如一時無法安排運送（例如碼頭工人罷工、停航或貨載太多不容易找到艙位）或運費上漲，凡此風險均必須由買方承擔，與賣方無關。

五、保　險

依 FCA，貨物在指定地方或地點（例如運送集散站或其他類似收貨地點）交給運送人保管時，貨物風險即移轉給買方負擔，但依 ICC 2009 第 8 條規定，保險人承保責任開始時間為「本保險自保險標的從本保險契約所載起運地點的倉庫或儲存處所，為了啟航 (For the commencent of transit) 開始搬動以便隨即裝載於 (For the purpose of the immediate loading into or onto) 運送車輛或其他運送工具時，開始生效」於是，「貨物交給運送人保管時起，至貨物以便開始啟動離開倉庫或儲存場所」這一段待運期間成為無保險狀態，萬一在這段期間貨物遭遇火災或其他意外事故，貨主將無法自保險人處獲得理賠。加上，貨櫃運送的貨物於交給運送人時究竟有無發生事故很難確認，本於風險管理概念，為使保險人的承保責任始期與買賣風險移轉時間一致起見，日本保險業界乃特別制定了 "Free Carrier Attachment Clause"，對此前段運送不屬保險範圍，保險效力起始於貨交運送人時，減少被保險人的保費負擔。

六、交貨／運送單據

一般買賣契約，買賣雙方對運送單據通常會作如下約定：

FCA 適用於包括複合運送在內的任何運送方式，故當賣方將貨物交給這些運送人收管承運時，一般可從這些運送人處收到通常之證明或收據 (Receipts)。然後會要求賣方協助，進一步取得運送單據 (Transport document)，從以下之買賣契約條款，便可得知 FCA 提供之單據大概可以分為兩種。

FCA

The seller must provide the buyer with usual proof of delivery; and unless usual proof of delivery is the transport document, help the buyer obtain the transport document, e.g.

negotiable bill of lading

or non-negotiable sea waybill

or inland waterway document

or air waybill

or railway consignment note

or road consignment note

or multi-modal transport document

㈠通常證明

賣方負有交貨的義務，而賣方為證明其已交貨，應自負費用，將證明其已依 FCA 的 A2 交貨的通常證明 (Usual proof of delivery) 提供給買方 (A6)。

1.在賣方場所交貨之通常證明

這是由賣方出具之證明已經於何時將貨交給買方指定之運送人，至於應否由運送人簽名於其上，如果不簽名，賣方可否拒絕交付貨物？當依當地商業作法或於契約雙方合意約定。

2.在賣方以外場所交貨之通常證明（Acknowledgement of receipt，收據）

假設交貨地點是在集散站，賣方通常會要求集散站出具收據，但買方與集散站間若無合意恐不出收據，賣方無法取得交貨證明也不願意交貨。

　　解決之道在於買方與運送人訂定運送契約之際，應約定運送人應指示集散站開具收據與賣方。

㈡運送單據

1. 由於 FCA 可適用於任何或多種運送方式，因此 A6 並未特別規定是何種運送模式之運送單據，由賣方依所使用運送工具來決定，如空運之 AWB、鐵路之 CMR，或者複合運送單據與待運提單等。

2. 這是循買方請求協助取得交貨的通常證明以外之運送單據，應由買方負擔風險及費用，由賣方給予一切協助去取得。

㈢加註裝載日期之運送單據

　　如果雙方合意，由買方指示運送人簽發加註裝載日期戳記之運送單據（例如提單加註裝船日期），賣方應將這張運送單據提供給買方。

　　買方即應接受賣方已依 A2 交貨，所提出之交貨證明。當然也包括運送單據或者加註日期之提單在內。

七、輸出入通關

㈠賣方辦理輸出通關

　　在可適用情況下，賣方應履行及支付所有輸出國所要求之任何輸出通關手續，例如：

1. 輸出許可證。

2. 輸出安全通關資料。

3. 裝運前強制性檢驗。

4. 其他官方強制批准書等。

㈡賣方協助辦理輸入通關

　　在可適用情況下，賣方應循買方之要求，以買方風險與費用，取得為辦理通過第三國或輸入國之過境或輸入通關手續，所需之任何單據與資訊，這些還包括過境與輸入國家所需之安全資訊以及強制性檢驗資訊。

㈢買方協助辦理輸出通關

在可適用情況下，買方應循賣方之要求，以賣方風險與費用，取得為辦理輸出國之通關手續，所需之任何單據與資訊，這些還包括輸出通關所需之安全資訊，以及強制性檢驗需要之資訊。

㈣買方辦理輸入通關

在可適用狀況下，買方應辦理及支付輸入國和過境國所要求之任何輸入或過境通關手續，例如：

1.輸入及過境第三國之許可證。

2.輸入及過境第三國之安全通關資料。

3.裝運前強制性檢驗。

4.其他官方強制批准書等。

按 FCA 的賣方須自負風險及費用，取得為貨物輸出所需的輸出許可證或其他官方批准書。如若因政府命令禁止出口，或出口該貨物的稅捐提高，則此項風險與費用均歸賣方負擔。不過，對這些意外事件 (Contingencies) 買賣契約中一般都有特別規定，以保護賣方利益。依 CISG 及一些國家的買賣法的規定，對於無法預見的 (Unforeseen) 或合理地無法預見的 (Reasonably unforeseeable) 禁止出口，可免除賣方在買賣契約項下的義務。

八、檢查／包裝／標示

㈠賣方負擔交貨前的檢查（品質、丈量、秤重、計算個數等）費用

買方在尚未接到貨物或檢查前就必須要付款，當然想要確定貨物的品質與數量和重量等狀況，驗證買方是否已履行義務，因此賣方應負該項檢查的義務。至於檢驗，除契約有特別規定或出口國強制實施者外，賣方不負檢查的義務。

㈡出口包裝與標示

1.易碎品

一般而言，產品若是易碎品可先用紙箱，再用木箱包裝（有些國家禁用木箱或應經煙燻）並貼上易碎的標籤。

2.貨櫃標示的問題

　　有些國家的買方會要求在貨櫃的門內 (Inside the door of container) 張貼標示該進口商與貨物相關的資料，因是買賣契約的特別約定，此雖與個資有關，但賣方應依約定在貨櫃門內標示。

3.其　　他

　　有些國家的買方，偶爾也會要求嘜頭需表示進口商的電話，或者紙箱要印進口商的 Logo 與標示產品號碼，賣方也應依約定處理。

九、費用的劃分

㈠賣方應負擔費用

　　1.直至依 A2 交貨時為止之費用，除買方應依 B9 負擔者除外。

　　2.為證明貨物已經交貨，依 A6 提供給買方之通常證明費用。

　　3.在可適用之情況下，為輸出通關所支付之關稅及其他費用。

　　4.支付買方為協助取得輸出通關有關之單據及資訊之費用。

㈡買方應負擔之費用

　　1.自賣方依 A2 交貨時起發生之所有費用，但應由賣方依 A9 負擔者除外。

　　2.賣方為協助買方依 A4、A5、A6、A7b 規定，取得相關單據及資訊的所有費用。

　　3.在可適用之狀況，支付輸入通關及過境第三國之關稅等稅費。

　　4.如果契約貨物已經特定化，買方應負擔因以下情事所增加之額外費用：

　　　⑴買方未能依 B10 指定運送人或其他特定之人。

　　　⑵買方指定之運送人或他人等等未能依 B10 規定接受貨物。

表 5–1　　FCA 買賣雙方負擔費用的劃分

賣方負擔費用	買方負擔費用
直至依 A2 交貨為止之費用，除買方應依 B9 負擔者除外	自賣方依 A2 交貨時起發生之所有費用，但應由賣方依 A9 負擔者除外
為證明貨物已經交貨，依 A6 提供給買方之通常證明	賣方為協助買方依 A4、A5、A6、A7b 規定，取得相關單據及資訊的所有費用

在可適用之情況下，為輸出通關所支付之關稅及其他費用	在可適用之狀況，支付輸入通關及過境第三國之關稅等稅費
支付買方為協助取得輸出通關有關之單據及資訊之費用	因以下情事所增加之額外費用： ⑴買方未能依 B10 指定運送人或其他特定之人 ⑵買方指定之運送人或他人等等未能依 B10 規定接受貨物

十、通　知

㈠賣　方

賣方應給予買方充分之通知，貨物已依 A2 規定完成交貨，以及買方指定之運送人或其他指定之人未能於合意時間內接受貨物。可分為：

1.貨物已依 A2 交給運送人處置 (A10)

因買方須負擔自賣方將貨物交給買方所指定的運送人或其他人處置時起，有關貨物的一切風險與費用，故賣方應負交貨通知義務，俾買方得適時辦理保險，及準備適時依 B2 受領貨物。通知的方式宜以電傳方式（諸如 Fax 與 E-mail 等方式）迅速為之。

2.運送人未能在約定時間接管貨物

因為運送人係由買方指定，買方與運送人間彼此聯絡若有差錯，致未能接管貨物，當然由買方負責，但賣方亦須充分通知買方。

㈡買　方

買方應通知賣方下列事項：

1. 在合理時間內通知賣方其指定之運送人或其他人之名稱，讓賣方有充裕時間依 A2 規定交貨。
2. 在雙方合意之時間內，其所選擇之指定運送人或其他人將接受貨物之日期。
3. 指定之運送人或其他人運送貨物將使用之運送模式，包括與運送有關之安全需求。
4. 在指定交貨地方其所指定將接受貨物之地點 (Point)。

　　總之，除非賣方經雙方合意提供額外服務契約自行選定運送人外，否則買方應將運送人名稱給予賣方充分的通知，必要時還須把貨物交給運送人的細節諸如運送方式、交付運送人的日期或期間，以及精確的交貨地點通知賣方。若買方未履行此項義務，貨物滅失或毀損的風險可能會提早移轉買方，且因此而生的額外費用也將由買方負擔。

📖 範　例

　　印度於 2010 年 4 月限制棉花出口，棉花暫停出口之後，印度全國有 5,000 多包棉花滯留在倉庫無法運出。

👤 解　析

　　若買賣雙方採 FCA 交易，此時賣方應負擔不能出口的風險。

✍ 習　題

一、選擇題

（　）1. FCA 下，貨物禁止進口的風險應由誰負擔？　⑴賣方　⑵買方　⑶保險公司　⑷運送人。

（　）2. 賣方用 FCA TPE airport 售予美國買方貨物一批，貨物於運往臺灣桃園國際機場途中發生意外發生毀損，請問該風險應由誰負擔？　⑴賣方　⑵買方　⑶運送人　⑷報關行。

（　）3. 賣方用 FCA seller's premises 售予買方貨物一批，快遞公司的貨車於運往臺灣桃園國際機場途中發生意外發生毀損，請問該風險應由誰負擔？　⑴賣方　⑵買方　⑶運送人　⑷報關行。

（　）4. FCA 下，在進口國的貨櫃場拆櫃的費用應由誰負擔？　⑴賣方　⑵買方　⑶報關行　⑷若未包括於運費，則由買方負擔。

（　）5. FCA 若使用在海運，則不宜使用下列何種單據為交貨單據？　⑴提單

　　　　　⑵複合運送單據　　⑶ SWB　　⑷待運提單。

二、問答題

1. 請說明 FCA 的風險轉移究應以貨交運送人或出口報關完竣時為準？

2. 請說明 FCA 的交貨可分為哪幾種情形？

3. 請說明 FCA 的賣方在何種情況下應負責訂定運送契約？

4. 請說明 FCA 的賣方在何種情況下應通知買方？

5. 請說明 EXW 與 FCA 的區別？

第一節 ▶▶▶
概　說

一、前　言

Carriage Paid to，簡稱 CPT（運費付訖條件規則）。

(一) CPT 之概念

1. Carriage 字面解釋是搬運或運送，但在這裡似應解釋為運送費用，也就是支付給船公司或者航空公司等運送人之運費。至於 Paid to 則是「費用付至哪裡」的意思。

2. 國際商會初次制定 Incoterms 之時，即將 CPT 列入其中，以便使用於以陸運運送貨物的交易。嗣為配合複合運送，遂於 1980 年就 Incoterms 1953 的 "Freight/Carriage paid to" 條件加以結構上的修訂，俾延伸使用於各種型式運送工具的買賣，包括複合運送以及利用拖車和駁船的貨櫃或駛上駛下運送 (Multi-modal operations and container or "roll on-roll off" traffic by trailers and ferries)。1990 年及 2000 年國際商會修訂 Incoterms 時，將該條件歸入 Group C 「主要運費付訖」(Main carriage paid)(By seller) 類之內，改稱為 "Carriage Paid to... : CPT"。Incoterms® 2010 及 2020 均沿用之。

CPT 是 FCA 的直接延伸，只是把原本由買方負責訂定運送契約的責任轉換 (Switch) 由賣方負擔。

買賣契約或訂購單，書寫 CPT 貿易條件時，後面會加「貨物交付的場所」，例如使用貨櫃船為例，由高雄運至紐約，記載方式為 CPT New York CY/CFS, USA USD66,000 Incoterms® 2020。

㈡ CPT 與 CFR 的區別

CPT 與 CFR 類似，賣方須負責締結將貨物運至目的地約定地點的運送契約，並支付運送費用；但貨物滅失或毀損的風險，以及貨物交付運送人後，由於事故而生的任何額外費用，於貨物交付運送人時，即由賣方移轉買方，非如 CFR 以裝上船舶 (On board the vessel) 為風險與費用負擔的分界點。由於貨物在運送中的風險歸買方負擔，故 CPT 是裝運地交貨條件的一種。就運送方式而言，CFR 僅適用於海運及內陸水路運送，而 CPT 則可適用於包括複合運送在內的任何運送方式。

二、使用者導引

㈠定　義

CPT 乃指賣方應於約定的日期或期間內，在約定的地點把貨交給賣方所指定的運送人或他人 (Another person)，並負責訂定運送契約與支付運費，將貨物運至指定目的地，或者購買已如此交貨之貨物，買方則負擔貨物依 A2 交付後所生的一切風險及其他費用，並依買賣契約約定支付貨款。

㈡交貨及風險移轉地點

使用者導引特別強調，當賣方已交付貨物，風險也就移轉給買方，賣方訂定運送契約然後把貨交給運送人，或者購買已如此交貨之貨物代替交貨，讓運送人自該時起取得了貨物之物理占有 (Physical possession)，一旦交貨給運送人，風險就轉移了。因此，賣方並不保證到達目的地之貨物，其品質將如單據所述完好如初。

㈢精確指定交貨之地方（點）

在 CPT 有兩個重要之關鍵點，一個是交貨地點，另一個是貨物運抵目的地之地點，這兩個關鍵點約定得越精確越好，因為複合運送會涉及好幾個運送人，每個運送人負責的運送方式不同，然後把貨從交貨地運抵目的地。

就以 CPT NY CY/CFS 為例，原則上美國買方並不過問交貨地之地點，因此交貨地之選擇權就由賣方決定，賣方可以選擇在武漢交貨，但如果美國買方屬意的風險移轉點若是在上海，但沒有明白約定，當貨交給武漢之第一個運送人（例如長江內陸水運），風險就轉移了。如果買方顧慮到這段運送之風險，希望到上海時風險再轉移，那麼宜在契約中規定 CPT NY CY/CFS shipment from Shanghai。

㈣精確指定目的地所在之地點

同理，目的地也是規定得越精確越好，因為這牽涉到賣方運送契約之訂定，以及運費之多寡。

㈤買方目的地卸貨費用負擔的問題

買方目的地卸貨費用是由買方負擔，但若賣方訂定的運送契約，其中運費已包括目的地的卸貨費用，除雙方另有約定外，否則賣方不能向買方要求歸還。因此賣方訂立運送契約應考慮此項事實，具體的規定運費所包含的範圍。

有人就在 L/C 中規定：Terms of delivery: CPT Damme Incl. All destination port fees/charges。

三、用法上應注意事項

㈠運送人的種類

因為 CPT 可適用於包括複合運送在內的任何運送方式，故運送人可能是公路運送公司 (Road haulier)、鐵路運送公司 (Railway company)、航空公司 (Airline company)、船公司 (Shipping company)、複合運送人 (Multi-modal (Combined) transport operator)，或以契約運送人 (Contracting carrier) 身分承擔運送責任的貨運承攬業者 (Freight forwarder) 等不一而足。

㈡賣方的主要義務

1.費　用

賣方除交付符合契約本旨的貨物，負責辦理出口通關手續外，還要選擇訂定運送契約繳納運費，貨交運送人。

2.貨　櫃

選用貨櫃應注意貨櫃要有適航性與適貨性，對貨櫃內外要加以檢查，若明知不適合裝載或裝貨，一旦造成貨損，賣方可能要負責。

3. 貨　物

　　貨物裝載於貨櫃，貨物的包裝與固定要牢靠，標誌要清楚，保證貨物運送的安全性。

4. 交　付

　　貨櫃交給運送人，貨櫃外表狀況要良好，鉛封完整。

㈢風險移轉的分界點

　　如前所述，CPT 雖與 CFR 類似，但就風險移轉的界限而言，在 CPT 下，賣方只要將貨物交給運送人，通常係在其貨物集散站 (Cargo terminal) 風險即移轉買方，但若利用相繼運送人運送至約定目的地，則風險於貨物交給第一運送人 (First carrier) 時移轉，這與 CFR 不同。

㈣目的地地點

　　在 CPT 下，除了應約定目的地 (Place of destination) 之外，還應約定目的地地點 (Point of destination)。若契約中未約定目的地地點，賣方只好依實務來決定目的地地點。若目的地地點未經約定，也無法依實務決定，那麼賣方可在指定目的地 (Named place of destination) 選擇最適合其本意的地點作為目的地地點 (A4)。

四、兩個關鍵地點原則

㈠第一個關鍵地點

　　第一個關鍵地點是把貨交給運送人的地點，當賣方把貨交付給運送人的時候，貨物的風險就移轉買方負擔，也就是指定的交付貨物給運送人的地點，即是風險的移轉地點。

㈡第二個關鍵地點

　　第二個關鍵地點是運費等費用負擔至指定目的地地點，即指賣方負擔的運送費用則一直至運抵的指定目的地，以後的運費或其他費用改由買方負擔。

㈢第一個關鍵地點可特約在稍後階段 (Later stage) 移轉

Incoterms 2000 的 CPT 曾針對各種不同運送手段的運送人下定義，但 Incoterms® 2010 則只是在引言中加以抽象式的說明，不再細分各種不同運送的運送人，Incoterms® 2020 亦然。

若是相繼運送或複合運送，可能有數個運送人互相合作把貨運到指定目的地。例如：

1. 第一個運送人

美國芝加哥的賣方透過卡車公司把貨運到當地 Forwarder 的倉庫。

2. 第二個運送人

從 Forwarder 的倉庫把貨櫃運至鐵路公司的收貨場所 (Rail yard)，再由火車運至船公司貨櫃場。

3. 第三個運送人

從船公司貨櫃場把貨櫃運至貨櫃碼頭再裝上船舶。

4. 第四個運送人

船抵印度孟買港再用鐵路運至新德里。

如果雙方並未約定指定交貨地點，貨物交給第一個運送人風險就移轉。若買方對於在賣方營業場所貨交第一運送人時無法控制，可以選擇在「稍後的階段」像是 Forwarder 倉庫移轉，但該地點宜於契約特定，Incoterms 所提的「稍後階段」是指海港或者機場。但可否特約在稍早階段移轉，例如於賣方場所貨物已裝妥在貨櫃之後？應無不可之理，因為既然允許可在稍後階段，當亦可約定在稍早階段風險移轉。

五、CPT 到俄羅斯與中亞的實務作法

我國廠商有用 CPT Moscow 方式出口到莫斯科，貨物從麥寮港海運至中國大陸連雲港，接歐亞陸橋用鐵路運至目的地之火車站交貨。

第二節 ▶▶▶
解　說

❈ 一、一般義務

㈠賣　方

1.提供符合契約本旨的貨物

　　A1 在提醒賣方最基礎的義務就是提供符合契約本旨的貨物。

　　交貨應符合契約本旨，也應該包括第三人不得出面主張該項貨物，侵害了智慧財產權在內的權利擔保義務 ， 例如有廠商因出口侵害荷蘭某廠商專利的 CD-Rom 而被美國海關扣押。侵害智慧財產權的問題在國際貿易相當被重視。

2.提供商業發票

　　請參閱 FCA 一章有關的說明。

3.契約要求的符合貨物本旨的證明

　　請參閱 FCA 一章有關的說明。

4.其他──Eco-certification（生態產品認證）

　　有廠商出口電子琴 ， 於出口後突接客戶 E-mail 要求 EU Declaration of Conformity ， 內容為 ： "We also need urgently by fax an EU Declaration of Conformity for Digital pianos without these documents we can not have the goods got customs clearance." 單純的提供商品有關單據的義務會因政府的涉入而變複雜，例如歐盟就電子電機產品依廢棄電子電機設備指令 (WEEE)、電子電機設備中危害物質禁用指令 (RoHS) 的規定全面禁用有害物質，因此廠商必須經認證機構的檢測，取得符合環保生態的證明，方能通關。

　　單純的提供商品有關單據的義務會因政府的行政法規涉入，致契約單據在私法與行政法規交錯影響底下，為順利辦理進口通關，需提供符合這些規定的單據，該項單據究竟是屬於 A2 或 B10？若單據是屬於契約規定的符合單據就是 A2 底下的單據，否則宜認屬 B10 的單據。但哪些國家需要這些證明，不妨調查清楚，於報價時包含於價格當中。

㈡買　方

　　賣方為確保債權，針對不同地區的不同客戶，會有不同的付款方式策略，有的公司會堅持 100% T/T in advance；有的則是 50% T/T in advance, 50% L/C（並且著重船公司信譽），目的無非在保障賣方的貨款債權。

　　支付貨款為買方首要義務。賣方既已依約交貨，並提供符合買賣契約規定的運送單據及發票等，買方即有依買賣契約支付價款的義務 (B1)。

1.支付方法

　　若買賣契約有約定，依其約定。

2.支付時間

　　若買賣契約有約定，依其約定；若未約定，則於賣方提出符合買賣契約的單據時付款，不得以尚未檢查貨物或尚未收到貨物為由延遲付款。

二、交　貨

㈠賣方交貨

　　在約定日期與約定期間內把貨交給運送人。

　　CPT 與 CFR 交貨最主要的不同點在於：CFR 需把貨交到船上才算完成交貨；CPT 則是貨交運送人就已完成交貨，後面並不接任何運送工具。

　　在中國大陸的臺商若與中亞或俄羅斯等內陸國家貿易時，可能會用到鐵路運送，例如貨物賣到俄羅斯有人是用 "CPT station Taltsy, East Siberian Railway, code 93760554"，因為交貨目的地的特定地點會影響到運費的估算，因此宜於契約明白規定。

1.把貨交給運送人（運送人的種類）

　　因為 CPT 可適用於包括複合運送在內的任何運送方式，故運送人可能是公路運送公司、鐵路運送公司、航空公司、船公司、複合運送人，或以契約運送人身分承擔運送責任的貨運承攬業者等不一而足。

2.交貨地點

　　CPT 可在出口商自行裝貨後拖到鐵路或者航空集散站等貨交運送人完成交貨，有時也可以指定用鐵路運送到兩國交界處口岸貨交運送人，自交貨必要行為完結即屬交貨，從出口商工廠運到口岸的前階段是賣方自行負責，不屬於交貨行為的一部分，原則上交貨後風險就移轉。交貨與 A7 的辦理輸出通關手續與義務因分別規定，因此出口通關手續，依 A2 規定並不認為屬交貨行為的一部分。從而海關驗貨與報關若發生未能通關的風險，就會產生由誰負擔的疑惑。

3.目的地地點

　　(1)有約定：依約定。

　　(2)無約定：依習慣。

　　(3)無約定且不能依習慣決定：由賣方在目的地選擇最適合其本意的地點作為目的地地點。

㈡買方受領貨物

　　由於賣方在發貨地把貨物交給指定運送人時，賣方就已履行交貨義務，因此，買方必須在發貨地接受交貨 (Accept delivery of goods)。此外，買方也需在指定目的地向運送人提領貨物 (Receive the goods)(B2)。買方在指定目的地收提貨物不僅僅是為本身利益，也是對訂立運送契約的賣方應負的義務，因為運送工具抵達目的地時，若買方不適時從運送人處提貨，則運送人可能會向訂定運送契約的賣方收取額外費用。

三、風險的移轉

㈠貨物風險的移轉

1.貨物風險的內容

　　貨物風險包括貨物滅失及毀損兩者，是指貨物因意外事故而遭受滅失或毀損而言，若不是因意外事故所致，例如因貨物包裝不佳、標示不清楚發生的滅失或毀損，風險並不因賣方交貨而移轉買方，也就是貨物與契約本旨不符的貨物，並不隨著交貨而風險移轉。

2.風險的提早移轉

　　若買方未依 B3 適當的履行義務，則風險提早移轉。

3.貨物風險移轉的原則與例外

　　⑴原則：貨物風險以貨物交給運送人時，或若有複合或相繼運送人，則以貨物交給第一運送人時，為移轉界限。而買方則自貨物交給運送人時起，負擔其滅失或毀損的風險 (A3、B3)。

　　⑵例外：若買方未依 CPT 的 B10 規定，將其所保留貨物發送時間及（或）目的地給予賣方充分的通知，則自約定發貨日或規定發貨期間屆滿日起，負擔貨物滅失或毀損的一切風險。根據一般原則，貨物的風險於其交付時移轉買方，但依本例外規定，貨物雖尚未交付，風險照樣移轉買方。這在法律上稱為「風險提早移轉」。因買方保有指定發貨時間及（或）選擇目的地的權利，若怠於行使其權利，卻仍令賣方負擔「貨物交給運送人時」為止的風險，則顯失公平。故以約定發貨日或規定發貨期間屆滿之日為風險移轉之時，俾平衡當事人的權益。

　　⑶貨物風險移轉條件：依據貨物風險移轉的原則，貨物必須經正式特定化於契約項下，也即貨物必須已經特定，可辨認其為買賣契約項下的標的物時，其風險才移轉買方。因此，在 3. 之⑴情形，既已完成交貨，貨物已經得以辨認其為契約項下標的物，所以，不發生特定的問題。但在某些情形，貨物以整批發貨（例如散裝貨）給數個買方，且個別買方的貨物未加分置或無法辨認哪一部分屬於某一買賣契約項下的標的物，則在貨物未經正式特定之前，其風險不移轉買方。

㈡禁止輸出入的風險負擔

　　請參閱 FCA 一章有關的說明。

四、運　送

・運送契約

1.由賣方負擔

　　CPT 與 CFR 不同，CFR 是適用於港到港的海運條件，因此後面指定目的地的地點是港口；CPT 則可適用於包括複合運送在內的任何運送方式，因此指定目的地也可是港口，指定地點也不一定以城市為限。但指定的港口宜指明係靠何個港口，例如伊斯坦堡有兩個港口：一個是靠亞洲部分的 Haydarpasa；另一個是靠歐洲部分的 Kumport。

2.應按通常條件訂立運送契約

　　通常條件指的是貨物運送契約的條件應屬於在貿易上或預定航程上常用的合理條件。請參閱 CIF 一章有關的說明。

3.貨物的運送應經通常的航路及以習慣方法運送

　　⑴運送航路

　　　　①有約定時，依約定。如因不可抗力，無法依約定航路運送時，係屬於不能履行契約，賣方不能改由其他航路運送。

　　　　②無約定時，須以通常航路運送貨物。如無通常航路的存在，則應選擇實際可用的商業航路 (Practical commercial route) 運送貨物。通常乃指裝船港與卸貨港之間地理上最直接的航線 (Direct geographical route) 而言。

　　　　　例如船停靠 A 國轉運至 B 國內陸國家，一般的表示方法是 Means of transport of route: from ×××port to A via ×××port, B。

　　⑵習慣方法運送：由於 CFR 適用於海運，因此在 A3a 是用 By the usual route 後面加 "In a vessel"；CPT 則可適用於任何運送方式，所以在通常航路後面就未提及通常運送船舶的類型，改用「習慣方法運送」。

　　因此宜註明通常運送方式，以杜疑義。

範　例

　　賣方以 CPT Tehran 與伊朗買方簽訂後，交貨前雙方為運送方式產生爭執。

　　買方認為 Tehran 並非港口城市而是內陸城市，因此交貨方式理所當然要用空運方式。

　　賣方則認為是先用海運運到伊朗阿巴斯港口，然後再從內陸運送到 Tehran 買方所在地。

解　析

　　雖然從成交價格可以知道是用空運或海陸聯運，但還是註明運送方式比較妥適。

範　例

　　我國在歐洲某跨國公司的貨物，委託自德國運至買主在墨西哥的工廠，貨物從德國藉由海運至美國休士頓，因墨西哥買主有其配合之報關行辦理清關，運送前即將如何連絡報關行的資訊告知乙公司，方便貨物送達後立刻進行報關手續，唯乙公司並未進行確認，貨到休士頓後始由實際運送人聯繫詢問報關行，造成遲延清關達 10 日以上，致須負擔額外的倉租。且因遲延，不得不趕從中國大陸廣東省的東莞市以空運方式用相同貨物補正運送遲到的作業時間。

解　析

　　由此範例可知海陸聯運相關的物流業者彼此無縫隙配合的重要。

五、保　險

㈠提供相關資訊

　　買賣雙方對他方均無保險義務，但若買方有所要求，賣方應協助提供相關的保險資訊給買方。

㈡買方不保險的後果

假設賣方已交付貨物給第一運送人，但尚未辦妥出口通關手續，此時如果發生意外事故，在買方並未投保的情況下，由於任何人皆不願意對不存在的貨物付款，故買方一般會拒付貨款。雖依風險移轉理論買方要負擔風險，但由於付款主動權在買方，為避免涉訟，賣方可投保責任險。

六、交貨／運送單據

在 CPT 所應交付的已經不是 FCA 底下之交貨證明單據了，而是運送單據，CPT 的 A6 規定賣方應自負費用提供通常的運送單據。簡而言之，交貨單據具有下列三種功能：

　⑴貨物已交與運送人的證明 (The goods are handed over to the carrier)。

　⑵買方得於目的地向運送人提領貨物的權利。

　⑶在 L/C 下得提示請求付款的權利。

㈠依慣例或循買方請求，自負費用提供與買方通常運送單據

1.海　運

例如 Negotiable B/L（可轉讓運送單據）、Non-negotiable B/L（不可轉讓運送單據）、Sea waybill（海運貨運單）或 Inland waterway document（內陸水路運送單據）已如前述。

但 Jan Ramberg 特別指出，不可轉讓運送單據或其他運送方式的運送單據，各有不同的名稱，諸如，Liner waybill、Ocean waybill、Cargo quay receipt、Data freight receipt 或 Sea waybill。但 Sea waybill 可以說是各種不可轉讓運送單據的總稱❶。

可是，除了美國 COGSA 承認不可轉讓運送單據，也就是直接提單 (Straight B/L) 外，幾乎沒有任何國際公約或國內法規範這種運送單據。

基於此，國際海事委員會 (CMI) 在 1990 年 6 月制定了《海運貨運單統一規則》(Uniform Rules for Sea Waybills)。為了避免不可轉讓運送單據在法律上的不

---

❶　Jan Ramberg (2010). *ICC Guide to Incoterms® 2010*, p. 188.

確定性，當事人在運送契約中應載明適用本統一規則。

　　若買方預定將運送中貨物轉售他人，則應在買賣契約中規定賣方須提供可轉讓提單。

2.空　運

　　Air waybill（空運提單）。

3.鐵　路

　　Railway consignment note（鐵路貨運單）。

4.公　路

　　Road consignment note（公路貨運單）。

5.複合運送

　　Multi-modal (Combined) transport document（複合運送單據）。

6.依慣例 (Customary) 提供

　　何以在 C 群貿易條件適用於海運與內陸水路運送的 CFR 與 CIF 未規定「若有習慣應提供通常運送單據」，反面解釋就是「若沒有習慣就不必提供通常運送單據」，理由何在？這可能是 CFR 與 CIF 貿易條件會使用在買賣轉運中的貨物 (Will be sold in transit)，而 CPT 則似乎較少使用於轉運中的貨物，因此運送單據自然不必轉讓，亦即沒有轉讓之意，因此只有在某些特定貿易 (Particular trade) 才有習慣應由賣方提供運送單據，這似乎是規定 "Customary" 的緣由。

　　例如賣方出售一個貨櫃的整廠設備給買方，這批特殊的設備買賣雙方並不預想設備會轉賣，而且付款方式也有特別的安排，例如是 Open account (O/A)，在這種特定型態貿易可能沒有習慣要提供運送單據，因此 CPT 並不規定賣方負有主動義務要提供運送單據 (Incoterms do not impose an automatic obligation of tender in this or similar situations)。

㈡運送單據應記載的內容

　　1.應記載契約貨物之名稱 (Contract of goods)。

　　2.雙方合意裝貨期間內的特定日期。

　　其餘可參考 UCP 600 第 19 條到第 27 條相關單據如何記載的規定。

㈢運送單據應具備的功能

　　1.如經雙方合意或依相關公約與運送慣例，運送單據應具有讓買方能於指定目的地，向運送人請求提領貨物的功能。

　　2.利用轉讓諸如背書運送單據與下一個買主，或利用通知運送人的方式，轉賣尚處在運送途中的貨物。

㈣可轉讓運送單據

　　如果是屬於可轉讓運送單據且簽發有數份正本，賣方應將整套正本提示與買方。

㈤買方接受運送單據的義務

　　若有習慣存在，賣方應自負費用向買方提供通常的運送單據。運送單據若未牴觸買賣契約規定，買方應予以接受 (B6)。若買方拒絕接受該單據，則將構成違約，賣方可依買賣契約請求損害賠償或取消契約。

七、輸出入通關

㈠賣方辦理輸出通關

　　在可適用情況下，賣方應履行及支付所有輸出國所要求之任何輸出通關手續，例如：

　　1.輸出許可證。

　　2.輸出之安全通關資料。

　　3.裝運前強制性檢驗。

　　4.其他官方強制批准書等。

㈡賣方協助辦理輸入通關

　　在可適用情況下，賣方應循買方之要求，以買方風險與費用，取得為辦理過境第三國或輸入國之過境或輸入通關手續，所需之任何單據與資訊，這些還包括過境與輸入國家所需之與安全資訊以及強制性檢驗資訊。

㈢買方協助辦理輸出通關

　　在可適用情況下，買方應循賣方之要求，以賣方風險與費用，取得為辦理輸出通關手續，所需之任何單據與資訊，這些還包括輸出國通關所需之安全資訊以及強制性檢驗資訊。

㈣買方辦理輸入通關

在可適用狀況下，買方應辦理及支付輸入國及過境國所要求之任何輸入或過境通關手續，例如：

　　1.輸入及過境第三國之許可證。

　　2.輸入及過境第三國之安全通關資料。

　　3.裝運前強制性檢驗。

　　4.其他官方強制批准書等。

㈤賣方辦理出口通關與取得輸出許可證宜注意事項

臺灣的貿易行政因實施負面表列制度，凡未列表於表一與表二的貨物，均得自由輸出，不需申辦輸出許可證；若屬於表二限制輸出貨品表的貨物則應申領輸出許可證。

1.糾　紛

是否需要辦理輸出許可證偶爾會引起糾紛，例如出口商認為監視攝影機外銷是為稀鬆平常之事，但國際貿易局卻認為監視攝影機屬夜視用為戰略性高科技貨品輸出入管制貨品，而不准出口❷。

2.風險與費用

取得輸出許可證的風險與規費的提高由賣方負擔，因此宜於契約訂定諸如"Unforeseen or reasonably unforseenable export prohibitions may relieve the seller from his obligation under the contract of sale"。

㈥買方辦理進口通關宜注意事項

有些國家辦理輸入手續甚為繁瑣，例如巴西的進口制度，需先由臺灣出口商取得產地證明，再寄給巴西進口商申領輸入許可證。

至於取得產地證明的費用由誰負擔？理論上，若無特別約定應由買方負擔，但實務上常由賣方負擔。

---

❷　工業總會貿易發展組 (2009)。《2009 年國內企業出口市場貿易障礙調查報告》。

例如南非海關與關稅委員會訂立的《海關與關稅規則》規定：自 1994 年 11 月 1 日後運往南非的貨物有六大類必須出具 「南非原產地聲明格式 DA59」 (Declaration of origin form DA59)。

原產地證書是證明貨物原產於某一特定國家或地區，享受 WTO 最惠國待遇正常關稅的證明文件。使用於徵收關稅、貿易統計、實施國際防衛措施、配額、反傾銷和補貼、原產地標記、政府採購等方面。

八、檢查／包裝／標示

㈠檢查義務

買方為了確保在付款或者有機會檢查以前，賣方交的貨物真的符合雙方約定的條件 (Condition of the goods)，賣方應對貨物施行檢查。另外，報給船公司或者進出口海關也需有品質、丈量、秤重、計算個數的資料，這些檢查費用由賣方負擔，至於要檢查到什麼程度宜於契約明白規定。

㈡包裝義務

⑴賣方應自負費用包裝貨物。

⑵依該特定行業的慣行，運送該已成交的貨物得以未包裝方式為之者，不在此限。

⑶賣方得依通常適合運送方式的方法對貨物施以包裝，但在買賣契約締結以前，買方若曾通知賣方應施以特別包裝需求時則應依該包裝。

㈢標示的義務

在包裝上應加以適當的標示。

九、費用的劃分

㈠賣方應負擔費用

1. 直至依 A2 交貨時為止之費用，除買方應依 B9 負擔者除外。

2. 運費及其他因交貨所產生之所有費用，包括貨物積載及運送安全有關之費用。

3. 在目的地合意之地方卸貨所產生之任何費用，但以在運送契約中規定應由賣方負擔者為限。

4. 過境第三國之費用，但以在運送契約中規定應由賣方負擔者為限。

5. 為證明貨物已經交貨，依 A6 提供給買方之通常證明費用。

這段文字敘述與 FCA 之敘述相同，但 FCA 要提供的交貨單據是通常證明 (The usual proof)，而 CPT 所要提供的是通常運送單據 (The usual transport document)，這裡所說的通常證明就是通常運送單據。

6. 在可適用之情況下，為輸出通關所支付之關稅及其他費用。

7. 支付買方為協助取得輸出通關有關之單據及資訊之費用。

㈡買方應負擔之費用

1. 自賣方依 A2 交貨時起發生之所有費用，但應由賣方依 A9 負擔者除外。

2. 過境費用，但在運送契約中規定應由賣方負擔者除外。

3. 卸貨費用，但在運送契約中規定應由賣方負擔者除外。

4. 賣方為協助買方依 A5、A7b 規定，取得相關資料及資訊的所有費用。

5. 在可適用之狀況，支付輸入通關及過境第三國之關稅等稅費。

6. 買方未能依 B10 規定，通知其選擇之指定發貨時間，或目的地之指定地方，自該指定期日或約定裝貨期間之末日起，任何因此所產生之額外費用。但以貨物已經特定化為限。

● 表 6-1　CPT 買賣雙方負擔費用的劃分

賣方負擔費用	買方負擔費用
直至依 A2 交貨為止之費用，除買方應依 B9 負擔者除外	自賣方依 A2 交貨時起發生之所有費用，但應由賣方依 A9 負擔者除外
運費及其他因交貨所產生之所有費用，包括貨物積載及運送安全有關之費用	賣方為協助買方依 A5、A7b 規定，取得相關資料及資訊的所有費用
在目的地合意之地方卸貨所產生之任何費用，但以在運送契約中規定應由賣方負擔者為限	卸貨費用，但在運送契約中規定應由賣方負擔者除外
過境第三國之費用，但以在運送契約中規定應由賣方負擔者為限	過境費用，但在運送契約中規定應由賣方負擔者除外
為證明貨物已經交貨，依 A6 提供給買方之通常證明費用	－

在可適用之情況下，為輸出通關所支付之關稅及其他費用	在可適用之狀況，支付輸入通關及過境第三國之關稅等稅費
支付買方為協助取得輸出通關有關之單據及資訊之費用	買方未能依 B10 規定，通知其選擇之指定發貨時間，或目的地之指定地方，自該指定期日或約定裝貨期間之末日起，任何因此所產生之額外費用。但以貨物已經特定化為限

十、通　知

　　賣方應通知買方已依 A2 規定完成交貨，並給予買方足符買方接受貨物需要之通知。

　　至於買方，如果有權決定發貨時間，及（或）指定目的地地方內之指定地點，應給予賣方充分之通知。

㈠賣方通知買方

　　因 CPT 的運送是由賣方安排，所以，賣方應將其已把貨物交給運送人的事實及有關事項給予買方充分的通知，俾買方得以著手辦理有關提貨的手續。賣方若怠於此項通知，將構成違約，這表示依買賣契約的準據法，賣方可能須負違約之責。

㈡買方通知賣方

　　依買賣契約規定，若買方有權決定貨物的發貨時間及（或）目的地時，買方應將其決定給予賣方充分、及時的通知，以便賣方有充裕的時間安排運送事宜，否則買方須負擔因此而增加的額外費用及風險。所謂增加的風險，乃指若買方未將發貨時間及（或）目的地給予賣方充分的通知，則貨物滅失或毀損的風險可能提早移轉買方。又依 CPT 的 B10 規定，若買方未將發貨時間及（或）目的地給予賣方適當的通知時，自約定發貨日或發貨期間屆滿日起，該貨物因此而生的額外費用歸由買方負擔。當然，上述風險的提早移轉以及額外費用歸由買方負擔，必須以貨物已經特定化於買賣契約為前提。

十一、實例討論

範　例

CFR Douala 還是 CPT Bangui？

中非的客戶要求從臺灣出貨到中非的 Bangui，但卸貨港為中非的 Douala 港口。運費除應負擔至 Douala 港口之外，由 Douala 到內陸的 Bangui 的運送費用也要由賣方負擔，那麼簽約時應使用 CFR Douala 抑 CPT Bangui 為佳？

解　析

若是貨櫃，不管是到中非的 Douala 港口，還是內陸的 Bangui，似乎宜用 CPT。至於從中非的 Douala 港口到內陸的 Bangui，運送費用與運送路況如何，宜與 Forwarder 討論後，可報兩個地方的價格供買方選擇。

習　題

一、選擇題

（　）　1.下列何者不是 CPT 所稱的通常運送單據？　(1) FCR　(2) B/L　(3) SWB　(4) EDI B/L。

（　）　2.賣方以 CPT Tripoloi 賣與利比亞的買方貨物一批，因港口遭歐美轟炸船舶無法靠港，船公司卸貨在埃及，再用火車把貨運至 Tripoloi，請問增加的費用應由誰負擔？　(1)賣方　(2)買方　(3)運送人　(4)買賣雙方平均負擔。

（　）　3.下列有關 CPT 的敘述，何者正確？　(1)買賣雙方得約定風險於貨交運送人之一稍後階段移轉　(2)賣方應提供保單　(3)買方應負擔貨交運送人之後的運費　(4)賣方不提供運送單據。

（　）　4.我國廠商用 CPT Ulaanbaatar 售與買方貨物一批，則過境中國大陸的手續與費用應由誰負擔？　⑴賣方　⑵買方　⑶運送人　⑷若該項費用已包含於運費則由賣方負擔。

（　）5. 賣方用 CPT NY CY/CFS shipment from Taiwan any port 賣予買方貨物一批，運費包含在紐約港的卸貨費用在內，嗣後賣方可請求買方退還多少卸貨費用？　⑴退還　⑵退還一半　⑶不必退還　⑷退還 2/3 卸貨費用。

二、問答題

1. 請說明 CPT 與 CFR 有關於訂定運送契約的規定有何不同？

2. 請說明 CPT 與 FCA 交貨的規定有何不同？

3. 請說明若臺灣出口商用 CPT LA 售予美國買方精密機械數臺，貨交運送人後，因出口通關未符《戰略性高科技貨品輸出入管理辦法》的規定而不能出口，則 CPT 的風險究應以辦妥出口通關手續或貨交運送人為當？

4. 請說明買方使用 CPT 而不使用 CIP 的原因為何？

5. CPT 於貨交運送人後風險就移轉，請說明 Incoterms® Rules Q&A 對於運送人的定義為何？

第一節 ▶▶▶
概　說

一、前　言

CIP (Carriage and Insurance Paid to) 運保費付訖條件規則。

（一）CIP 之概念

Carriage 字面解釋是搬運或運送，但在這裡似應解釋為運送費用，也就是付給船公司或者航空公司等運送人之運費。Insurance 是保險，貨物運送過程當中生的毀損滅失，保險人負有補償義務，Paid to 則是運費及保費已支付目的地之意思，亦即是運保費付訖條件。

國際商會於 1980 年修訂 Incoterms 時，制定了「運保費付訖條件」(Freight/Carriage and Insurance Paid to, CIP) 以配合複合運送的需要。1990 年修訂 Incoterms 時，國際商會將該條件歸入 Group C「主要運費付訖」(Main carriage paid) 類之內，並改稱為 "Carriage and insurance paid to"，Incoterms 2000 並未加以變更。到了 Incoterms® 2010 不再稱為 C 群貿易條件，改列為屬於「任何或多種運送方式的規則」，也就是適用於包括複合運送在內的任何運送方式。2020 年版則主要針對保險承保範圍做出了修正。

買賣契約書或商業發票，書寫 CIP 貿易條件時，後面會加「貨物交付的場所」，美國商務部在其出版之書籍❶，

---

❶ US Department of Commerce, International Trade Administration. *A basic guide to exporting: the official government resource for small and medium-sized businesses,* 10th ed., Washington, D.C., 2011, p. 171.

建議記載之方式似為：CIP Buyer's warehouse in Shoreline, State of Washington, USA USD66,000 Incoterms® 2020。

(二) CIP 與 CIF 的區別

CIP 與 CIF 類似，賣方須負責締結將貨物運至目的地約定地點的運送契約以及保險契約，並支付運送與保險費用；但貨物滅失或毀損的風險，以及貨物交付運送人後，因為事故而生的任何額外費用，於貨物交付運送人時，即由賣方移轉買方，非如 CIF 以裝上船舶 (On board the vessel) 為風險與費用負擔的分界點。由於兩者之貨物在運送中的風險皆歸買方負擔，固然皆是裝運地交貨條件的一種。但就運送方式而言，CIF 僅適用於海運及內陸水路運送，而 CIP 則可適用於包括複合運送在內的任何種類之運送模式。當然，CIP 水險保的是 (A) 條款，CIF 保的是 (C) 條款，也是主要的不同點之一。

二、使用者導引

(一)定　義

CIP 乃指除賣方必須就貨物在運送中滅失或毀損的風險購買保險外，買賣雙方所應負的風險、費用與義務，與 CPT 完全相同。換言之，依 CIP 交易時，賣方須於約定日期或期間內，把貨物交付其指定的運送人或其他人，並負擔額外支付將貨物運送至指定目的地所需的運送費用，也須就買方所負貨物在運送中毀損或滅失的風險購買保險，買方則負擔貨物依 A4 方式交付後所生的一切風險及其他費用，並依買賣契約規定支付貨款。賣方須負責洽訂將貨物運至目的地約定地點的運送契約以及購買運送保險，並支付運費及保險費，但貨物滅失或毀損的風險以及貨物交付運送人後，由於事故而生的任何額外費用，於貨物交付第一運送人時，即由賣方移轉買方負擔，非如 CIF 以出口港船上為風險及費用負擔的分界點。

當然，CIP 也有兩個關鍵地點原則的適用。

(二)交貨及風險移轉地點

1. CIP 項下之交貨，是賣方實際把貨交給運送人，讓運送人取得物理上占有 (Physical possession)，除非是購買已如此交貨之貨物。

2. 使用者導引特別強調的是，當賣方已完成了交付貨物，風險也就移轉給了買方，縱然賣方訂定了運送契約把貨運到指定目的地，但風險既已經在交貨地移轉了，因此到達之貨物是否狀況良好，數量是否與交貨時完全一致，賣方並無法保證。

3. 導引並舉例說如果契約條款定的是 CIP 南漢普頓港口或者是非港口之溫契斯特，交貨地點則是非港口之美國拉斯維加斯，這兩個案例的交貨及風險轉移地點都是在拉斯維加斯，但賣方應負責訂定把貨運至前開兩個目的地之運送契約。

㈢交貨及目的地

　　CIP 有兩個重要之關鍵點，一個是交貨地點，另一個是貨物運抵目的地之地點，這兩個關鍵點越精確越好，因為複合運送會涉及好幾個運送人，每個運送人負責的運送方式不同。從交貨地把貨運抵目的地，理論上如果是使用 CIP NY CY/CFS，買方原則上是不過問交貨地的，那麼出貨地之選擇權就由賣方決定，如果雙方沒有特約，賣方可以選擇在武漢交貨，可是買方屬意的是在上海，但卻沒有明白約定，這時當貨交給武漢之第一個運送人（例如長江內陸水運），風險就轉移，所以如果買方顧慮到這段運送之風險，希望在上海風險再轉移，那麼就宜在契約中規定 CPT NY CY/CFS shipment from Shanghai。

㈣保　險

1. CIP 之賣方應為買方自交貨之時起至少迄目的地地點 (The point of delivery)，可能遭受之貨物毀損滅失投保保險，如果進口國法令規定限由該國承保，則貿易條件宜用 CPT。

2. 保險已由最低承保範圍之 (C) 條款或其類似之 FPA，擴大到 (A) 條款或其類似之 All risk 條款。但如果買賣雙方合意，也可以修正到較低之 (B) 甚或 (C) 條款。

㈤精確指定交貨地與目的地所在之地點

1. 如果是複合運送，由數個運送人負責運送，每個運送人負責不同之運送區段，買方意欲在較早之區段如鐵路或內河運送，或者較晚之區段如海運區段移轉風險，就應於契約明白規定交貨之正確地點，否則自賣方把貨交給了第一個運送人時起，風險就轉移。

2.同理，如果是目的地也是規定得越精確越好，因為這牽涉到賣方運送契約之訂定，以及運費之多寡。

㈥買方目的地卸貨費用負擔的問題

買方目的地卸貨費用是由買方負擔，但若賣方訂定的運送契約，其中運費已包含了目的地之卸貨費用，除雙方另有約定外，否則賣方不能向買方要求歸還。因此賣方訂立運送契約應考慮此項事實，具體的規定運費所包含的範圍。

有人就在 L/C 中規定：Terms of delivery: CPT Damme Incl. All destination port fees/charges。

三、特　色

本條件可適用於包括複合運送在內的任何運送方式，但由於運送契約並不屬於 Incoterms 規範的範圍，因此所謂的 FCL/FCL 或 Door to door 是屬於運送契約的名詞。

㈠海運、內陸水路及公路運送

賣方需把貨裝載與繫固於貨櫃，於約定地點如賣方場所或貨櫃場把貨物交給運送人或其他人處置。

㈡空　運

賣方須把貨運到機場交予運送人或其他人處置。

四、用法上應注意事項

㈠ CIP 不宜特約承擔貨物到達目的地的特定時間

因 CIP 是裝運地契約，故 CIP 的賣方應依約定時間正常發貨，且交貨後的風險是由買方負擔，例如航行中因意外事故可能有耽擱的風險，所以賣方不宜於契約允諾貨物到達目的地之特定時間。

㈡關於保險的問題

　　在 CIP 下，貨物一經交付第一運送人，貨物風險即轉由買方負擔，因此買方須靠運送保險來保護其利益。固然，貨物在運送途中遭受滅失或毀損時，買方可以貨主的身分向運送人請求賠償，但是基於運送人的免責及限制賠償責任，這種賠償請求的金額有其限制。故萬一貨物遭受滅失或毀損，買方通常會向保險人請求索賠（需先向運送人求償），保險人在本於求償代位向運送人索賠。若無特別約定，賣方投保的保險金額通常為契約價格外加 10%（即運保費付訖價加 10%）。

　　在保險承保範圍之內，一旦貨損事故發生，買方固然可從保險人獲得損害補償 (Compensation)，但其也必須將得對抗運送人的權利由保險人代位 (Subrogation)。為此，買方必須適時向運送人發出貨物已發生滅失或毀損的適當通知，俾保險人日後不致失權，而得以向運送人索賠。這點很重要，不得疏忽。

第二節 ▶▶▶
解　說

❧ 一、一般義務

㈠賣　方

1.提供符合契約本旨貨物的義務

　　貨物的出賣人對買受人負有權利瑕疵與貨物的瑕疵擔保責任，所謂「貨物的瑕疵擔保責任」乃指交付的貨物應具有通常效用或通常價值。若契約對貨物品質另有規定則應依契約規定。

　　貨物的品質有的是屬於內在或隱性的，例如藥物的成分或大豆蛋白質的含量，還有機器的性能等，需經測試。至於外在或顯性的，例如衣服的花樣款式等，賣方於交貨時憑肉眼即可判斷是否符合契約本旨。

　　若交貨之前即已存在的瑕疵，保險不賠；若於交貨後交通工具運輸途中發生的貨物變質如麵粉結塊，保險公司稱之為貨物固有本質所引起的也不賠。但提供符合契約本旨貨物係以交貨時為準，除另有約定外是由買方負擔運送中變質的風險。

2. 提供商業發票

Incoterms 僅言及賣方應提供商業發票，但付款方式若使用 L/C，買方要求的商業發票有時甚為詳細，例如在 SWIFT MT 700 L/C 的 45A 欄位 (Field) 規定：發票上應敘明貨物的明細 (Description of goods)。有些 L/C 上則還要求應書明貨物的 HS 統一編號和等級 (HS number and rate by item)，成本應拆開顯示各項零組件的成本，各自數量所佔的重量的百分比，申明符合採購契約的所有條件和要求，並且所有產品上均需顯示原產地。另外還規定發票的份數與簽章需為 "Signed and stamped commercial invoice in 5 copies"（簽署及蓋章的發票為一份正本四份副本）。

3. 契約要求符合契約的證據

📖 **範 例**

基於 L/C 規定，某些出口商於出貨前應提示經 ISO 認證合格的實驗室出具的檢測報告，該報告結果應說明貨物的整體品質良好或是令人滿意的。若出口商的實驗室不符合 ISO 標準，則另請相關公證公司出具檢測報告而生的公證費用應由誰負擔？

👨‍💼 **解 析**

若買賣契約對此費用已有規定則依其規定，否則此費用是由買方負擔。

㈡ 買 方

買方有支付價金的義務。有些國家對付款方式會作出規定，例如阿爾及利亞政府規定應使用 L/C 當作付款方式。

🌸 二、交　貨

　　交貨指的是賣方已依買賣條件履行義務或已完成契約的義務 (The seller fulfilling the obligation of the terms of sale or to completing a contractual obligation)。

　　CIP 的賣方應依契約約定的時間，把貨交給與賣方訂立運送契約的第一個運送人。若買方有指定交貨地點，則賣方需把貨持往特定或指定的地點交貨 (A specified or named place)。

　　由於賣方應訂定運送契約，因此 CPT/CIP 並未如 FCA 的 A2 把交貨地點分為賣方營業場所或賣方營業場所以外的地點，也未規定在賣方營業場所以外的地點誰負責卸貨的問題。

　　當賣方已依 A2 交貨，買方應接受交貨，並應在指定目的地，或者雙方合意之指定地點，向運送人提領貨物。

　　因 CIP 是裝運地契約，不是到達契約，故 CIP 的賣方應依約定時間正常發貨，且交貨後的風險是由買方負擔，例如航行中因意外事故耽擱的風險。因此不宜特約承擔貨物到達目的地的特定時間。所以買方何時向運送人提領貨物，須待運送人發出到貨通知後，依該通知辦理。

📖 **範　例**

　　中國大陸的臺商應使用何種貿易條件與俄羅斯交易？

👤 **解　析**

　　由於俄羅斯的灰色清關 ❷ 具有不可臆測的風險，故中國大陸的臺商應使用 CIP 或 DAP 邊界交貨較為妥適。

　　若使用鐵路運送，則 CIP 指的是運費及保險費付至目的地車站的條件（當然也可到買方倉庫），乃賣方負責支付至目的地的運費和保險費並辦理出口通關

---

❷　灰色清關乃指俄羅斯進口商或專辦灰色清關的公司，因與海關人員「合作」，幫助進口商品以低於法定水準的關稅稅率進入俄羅斯市場。

手續，其風險是在將貨物交給指定的運送人（即鐵路方）後即告移轉。應該注意的是，除了在 CIP 後註有目的車站名稱外，還應加註「車箱交貨」字樣，以免承擔其他雜項費用。如「CIP 莫斯科火車站車箱交貨」(CIP free on railway wagon at Moscow station)。

三、風險的移轉

㈠貨物風險負擔

1.貨物風險移轉的原則

Incoterms 與 CISG 均是採取貨物一經履行交付義務，風險即移轉的原則。並不採取與所有權移轉同時移轉，也不採取契約訂立風險就移轉的原則。

2.貨物風險移轉的意義

乃指貨物因意外事故而遭受滅失或毀損者而言，若不是因意外事故而是由賣方或買方所致者，例如因貨物包裝不佳、標示不清楚或因固有瑕疵所致滅失或毀損，顯然由於交貨不符契約本旨所致者，其風險並不因賣方交貨而移轉買方，賣方尚且要負違反契約義務。但如果貨物已經特定化買方未通知賣方其選擇之交貨時間，或選擇交貨地方之特定地點，則風險提早移轉。

3.貨物風險所導致的滅失或毀損

貨物風險所導致的滅失或毀損指的是貨物本身物理上 (Physical) 的滅失或毀損，並不包括遲延或未履行契約等情況，因為這兩種情況屬違反契約，不在 Incoterms 的適用範圍之內。

4.常見的貨物風險

在 CIP 常見的貨物風險是於賣方履行交貨義務後，因無法預料的政治或氣候條件的變化，讓原先規劃的航路無法履行，致增加轉運的額外費用。

5.價金風險

貨物的風險於交貨後移轉由買方負擔，買方對於爾後發生的滅失或毀損乃負有支付價金的義務，一般稱此為價金風險。

6.風險的提早移轉

請參閱 CPT 一章有關的說明。

㈡禁止輸出入的風險負擔

1.禁止輸出的風險

取得貨物輸出所需任何輸出許可證或其他官方批准書的風險，歸由賣方負擔 (A7)。

2.禁止輸入的風險

取得貨物輸入所需任何輸入許可證或其他官方批准書的風險，歸由買方負擔 (B7)。

四、運　送

・運送契約

1.賣方應負擔運費訂立運送契約，把貨運至指定目的地的約定地點

例如有人會用 CIP free on railway wagon at Moscow station（莫斯科火車站車廂交貨）。

按規定，CIP 運送契約的指定目的地並不以港口為限，可以是機場，也可以是城市或鄉村的買方營業場所與火車站等。因此運送契約可以是海、陸、空等單式運送，也可以是相繼運送或複合運送契約。

2.應按通常條件 (Usual terms) 訂立運送契約

請參閱 CPT 一章有關的說明。

3.貨物的運送應經通常的航路 (Usual route) 及以習慣方法運送

⑴運送航路：請參閱 CPT 一章有關的說明。

⑵習慣方法運送：由於 CIF 適用於海運，因此在 A4 是用 By the usual route in a vessel，CIP 則可適用於任何運送模式，所以在通常航路後面就未提及通常運送船舶的類型，改用「習慣方法運送」。因此買賣契約宜註明通常的運送方式，否則容易發生糾紛。

4.賣方訂定運送契約的三大重點

(1)指定目的地：若未經約定或不能依商業實務做決定時，買方可選擇最適合本意的地點作為交貨地點。

(2)運送方式的約定：CIP 究竟是使用海陸聯運或空運宜說明清楚，例如 CIP Damme 雙方約定的運送方式為先空運到 Frankfurt，再陸運到 Damme，而非先海運到 Hamburg，然後再陸運到 Damme。

(3)若有多種運送路徑可走，宜與買方先行確認運送的航路，例如臺灣到莫斯科的航路有：

　①從臺灣海運至聖彼德堡，再轉公路或鐵路到莫斯科，但若冬季因港口結冰需破冰船導航，另需加收冬季附加費。

　②從臺灣海運至黑海之濱的新俄羅斯西斯克港口，再轉公路或鐵路運到莫斯科。

　③從臺灣海運至芬蘭科塔克上岸，再轉公路運經芬俄邊境至莫斯科。

　④從臺灣海運至連雲港，再轉歐亞鐵路運抵莫斯科。

此外，轉運與過境的運送鏈也要彼此配合。

五、保　險

請參閱用法上應注意事項的說明。

1.訂定最低保險範圍的貨物保險

由於海運或複合運送有承保範圍為 ICC(A) 條款或 All risk 條款可循，中國大陸自己的保險條款大抵也參照 ICC 2009，因此並無問題。但國際公路或鐵路的運送保險則應依各公司的標準條款選定相當於 (A) 條款保險範圍的貨物保險。

2.與信譽良好的保險人或公司訂約

保險係賣方為受益人（即買方）的利益而投保，而保險旨在貨物遭受風險時，由保險人負責補償損害，其信用很重要。故 CIP 規定賣方須向信用良好的保險人或保險公司投保；如買賣契約中定有保險人時，賣方應向該保險人投保；如買賣契約中並未就保險人做出特別約定時，賣方應盡相當注意（With reasonable care) 以選定保險人。

3.賦予有保險利益者得逕向保險公司索賠的權利

4.賣方經買方請求投保附加的保險等

　　由於產品種類的不同與輸出入國或轉運地點環境的不同，不可預料的風險也就不同，若買方有所請求，賣方得請買方支付費用，加保戰爭險 (War) 等特別附加險。

5.保險金額若無特別約定，為契約所訂的價金加 10% 並以契約相同幣別投保

6.投保應否扣除佣金與投保幣值的問題

　　⑴是否扣除佣金：契約中有約定時，依契約約定；若無，則需以加上佣金的總價承保。例如買賣雙方以 CIP C5% Vienna 交易時，假若契約上沒有規定，則需以含 C5% 的金額投保。

　　⑵投保幣值：買賣雙方應依交易條件來決定投保幣值。例如買賣雙方以 CIP Xi'an RMB 500,000 交易時，應以人民幣投保。

7.賣方應提供保單或其他承保證明

8.賣方應提供買方額外投保所需的資訊

㈠ CIP 的保險利益

1.保險利益的意義與特徵

　　英國 1906 年《海上保險法》(Marine Insurance Act 1906, MIA 1906) 第 5 條第⑴項規定，每一個對於海上保險有利益的人，均有可保利益。保險利益乃指一個人與航海具有利害關係，特別是當他與該航海或處在危險中的保險財產具有法律或衡平法的關係，如保險財產安全或按時抵達，其即能從中獲得利益；但如保險財產滅失、受到損害，或被滯留或引起有關責任，其利益將受到損害。

　　同條第⑵項也規定被保險人與該海上冒險或其中的任何保險利益之間有法律或衡平法上的關係如保險財產安全或按時抵達，他即能從中獲益；如保險財產滅失、受到損害，或被滯留或引起有關責任，他的利益將受到損害。

　　保險利益依其原文 Insurable interest 的意義，應為「可保利益」或「可保的利害關係」，是指要保人或被保險人對保險標的所具有經濟上的利害關係，這種

利害關係必須是法律上認可的各種關係而享有經濟利益者（包括現存的或可期待的利益與權利），亦即兼顧法律上的利益與經濟上的利益。

2. 保險利益移轉的時點即為危險負擔移轉的時點

〈臺灣臺北地方法院 92 年海商簡上字第 6 號民事判決〉：「在財產保險，因要求要保人或被保險人於保險事故發生時必須具有保險利益，是依『財產保險之標的為保險利益』之原則，如保險事故發生時要保人或被保險人不具有保險利益，保險契約即失其效力，唯如保險利益已移轉予第三人，因該第三人為經濟上之直接受害者，具有保險利益，是保險契約例外對於該第三人繼續存在，而構成保險契約主體之變更；故於保險事故發生時，該第三人可本於被保險人之地位請求保險人給付保險金。再所謂『保險利益移轉』之時點，從保護經濟上之直接受害者之觀點觀之，應以『危險負擔移轉』之時，以資為判斷。」根據前述國際慣例，由 A 公司先就系爭貨物與被上訴人訂立保險契約，再將保險契約及載貨證券一併背書移轉予 B 公司等情事，是可以採信的。再者，因系爭貨物已越過船舷裝載上船，根據前述國際慣例，系爭貨物的利益及風險已由 B 公司承擔，參酌前述法條意旨，B 公司對於系爭貨物即有保險利益，系爭貨物的保險契約應為受讓人 B 公司繼續存在，是 B 公司於保險事故發生後，自得行使保險契約的權利。

3. CIP 的保險利益於貨交第一運送人時移轉

4. CIP 保險涵蓋的範圍

(1)內陸轉運的風險 (Land transit risk)，保險涵蓋的範圍有無包括從賣方倉庫運至貨櫃集散站的風險，視保險單的內容而定。

(2)由貨櫃集散站裝載至船舶的風險，可使用 ICC(A) 條款加上另外加保的戰爭險 (War) 與罷工險 (SRCC)。

(3)在目的港卸櫃然後運進集散站，再用內陸拖車運至買方倉庫的風險。

(4)如果貨物存於保稅倉庫，則保險效力於 60 日後失效。

㈡ CIP 保單的記載內容

無論使用的是單純的海運、空運或是複合運送方式，應在保單中完整顯示。

如買賣雙方用 CIP New York 交易，以陸橋方式運送（從高雄港出發至洛杉磯港，再經由鐵路運到紐約），此時保單應將高雄港（起運地）、洛杉磯（中轉地）與紐約（目的地）三個地點記載清楚。

六、交貨／運送單據

㈠八種運送模式

UN/CEFACT 將運送模式分為以下八種：

⑴ Maritime（海運）。

⑵ Inland water（內陸水路運送）。

⑶ Rail（鐵路）。

⑷ Road（公路）。

⑸ Air（空運）。

⑹ Fixed installment (e.g. Pipeline)（固定裝置（例如管線運送））。

⑺ Mail（郵遞）。

⑻ Multi-modal transport（複合運送）。

這八種運送方式會使用不同的運送單據。

1.運送單據之種類

運送單據之種類大概可以分為三個體系，第一種是收受單據 (Receipt) 體系，第二種是運送狀 (Waybill or consignment note) 體系，第三種是提單 (B/L) 體系。它們分別具有不同之功能，交貨或運送單據通常認為具有以下三種功能：

⑴為收受貨物之收據 (Receipt)。

⑵為運送契約之證明 (Evidence of contract of carriage)。

⑶為得憑背書轉讓具有物權之證券 (Document of title)。

如果是收受單據，例如大副收據，僅具有第一項之功能；如果是運送狀體系之空運提單 (Air waybill)、海運之海運貨運單 (Sea waybill)、鐵路託運單 (Road consignment note)、公路託運單 (Rail consignment note) 則是具有第一項及第二項之功能；如果是提單 (Bill of lading)，則三項功能皆具。

2. CIP 之運送特色（複合運送）

　　由於貨櫃之廣泛使用，讓從一國之內陸用鐵路運送到港口，再用船運至目的地港口，再經由公路運送到內陸城市買方之工場，這種用數個運送人把貨運抵目的地之方式稱為國際複合運送，也就是數個運送涵蓋在一個運送契約底下，與賣方訂定運送契約之人，通常稱為契約運送人 (Contract carrier)，各個運送區段之運送人稱為實際運送人 (Actual carrier)。這個契約運送人可以是國際運送承攬人 (Freight forwarder)，也可以是有船運送之船公司。複合運送簽發之單據，通常稱為 Multimodal transport document 或 Combined transport document。

㈡依慣例或循買方請求自負費用提供與買方通常運送單據

　　Incoterms 2000 就已使用「運送單據」這個術語，而 2009 年聯合國新的全程或者部分海上國際貨物運送公約(簡稱《鹿特丹規則》)也用「運送單據」(Transport document) 取代了《海牙規則》時代使用的術語──提單。《鹿特丹規則》是希望用運送單據來涵蓋目前正在使用以及未來會使用的各種運送單據名稱。

　　簡言之，運送單據可包括：

1.傳統的可轉讓或不可轉讓的運送單據，例如提單

2.並未特別單據化的運送契約或者是簡單型的 Sea waybill（海運貨運單）

3.並未單據化的電子運送紀錄

　　從而在 CIP 下，若買方預定將運送中貨物轉售他人，那麼，應在買賣契約中規定賣方須提供可轉讓的運送單據。其餘請參閱 CPT 一章有關的說明。

㈢運送單據應記載的內容

　　原則上應包括買賣契約標的物的名稱與雙方合意裝貨期間的特定日期等內容。

㈣運送單據應具備的功能

　　A6 規定運送單據應經雙方合意或依相關公約與運送慣例具備一定的功能，其內容請參閱 CPT 一章有關的說明。

㈤若屬於可轉讓運送單據且簽發數份正本

　　賣方應將整套正本提示予買方。

㈥買方接受運送單據的義務

若有習慣，賣方須自負費用向買方提供通常運送單據。若此項運送單據符合買賣契約規定，買方就必須予以接受 (B6)。若買方拒絕接受該單據，則將構成違約，賣方可依買賣契約請求損害賠償或取消契約。

七、輸出入通關

㈠賣方辦理輸出通關

在可適用情況下，賣方應履行及支付所有輸出國所要求之任何輸出通關手續，例如：

1. 輸出許可證。

2. 輸出之安全通關資料。

3. 裝運前強制性檢驗。

4. 其他官方強制批准書等。

㈡賣方協助辦理輸入通關

在可適用情況下，賣方應循買方之要求，以買方風險與費用，取得為辦理通過第三國或輸入國之過境或輸入通關手續，所需之任何單據與資訊，這些還包括過境與輸入國家所需之安全資訊以及強制性檢驗資訊。

㈢買方協助辦理輸出通關

在可適用情況，買方應循賣方請求，以賣方風險與費用，協助取得辦理輸出通關手續所需之任何單據與資訊，這些還包括輸出國家所需之安全資訊以及強制性檢驗資訊。

㈣買方辦理輸入通關

在可適用狀況下，買方應辦理及支付輸入國所要求之任何輸入通關手續，例如：

1. 輸入及過境第三國之許可證。

2. 輸入及過境第三國之安全通關資料。

3. 裝運前強制性檢驗。

4.其他官方強制批准書等。

(五)賣方辦理出口通關與取得輸出許可證宜注意事項

臺灣的貿易行政因實施負面表列制度，凡未列表於表一與表二的貨物，均得自由輸出，不需申辦輸出許可證；若屬於表二限制輸出貨品表的貨物則應申領輸出許可證。

八、檢查／包裝／標示

(一)檢查義務

買方為了確保在付款或者有機會檢查以前，賣方交的貨物真的符合雙方約定的條件 (Condition of the goods)，賣方應對貨物施行檢查。另外，報給船公司或者進出口海關也需有品質、丈量、秤重、計算個數的資料，這些檢查費用由賣方負擔，至於要檢查到什麼程度宜於契約明白規定。

(二)包裝義務

1.賣方應自負費用包裝貨物。

2.依該特定行業的慣行，運送該已成交的貨物得以未包裝方式為之者，不在此限。

3.賣方得依通常適合運送方式的方法對貨物施以包裝，但在買賣契約締結以前，買方若曾通知賣方應施以特別包裝需求時則應依該包裝。

(三)標示義務

在包裝上應加以適當的標示。

📖 範　例

A 賣給 B 小麥種子一批，契約約定種子發芽率必須在 90% 以上，賣方自行檢查合格後出貨，貨到發現發芽率不到 60%。經檢查發現，貨物之外包裝有蟲卵，顯然是小蟲把小麥種子蛀壞之結果，如果不是小麥種子固有之瑕疵引起的，那麼似乎是包裝引起之問題。

> 📖 範　例

貨櫃液袋 (Flexibag; Flexitank) 安全嗎？

貨櫃裝液體物資，正常可能會用塑膠桶或鐵桶（含圓形鼓桶）盛裝，偶見有人為了省錢（桶子要幾十個，袋子就只要一個，而且省事），或者是客戶要求就會使用貨櫃液袋的包裝。

> 👤 解　析

萬一運送過程中出現問題，很容易發生整個液袋裡的產品滲出或流出造成汙染的情形，故不建議使用此種包裝。

> 📖 範　例

警語標示的問題——出口歐盟玩具的警語要求

歐盟 EU Toys Safety Directive EN 71-1 要求標示警語： "Warning! (WARING.) Not suitable for children under 3 years because of small ball(s)"。

> 👤 解　析

這種警示標語並不屬於運送方式的包裝，但若未加註於產品本身的包裝，進口通關恐有可能無法通過商品檢驗。

九、費用的劃分

㈠賣方應負擔費用

1. 直至依 A2 交貨為止之費用，除買方應依 B9 負擔者除外。

2. 運費及其他因交貨所產生之所有費用，包括貨物積載以及運送安全有關之費用。

3. 在目的地合意之地方卸貨所產生之任何費用，但以在運送契約中規定應由賣方負擔者為限。

4. 過境第三國之費用，但以在運送契約中規定應由賣方負擔者為限。

5. 為證明貨物已經交貨，依 A6 提供給買方之通常證明費用。

這段文字敘述與 FCA 之敘述相同，但 FCA 要提供的交貨單據是通常證明 (The usual proof)，而 CIP 所要提供的是通常運送單據 (The usual transport document)，這裡所說的通常證明應就是通常運送單據。

6. 投保保險之費用。

7. 在可適用之情況下，為輸出通關所支付之關稅及其他費用。

8. 支付買方為協助取得輸出通關有關之單據及資訊之費用。

(二)買方應負擔之費用

1. 自賣方依 A2 交貨時起發生之所有費用，但應由賣方依 A9 負擔者除外。

2. 過境費用，但在運送契約中規定應由賣方負擔者除外。

3. 卸貨費用，但在運送契約中規定應由賣方負擔者除外。

4. 賣方循買方請求，額外購買保險所增加之保險費用。

5. 賣方為協助買方依 A5、A7b 規定，取得相關資料及資訊的所有費用。

6. 在可適用之狀況，支付輸入通關及過境第三國之關稅等稅費。

7. 買方未能依 B10 規定，通知其選擇之指定發貨時間，或目的地之指定地方，自該指定期日或約定裝貨期間之末日起，任何因此所產生之額外費用。但以貨物已經特定化為限。

🔆 表 7-1　CIP 買賣雙方負擔費用的劃分

賣方負擔費用	買方負擔費用
直至依 A2 交貨為止之費用，除買方應依 B9 負擔者除外	自賣方依 A2 交貨時起發生之所有費用，但應由賣方依 A9 負擔者除外
運費及其他因交貨所產生之所有費用，包括貨物積載及運送安全有關之費用	賣方為協助買方依 A5、A7b 規定，取得相關資料及資訊的所有費用
在目的地合意之地方卸貨所產生之任何費用，但以在運送契約中規定應由賣方負擔者為限	卸貨費用，但在運送契約中規定應由賣方負擔者除外
過境第三國之費用，但以在運送契約中規定應由賣方負擔者為限	過境費用，但在運送契約中規定應由賣方負擔者除外
為證明貨物已經交貨，依 A6 提供給買方之通常證明費用	—
在可適用之情況下，為輸出通關所支付之關稅及其他費用	在可適用之狀況，支付輸入通關及過境第三國之關稅等稅費

支付買方為協助取得輸出通關有關之單據及資訊之費用	買方未能依 B10 規定，通知其選擇之指定發貨時間，或目的地之指定地方，自該指定期日或約定裝貨期間之末日起，任何因此所產生之額外費用。但以貨物已經特定化為限
投保保險之費用	賣方循買方請求，額外購買保險所增加之保險費用

㈢費用劃分之原則分析

由 A9/B9 對費用的劃分可知，Incoterms 對劃分費用採用的主要原則是賣方負擔費用直至交貨時原則 (The main principle is that the seller bears the cost up to delivery)，2020 修正版固然比 2010 年版詳細，但還難謂甚為周全。

所以買賣雙方間如何對費用作具體分配，除了要考慮商業實務、慣例或港口的習慣對費用的分配方式外，還須先對費用的性質有詳細的瞭解，之後才能做出具體劃分。

有關於此，可參考 Jan Ramberg 在 *ICC Guide to Incoterms® 2010* 一書中對費用提出的四種主要劃分類型：

1.發貨與運送和交貨費用 (The costs for dispatch, carriage and delivery)

這些費用包括在賣方場所裝貨費、出口時發生的裝運前運送費用 (Pre-carriage)、主運費 (Main carriage) 以及在進口國產生的運送費用 (On carriage) 等。

2 進出口通關的費用

包括加值稅 (VAT)、其他官方規費、商品檢驗費用與報關行或 Forwarder 的服務費用以及安全資訊等費用。

3.提供服務和協助發生的費用 (Costs for serve and assistance)

凡當事人循他方請求提供服務如 EXW 買方委託賣方辦理出口通關，以及取得通關和安全相關資訊等。

4.保險費用

此類費用僅 CIF 與 CIP 才有。

Jan Ramberg 進一步建議為避免雙方爭執，雙方可合意使用費用分配表 (Cost distribution system) 當做契約附件，作為劃分費用的參考。

表 7-2　CIP 買賣雙方應負擔的費用

	買方負擔	賣方負擔
第一類費用	1. 負擔貨物交給運送人時起，運費以外有關貨物的一切費用，但不包括在可適用情況下，輸出通關的手續費與出口稅等費用 2. 運抵目的地以前通過其他國家運送時產生的費用，但依運送契約應由賣方負擔的費用不在此限 3. 卸貨費用，但依運送契約是由賣方負擔或已包含載運費的卸貨費用則不在此限 4. 未將發貨時間及（或）目的地名稱給予賣方充分通知而生的額外費用 (B6)	1. 訂定運送契約所產生的運費及相關的費用，包括裝載費用與在目的地依運送契約是由賣方負擔的卸貨費用 2. 負擔直至依 A4 交貨時的費用 (A6)
第二類費用	1. 輸入許可證費用 (B2) 2. 需要辦理貨物輸入通關時，有關的進口關稅等相關規費、費用和輸入通關手續費	1. 輸出許可證費用 (A2) 2. 在可適用情況下，輸出通關的手續費與出口稅等費用和通過其他國家運送時依運送契約應由賣方負擔的費用
第三類費用	賣方協助取得的進口通關與相關安全資訊 (B9)	買方協助取得的出口通關與相關安全資訊 (A9)
第四類費用	依賣方請求，投保任何額外附加保險的費用	保險費用 (A6)

十、通　知

　　賣方應通知買方已依 A2 規定完成交貨，並給予買方足符買方接受貨物需要之通知。

　　至於買方，如果有權決定發貨時間，及（或）指定目的地地方內之指定地點，應給予賣方充分之通知。

㈠賣方通知買方

　⑴為了讓買方能夠採取受領貨物的通常必要措施，賣方應將已交貨情事給予買方充分通知。

　⑵若買方認為賣方投保的保險不足，可考慮加保附加險，或者趕快找尋買家轉賣貨物，因此賣方應將已於何時與何處把貨交給運送人給予買方充

分及時的通知。

⑶若買方想在自己的國家投保額外險或附加險，賣方應將其所需的任何資訊給予買方充分通知。

㈢買方通知賣方

⑴買方應將發貨時間及（或）目的地名稱給予賣方充分及時的通知。

⑵若買方請求賣方為其投保額外險或附加險，買方應將其所需的任何資訊給予賣方充分通知。

十一、案例討論

㈠貨物在目的港的堆存與搬運費由誰負擔？

📖 範　例

A 公司用 Incoterms® 2010 CIP NY at buyer's warehouse 貿易條件售予 B 公司貨物一批，依 Incoterms 規定，進口的報關是由買方負責，因此 B 公司在完成報關手續後，A 公司在當地的 Forwarder 即會安排提貨，再用卡車送到買方的倉庫，但買方於報關時發生延誤，致產生一些額外的堆存費用，遂發生以下的爭執：

⑴有關燃油附加費 (Bunkcr Adjustment Factor, BAF) 部分，買方認為不應該承擔該項費用。

⑵賣方向運送人申請 14 天的貨櫃免滯期停放費用。但堆存費、搬移費等費用，買方堅持仍應由賣方負擔。

👨 解　析

⑴關於 BAF 部分：理論上，BAF 應是附加在運費，但目前運費似乎有與 BAF 分離的現象，就以中國大陸與日本線為例，因為中國大陸的 Forwarder 競爭激烈，因此有關 BAF、日圓升值附加費 (Yen Appreciation Surcharge, YAS) 等是向買方收取；然而在日本就曾發生

一個有趣的現象，即日本海關認為 BAF 和 YAS 是屬於運費的一部分，但船公司認為這兩者是屬於國內費用的一部分。

至於中國大陸至東南亞等航線則認為，這些是屬於中國大陸的國內費用，要由賣方負擔。但有些船公司則具有彈性，賣方可與船公司接洽，由賣方負擔或由付運費的一方負擔，在 C 群貿易條件下縱然由付運費的賣方負擔，然而 Forwarder 有時會把 BAF 附加在目的港的 THC 費用，藉以增加攬貨的競爭能力，如果買方不付，會回頭轉向賣方收取。因此理論上 BAF 應由支付運費的一方負擔，但最好於契約訂明。

(2)關於進口通關延滯部分：Incoterms® 2020 CIP 的 B7b 規定買方有取得輸入許可證與辦理通關等義務，因遲延所增加的費用，依買賣契約適用的準據法，買方應屬違反契約，因此增加的額外費用應由買方負擔。

(二)甲板裝載是否屬於通常運送條件？

案例摘要

Geofizika DD（買方）v. MMB International Limited（賣方）et al. EWHC 1675

原告（即買方）向被告（即賣方）買三部救護車，貿易條件為 "CIP Tripoli"，依 CIP A3a 規定，通常條件予習慣方式訂定運送契約，另外也應訂立有權直接向保險公司索賠的保險契約。

賣方與 Forwarder 訂定運送契約，言明應裝在甲板下，Forwarder 轉向船公司訂艙，訂艙單說明 "For carriage below deck"，船公司則於訂艙確認書寫著："ALL VEHICLES WILL BE SHIPPED WITH 'ON DECK OPTION', to be remarked on your original bills of lading." 亦即船方有權將所有救護車選擇裝在甲板上，若裝於甲板上，將於正本提單註明。

船舶開航前，Forwarder 接到提單，船公司只在提單背面的印刷條款(Printed clauses) 記載運送人有權把貨裝在甲板上，但提單正面聲明貨物裝在甲板下。但實際卻是裝在甲板上。開航後 Forwarder 給了賣方運送單據，包括代買的保單，但保單載明 "Warranted shipped under Deck"。

俟船舶航行至 Bicay 灣時突遇暴風襲擊，遭洗甲板 (Washing board)，兩部救護車落海。保單上的記載使得買方無法向保險公司索賠。

買方告船公司，也以第三者之訴告賣方應循求向 Forwarder 提起索賠，因彼等的運送契約同意把救護車裝於船艙。Forwarder 提出訂艙單為憑，認與船公司已明示合意裝於船艙，若欲裝於甲板上則應於提單正本註明。

🏛 法院判決解說

法官認為訂艙單文義曖昧，不能凌駕於提單背面標準條款的效力之上，因此船公司把貨裝在甲板上並無違反《海牙威士比規則》，但買方的運送契約不符 Incoterms 所稱的通常運送條件，要負責賠償，應向 Forwarder 索賠。

 習 題

一、選擇題

(　) 1. CIP 後面所加的指定地點可以是　⑴賣方自己的製造工廠　⑵起運地賣方自己的送貨卡車上　⑶目的地的鐵路集散站　⑷賣方自己的發貨倉庫。

(　) 2. CIP 下的燃油附加費，若未包含於運費應由誰負擔？　⑴賣方　⑵買方　⑶買賣雙方各負擔一半　⑷報關行負擔。

(　) 3. CIP 下，賣方通知買方的目的是讓買方　⑴趕快洽訂船艙　⑵考慮投保附加險　⑶趕快辦理輸出許可證　⑷趕快決定是否暫緩出貨。

(　) 4. 臺商用 CIP 西安航空機場賣與陸商貨物一批，金額為 RMB500,000元，請問保險幣別應為　⑴人民幣　⑵折合新臺幣　⑶折合美元　⑷折合港幣。

（　）　5.臺商用 CIP 西安航空機場賣與陸商貨物一批，應提示的單據有　⑴海
運貨運單　⑵保單　⑶提單　⑷報關單。

二、問答題

1.請說明 Jan Ramberg 對費用提出了哪四個主要的劃分類型？

2.請說明 CIP Incoterms® 2020 對保險的規定。

3.請說明貨物裝載於甲板是否符合通常運送條件的規定？

4.請說明 CIP 在目的港發生的堆存與搬運費由誰負擔？

5.請說明何謂 Romalpa Clause（《羅馬爾帕條款》或稱 Title Rention Clause《所
有權保留條款》）？

第一節 ▶▶▶
概　說

 一、新的貿易條件 DAP

Delivered at Place，簡稱 DAP（目的地交貨條件規則）。

㈠ DAP 是 2010 年創設之新的貿易條件

DAP 是合併 DAF 與 DES 和 DDU 之後，新設的貿易條件。

1.取代 DAF 的理由

Incoterms 2000 修正的時候對 DAF 應否廢除已經有過一番論戰，有人認為實務上大家使用 DAF 只是考慮到費用劃分的問題，而鮮少考慮到風險負擔移轉的時點，若果如此，則使用 CPT 或 CIP 即可。但因為在某些地區還是會有人使用 DAF，因此被保留下來。

Incoterms® 2010 的修正起草小組認為，買方不可能在邊境受領貨物以前檢查貨物，因此如果貨物有毀損，就無法清楚判定該項毀損是在越過邊境前或邊境後所發生，此外，歐盟等共同市場貨物流通自由，也不可能停在邊界交貨。再者，如果利用鐵路與公路運送手段，直接運往目的地的貨物，將費用劃分與風險移轉的地點，定格在兩國邊界線的中間是很複雜而且也不必要，遂決定用 DAP 取代 DAF。

因為新的 DAP 可以適用於包括複合運送在內的任何運送方式，當然包括目的地位處在邊界的地點上的 DAF (The place of destination can be a place on the frontier DAF)。

2.取代 DES 的理由

Incoterms® 2010 的修正起草小組認為 DES 很容易被

DAP 取代，因為 DAP 不負責卸貨，而且 DAP 的運送方式可以包括海運等方式，因此目的地也可以是港口。

3.取代 DDU 的理由

DDU 可以使用在自由貿易區 (Free trade zone, FTZ) 或關稅同盟，諸如北美或歐盟，但會有疑問產生，亦即何謂「交貨關稅未付」(Buying goods duty unpaid)？是買賣處在目的地時尚未通關與尚未繳交關稅的貨物嗎?所謂的 "Duty" 有無包括在目的地的加值稅、服務稅 (Exercise duty) 與環境稅 (Environmental duty) 等？容易產生爭執。因此有些國家委員會就建議使用一個不會聯想到與關稅有關的條件 (Favored a term that did not give cause for speculation as to the customs nature of the goods)，這個條件可以稱為 "Door-to-door"，"Free house"，"Delivered at destination" 或 "Delivered at place"。最後則是用 DAP 取代了 DDU。

總而言之，ICC 認為 DAP 可取代 (Replace) DAF/DES/DDU 這三個貿易條件，且能夠更有助於 Incoterms 被友善的使用 (Use-friendly)。

(二) DAP 的淵源

1. DAP 的用意

依照 ICCCLP 的說明，Incoterms 2000 的 DAF/DES/DDU 不普及 (Less popular)，但這三個舊規則 (Old rules) 卻又有很多意義上的共通點 (Contained significant areas of overlap)，因此決定將之合併 (Merge) 成為一個新的規則 DAP。至於為何不把 DEQ 也包括進去?是因為 DEQ 的交貨地點比較不同 (DEQ term may be preserved recognising delivery point is different)，後來決定用 DAT 代替。

當然，創造 DAP 這個規則還有其他用意，它不僅適用於國內與國際貿易，亦能適用於歐盟。

直言之，DDU 簡稱的第二個 D 就有涉及到 "Duty"，而 DAP 的簡寫就不涉及關稅，隱含有鼓勵使用在國內與貨物流通自由的自由貿易區的用意。因此在港口，與在港口內的倉庫等甚至在港口外的其他地點均可使用 DAP。

2. DAP 的 P 是 Place 或 Point？

DAP 的三個英文簡稱似乎一度在 Delivered at Point (thereafter named the point of delivery) 與 Delivered at Place (place at the disposal of the buyer on...) 間徘徊，但後來決定用 Place。

3. DAP 之概念

Delivered 乃指賣方負擔費用把貨運至買方指定之某個場所之意，At place 則是指工場、作業場、倉庫等之意思。

契約書或買賣確認書以及商業發票，一般記載方式為 DAP ASUS corp, LA office USA, USD66,000, INCOTERMS® 2020。

意即從臺灣輸出貨物，直至運抵美國洛杉磯華碩辦公室，在未卸貨情況下，把貨交由華碩處置，風險移轉與買方。若是使用海運，出口的高雄港，到達的洛杉磯港，原則不必記載。在本條件規則，交貨及到達目的地之點是相同的。

至於 DAP 與 DPU 的不同之點在於，DAP 賣方不必從到達交貨點之卡車上把貨卸下，DPU 則須負責卸貨。

二、使用者導引

㈠定　義

1. DAP 乃指把貨放在到達的運送工具 (The arriving means of transport) 上，尚未卸貨的情況交由買方處置，或者購買已如此交貨之貨物，風險就轉移，至於運送工具在 DAP 底下的意義，包括船舶、卡車、火車與飛機等運送工具在內。

又，買方指定的目的地也可以是港口 (The named place of destination could be a port)、兩國邊界地點、保稅倉庫、內陸集散站以及買方的營業場所等指定目的地。是個可以使用於任何種類運送方式之貿易條件。

2. 當事人應就目的地的哪個特定地點達成合意並且要在契約指明，因為那個特定地點，是決定風險移由買方負擔的關鍵地點。例如 DAP 31 West 52nd Street, New York, USA, Incoterms® 2020。

賣方也應於訂定運送契約時對卸貨費用作出規定，如果運送契約已包括目的地的卸貨費用，除當事人另有約定外，賣方不得向買方要求歸還該項費用。

3.例　外

　⑴買方如果希望賣方負責進口通關與繳交關稅，則宜使用 DDP。

　⑵若買方想由賣方負責卸貨 (Discharged from the means of transportation at the agreed place, point and date)，可以參考 EXW loaded at seller's risk 的變形條件，可用 "DAP discharged from the means of transport at seller's risk and expenses"。但僅供參考，並不建議使用變形條件。

㈡要精準確定交貨及到達目的地之地方或地點

前述已提及，DAP 之交貨及到達目的地之地方或地點，兩者相同，但必須精準確定，理由有三：

1. 因為這個地點決定了賣方把貨物之滅失或損害的風險移轉給買方之地方或地點。

2. 貨物在到達該地方或地點以前之費用由賣方負擔，在到達該地方或地點以後之費用由買方負擔。

3. 賣方應負責訂定或安排運送契約把貨運抵該地方或地點，否則賣方就是違約，要對引起之損害負賠償責任。

㈢卸貨費用之問題

固然，賣方並不負責將貨從到達之運送工具上卸下，但賣方應負擔之費用中若已包括了卸貨費用，除雙方另有約定外，賣方不得請買方返還。

至於卸貨之風險呢？不管卸貨費用有無包括在運費之內，應由買方負擔。

㈣輸出入通關

賣方應辦理輸出通關及過境第三國之通關，但不辦理輸入通關及繳交進口關稅等稅費。如果買方未能辦妥輸入通關，貨物滯留在輸入港口，或輸入地之內陸集散站的風險，將由買方負擔，屬於風險之提早轉移。

因此，為避免此種通關之困境雙方得合意使用 DDP，由賣方辦理輸入通關及繳交關稅。

第二節 ▶▶▶
解　說

一、一般義務

㈠賣　方

賣方應提供與買賣契約相符的貨物與商業發票及其他契約要求的相關單據。

1.貨　物

有的貨物必須在進口地組裝完成，有的產品固然如用 FCA 於貨交運送人時，風險負擔就移轉，但有些出口商很不願意看到貨物被裝運上不適合的運送工具，或者貨物運抵目的地，也無法明白何以貨物會發生滅失或毀損。為了顧全商業信譽，賣方會使用 D 群貿易條件，透過對運送鏈的管理，監控整個貨物運送的流程，藉以維持貨物的品質。

而 DAP 下，貨物是否符合契約本旨是以停駐在目的地尚未卸貨的運送工具上作為判斷標準，可以滿足這類型賣方的需求。

> **📖 範　例**
>
> ### DAP 竹科 buyer's warehouse 的貨物毀損事件
>
> 某公司自國外空運進口設備乙批計十四箱，每箱外包裝均貼有變色指示器，變色指示器除本身品質不佳或氣候因素外，若在正常運作下發生變色，通常係因碰撞、震動達一定程度所致，賣方委託的物流公司使用避震平板氣墊車運到買方工廠門口，買方人員受領貨物時仔細核對，發現有一箱指示器變色，經買方於卡車司機託運單上作註記。
>
> 除去外包裝後由工人搬入無塵室安裝，但在無塵室除去內包裝驗貨時發

現加熱線斷裂，乃請公證公司作成檢驗報告確認交貨時已經發生貨損，向賣方請求賠償。

> **解　析**
>
> 　　由本例窺知，貨物不管是出廠前或運送途中發生貨損，DAP 若在買方工廠卸貨時點發現不符契約本旨，賣方即屬違反買賣契約。

2.商業發票及其他契約要求的相關單據

　　請參閱 DPU 一章有關的說明。

㈡買　方

　　買方負有支付價金義務。至於買方如何支付價金？通常是經信用調查後，依不同客戶的情況協商出不同的付款方式，有人認為出貨前 50% T/T in advance，然後 The rest (50%) after receipt goods in buyer's factory，有人是用 L/C 甚至是遠期 L/C，有人用記帳 (O/A) 等方式，但不論使用何種方式，都有付款策略考量的因素在內。

二、交　貨

　　賣方應於約定的時點，將貨物放置於到達的運送工具上尚未卸貨的情況，交由買方處置，然後買方應受領。

㈠約定的期日與期間交貨

　　CIF 與 CIP 契約的內容有人會用變形條件，例如 CIF Hamburg arrival not later than 1/8 202×，運用這種變形條件似乎不妥適，因為容易引發對 "Arrival not later than" 的英文語法產生多種不同的解釋，若當事人的真意是，應確切於該時日運抵 Hamburg，那就不是裝運契約而是目的地契約。

　　而 DAP 是屬於目的地契約，因此賣方應承擔於約定期日或期間內把貨送到指定場所的義務，故可考慮用 DAP 代替該變形條件。

㈡約定目的地的約定地點交貨

交貨地點 (Delivery point) 可以在海關關境之前或者就在海關 (Before or at the customs station)，也可以在進入輸入國境內的地點 (Interior of the country) 交貨，端看 DAP 後面要加的交貨點。

📖 **範　例**

DAP Erlian（二連浩特／中蒙邊界）的分析

⑴ DAP before Erlian 是指貨物已通過中國大陸海關放在出口邊境前，貨物尚未卸貨，理論上 DAP 下的貨物應已進入買方或第三國邊境，因此宜用 CIP before Erlian 較為妥適。

⑵ DAP at Erlian customs station 是指通過中國大陸出口海關，貨物放置於俄羅斯海關前面的卡車尚未卸貨的情況交由買方處置。交貨地點指定在中蒙邊界可能涉及到俄羅斯的灰色清關問題。這種方式貨物就會在邊境由買方從賣方卡車搬下再搬上買方自己的卡車，除非原卡車可以一貫運送至指定目的地，但似乎很難在該中間點檢查貨物。

📖 **範　例**

DAP 阿拉木圖（位於哈薩克斯坦）(By railroad)

2009 年，中國大陸的精伊霍鐵路由新疆北部精河站到終點霍爾果斯口岸，然後與哈薩克斯坦鐵路相接，再經由口岸運到阿拉木圖。因此也可使用 DAP after 霍爾果斯口岸。

㈢尚未卸貨的情況交由買方處置

1. 為什麼賣方不負責卸貨？

DAP 不負責卸貨 (Free out) 的原理有一點類似 FCA，FCA 是規定若交貨地點在賣方營業場所以外的地點，賣方不負責卸貨，另外也是延續 Incoterms 2000 DES/DAF/DDU 的精神，賣方也不負責卸貨。

2.尚未卸貨與買方已辦妥進口通關的時間差

如果是 DAP buyer's warehouse 與客戶簽約，買賣契約通常會約定在目的港以及目的地貨櫃的免費堆放期限，避免買方辦理輸入通關與賣方貨物運至目的地的時間差，其他請參閱 DPU 一章有關的說明。

此乃因辦理通關，與行政當局打交道難免手續或單據有所欠缺，甚至是買方未及時辦理清關致延緩貨物或貨櫃的放行時間，致貨物堆放於海關等倉儲費用增加，雙方難免發生爭執。

問題的爭執在於倉儲費用是屬於通關費用抑或運送費用，因為海關放行後賣方要僱卡車或拖車把貨運到買方指定的營業場所前，在未卸貨的狀態下把貨交給買方。

買方若未及時辦理通關是屬於 B3(a) 所稱之未能依 B7 規定履行其輸入通關手續 (Fails to fulfil its obligations with B7)，應由買方負擔因之增加的額外費用。但進口地等候通關的倉儲費用負擔的問題，應於契約作清楚約定。

至於 DAP 應提供的單據，既然是由賣方負擔門到門的運送方式，把貨擺在買方營業場所的門口，應該不必提供運送單據，但有時因進口通關需要，還是要依買方請求提供該運送單據供通關使用。

而貨物已運到買方營業場所買方負責卸貨，卡車要等候多久？貨櫃可以放多久？原則應依商業慣例處理。

㈣符合交貨情況買方應受領

如買方未辦妥或遲延辦妥進口通關手續因此增加的費用由買方負擔，有風險提早轉移之適用。

但如果買方不受領貨物，則應如何處理？Incoterms 固然並不規範當事人違反契約的情事，雙方應依買賣契約或 CISG 的規定處理。通常運送人與賣方對買方拒絕或未及時提領的貨物，負有照顧的義務 (A duty of care)❶。買方或其代理人通常為貨物的受貨人，而賣方與運送人締結的運送契約，對因該項照顧所增加的額外費用，實務上是由賣方賠償給運送人，例如，運送人或賣方以買方

---

❶ 請參閱 Incoterms® Rules Q&A 第 12 題有關的說明。

名義將貨物寄存在倉庫，但在買賣雙方之間，這筆費用是由賣方負擔的。

三、風險的移轉

㈠賣方的風險

1.賣方風險移轉

賣方的風險直至依 A2 交付時止，移由買方負擔。

2.賣方負擔的風險

貨物運送至指定目的地與通過第三國運送的風險是由賣方負擔。

㈡買方的風險

1. B7

買方未依 B7 履行輸入通關等義務，要負擔因此所產生滅失或毀損的風險。

2. B10

買方未依 B10 發出通知，且貨物已特定化，則自約定交貨日或期間屆滿日起，負擔貨物的滅失或毀損。

一般情況，貨物在運抵買方指定目的地以前，是要先辦妥通關手續，貨物經海關放行後，然後再以運送工具運到目的地，如果基於某些理由貨物無法通關，賣方當然也無法完成剩餘的義務把貨送到最後的指定目的地，依 B3 規定買方既然無法履行其通關義務，因此產生的風險由買方負擔。

四、運　送

賣方面臨到一個現實的問題，那就是要有能力做好物流規劃 (Logistics planning)，避免把貨交給不適當的運送人致遲延到達和增加運送費用。

因此，賣方要有比買方獲得更低廉運費的能力，並有能力掌控各個環節的運送成本 (Transport economy)。從而，應該用什麼運送方式？過境其他國家如何過境快速化？如何與買方做緊密聯繫，避免進口通關發生障礙致貨物停在海關倉庫？DAP 的賣方均要有能力處理。

DAP 的賣方應保證貨物確實於約定時間運抵目的地，否則買方得認為違約。所以賣方當然要締結最適合該目的的運送契約。買方也關注賣方如何把貨運送到目的地，這會影響到買方受領貨物的義務。因此 DAP 並未如 CIP 等 A4 規定，運送契約要用通常條件 (Usual term) 或者以通常航路 (Usual route) 及習慣方法 (In a customary manner) 來訂定。

　　在 DAP 下，運送契約由賣方訂立並負擔運到指定目的地的運送費用，當然目的地的指定地點要具體約定，否則得以實務上的作法來作決定，若還是不能作決定，則由賣方以最適合契約目的方法來作決定。

五、保　險

　　賣方對買方是無義務訂立的，但若買方有要求，應由買方負擔風險與費用，由賣方提供資訊給買方保險。

　　例如在中國大陸，臺商利用鐵路經新疆阿拉山口到俄羅斯，貨物經過阿拉山口後經常會失竊，為保護自己的權利，臺商或賣方應自行投保運送保險。

案例摘要

1998 年 9 月 22 日德國奧登堡上訴法院（生鮮魚案）

　　最早之前是由挪威商人提供生鮮魚給丹麥煙燻鮭魚公司（以下簡稱丹麥公司），該公司將鮭魚加工後再轉賣給德國商人。然而，由於丹麥公司的財務發生困難，挪商（原告）遂向德商（被告）提議可以直接向他採購鮭魚，德商同意，雙方約定在丹麥公司營業場所以外的冷凍倉庫交貨，貿易條件為 "Incoterms DDP"。

　　之後，挪商將生鮮魚送到丹麥公司的營業場所，並通知德商可以開始提貨，然而在德商提貨前，該丹麥公司就已破產。最後，由於德商無法取得生鮮魚，遂拒絕付款，挪商因此控告德商違約。

法院判決解說

　　法官認為：「雖然賣方貨物送錯地方，但還是履行了交貨的義務。雖然依

契約 (CISG) 和 Incoterms DDP 的規定，賣方應以自己的風險與費用送到指定的地址 (Delivery address)，但由於鮭魚還是要送到煙燻工廠去處理後才能把煙燻鮭魚送交買方，爭論這違背交貨的地點 (Divergent delivery) 是毫無意義的。

何況被告也未對此點提出爭執，再說，縱然不正確的交貨是構成根本違約，可以解約，可是被告也超過了解除契約權的合理期限。故縱使買方沒有拿到生鮭魚，也應付錢給賣方。」

解　析

若將本例的貿易條件改為 DAP，那麼從 Incoterms® 2020 的角度來解讀，德國法院的判決是有問題的。因為 DAP 下，賣方將貨交到指定地點才完成交貨義務，風險也才移轉，然後買方才有付款義務；若賣方未將貨交到指定地點，就是未完成交貨，亦即風險還是要由賣方負擔 (The risk would therefore remain on the seller)。

六、交貨／運送單據

(一)賣方應自負費用提供交貨單據以便買方接受貨物

如果貨物已運抵指定目的地，賣方係直接在運送工具已到達且未卸載的情況下把貨交給買方，則應由賣方出具一張交貨收據給買方。倘若貨物是使用鐵路跨境運送，貿易條件註明為 DAP at border，則在兩國邊界時，貨物放在鐵路車廂上交由買方處置，等賣方辦妥出口手續、買方辦妥進口手續後，再由原班火車運往最後目的地。就相繼運送部分，若買方有所請求，賣方得以買方風險與費用締結全程鐵路運送契約，然後提供鐵路聯運單據 (A through railway consignment note) 給買方❷。

---

❷　Jan Ramberg (2011). *ICC Guide to Incoterms® 2010*, p. 141.

㈡ DAP 交貨單據的分析

1.海　運

應是提供小提單與通常運送單據：

⑴小提單 (Delivery order, D/O)。依簽發人的不同，小提單可分為船公司小提單 (Ship's delivery order) 及貿易者小提單 (Trader's delivery order) 兩種。

①若是 DAP named port，應由船公司提供小提單。

②若是 DAP，應由賣方提供小提單。

⑵通常運送單據。由於貨物既已運至目的地，買方就可逕從倉庫直接提貨，因此原則上為不可轉讓單據。

2.空　運

通常提供空運提單或其他單據。

3.公　路

通常是公路貨運單或其他單據，例如聯運到最後目的地的聯運運送單據。

4.鐵　路

通常是貨運單或其他單據。

5.複合運送

以複合運送方式運送貨物時，賣方固然可用複合運送單據，但某些國家進口商要求應分段給予數張運送單據 (Several documents for different legs of the trip)。若果如此，前段是用海運，則提供通常的海運單據，主要應是辦理進口通關需要；後半段若改用鐵路運送，可能會過境其他國家，賣方通常提供由鐵路公司出具的一貫運送鐵路單據 (Through railway consignment note)。

6.貨物進保稅倉庫

交貨單據應為倉單。

7.貨物在目的地的買方營業場所交貨

除買方為辦理進口通關需要賣方提供運送單據外，否則貨物已運抵買方營業場所交貨，賣方應不必提供運送單據，但若配合 L/C 使用，L/C 的條款常要求買方出具交貨單據，但如果買方拒絕提供，則賣方貨款將面臨無法回收的風險。

㈢買方應接受交貨證明

DAP 的買方應接受交貨證明，至於應否提供受領貨物證明，Incoterms 並未提及。

七、輸出入通關

㈠賣方辦理輸出及過境通關

在可適用情況下，賣方應履行及支付所有輸出國及過境第三國所要求之任何輸出通關及過境通關手續，例如：

1. 輸出及過境許可證。

2. 輸出及過境之安全通關資料。

3. 裝運前強制性檢驗。

4. 其他官方強制批准書等。

㈡賣方協助辦理輸入通關

在可適用情況下，賣方應循買方之要求，以買方風險與費用，取得為辦理輸入國之輸入通關手續，所需之任何單據與資訊，這些還包括輸入國家所需之安全資訊以及強制性檢驗資訊。

㈢買方協助辦理輸出及過境通關

在可適用之情況，買方循賣方之請求，並由賣方負擔風險與費用，取得為辦理輸出及過境通關所需之任何文件與資訊。這包括辦理輸出與過境所需之安全需求及強制檢驗所需之任何文件與資訊。

㈣買方辦理輸入通關

在可適用狀況下，買方應辦理及支付輸入國所要求之任何輸入通關手續與費用，例如：

1. 輸入許可證。

2. 輸入之安全通關資料。

3.裝運前強制性檢驗。

4.其他官方強制批准書等。

㈤小 結

賣方應承擔輸出通關與承受有關費用的義務，如果有任何的禁止出口措施 (Export prohibition) 或者特別的出口稅，甚至是政府附加的出口要求致增加費用，這些風險與費用是由賣方負擔，這可借助於不可抗力條款的設計讓其免除買賣契約違約的責任。

📖 範 例

過境杜拜的手續❸

杜拜是中東的轉運中心，如果空運經杜拜轉運，則應在空運單或發票上註明「過境杜拜」，然後，在發往其他目的地的貨物報關時憑電腦繕製的「空運過境單」辦理手續。當地報關代理人應向海關提供提單、空運單，海關不要求過境貨物發票，但是最好提供貨物金額證明，以便在陸上過境時，海關憑此計收押金。海關出具「空運過境單」後，代理人可辦理貨物過境手續。

買方自己負擔風險及費用，取得貨物輸入許可證或其他官方批准書，並辦理貨物輸入通關的任何通關手續。

❈ 八、檢查／包裝／標示

買方為了確保在付款或者有機會檢查以前，賣方交的貨物真的符合雙方約定的條件 (Condition of the goods)，賣方應對貨物施行檢查。另外，報給船公司或者進出口海關也需有品質、丈量、秤重、計算個數的資料，這些檢查費用由賣方負擔，至於要檢查到什麼程度宜於契約明白規定。

㈠檢 查

交付貨物的檢查，檢查地點是在目的地，檢查內容包括品質、秤重與計算

---

❸　請注意過境手續會隨時變化，以上僅供參考。

個數等。但,是卸貨前檢查合格才卸貨嗎?若不合格可以拒絕卸貨嗎?還是卸貨後才檢查?Incoterms 並無規定,契約就此部分宜做規定,檢查費用應由賣方負擔。

如果買方不放心,於出口國裝貨前就來進行檢查,則此費用應由買方自行負擔 (Before dispatch unless agreed in the contract of sale)。

㈡包裝義務

⑴賣方應自負費用包裝貨物。

⑵依該特定行業的慣行,運送該已成交的貨物得以未包裝方式為之者,不在此限。

⑶賣方得依通常適合運送方式的方法對貨物施以包裝,但在買賣契約締結以前,買方若曾通知賣方應施以特別包裝需求時則應依該包裝。

㈢標示的義務

在包裝上應加以適當的標示。

九、費用的劃分

㈠賣方應負擔費用

1. 直至依 A2 交貨為止之費用,以及運送費用,除買方應依 B9 負擔者除外。

2. 在目的地合意之地方卸貨所產生之任何費用,但以在運送契約中規定應由賣方負擔者為限。

3. 為證明貨物已經交貨,依 A6 提供給買方之交貨／運送單據費用。

4. 在可適用之情況下,為輸出及過境通關所支付之關稅及其他費用。

5. 支付買方為協助取得其為保險,及為辦理輸出和過境通關有關之單據及資訊之費用。

㈡買方應負擔之費用

1. 自賣方依 A2 交貨時起發生之所有費用。

2. 為提領貨物,在指定目的地從到達之運送工具上把貨卸下之卸貨費用,但在運送契約中規定應由賣方負擔者除外。

3. 賣方為協助買方依 A7b 規定，取得相關資料及資訊的所有費用。

4. 在可適用之狀況，支付輸入通關之關稅等稅費。

5. 買方未能依 B7 規定辦理輸入通關，或者依 B10 規定，通知其選擇之指定發貨時間，或目的地之指定地方，自該指定期日或約定裝貨期間之末日起，任何因此所產生之額外費用。但以貨物已經特定化為限。

⊕ 表 8-1   DAP 買賣雙方負擔費用的劃分

賣方負擔費用	買方負擔費用
直至依 A2 交貨為止之費用，以及運送費用，除買方應依 B9 負擔者除外	自賣方依 A2 交貨時起發生之所有費用
在目的地合意之地方卸貨所產生之任何費用，但以在運送契約中規定應由賣方負擔者為限	為提領貨物，在指定目的地從到達之運送工具上把貨卸下之卸貨費用，但在運送契約中規定應由賣方負擔者除外
為證明貨物已經交貨，依 A6 提供給買方之交貨／運送單據費用	賣方為協助買方依 A7b 規定，取得相關資料及資訊的所有費用
在可適用之情況下，為輸出及過境通關所支付之關稅及其他費用	在可適用之狀況，支付輸入通關之關稅等稅費
支付買方為協助取得其為保險，及為辦理輸出和過境通關有關之單據及資訊之費用	買方未能依 B7 規定辦理輸入通關，或者依 B10 規定，通知其選擇之指定發貨時間，或目的地之指定地方，自該指定期日或約定裝貨期間之末日起，任何因此所產生之額外費用。但以貨物已經特定化為限

十、通 知

賣方應給予買方足符其採取接受貨物需要之任何通知。

至於買方，如果有權決定約定期間內接受貨物之時間，及（或）指定目的地地方內之指定地點，應給予賣方充分之通知。

 習 題

一、選擇題

（　）1. DAP 的 "P" 指的是　⑴ Point　⑵ Place　⑶ Price　⑷ People。

（　）2. DAP 下，賣方遲於約定日期貨物方始運抵目的地，依 A4 規定　⑴賣

方違約　⑵賣方不違約　⑶賣方違約但得依免責條款免責　⑷ A4 並未規定。

(　)　3. DAP 下，進口國實施的 PSI 費用應由誰負擔？　⑴賣方　⑵買方　⑶雙方平均　⑷運送人。

(　)　4. 我國廠商用 DAP Dubai FTZ（保稅倉庫）方式售予買方貨物一批，賣方應提供下列何者給買方？　⑴倉單　⑵ FCR　⑶正本提單　⑷鐵路聯運單據。

(　)　5. DAP 下，買方到賣方工廠檢驗貨物的費用，若無約定，則應由誰負擔？　⑴賣方　⑵買方　⑶雙方平均　⑷運送人。

二、問答題

1. 請說明在 DAP 下，由買方提供協助賣方的義務有哪些？

2. 請說明在 DAP 下，買方通知賣方的義務有哪些？

3. 請說明 DAP 若使用在邊界交貨，則應如何約定交貨地點？

4. 請說明在 DAP 下，買方負擔的費用有哪些？

5. DAP at buyer's permises 貨到買方工廠，未卸貨前若買方發現貨物有毀損可以拒領貨物嗎？為什麼？

第九章

目的地卸載交貨條件規則〔DPU〕

第一節 ▶▶▶
概 說

一、前 言

DAT 的三個大寫字母及卸貨地點，本版已經更改為 DPU (Delivered at Place Unloaded)，目的地卸載交貨條件規則，本版也對 2010 年版的內容做了若干修正。這個條件是怎麼產生的？大意為何？擬加以說明。

㈠ 2010 年版 DAT 的概念

Delivered at Terminal，簡稱 DAT（終點站交貨條件規則），乃指賣方不負責進口通關，把貨物運抵終點站，然後將貨物卸下交由買方處置，自該時起風險與費用移由買方負擔。DAT 取代了 Incoterms 2000 的 DEQ，但交貨地點則由目的港的海運碼頭，擴張範圍到陸地上的陸海空集散站 (Terminal)。

為什麼 DAT 可使用於陸海空集散站？因為原本 DEQ 的 Q 指的是 "Quay"，僅只用於「把貨從船上卸貨到碼頭」，現在與 Quay 對應 (Corresponds to) 的是 "Terminal"，不但海運可以拓展到內陸的貨櫃集散站，符合 CY 到 CY 的實際運送現況，也擴大範圍把空運與公路運送和鐵路運送的集散站納入。DAT 由純海運的 DEQ 轉型成為可使用於任何運送方式的全方位條件。

㈡ 2010 年版 DAT 產生的原因

英國學者 Charles Debattista 曾經解說 DAT 與 DAP 產生的原因❶，ICC 在 20 世紀初起草 DES/DEQ 的時候，最

---

❶ Prof Debattisa (2011), Professor Debattisa on Incoterms® 2010, Lloyd's List。

早是把這兩個貿易條件定位為傳統的海運目的地條件 (Original maritime delivery terms)，賣方負擔風險與費用把貨一直運送到買方的港口 (Buyer's port)，其中 DES 是把貨擺在卸貨港的船舶甲板上；DEQ 則是把貨卸在卸貨港的碼頭上。

　　但，Incoterms® 2010 的起草小組彼此討論並徵詢組外人士意見後，認為 DAT（原文是用 "Delivered at Point"）與 DAP 應配合實務的需求。固然，有人希望貨物於船舶停靠在卸貨港時就屬履行交貨義務，但這個交貨地點可以是在卸貨港的船舶上或從船舶卸下放在碼頭。當然，有人不希望立即就在卸貨港的碼頭交貨 (Delivery)，碼頭也應該可以是卸貨港的集散站 (Where the quay is likely to be a terminal at the discharge port rather than a quay immediately alongside the vessel)。因此 DAT/DAP 就取代了 DES 與 DEQ (The old maritime delivered terms has vanished)。

㈢ 2020 年版 DPU 產生之原因

　　本版在起草第二草稿的時候有出現增設 DAT+ 條件的聲音❷，提出 DAT+（例如買方倉儲中心）的意旨是鼓勵買方在市郊外建立倉儲中心，可以舒緩並減少都市之擁擠與污染，也就是由目的地終點站到買方倉儲中心的最後這一哩路運送，就可不必先在終點站卸下，再運往買方的場所。

　　當初，起草小組的討論意見是，賣方有時要在集散站以外的地點把貨物卸下，比方說是買方場所，起草小組認為在 DAT 的導引 (Guidance note) 說明 DAT 的終點站 (Terminal) 也包括「場址在內」(Site)，把貨運到買方場址也有 DAT 之適用 (Includes a site and that DAT can be used in such situation)，似尚無增設 DAT+ 貿易條件的必要。但最後定稿的版本，則是用 DPU 來呈現這個新增的卸貨地點。

㈣ DPU 之概念

　　1.賣方負擔把貨物運送至目的地指定地點，卸完貨後之風險改由買方負擔，本規則之目的地的交貨地點和抵達地點，兩點一致。

---

❷　ICCLP: Substantive notes on draft 2 of Incoterms® 2020 (Legal 02#69878523 V3[DZL])。

2. DPU 是 2020 年版國貿條規，唯一要求賣方在指定目的地卸貨的條件。對指定地點並未加以限制，可以是在運送中心 (Transport hub)、倉庫，或買方的倉儲中心等，不過有些運送中心較大，指定場所必須精確。

3. 2010 年版在導引中對終點站的定義，似乎做了過多不必要的解釋，例如「終點站，包括任何地方，不論是否有遮蔽」，例如「碼頭、倉庫，貨櫃場或公路，鐵路或航空貨運站……」，2020 年版已做了改寫。

4. DPU 仍舊保留 DAP (Delivered at place)（目的地交貨條件）中的在指定目的地不負責將貨從到達的運送工具上卸貨，將貨交給買方的貿易條件規則。

5. DPU 的交易條件如何記載

假設我國廠商賣給台積電南京廠設備一批，契約書或訂購單之交易條件記載似可記載為：“DPU TSMC Nanjing Factory: USD500,000.00, Incoterms® 2020.”（DPU 台積電南京廠，美金 50 萬元，貿易條件適用國貿條規 2020 年版）。

至於，出口港若為高雄港，進口港若為上海港，除有特約外，這兩個港口似不必記載於契約。

或者是 “DPU ASUS Singapore Office: USD50,000.00, Incoterms® 2020.”（DPU 華碩新加坡辦公室，美金 5 萬元，條件規則適用 2020 年版）。

二、使用者導引

㈠定　義

DPU 乃指賣方在指定最終目的地，或者在該地方的指定地點，從到達的運送工具上把貨卸下，交由買方處置即完成交貨，風險移由買方負擔。

本條件也可以使用在大宗物資之連環買賣，購買已如此交貨之貨物代替。

㈡交貨及風險

1. 賣方負擔所有的風險直到最終目的地的指定地點，這包括貨物移動以及卸貨的風險。

2. 本條件底下的交貨及最終目的地抵達地點，兩者相同，也是國貿條規唯一要求賣方在最終目的地卸貨之條件。本規則得適用於選擇之任何種類的運送工具。

3. 賣方應確認，在當地其有一個代理人，或者有做其他的安排，確信代理人等有此能耐，能夠在最後目的地平順地完成卸貨的工作。因為卸貨有時會牽涉到使用某些機具或設備，賣方是否可以調度這些設備，還有操作這些設備者，可能需要領有當地之證照，或符合地方法令之人員。

㈢要精準確定交貨及到達目的

前述已提及，DPU 之交貨及到達目的地之地方或地點，兩者相同，但必須精準確定，理由有三：

1. 因為這個地點決定了賣方把貨物之滅失或損害的風險移轉給買方之地方或地點。

2. 貨物在到達該地方或地點以前之費用由賣方負擔，在到達該地方或地點以後之費用則由買方負擔。

3. 賣方應負責訂定或安排運送契約把貨物運抵該地方或地點，否則賣方就是違約，對因此引起之損害負賠償責任。

㈣輸出入通關

賣方應辦理輸出通關及過境第三國之通關，但不辦理輸入通關以及交貨後過境第三國之通關及繳交進口關稅等稅費。如果買方未能辦妥輸入通關，貨物滯留在輸入港口，或輸入地之內陸集散站的風險，將由買方負擔，這是屬於風險之提早轉移。

因此，為避免此種通關之困境雙方得合意使用 DDP，由賣方辦理輸入通關及繳交關稅。

三、用法上應注意事項

㈠ DPU 是屬於目的地交貨條件

1.交貨方式

DPU 的交貨方式是目的地交貨條件，賣方須在指定目的地將貨物實際交由買方處置，原則不能以貨運單據代替交貨。因此，貨物在運送途中滅失或毀損，買方不必付款；已支付者，可要求退還。在 CIP 的交貨方式是裝運地交貨條件，賣方把貨交給了第一運送人，風險即已移轉，不管貨物在運送中是否已滅失或毀損，買方即須依約支付貨款。

2.付款方式

就付款方式而言，在 DPU 下，除另有約定外，賣方在目的地將貨物實際交由買方處置之前，無要求付款之權，理想的付款方式是賒（記）帳貿易 (O/A) 或是貨到付款 (Cash on Delivery, COD)。

㈡賣方應盡告知的義務

因為運送、保險均由賣方負責安排，買方對於裝運情形可能一無所知，故為使買方能適時辦理進口通關與繳交關稅和提貨，賣方必須將運送工具預定到達目的地日期先行通知買方。如買方辦理進口通關延滯，致增加貨物在海關倉庫的費用，由買方負擔。

㈢通常以貨物安全運抵目的地為雙方履約的前提

如貨物因不可歸責於賣方的事由，致未能運抵目的地時，賣方不負再為給付貨物的義務，買方也不負支付貨款的義務。

㈣卸貨費用 (Unloading costs) 的負擔問題

賣方須在指定目的地從到達的運送工具上把貨卸下，卸貨費用由賣方負擔。

㈤使用 DPU 之理由

1.買方使用 DPU 的理由

貨物在運抵目的地之前，買方不必承擔貨物滅失或毀損的風險，而且貨物的品質與重量也是以到達目的地交貨時為準，因此不必再使用類似 CIF 或 CIP landed quantity and quality final 等變形條件。

2.賣方使用 DPU 的理由

⑴控制整個貨物供應鏈。

⑵控制貨物品質。

⑶降低成本。

⑷維持自己公司的信譽。

第二節 ▶▶▶
解　說

❧ 一、一般義務

㈠賣方應提供與契約相符的貨物

　　有的貨物必須在進口地組裝完成，有的產品固然如用 FCA 於貨交運送人時，風險負擔就移轉，但有些出口商很不願意看到貨物被裝運上不適合的運送工具，或者貨物運抵目的地，也無法明白何以貨物會發生滅失或毀損。為了顧全商業信譽，賣方會使用 D 群貿易條件，透過對運送鏈的管理，監控整個貨物運送的流程，藉以維持貨物的品質。

　　而 DPU 下，貨物是否符合契約本旨是以停駐在目的地已從運送工具卸下的貨物作為判斷標準，可以符合這類型買賣雙方的需求。

㈡商業發票

　　廣義的商業發票功能除買賣雙方間具有付款請求與支付明細書功能外，進出口行政當局通關有時也需要提供商業發票。此外有些國家會要求商業發票應經該國駐外使領館等做簽證。也有的要求賣方出具 Manufacturer's certificate，證明提供的產品與契約符合，或者是提供品質證明書，有的甚至指定由有公信力的公證公司，利用符合 ISO 標準的實驗室所做出來的品質合格證明書，因此，除契約有此特別約定外，否則應由買方負擔。

㈢買方支付價金

　　DPU 的付款方式若為：

1. 預付款 (Payment in advance)

　　對賣方是一種最佳的選擇。

2. L/C

　　賣方於裝貨前先收部分的預付款，其餘款項則於賣方在買方領受貨物提供適當的領受單據後，才向銀行提示相關單據支領其餘款項。

3. COD

　　賣方可以委託物流公司等於付款後方能交貨，COD 於歐盟或 NAFTA 會員國間因使用單式運送方式比較容易由物流公司處理款項的收取；如果是複合運送，這表示最後的運送人可能是個遠在目的國的公司，比較不適合。

　　此外，賣方應注意，因貨物已運至買方國度，如果買方拒絕付款，要把貨退運回國或在當地轉賣工程可能相當浩大，不可不慎。

二、交　貨

　　賣方應於約定的期日或期間內在約定目的地的約定地點，將貨物從到達的運送工具上卸下（卸貨），交由買方處置，然後買方應受領。

㈠約定的期日與期間交貨

　　DPU 屬於目的地契約，因此賣方應承擔於約定期日或期間內把貨送到指定場所的義務。由於如期在目的地交貨乃是 DPU 的本質 (The very nature of the DPU)，故因不可預料的事故導致遲延應屬尚未完成交貨，但若屬不可抗力情事（如歐洲發生大霧）則應可以免責。

㈡約定目的地的地方或指定地點交貨

1.約定目的港

　　這個部分應是屬於海運，如果是碼頭，把貨從貨櫃船吊下 (Unloading) 放置在一旁拖車的拖車架上即已履行交貨。這種方式應該是代替 Incoterms 2000 的 DEQ（目的港碼頭交貨）。

2.約定目的地的指定集散站或運送中心

　　該指定終點站若是處在港埠碼頭附近的集散站，賣方要負責卸櫃 (Unloaded) 然後運至貨櫃場或貨櫃場倉庫；若是位在內陸的終點站則用拖車運至內陸終點站的貨櫃場、集散站或倉庫即屬履行交貨。

　　這樣之集散站可分為：

　　⑴港埠貨櫃基地 (Port container terminal)：位於港口管制區內，具有儲存功能，也是貨櫃由陸地轉上船舶或貨櫃由船上轉到陸地的交換處所。

⑵近埠貨櫃場 (Near dock terminal)：提供貨櫃或者貨物儲存與拆、併櫃等功能的處所。

⑶離埠貨櫃場 (Off dock terminal)：是離港埠有相當距離的貨櫃場，也是提供貨櫃或者貨物儲存與拆、併櫃等功能的處所。

3.鐵、公路或航空運送方式

若是鐵、公路或航空運送方式，則貨物在該指定地點的貨運站，卸載即屬交貨，當然指定目的地也可以是運送中心或是倉儲中心。

4.買方營業場所或是買方之倉儲中心

若是買方之場所或倉儲中心，則貨物在該場所卸載即屬交貨。

㈢把貨物卸載後交由買方處置

1.賣方負責卸貨

賣方要負責卸貨的原理是 DEQ 精神的延伸，把 DEQ 將貨卸在碼頭的理念，重新打造出以貨櫃為主體，貨櫃可能運至的碼頭或者內陸貨櫃場或貨櫃集散站為停靠點的運送方式，也就是配合 From door to CY or CFS 的運送手段，然後擴充及於運用鐵、公路、空運等的運送方式。

本版改為 DPU 之後，似乎更是配合 From door to door 的運送手段。

2.卸貨後與買方已辦妥進口通關手續的時間差 (Time lag)

如果是用 DPU terminal's warehouse 與買方簽訂買賣契約，因運送契約是由賣方與運送人簽訂，買方會考慮到領貨與辦妥通關手續的時間差，買方會於契約作如下約定：

⑴ Port of discharge terminal warehouse fee: ten days free of charge（目的港倉儲費用 10 天免費堆放）。

⑵ Place of delivery: 24 hours free of charge（卸貨地 24 小時免費堆放）。

按 DPU 規定買方應辦理貨物輸入的所有通關手續與繳交關稅與其他費用，而賣方依 A2 規定應自負費用把貨運至指定目的地。但因辦理進口通關，與行政當局打交道難免手續或單據有所欠缺，甚至是買方未及時辦理通關致延緩貨物或貨櫃的放行時間，所預做的免費堆放期限安排。

㈣符合交貨情況買方應受領

如買方未辦妥或遲延辦妥進口通關手續因此增加的費用由買方負擔，風險提早轉移。

三、風險的移轉

㈠賣　方

賣方的風險負擔直至依 A2 交付時止，移由買方負擔，但有 B3 情況，風險提早移轉情形者不在此限。

㈡買　方

買方未依 B7 履行輸入通關手續等義務，需負擔因此所產生滅失或毀損的風險。此外，買方未依 B10 發出通知，且貨物已特定化，則自約定交貨日或期間屆滿日起，負擔貨物的滅失或毀損，意即風險提早移轉。

1. B7

買方未依 B7 履行輸入通關等義務，要負擔因此所產生貨物滅失或毀損的風險。

2. B10

買方未依 B10 發出通知，且貨物已特定化，則自約定交貨口或期間屆滿日起，負擔貨物的滅失或毀損。

一般情況，貨物在運抵買方指定目的地以前，要先辦妥通關手續，貨物經海關放行後，再以運送工具運到目的地。如果基於某些理由貨物無法通關，賣方當然也無法完成剩餘的義務把貨送到最後的指定目的地，依 B3 規定買方既然無法履行其通關義務，因此產生的風險由買方負擔。

四、運　送

DPU 的賣方應保證貨物確實於約定時間運抵目的地，否則買方得認為違約。所以賣方當然要締結最適合該目的的運送契約。買方也關注賣方如何把貨運送到目的地，這會影響到買方接受貨物的義務。因此 DPU 並未如 CIP 等 A4

規定，運送契約要用通常條件 (Usual term) 或者以通常航路 (Usual route) 及習慣方法 (In a customary manner) 來訂定。

在 DPU 下，運送契約由賣方訂立並負擔運到指定目的地的運送費用，當然目的地的指定地點要具體約定，否則得以實務上的作法來作決定，若還是不能作決定，則由賣方以最適合契約目的方法來作決定。

五、保　險

依 Incoterms 規定，賣方對買方是無義務訂立，但若買方有要求，則應由買方負擔風險與費用，賣方應提供買方為購買保險所需的資訊。實務上，貨物運送中的風險是由賣方負擔，賣方應為自己利益投保。買方所需投保的部分，應為提領貨物之後運回倉庫這一區段，若 FOB 將賣方投保的保險稱為「裝船前賣方受益險」(Risk before loading for benefit to shipper)，則 DPU 買方所投保的保險就應稱為「卸貨前買方受益險」(Risk before unloading for benefit to buyer)。

六、交貨／運送單據

賣方應自負費用提供交貨單據以便買方受領貨物。

㈠海　運

為讓買方受領貨物，得提供運費已付的提單、傭船提單或 SWB 等運送單據，或者是小提單 (Delivery order)。

㈡卸貨報告 (Discharge report)

既然能在終點站把貨卸下，那麼一張所謂的 "Discharge report" 或者是一張 "Release note"，但若買方辦理進口國通關需要，則賣方依契約規定需提供相關的運送單據。

七、輸出入通關

㈠賣方辦理輸出及過境通關

在可適用情況下，賣方應履行及支付所有輸出國及過境第三國所要求之任何輸出通關及過境通關手續，例如：

    1.輸出及過境許可證。

    2.輸出及過境之安全通關資料。

    3.裝運前強制性檢驗。

    4.其他官方強制批准書等。

㈡賣方協助辦理輸入通關

在可適用情況下，賣方應循買方之要求，以買方風險與費用，取得辦理輸入國之輸入通關手續，所需之任何單據與資訊，這些還包括輸入國家所需之安全資訊以及強制性檢驗資訊。

例如協助提供與買方輸入有關單據：產地證明、健康證明、清潔合格證明書與輸入許可證等均屬之。其他尚有領事發票的領事簽證。

產地證明與健康證明，也可歸類在 A1 或 A2，就以化妝品成分表為例，其成分是否要標明來自疫區、狂牛病、口蹄疫等國家的原材料呢？在買賣契約底下出口商對之應負瑕疵擔保責任。

㈢買方協助辦理輸出及過境通關

在可適用之情況，買方循賣方之請求，並由賣方負擔風險與費用，取得為辦理輸出及過境通關所需之任何文件與資訊。這包括辦理輸出與過境所需之安全需求及強制檢驗所需之任何文件與資訊。例如在《戰略性高科技貨品輸出入管理辦法》，賣方需有由買方提供的進口證明書等單據，方能向國貿局辦理輸出許可證出口，則買方應協助提供進口證明書。

㈣買方辦理輸入通關

在可適用狀況下，買方應辦理及支付輸入國所要求之任何輸入通關手續與費用，例如：

    1.輸入許可證。

    2.輸入之安全通關資料。

    3.裝運前強制性檢驗。

    4.其他官方強制批准書等。

八、檢查／包裝／標示

買方為了確保在付款或者有機會檢查以前，賣方交的貨物真的符合雙方約定的條件 (Condition of the goods)，賣方應對貨物施行檢查。另外，報給船公司或者進出口海關也需有品質、丈量、秤重、計算個數的資料，這些檢查費用由賣方負擔，至於要檢查到什麼程度宜於契約明白規定。

㈠檢　查

請參考第八章 DAP 有關之說明。

㈡包裝義務

請參考第八章 DAP 有關之說明。

目的地交貨的包裝規定應有別於出口地如 F 群或 C 群貿易條件規則的包裝規定。因為賣方自負風險把貨運到指定地，當然有權決定如何包裝，除非當事人另有約定或該國包裝法令有強制規定。但買方或許要轉賣，或許要放在倉庫儲存，另有包裝需求約定者，另依其規定。

㈢標示的義務

在包裝上應加以適當的標示。

九、費用的劃分

㈠賣方應負擔的費用

1. 直至依 A2 交貨為止之費用，除買方應依 B9 負擔者除外。
2. 為證明貨物已經交貨，依 A6 提供給買方之交貨／運送單據。
3. 在可適用之情況下，為輸出及過境通關所支付之關稅及其他費用。
4. 支付買方為協助取得其為保險，及為辦理輸出和過境通關有關之單據及資訊之費用。

㈡買方應負擔的費用

1. 自賣方依 A2 交貨時起發生之所有費用。
2. 賣方為協助買方依 A7b 規定，取得相關資料及資訊的所有費用。
3. 在可適用之狀況，支付輸入通關之關稅等稅費。

4. 買方未能依 B7 規定辦理輸入通關，或者依 B10 規定，通知其選擇之指定發貨時間，或目的地之指定地方，自該指定期日或約定裝貨期間之末日起，任何因此所產生之額外費用。但以貨物已經特定化為限。

● 表 9-1　DPU 買賣雙方負擔費用的劃分

賣方負擔費用	買方負擔費用
直至依 A2 交貨為止之費用，除買方應依 B9 負擔者除外	自賣方依 A2 交貨時起發生之所有費用
為證明貨物已經交貨，依 A6 提供給買方之交貨／運送單據	賣方為協助買方依 A7b 規定，取得相關資料及資訊的所有費用
在可適用之情況下，為輸出及過境通關所支付之關稅及其他費用	在可適用之狀況，支付輸入通關之關稅等稅費
支付買方為協助取得其為保險，及為辦理輸出和過境通關有關之單據及資訊之費用	買方未能依 B7 規定辦理輸入通關，或者依 B10 規定，通知其選擇之指定發貨時間，或目的地之指定地方，自該指定期日或約定裝貨期間之末日起，任何因此所產生之額外費用。但以貨物已經特定化為限

十、通　知

㈠賣方通知買方

賣方應給予買方足符其採取接受貨物需要之任何通知。

為讓買方能採取通常必要措施受領貨物，賣方應給買方必要的通知。至於誰負責通知？為什麼要通知？由於賣方於買方指定目的港口或目的地的終點站在到達的車輛把貨卸載，交由買方處置時起，風險即移由買方負擔 (The buyer assumes risk of loss when the goods are tendered to him by the carrier)，因此要通知買方有關受領貨物所需的相關資訊情事。至於由誰通知？原則上是由賣方依運送人的資訊通知買方，貨物已於何時發送 (Dispatched)，何時貨物將抵達約定或選擇地點，讓買方能及時準備受領貨物。至於貨物何時會到達海關，似乎也應通知買方，方便買方安排通關手續。

為精準掌控時間，賣方也應與運送人充分溝通，委由運送人做更準確通知。

㈡買方通知賣方

買方若有權決定約定期間內的受領期間及（或）位於指定地的受領貨物的

地點，應給予賣方充分的通知。

1. B10 對特定約定期間的通知

B10 對特定約定期間的通知指的應係受領時間，因之交由買方處置，若早於約定時間，買方並無義務受領；如若晚於約定時間 (Too late)，賣方應依準據法負違反契約的責任。

2.受領地點的特定

至於受領地點的特定也應充分及時的通知，否則風險提早移轉，增加的費用由買方負擔。

十一、PSI 相關費用的討論分析

㈠輸出國強制實施的 PSI 費用由賣方負擔

從實務而論，為什麼要實施 PSI？不外乎要預先檢查貨物的品質與數量，貨物在出口國的市場價格 (Export market price) 作為關稅估價之用，還有 HS code 是否恰當，其他如標籤是否符合規定與是否為禁止進口貨物等。

非洲、亞洲和拉丁美洲有部分國家實施 PSI 制度，PSI 的內容因國家而異，最早可能是為了保護進口國的外匯資源，因為有些進口商會用高估價格 (Overvalue) 的方式把錢「逃匯」到國外，但目前似乎 PSI 的理由是在查核進口商有無利用低估價格 (Undervalue)「逃稅」，利用預先檢查貨物的品質與數量，與貨物在出口國的價格做比較，作為關稅課稅之用。

在實施進口 PSI 的國家與公證公司訂的契約內容有三種：

1. Foreign Exchange (FOREX) contracts

檢查出口商有無協助進口商「偷渡」進口國的外匯，也就是有無 Overvalue。

2.海關協助契約 (Customs assistance contracts)

借助於檢查輸出市場的價格與 HS 等的檢驗，防止進口商逃漏關稅。

3.綜合式檢驗契約 (Combined FOREX and customs assistance contracts) ❸

針對前兩者合併檢驗。

---

❸　COTECNA (2011). "Guidelines for Exporters."

　　輸出國是否會實施 PSI？此種情況比較少見，但外匯管制國家或許會實施，若該輸出國有實施，則檢驗費用由賣方負擔。

　　其實，不少輸出導向的國家對輸出產品為維護出口信譽也會強制實施檢疫或檢驗，這些費用要由賣方負擔。

㈡輸入國強制實施的 PSI 費用由買方負擔

　　PSI 既由輸入國政府實施，因此應由買方負擔，但受委託的檢驗公司則會於出口地直接向賣方出單收取費用 (Invoiced)，因此宜於買賣契約界定應由誰負擔。我國經濟部訂有裝運前檢驗監督管理辦法一種，用以規範。

 習 題

一、選擇題

（　）1. DPU 下，由卸貨港運至目的地終點站的運送風險應由誰負擔？　⑴賣方　⑵買方　⑶報關行　⑷運送人的代理人。

（　）2. DPU 下，辦理輸入許可證的手續及費用應由誰負擔？　⑴賣方　⑵買方　⑶報關行　⑷運送人的代理人。

（　）3. DPU 下，賣方的卡車早於約定日期一天運抵指定集散站卸完貨後即行離去，若在買方提貨前貨物遺失，則此風險應由誰負擔？　⑴賣方　⑵買方　⑶報關行　⑷運送人的代理人。

（　）4. DPU 下，過境其他國家的手續與費用應由誰負擔？　⑴賣方　⑵買方　⑶報關行　⑷運送人的代理人。

（　）5. DPU 下，買方在出口國對貨物實施的檢查費用應由誰負擔？　⑴賣方　⑵買方　⑶報關行　⑷運送人的代理人。

二、問答題

1. 請說明 Incoterms® 2020 將 DAT 修改為 DPU 之理由？

2. 請說明 DPU 後面加列的指定地點可以記載為 DPU at seller's warehouse 嗎？為什麼？

3. 請說明 DPU 與 DAP 的區別？

4. 請說明 DPU 的賣方應交付何種交貨單據？

5. 請說明 DPU 的賣方應通知買方哪些事項？

第一節 ▶▶▶
概　說

💐 一、前　言

Delivered Duty Paid，簡稱 DDP（稅訖交貨條件規則）。

㈠ DDP 的淵源

Frei/Franco/Free delivered 貿易條件濫觴於 11 世紀南歐等城市，而後在歐洲諸國流行，例如英國輸入穀物時適用，對法國輸出也適用，這是 DDP 古老的原型。

1. Incoterms 1936

Incoterms 1936 年的版本有 " Free or Free Derivered-named point of Destination" 這兩個貿易條件，一般譯為目的地指定地點交貨條件。

這個貿易條件也可以寫為 Frei/Franco/Free delivered，其中 Frei 是 Free 的德語，Franco 則是 Free 之拉丁語，但 1953 年這三個貿易條件都被刪除。

後來 ICC 有鑑於貨櫃運送興起，D 群貿易條件會增加使用之故，又於 1967 年再度收錄。

2. Incoterms 1980 與 Incoterms 1990

Incoterms 1980 DDP 繼續存在，但 Incoterms 1990 的 DDP 的 A4 交貨是在約定的期日或期間內，依 A3 的規定，把貨交由買方處置時 (Place the goods at the disposal of the buyer) 即屬交貨。沒有談及卸貨是由誰負擔。

問題是「賣方要負責卸貨嗎」？ICCCLP 的答覆認為，由於 EXW 也有使用「交由買方處置」的用語，且 EXW 的賣方不負責裝貨，故 DDP 的賣方也不必負責卸貨。

3. Incoterms 2000 與 Incoterms® 2010

因此，Incoterms 2000 與 Incoterms® 2010 的 DDP A4 均已規定是在尚未卸貨的情況下交由買方處置。2020 年版本，除做文字及順序等變動外，並未作實質變更。

㈡ DDP 的意義

1. 由字面解釋，Delivered，乃指輸入地的某個場所。Paid to 指的是關稅付訖至某個目的地之地點的意思。

2. 本條件的特色是由賣方在目的地辦理輸入通關，顯然與 DAP 與 DPU 是由買方辦理不同。這是賣方負擔責任最重的條件，但如果從買方的角度來看，好像是個國內而非國際貿易的條件。

3. 假設廣達從竹科把貨賣給越南胡志明市的 ABA 公司，貿易契約或者購貨確認書，通常的記載方式為 DDP ABA CORP, Saigon warehouse, USD66,000. INCOTERMS® 2020。

㈢ DDP 與 LDP 的區別

LDP 的意義類似 Incoterms® 2020 DDP。LDP (Landed Duty Paid) 本是流行於美國，在 2005 年以前 WTO 的〈多邊纖維協定〉(Multi-fiber Agreement) 廢止前，某些國家如中國大陸的廠商其輸美的紡織品與成衣沒有配額，遂把未標有 Made in China 的成衣先運到東南亞國家如新加坡的保稅倉庫更改標示與包裝和原產地，再從新加坡報關把貨運到美國的港口，美國廠商就用 LDP 非定型的貿易條件與中國大陸廠商作生意，如被美國海關查獲該批貨物有逃避配額情事，風險由出口商負擔。出口商應負擔貨物運抵美國卸貨，辦理進口通關（含海關驗關）的風險，並繳交進口稅然後把貨物交給進口商。這是實務所產生的，一般對此並無統一的定義。現在則因成衣出口已無須配額，因此已很少使用，若有使用也是少數。

㈣ DDP 與 Free delivered 的區別

Free 這個詞很少單獨使用，一般會再加上處所。通常會加上「住居」的地方，成為如 Free house delivery 或 Free domicile delivery。這個條件是 Incoterms

所未規定的條件，嚴格而言它不是貿易條件，而是運送契約的條件，例如航空快遞包裹偶爾會使用。

實務上的意義是截至把貨物送到目的地由受貨人受領貨物之時止所有的費用，包括運送費用，全由裝貨人負擔。這與使用在國際快遞的門到門的概念相同，門到門所報的包裹運送費用是基本的，但在這個條件下，快遞公司希望未來若產生任何額外的費用，可以在貨物運抵目的地後再行結算，這是一種較有彈性的非定型貿易條件。

但若 DDP 使用在國際貿易，因為 Forwarder 有自己的國際布局網絡，透過目的國當地的分公司或策略聯盟的 Forwarder 通報在目的國相關費用的價格，很容易向出口商報整合後的所有相關費用。報價似乎很少會用到 Free house delivery 的條件，若有也是針對危險物資的運送，短時間很難計算出精準的各項費用，而賣方又急著出貨，方有可能用到這個條件。

至於與 DDP 有何區別？Free house delivery 是因商人有需要使用而自然產生的，DDP 則是 ICC 於 1967 年所創造出來的。

不管怎麼樣，比較這兩個條件都要溯源自 Incoterms 1936 的 Free or free delivered 條件。

> Buyer must:
>
> ...
>
> 4. Pay the costs of the certificate of origin and the consular fees.
>
> 5. Pay all costs and charges incurred in obtaining the documents mentioned in article A7 above, unless it is customary for them to be for the account of the seller.
>
> 6. Pay all customs duties as well as any other duties and taxes payable at the time of or by reason of the importation (interior taxes, excise duties, statistical taxes, import taxes, accessory charges in respect of customs clearance, etc.).

當初的條件就已規定，買方是要負擔進口關稅的。

❧二、使用者導引

㈠定　義

　　DDP 乃指於指定目的地，將已辦妥輸入通關手續，在到達的運送工具上，即可卸載 (Ready for unloading) 的情況下，把貨交付給買受人。

㈡交貨及風險

　　1.賣方把貨運至買方指定的目的地，並應辦理進口通關手續與繳交關稅等費用，從到達的運送工具上將尚未卸貨的貨物交由買方處置，即完成交貨，並從該時起風險移由買方負擔。

　　2.本規則得適用於當事人所選擇的任何種類之運送方式，也可以適用於採用的多種運送工具方式。

㈢是賣方負擔責任最重之貿易條件

　　DDP 是十一個貿易條件中，賣方負擔責任最重之條件，要負責在進口國辦理通關及繳交關稅等稅費，因此使用本條件應特別留意在進口國辦理進口通關的難易度。

㈣要精準確定交貨及到達目的地之地方或地點

　　前述已提及，DDP 之交貨和到達目的地之地方或地點，兩者是相同的，這兩個地點必須精準確定，有三個理由：

　　1.因為這個地點決定了賣方把貨物之滅失或損害的風險移轉給買方之地方或地點。

　　2.貨物在到達該地方或地點以前之費用是由賣方負擔，這包括通關等費用，但在到達該地方或地點以後之費用由買方負擔。

　　3.賣方應負責訂定或安排運送契約把貨物運抵該地方或地點，否則賣方就是違約，要對因此引起之損害賠償負責任。

㈤輸出入通關

　　賣方應辦理輸出通關及過境第三國之通關，並辦理輸入通關以及繳交進口關稅等稅費。

如果賣方辦理輸入通關有困難，則應把此項工作交由買方辦理，或者考慮選擇使用 DAP 或 DPU，因為這兩個條件同樣是在目的地交貨，但不辦理輸入通關手續。

三、使用上注意事項

㈠目的地特定地點

當事人應就目的地的特定地點達成合意，並特別指明，因為該特定地點攸關風險的移轉與費用的負擔。例如 DDP 31 West 52nd Street, New York, Incoterms® 2020 Rules。

㈡卸貨費用

雖然賣方不負責卸貨，但最好於訂定運送契約時對卸貨費用作出規定，如果該運送契約已包括目的地的卸貨費用，除非當事人另有約定，否則賣方不得向買方要求返還該項費用。

㈢進口通關手續的進口人

由於某些進口國對辦理進口通關手續的進口人身分有特別規定，若賣方不能辦理，則不宜使用 DDP。

㈣稅　費

DDP 是由賣方負責繳交進口關稅等稅費，但除關稅外，有些國家尚需繳交包括加值稅 (VAT) 及其他的稅費等，因此雙方的買賣契約應特別明定諸如 "DDP VAT and other taxes unpaid" 等字樣，將這些稅費予以排除以杜絕爭議。

第二節 ▶▶▶ 解　說

一、一般義務

㈠賣　方

賣方應提供符合契約本旨的貨物與商業發票。

DDP 為目的地契約，即賣方提供符合契約本旨貨物的時間點應以目的地交貨地點之時作為基準。

至於提供商業發票則是貿易的通常實務 (Usual practice)，賣方為能得到付款必須提供商業發票給買方。

㈡買　方

買方有支付價金的義務。

一般中小型進出口廠商如何安排付款方式？Incoterms 不外乎商業實務的反應，有人建議：「如果貿易條款是 DDP 的話，付款方式有兩種：一種是 100% 的 Advance payment；另外一種是 Open account。其他的方式，比如 30% 的訂金，70% 的餘款則是出貨前付清。DDP 就是賣方把貨物送到國外買方的倉庫，在此之前的所有費用都由賣方支付，進出口手續都由賣方辦理，亦即除卸貨之外，所有風險都由賣方承擔。因此第一次和賣方做 DDP，付款方式以 100% 預付為妥適。」這似乎代表了一般商務人士對 DDP 付款方式的看法。

二、交　貨

賣方必須在目的地的約定地點與約定期日或期間內，在到達的運送工具上尚未卸貨的情況交由買方處置。但有人類推 FCA 的情況，FCA 的交貨地點若是在賣方營業場所，由賣方負責裝貨；若是在賣方營業場所以外的地點例如併櫃的貨物集散站 (CFS)，則賣方不負責卸貨。如果複製 FCA 這種分類，在 DDP 也可把 DDP 的交貨地點分為在買方營業場所與買方營業場所以外的地點，則其裝卸貨會有不同。

㈠ DDP 的指定地點是在買方營業場所或買方可控制的場所

若指定地點是在買方營業場所或買方可控制的場所 (The buyer's premises or to a place under his control)，則賣方不負責卸貨，此剛好與 FCA 在賣方營業場所交貨情況相反。

㈡ DDP 的指定地點在目的國買方營業場所以外的地點交貨的裝貨問題

若指定交貨地點不是在買方營業場所，例如是在目的國買方營業場所以外的運送人集散站交貨，然後買方用自己的卡車前來取貨，是否應由賣方負責在該集散站把貨裝上買方的卡車？這種情形剛好可以對照 FCA 的規定，FCA 的交貨地點若在賣方營業場所，賣方應負責裝貨，但若在賣方營業場所以外的地點交貨，則賣方不負責卸貨；DDP 也應該如此規定，若在買方營業場所交貨，賣方不負責卸貨，但若在買方營業場所以外的地點交貨，則應由賣方負責在該場所（例如集散站）把貨物裝上買方前來載貨的卡車❶。

Incoterms 2000 修正的時候就有人提出仿照 FCA 在賣方與賣方營業場所以外的地點交貨的規定，認為 DDP 也有在買方營業場所與買方營業場所以外的地點交貨的情況，因此，應對類似的第二種情況的卸貨與重新裝貨加以規定或定義，但未獲採納。因此 Incoterms 2000、Incoterms® 2010 與 Incoterms® 2020 的 DDP，在指定目的地卸貨均是買方的義務，也未如 FCA 針對交貨場所做出細分。

㈢ DDP 也有連環買賣之適用

DDP 連環買賣之中間商，也可以購買已如此交貨的貨物代替。

三、風險的移轉

買方應自賣方依 A2 交付之時起，負擔貨物滅失或毀損的風險，但若發生後述情況，風險則提早移轉：

1. 買方未依 B7 協助賣方取得輸入許可證等相關官方資料。

2. 買方未依 B10 通知賣方其已經決定或特定了的交貨時間與交貨地點。

---

❶　ICC (2000). *Incoterms 2000: A Forum of Experts*, p. 16.

㈠賣　方

賣方的風險負擔直至依 A2 交貨時止，移由買方負擔，但有 B3 情況，風險提早移轉情形者不在此限。

DDP 的賣方幾乎承擔了整個從門到門的貨物運送義務，直至貨物到了買方指定的場所，在運抵的交通工具上尚未卸貨情況下，把貨交由買方處置方完成交貨義務，至該時起，風險移轉給買方負擔。但如同 EXW 可使用變形條件如 "EXW loaded at seller's risk"，賣方也可如法炮製使用變形條件如 "DDP discharged at buyer's risk"，將卸貨風險移由賣方負擔。

㈡買　方

自賣方依 A2 交貨之時起，風險移轉至買方。

但買方未依 B7 履行協助賣方取得辦理輸入通關手續等單據或資訊義務，則需負擔因此所產生滅失或毀損的風險。此外，買方未依 B10 發出通知，且貨物已特定化，則自約定交貨日或期間屆滿日起，負擔貨物的滅失或毀損，意即風險提早移轉。

1. B7

買方未依 B7 履行協助賣方取得辦理輸入通關手續等單據或資訊義務，要負擔因此所產生貨物滅失或毀損的風險。

2. B10

買方未依 B10 發出通知其所選擇之提領貨物時間與指定提領之地方或特定地點，且貨物已特定化，則自約定交貨日或期間屆滿日起，負擔貨物的滅失或毀損。

四、運　送

DDP 的賣方應保證貨物確實於約定時間運抵目的地，否則買方得認為違約。所以賣方當然要締結最適合該目的的運送契約。買方也關注賣方如何把貨運送到目的地，這會影響到買方受領貨物的義務。因此 DDP 並未如 CIP 等 A4 規定，運送契約要用通常條件 (Usual term) 或者以通常航路 (Usual route) 及習慣

方法 (In a customary manner) 來訂定。

在 DDP 下，運送契約由賣方訂立並負擔運到指定目的地的運送費用，當然目的地的指定地點要具體約定，否則得以實務上的作法作出決定，若還是不能作決定，則由賣方以最適合契約目的方法作出決定。

五、保　險

依 Incoterms 規定，賣方對買方是無義務訂立，但若買方有要求，則應由買方負擔風險與費用，賣方應提供買方為購買保險所需的資訊。實務上，貨物運送中的風險是由賣方負擔，賣方應為自己利益投保。買方所需投保的部分，應為提領貨物之後運回倉庫這一區段，若 FOB 將賣方投保的保險稱為「裝船前賣方受益險」(Risk before loading for benefit to shipper)，則 DDP 買方所投保的保險就應稱為「卸貨前買方受益險」(Risk before unloading for benefit to buyer)。

六、交貨／運送單據

㈠賣方應自負費用提供交貨單據以便買方接受貨物

賣方既已把貨送到買方門口，賣方要提供什麼單據以便買方接受貨物？美國的 Frank Reynold 認為，因為賣方需做所有運送的安排，因此賣方要安排所有的運送單據 (Since the seller is making all transportation arrangement, he or she should arrange for all transport documentation)，但這是為順利領貨繼續下一程的運送所作的安排，或是進口通關所需，並未解答應提供何種交貨單據的疑問。

Jan Ramberg 則認為，在大多數的個案，買方為從運送人處受領貨物必需要交貨單據，傳統的大宗物資海運一般是用提單，但經常是用小提單來代替。至於其他運送方式如下所述，一般是用交貨證明。

㈡買方應接受交貨證明

如前所述，買方對賣方提供的提單或小提單應予以接受。回溯 2010 年版的 DAP 等規定買方應接受賣方提供的交貨單據 (Delivery document)，而 DDP 則是規定買方應接受賣方提供的交貨證明 (Proof of delivery)。為何有不同的用詞？

ICCCLP 對此澄清，此乃 Incoterms® 2010 的起草小組依貿易條件的具體情況選擇最適合的詞彙而已，兩者意義乃屬相同。當然買方接受交貨證明，並不表示買方業已受領 (Accepted) 任何實際已經交付的貨物❷。

在 2020 年版為避免這項誤解，除 EXW B6 之標題仍使用 Proof of delivery 之外，其餘均改用 Delivery/transport document，DAP/DPU/DDP 之 B6 內文也統一使用單據 (Document) 一詞。

七、輸出入通關

㈠賣方辦理輸出入及過境通關

在可適用情況下，賣方應履行及支付所有輸出國及過境第三國和輸入國之通關，所要求之任何輸出通關及過境通關和輸入通關手續，例如：

1. 輸出及過境和輸入許可證。
2. 輸出及過境和輸入之安全通關資料。
3. 裝運前強制性檢驗。
4. 其他官方強制批准書等 (A7)。

㈡買方協助辦理輸出及過境和輸入通關

在可適用之情況，買方循賣方之請求，並由賣方負擔風險與費用，取得為辦理輸出及過境和輸入通關所需之任何文件與資訊。這包括辦理輸出與過境和輸入所需之安全需求及強制檢驗所需之任何文件與資訊。例如

1. 輸出及過境和輸入許可證。
2. 輸出及過境和輸入之安全通關資料。
3. 裝運前強制性檢驗。
4. 其他官方強制批准書等 (B7)。

㈢辦理輸出入關應注意事項

1. 賣方辦理輸出入通關手續與取得相關單據

由於進出口國的相關法令規定不同，因此可能需要製作兩套不同的單據報

---

❷ 請參閱 Incoterms® Rules Q&A 第 13 題有關的說明。

關，例如：

　　⑴ DDP 繳交出口關稅的規定

　　應依出口國法令規定，有些國家出口是按 FOB 價值繳交。

　　⑵ DDP 繳交進口關稅的規定

　　應依進口國法令規定，例如我國需要換算成 CIF 完稅價格繳交關稅。

2. 用誰的名義進口報關

　　有外匯管制或限制外國人取得輸入許可證的國家，就不宜使用 DDP。就以美國為例，一般是找當地的報關行以進口商的名義報關，並需由買方出具報關委託書；若是海運則是以提單上的 Consignee 名義報關。因此，B/L 受貨人欄如何記載也需留意。

3. 繳交的關稅包括加值稅 (VAT)

　　⑴於買賣契約約定 "DDP VAT unpaid"

　　Jan Ramberg 有以下說明：「奉勸賣方把進口國的 "Internal" fiscal system（例如進口變動加值稅）排除於賣方應支付的費用義務之外，如果不這樣做，賣方就不能享受僅屬於該國居民才能辦理之有關減少支出費用的權利，或者特別租稅的優惠。」因此最好於買賣契約約定 "DDP VAT unpaid"。

　　⑵ "DDP VAT unpaid" 與 DAP 有何不同？

　　若無特別約定，在 DDP 貿易條件下進口關稅與 VAT 應由賣方負擔，但若特別約定賣方不負擔 VAT（即 DDP VAT unpaid），則 DDP 的賣方尚需辦理進口通關手續；DAP 則是由買方辦理。

4. 不可預料的禁止進口風險

　　不可預料的禁止進口風險，會讓賣方在 DDP 底下的費用變得難以預估。因此 CISG 與相對應的各國買賣法均有類似規定，因進口國實施禁止進口措施，賣方有免於執行買賣契約的義務。賣方也宜於買賣契約加入此項免責條款以保護自己。

5. 買方依賣方請求協助賣方取得輸入許可證或相關的進口官方批准書

　　由於某些國家對進口所需的官方單據的申請人的資格會有限制，例如需為當地居民，因此就必須請買方協助取得。如若取得相關單據確有困難，也可於買賣契約約定 "DDP not cleared for import"。

八、檢查／包裝／標示

買方為了確保在付款或者有機會檢查以前，賣方交的貨物真的符合雙方約定的條件 (Condition of the goods)，賣方應對貨物施行檢查。另外，報給船公司或者進出口海關也需有品質、丈量、秤重、計算個數的資料，這些檢查費用由賣方負擔，至於要檢查到什麼程度宜於契約明白規定。

㈠檢　查

既然指的是交付貨物的檢查，當然是在目的地檢查貨物的品質、丈量計數等。至於是卸貨前檢查合格才卸貨嗎？若不合格可以拒絕卸貨嗎？還是卸貨後才檢查？Incoterms 對此並無規定，契約宜就此部分做規定，檢查費用由賣方負擔。

如果買方不放心，於出口國裝貨前就實施檢查，則此費用應由買方負擔 (Before dispatch unless agreed in the contract of sale)。

㈡包裝義務

⑴賣方應自負費用包裝貨物。

⑵依該特定行業的慣行，運送該已成交的貨物得以未包裝方式為之者，不在此限。

⑶賣方得依通常適合運送方式的方法對貨物施以包裝，但在買賣契約締結以前，買方若曾通知賣方應施以特別包裝需求時則應依該包裝。

目的地交貨的包裝規定，應有別於出口地如 F 群或 C 群貿易條件規則的包裝規定。因為賣方自負風險把貨運到指定地，當然有權決定如何包裝，除非當事人另有約定或該國包裝法令有強制規定。

㈢標示的義務

在包裝上應加以適當的標示。

九、費用的劃分

㈠賣方應負擔之費用

1. 直至依 A2 交貨為止之費用，除買方應依 B9 負擔者除外。

2. 負擔貨物在目的地卸貨之任何費用，但以運送契約有規定應由其負擔者為限。

3. 為證明貨物已經交貨，依 A6 提供給買方之交貨／運送單據費用。

4. 在可適用之情況下，為輸出、過境及輸入通關所支付之關稅及其他費用 (A7)。

5. 支付買方為協助取得其為保險 (B5)，及為辦理輸出和過境通關有關之單據及資訊之費用 (B7)。

㈡買方應負擔之費用

1. 自賣方依 A2 交貨時起發生之所有費用。

2. 除運送契約另有規定卸貨費用應由賣方負責者外，為提領貨物，買方應負擔在目的地指定地方，從到達之運送工具把貨卸下之卸貨費用。

3. 買方未能依 B7 規定辦理輸入通關，或者依 B10 規定，通知其選擇之指定受貨時間，或目的地之指定地方，自該指定期日或約定裝貨期間之末日起，任何因此所產生之額外費用，但以貨物已經特定化為限。

表 10-1　　DDP 買賣雙方負擔費用劃分

賣方負擔費用	買方負擔費用
直至依 A2 交貨為止之費用，除買方應依 B9 負擔者除外	自賣方依 A2 交貨時起發生之所有費用，但應由賣方依 A9 負擔者除外
負擔貨物在目的地卸貨之任何費用，但以運送契約有規定應由其負擔者為限	除運送契約另有規定卸貨費用應由賣方負責者外，為提領貨物，買方應負擔在目的地指定地方，從到達之運送工具把貨卸下之卸貨費用
為證明貨物已經交貨，依 A6 提供給買方之交貨／運送單據費用	－
在可適用之情況下，為輸出、過境及輸入通關所支付之關稅及其他費用	－
支付買方為協助取得其為保險，及為辦理輸出和過境通關有關之單據及資訊之費用	買方未能依 B7 規定辦理輸入通關，或者依 B10 規定，通知其選擇之指定受貨時間，或

| | 目的地之指定地方，自該指定期日或約定裝貨期間之末日起，任何因此所產生之額外費用，但以貨物已經特定化為限 |

㈢補充說明

因為 DDP 涉及的操作環節很多，例如目的港海關查驗貨物產生的查驗費用、超過期限的倉庫堆存費以及其他環節產生出的額外費用，這些環節的費用在核算時可能沒有列入考慮。因此賣方在使用 DDP 時可能需要有豐富經驗的 Forwarder 或者報關行，甚至在進口國要有分公司的配合。

📖 範　例

在美國除關稅以外產生的費用

⑴清關費、文件費、換單費。

⑵如果是在洛杉磯或者長堤，除有拖車費以外，還有港口通過費 (Pier pass fee) 和空氣清潔費 (Air clean fee)。

⑶港口維護費 (Harbor Maintenance Fee, HMF)。

⑷貨物處理費 (Merchandise Processing Fee, MPF)。

⑸海關監管費 (Customs bond fee)，可分為年費和一次性費用。

1.賣方應負擔的費用

　⑴運送費用。

　⑵直至貨物交付時的費用。

　⑶依運送契約應由賣方負擔的卸貨費用。

　⑷輸出入通關手續費與輸出入關稅等相關費用和通過其他國家產生的費用。

2.買方負擔的費用

　⑴賣方依 A2 交付之時起爾後發生的費用。

　⑵從到達運送工具卸貨的費用，運送契約規定是由賣方負擔者除外。

　⑶風險提早移轉所產生的費用，亦即買方未協助賣方取得輸入許可證等相

關官方資料，以及買方未通知賣方其已經決定的交貨時間與交貨地點。

十、通　知

㈠賣方通知買方

賣方應給予買方足符其採取接受貨物需要之任何通知。

為讓買方能採取通常必要措施提領貨物，賣方應給買方必要的通知。至於誰負責通知？為什麼要通知？由於賣方於買方指定目的地在到達的車輛把貨卸載，交由買方處置時起，風險即移由買方負擔 (The buyer assumes risk of loss when the goods are tendered to him by the carrier)，因此要通知買方有關受領貨物所需的相關資訊情事。至於由誰通知？原則上是由賣方依運送人的資訊通知買方，貨物已於何時發送 (Dispatched)、何時貨物將抵達約定或選擇地點，讓買方能及時準備受領貨物。至於貨物何時會到達海關，似乎也應通知買方，方便買方安排通關手續。

為精準掌控時間，賣方也應與運送人充分溝通，委由運送人做更準確通知。

㈡買方通知賣方

若買方有權決定約定期間內的受領期間及（或）位於指定地的受領貨物的地點，應給予賣方充分的通知。

1. B10 對特定期間的通知

B10 對特定約定期間的通知，指的應是受領期間，交由買方處置若早於約定期間，買方並無義務受領；如若晚於約定期間 (Too late)，賣方應依準據法負違反契約 (Breach of contract) 的責任。

2. 受領地點的特定的通知

至於受領地點的特定也應充分及時的通知，否則風險提早移轉，增加的費用由買方負擔。

十一、PSI 相關費用的討論分析

・輸入國強制實施的 PSI 費用由賣方負擔

　　這是 Incoterms 2000 與 Incoterms® 2010 不同的地方，Incoterms 2000 的 B9 規定，買方應支付任何裝運前檢驗的費用 (The buyer must pay the costs of any pre-shipment inspection except when such inspection is mandate by the authorities of the country of export)；但 Incoterms® 2010 的 A9 與 B9 則修正為由賣方負擔進口當局實施的 PSI 費用。顯然 Incoterms 2000 的規定應該是錯誤的。因此 Incoterms® 2020 底下之 DDP 亦應如 2010 年版之規定，由賣方負擔。

習 題

一、選擇題

( )　1. DDP 下，進口國的加值稅 (VAT) 若無特別約定，應由誰負擔？　(1)賣方　(2)買方　(3)買賣雙方　(4)雙方均無需負擔。

( )　2. DDP 下，進口國實施的 PSI 費用應由誰負擔？　(1)賣方　(2)買方　(3)買賣雙方　(4)雙方均無需負擔。

( )　3. DDP at buyer's premises 條件，貨物運抵買方工廠，應由誰負責卸貨？　(1)賣方　(2)買方　(3)報關行　(4)卡車司機。

( )　4. DDP 進口國無法通關的風險應由誰負擔？　(1)賣方　(2)買方　(3)報關行　(4)運送人。

( )　5. DDP discharged at buyer's risk 變形條件，有關卸貨的風險應由誰負擔？　(1)賣方　(2)買方　(3)報關行　(4)運送人。

二、問答題

1. 請說明在 DDP 下，買方負有哪些協助的義務？

2. 請說明在 DDP 下，買方若要協助卸貨，針對風險的負擔應作如何的規定？

3. 請說明在 DDP 下，賣方應提供何種交貨單據給買方？

4.請說明在 DDP 下，賣方應負責通知買方哪些事項？

5. DDP 是賣方負擔最重的條件，為了避免當初沒有料想到的費用產生，賣方應於買賣契約做出何種規範？

第一節 ▶▶▶
概　說

❧ 一、前　言

Free Alongside Ship，簡稱 FAS（船邊交貨條件規則）。乃指賣方把貨物放置在由買方指定裝船港的指定船舶旁邊（可能是碼頭或者是駁船上），自該時點起貨物滅失或毀損的風險就移轉，以後的一切風險與費用即由買方負擔。

(一) FAS 條件之淵源

1. 1936 年版的 Incoterms 就已經有 FAS 這個條件，可能流行在航海時代，當時賣方是否要辦輸出關手續，似乎並沒有規定。

2. 1953 年版，就清楚的規定賣方應協助買方取得輸出許可證及官方批准書輸出貨物。

3. 到了 2000 年版辦理輸出通關手續之義務方由買方移轉給了賣方，由賣方辦理輸出通關。

(二) FAS 的概念

1. FAS 起初用於北歐與北美的木材交易，尤其是將原木 (Logs) 編成木筏，從產地沿河用汽船拖運至裝船港，再將這些木筏橫靠船邊，以利裝船。此外，一些大宗貨物的交易，尤其自美國輸出的原棉，也常以 FAS 交易。

2. FAS 除使用在大宗貨物運送外，特殊與笨重貨物運送的場合也會使用，例如火車頭、鍋爐等笨重貨物，但須另僱用特種起重機（Special derrick 或 Floating derrick）裝貨。

3. FAS 就如同字面意義所顯示的,乃賣方實際物理上把貨物擺在船舶的旁邊,或者是碼頭,或者用駁船把貨帶到船舶之旁邊,所以它不適合使用於貨櫃運送,因為裝櫃貨物通常是用拖車把貨櫃貨物拖帶至內陸的貨櫃集散站,而非船舶旁邊,這時就宜使用 FCA。

4. 貿易契約或買賣確認書通常記載的方式為 FAS 66 pier Kaohsiung port USD66,000, Incoterms® 2020。

(三) FAS 與 FOB free in 的區別

FOB Free in 是個變形貿易條件,通常使用在傭船契約,實務上的說法是船方不負責裝貨。FAS 與 FOB free in 兩者看似一樣,但 FOB free in 的風險負擔似乃應為「把貨裝載到船舶上」(On board the vessel) 為準,並不因 Free in 而影響 FOB 的本質,Free in 似只針對裝船費用的分擔而言;FAS 的風險負擔則是在船舶旁邊就已移轉。

二、使用者導引

(一) 定　義

1. FAS 乃指當賣方把貨放置在買方指定港口之船舶旁邊(例如碼頭或駁船之上) 即屬交貨。

2. 當貨物擺在買方指定之船舶旁邊,或者購買已如此交貨之貨物,貨物毀損滅失的風險就移轉給買方,自該時起買方也應負擔所有之費用。

3. FAS「船邊」的定義

(1) FAS 對所謂 「船邊」 並未加以界定,但實務上一般係指船舶吊貨機 (Winches) 或其他裝貨索具 (Ship's loading tackle) 可及的範圍而言 (Within the reach of vessel's tackle)。 如利用碼頭上的吊貨起重機 (Crane) 時,則所謂「船邊」係指實際上利用該等設備進行裝貨的地方而言。換言之,是指買方指定船舶預定停靠碼頭岸邊供裝貨的地方。

(2) 倘若指定船舶不能靠岸,而在港中以拋錨停泊者,賣方須僱用駁船或小艇將貨物運到港內拋錨的船舶旁邊,並負擔駁船費用,以及負擔貨物運至船邊時為止的一切風險。

　　(3)此外，由於某些傭船契約的標準契約格式是使用 FAS，雖然傭船是屬於運送契約而非買賣契約，但這也隱含著為支援傭船運送貿易，FAS 可能會繼續存在。因此大宗物資的連環買賣所稱的船邊交貨指的是購買已經如此交貨的貨物。

㈡交貨及風險

　　當貨物擺在買方指定之船舶旁邊，貨物毀損滅失的風險就移轉給買方。

　　因此，賣方在特定之期日，把貨擺在船舶旁邊，但船舶並未停靠在指定之碼頭，這或許是因為港口或碼頭擁擠所致，或許是惡劣的天候致影響船舶如期靠岸，但風險自該時起，移由買方負擔。

㈢運送模式

　　FAS 僅適用於以海運或內陸水路運送貨物的交易。因此 FAS 不適宜使用在把貨放置在船舶旁邊之前，就交給運送人之運送模式，例如把貨在貨櫃場或集散站交給運送人，這種方式適合使用 FCA。

㈣精確指定裝貨地點 (Loading point)

　　1.當事人應審慎的，盡可能清楚的指定在裝船港的裝船地點，在那裡貨物將從碼頭或者駁船搬運到船舶上，把貨物送到該裝船地點的費用及風險是由賣方負擔。

　　2.但應注意的是這些費用以及伴隨的作業費 (Handling charges)，各個港口的慣例可能會有不同。

三、用法上應注意事項

㈠買方通知船舶停靠碼頭應該正確

　　賣方如果已依照買方通知把貨物放置在船舶預定停靠的碼頭岸邊，但船舶卻是停靠在另一個碼頭，則賣方是否有義務把貨物移往船舶停靠的碼頭？

　　實務上，有時無法避免變更船舶停靠的碼頭，因此賣方宜盡量配合。但如果賣方已依通知指示把貨置放於船舶預定停靠的碼頭岸邊，而買方遲於發出變更指示改停另一碼頭的通知，在此情況下，若買方未提供額外的費用，則賣方並無把貨物移動到新指示的碼頭的義務❶。

至於貨物移動到變更後碼頭的風險應由買方負擔，因為該貨物移動行為乃屬於賣方的協助義務。

㈡駁船上交貨

在裝船港船舶擁擠的場合，賣方可事先取得買方的同意，將交貨條件改為「駁船上交貨」(Free on lighter)。在此場合，賣方的交貨義務於 Incoterms® 2010 以前，即 FOB 的風險在未變更為 On board 以前，是採貨物越過駁船船舷 (Lighter's rail) 時即告終止，駁船的費用及風險均歸買方負擔；但在 Incoterms® 2010，「駁船上交貨」的義務應採貨物裝載於駁船上才告終止，駁船費用與爾後的風險改由買方負擔。

㈢ FAS 後面列的港口係裝船港

FAS 後面列的港口應係裝船港，但有時候，有些業者在 FAS 後面列的卻是進口港，即 FAS (Inserted named port of import)，等於「進口港船邊交貨條件」。然而此類型的契約，正確地說，應該是 DAT 契約或 DAP 契約。由於雙方義務未必明確，故宜避免使用。

㈣在貨櫃運送下 FAS 的涵義

在貨櫃運送，FAS 一詞與這裡所討論的 FAS 涵義完全不同，它係 Free arrival station 的縮寫，意指運送人須負責在契約中所規定的到達站 （Arrival station，指貨櫃集散站）將貨櫃交給受貨人，以便買方或代買方通關及提貨。這類型的契約，實際上係目的地契約的一種，業者不可不注意。

㈤連環買賣下誰負責裝船？

大宗物資買賣使用連環買賣的情形很普遍，而 Incoterms® 2010 在導引中也說明，FAS 有連環買賣的適用，因此賣方的交貨義務是把貨物交到船舶旁邊，或者購買已經如此交付運送的貨物 (To procure goods already so delivered for shipment)。

---

❶ 請參閱 Incoterms® Rules Q&A 第 14 題有關的說明。

　　在 CFR 與 CIF 下，連環買賣的第二個賣方不必找船也不必重新交付運送的貨物，有它的功能存在；但 FAS 的第一個賣方早已把貨擺在船舶旁邊，第二個賣方（之後的賣方亦同）也已將貨物擺在船邊（已經如此交付運送的貨物），對此，誰要負責洽定運送契約？CFR 與 CIF 是由賣方找船洽定運送契約，連環買賣以後的賣方就不必找船洽定運送契約；FAS 則是由買方負責找船洽定運送契約，這即意味著連環買賣的最後一個買家要負責找船並把貨裝載到船舶上。

第二節 ▶▶▶
解　說

一、一般義務

㈠賣　方

1.提供符合契約本旨的貨物

　　Incoterms® 2020 與 CISG 皆採用三分法來處理買賣契約與貨物有關的義務，那就是賣方提供符合契約本旨的貨物 (A1)、交貨的義務 (A2) 和交付單據的義務 (A6)。

　　CISG 第 35 條第 1 款規定，賣方應交付與契約所規定的數量品質和規格相符，並依契約約定的方式裝箱或包裝。

　　同條第 2 款復規定除當事人另有特約外，貨物應符合以下四種規定，否則即與契約本旨不符：

　　⑴貨物應符合同一規格產品通常使用的目的。

　　⑵賣方於訂立契約時曾明示或默示該貨物應具備特定目的，但買方並不信賴賣方的技能和判斷力，或者信賴賣方有該項技能與判斷力是不合理的 (The buyer did not rely on the seller's skill and judgement)。

　　⑶貨物應與賣方提供的樣品具有相同的品質。

　　⑷貨物應使用與相同種類產品通用的方式裝箱或包裝，若無此種方式則應

依保全或保護該貨物的方式包裝。

因為 A8 已對貨物的包裝義務另作規定，因此 CISG 除包裝外的規定，似乎可以當作提供與契約本旨符合的貨物意義的參考。

2.提供符合契約本旨的商業發票等單據

　(1)商業發票除具有支付明細書與付款請求書等功能外，進出入海關也需要用到，但因為有些國家關稅過高，因此買方經常要做低值價格商業發票，例如賣方出口報關，報關單會按正常價格申報，因為有出口退稅的問題，但寄給買方的商業發票則依客戶的要求做低值發票。有時進口商還怕不夠低，會要求賣方據實以告該國同業的低值發票的價格是多少。但本於誠信原則，還是不使用為宜，因為有被該國海關列入黑名單的風險。

　(2)有些買方規定開立 Itemlized commercial invoice，即商業發票必須清楚顯示每個產品的規格、價格及數量。

3.提供契約要求的其他單據

美國 Frank Reynold 認為類似裝箱單 (Packing list) 等商業單據是屬於買賣契約要求的其他單據。

㈡買　方

買方有支付價金的義務。

◼ 二、交　貨

賣方應把貨在約定時間放置於買方指定裝船港口之裝船地點旁邊，或者購買已如此交貨之貨物交貨。

㈠交貨時間

　1.雙方合意約定之期日。

　2.買方依 B10 通知了賣方，在約定期間內其選擇了出貨之特定期日。

　3.如果買方未依 B10 通知其選擇之特定交貨期日，則為該約定期間之末日。

㈡交貨地點

如果買方未指示交貨之特定地點，賣方有權選擇在裝運港內，最適合契約目的之裝船地點。

㈢通知船舶名稱

至於是否應通知賣方船舶名稱 (The carrying vessel)，A2 並未做出規定，但 B10 則規定應通知船舶名稱 (The vessel name)。

📖 範　例

在 FAS 下，假設買方通知船舶將於星期四抵達港口並裝船，賣方即於星期二把貨擺在碼頭，星期三該批貨物毀於火災，星期四船到無貨可裝，當地碼頭也無習慣的方式決定本案是否屬於已交付貨物，請問賣方是否已交貨？風險是否已移轉？

👤 解　析

(1)賣方應於約定的期日或期間內把貨放置在指定裝載地點，意即船舶停靠碼頭的船舶旁邊。

(2)買方依 B10 通知船名與停靠地點和到達期間外，並已選擇交貨時間（星期四），則賣方提前於交貨期間（星期二）把貨擺在碼頭，雖然交貨的地點正確，但由於時間不正確，船尚未停靠，交貨無法履行，因此屬於尚未完成交貨，且風險尚未移轉。

㈣ FAS 的當地碼頭習慣方式交貨

1.大宗物資

有時大宗物資利用管線或輸送帶把貨物裝上船舶，交到碼頭儲存槽或輸送堆置處，是屬於依當地碼頭習慣方式交貨。

2.船舶太大

若船舶太大停靠外海，用駁船運至該船舶旁邊，是屬於依當地碼頭習慣方式交貨。

㈤ FAS 屬實際交貨

當 FAS 依前段規定交由買方處置時，應注意貨物特定化的問題，例如放置碼頭邊的三噸白糖，分別要交貨給 A、B、C 三個買方，要如何特定哪部分是給 A 或 B 或 C。

三、風險的移轉

㈠原　則

在 FAS 下，貨物已依 A2 的規定交貨，即賣方已把貨置放在船舶的旁邊交由買方處置時，風險就已移轉。

㈡例　外

風險的提早移轉：

1. 買方未將裝船的船舶名稱與裝船地點，和選擇合意交貨期間內之指定日期通知賣方

2. 買方指定之船舶未能按時到達，讓買方依 A2 規定完成交貨

3. 指定船舶未能承載貨物

船舶在裝載不同的貨物時需符合相關規定。例如裝載穀物的船必須經過檢查，符合衛生條件才可載貨 (It can take place only when the ship is berthed, moored and cleared by health and customs officer)。

4. 結關時間早於買方依 B10 通知時間

四、運　送

• 運送契約

1. 原　則

賣方並無訂立運送契約的義務。

但應循買方之請求，並由買方負擔風險與費用，提供賣方所持有，為了安排運送所需之任何資訊，包括與運送安全有關之資訊在內。

2. 例　外

如果買方有所請求，且賣方表示同意，賣方應以買方之風險與費用，以通常條件訂定運送條件。這是一般所稱之額外服務契約 (Additional service contract)。

(1)買方有所請求。若貨物屬於小宗貨物，實務上買方常請求賣方訂定運送契約。

(2) 2010 年版規定，若有商業實務作法得由賣方訂定運送契約且賣方並未於適當時間作出相反指示者，得以買方的風險與費用，依通常的運送條件，由賣方訂定運送契約，2020 年版已經刪除此項約定。

五、保　險

買賣雙方均無對他方訂定保險契約的義務。但買方若覺得有訂定必要，得向賣方請求，提供有關保險所需的資訊。

六、交貨／運送單據

㈠賣方以自負費用，提供已依 A2 交貨之通常證明

FAS 賣方應提供何種單據方才符合 Incoterms 的規定？應是提供已依 A2 交貨的通常證明 (Usual proof)，但由於與 FAS 對應的貨物放在船舶吊具可及的範圍之相關單據並不常見 (Certificates a shipment has reached the point where it is within the reach of the ship's tackle)，因此主張用 Dock receipt（碼頭收據，又稱收貨單）、Received B/L、FCR 或 SWB 的人，所在多有。Incoterms 2000 修正時，有人主張用 M/R，但此種單據大多使用在傭船契約上，因此 FAS 若要符合 Incoterms 的規定，應該使用 Dock receipt，因為 M/R 是貨已經裝到船上，而不是船上吊具放下可以鉤到的範圍。

由於賣方的義務只限於在買方指定的船舶旁邊交貨，船公司尚未接管貨物，所以不一定都能從運送人處取得相關受領收據 (Receipt)。賣方為證明其已交貨，就必須提供其他單據。這種單據各港口未必相同。因此，若契約有約定者，依約定；無約定者，按港口習慣，提供慣用者即可，諸如 Dock receipt、Wharfinger's receipt、Warehouse receipt or warrant 或 Cargo receipt 等。例如：

1.英　國

在英國，習慣上由碼頭或碼頭管理員以買方受託人身分在船邊接貨，賣方

取得的交貨憑證為 Dock receipt 或 Wharfinger's receipt，因此，賣方出具此類單據即可。

2.美　國

在美國，賣方取得的交貨憑證通常係碼頭公司出具的 Dock receipt。因此，賣方提供碼頭公司簽發的 Dock receipt 即可。

雖然《1941 年修訂美國對外貿易定義》(*Revised American Foreign Trade Definitions–1941*) 的 FAS vessel 中，規定賣方須提供 Clean dock receipt 或 Clean ship's receipt，但美國所稱 Ship's receipt，實際上，是指英國的 Mate's receipt，而 Mate's receipt 則必須於貨物裝上船舶之後，才由船方發行，顯然與 FAS 的本質有違。又，賣方提供的交貨證明必須是屬於 "Clean" 者，所謂 Clean（清潔，無瑕疵）係指未聲明貨物及（或）其包裝不良或有缺陷者而言。

㈡賣方協助取得運送單據

如果買方要求取得的是運送單據，則賣方應循其要求並由其負擔風險與費用，給予買方一切協助以取得有關之運送單據。

㈢買方應接受賣方依 A6 提供之交貨單據

七、輸出入通關

㈠賣方辦理輸出通關

在可適用情況下，賣方應履行及支付所有輸出國所要求之任何輸出通關手續，例如：

1. 輸出許可證。

2. 輸出有關之安全通關資料。

3. 裝運前強制性檢驗。

4. 其他官方強制批准書等。

㈡賣方協助辦理輸入通關

在可適用情況下，賣方應循買方之要求，以買方風險與費用，取得為辦理通過第三國或輸入國之過境或輸入通關手續，所需之任何單據與資訊，這些還包括過境與輸入國家所需之安全資訊以及強制性檢驗資訊。

㈢買方協助辦理輸出通關

在可適用情況下，買方應循賣方之要求，以賣方風險與費用，取得為辦理輸出國之輸出通關手續，所需之任何單據與資訊，這些還包括與輸出國家所需之安全資訊以及強制性檢驗資訊。

㈣買方辦理輸入通關

買方應辦理及支付輸入國與過境國所要求之任何輸入通關手續與費用，例如：

1. 輸入及過境第三國之許可證。

2. 輸入及過境第三國之安全通關資料。

3. 裝運前強制性檢驗。

4. 其他官方強制批准書等。

FAS 的賣方須自負風險及費用，取得為貨物輸出所需的輸出許可證或其他官方批准書。如若因政府命令禁止出口，或出口該貨物的稅捐提高，則此項風險與費用均歸賣方負擔。不過，對這些意外事件 (Contingencies) 買賣契約中一般都有特別規定，以保護賣方利益。依 CISG 及一些國家的買賣法的規定，對於無法預見的 (Unforeseen) 或合理地無法預見的 (Reasonably unforeseeable) 禁止出口，可免除賣方在買賣契約項下的義務。

㈤賣方輸出之補充說明

我國現行《貿易法》對貨物的進出口是採負面表列制，原則上不必請領輸出許可證。但有例外，例如：

1. 屬於《瀕臨絕種野生動植物國際貿易公約》附錄一、二動、植物物種

屬於《瀕臨絕種野生動植物國際貿易公約》（CITES，簡稱《華盛頓公約》）附錄一、二動、植物物種，應向經濟部國際貿易局申請核發《華盛頓公約》出口許可證（CITES 出口許可證），申請時，應檢附 CITES 出口許可證申請書及下列文件：

(1)《華盛頓公約》附錄一動、植物物種或其產製品，應檢附行政院農業委

員會同意資料。

⑵《華盛頓公約》附錄二動、植物物種或其產製品，屬人工繁殖者，應檢附人工繁殖切結書；非屬人工繁殖者，應檢附來源證明，其屬《野生動物保育法》列管者或屬《文化資產保存法》列管的珍貴稀有植物，應另檢附行政院農業委員會同意資料。

2. 稻　米

稻米輸出需洽農糧署申報輸出許可。

㈥買方輸入之補充說明

有些公司會把出口通關手續工作外包給報關行，但有些公司自己也成立專責報關部門，他們可以向海關直接申請，並可申請在線上扣繳稅金（須辦理進出口廠商登記，並提供擔保品予海關，就可直接用公司名稱辦理線上扣繳），並依《關稅法》第 11 條規定提供擔保品。

1. 菸　酒

應檢附財政部核發的菸酒進口業許可執照影本或財政部同意檔。

2. 美國牛肉

除須檢附美國農業部核發的衛生證明文件，保證是健康無感染狂牛病 (BSE) 牛隻且經嚴格屠宰衛生檢查，完全無受特殊危險物質汙染的衛生安全的牛肉外，輸入時仍應符合檢驗及檢疫相關規定（即輸入規定 F01 及 B01）。

需檢疫合格方准放行。但檢疫時間長短不一，有時已在 3 天之後，進口商迭有抱怨已失其鮮度，但這顯然與社會和政府關注，防止高風險群肉類進入食品供應管道有關。

3. 貨物輸入許可證或其他官方批准書的風險

依 FAS 取得貨物輸入許可證或其他官方批准書的風險由買方負擔。因此，依 FAS 交易時，即使貨物遭禁止輸入，買方仍不能免除其契約項下的義務。但買方可透過於買賣契約中加列「免責條款」來解決這種情況，例如：遇到貨物的禁止輸入情形時，可展延履約的時間，或者規定契約因而失效。某些國家的法律也規定，遇到貨物禁止輸入時，契約即因而失效。

■■ 八、檢查／包裝／標示

㈠交貨前的檢查品質、丈量過磅計數的費用

賣方應負擔交貨前的檢查品質、丈量過磅計數的費用。

㈡出口包裝與標示

請參閱 FCA 一章有關的說明。

■■ 九、費用的劃分

㈠賣方應負擔費用

1.直至依 A2 交貨為止之費用，除買方應依 B9 負擔者除外。

2.為證明貨物已經交貨，依 A6 提供給買方之通常證明費用。

3.在可適用之情況下，為輸出通關所支付之關稅及其他費用。

4.支付買方為協助取得輸出通關有關之單據及資訊之費用。

5.舉　例：

賣方必須負擔把貨物交到指定裝船港買方所指定船舶旁邊指定裝貨地的一切費用。在未違反約定或港口的習慣下，貨物通過碼頭時所必須支付的碼頭費 (Dock dues)、搬運費 (Porterage)、駁船費 (Lightcrage) 和其他類似費用，通常是由賣方負擔。

另外，我國《貿易法》第 21 條規定的推廣貿易服務費是由賣方負擔。

㈡買方應負擔之費用

1.自賣方依 A2 交貨時起發生之所有費用，但應由賣方依 A9 負擔者除外。

2.賣方為協助買方依 A4、A5、A6、A7b 規定，取得相關資料及資訊的所有費用。

3.在可適用之狀況，支付輸入通關及過境第三國之關稅等稅費。

4.因下列兩項原因所額外增加之費用：

⑴買方未能依 B10 規定做出相關之通知。

⑵買方依 B10 指定之船舶，未能準時到達，未能承載貨物，貨物結關日

期早於買方依 B10 通知之日期。

⊕ 表 11-1　FAS 買賣雙方負擔費用的劃分

賣方負擔費用	買方負擔費用
直至依 A2 交貨為止之費用，除買方應依 B9 負擔者除外	自賣方依 A2 交貨時起發生之所有費用，但應由賣方依 A9 負擔者除外
為證明貨物已經交貨，依 A6 提供給買方之通常證明費用	－
在可適用之情況下，為輸出通關所支付之關稅及其他費用	在可適用之狀況，支付輸入通關及過境第三國之關稅等稅費
支付買方為協助取得輸出通關有關之單據及資訊之費用	賣方為協助買方依 A4、A5、A6、A7b 規定，取得相關資料及資訊的所有費用
－	因下列兩項原因所額外增加之費用： (1)買方未能依 B10 規定做出相關之通知 (2)買方依 B10 指定之船舶，未能準時到達，未能承載貨物，貨物結關日期早於買方依 B10 通知之日期

🍀 十、通　知

㈠賣　方

賣方應給予買方充分之通知，貨物已依 A2 規定完成交貨，以及買方指定之運送人或其他指定之人未能於合意時間內接受貨物。可分為：

1.貨物已依 A2 置放於船邊供買方處置 (A10)

因買方須負擔自賣方將貨物交給買方所指定的運送人或其他人處置時起，有關貨物的一切風險與費用，故賣方應負交貨通知義務，俾買方得適時辦理保險，及準備適時依 B2 接受貨物。通知之方式宜以電傳方式（諸如 Fax 與 E-mail 等方式）迅速為之。也可以透過發裝船通知 (Shipping advice) 的方式來通知買方。

2.船舶未能在約定時間接管貨物

因為船舶係由買方指定，買方與船東間彼此聯絡若發生差錯，致未能接管貨物，當然由買方負責，但賣方亦須充分通知買方。

㈡買　方

就以下事項，買方應給予賣方充分之通知：

1.與運送安全有關之需求。

2.船舶名稱。

3.裝船港口之裝貨地點。

4.在合意期間內選擇之交貨期日。

 習　題

一、選擇題

(　　) 1. FAS 不適合使用於下列何者？　(1)散裝貨　(2)大宗物資　(3)貨櫃運送物資　(4)重物。

(　　) 2. FAS 的交貨單據不適合使用下列何者？　(1)已裝船提單　(2) Dock receipt　(3) FCR　(4) Warehouse receipt。

(　　) 3. FAS 的賣方應協助買方　(1)取得輸出許可證　(2)取得為辦理進口所需的單據　(3)支付出口國強制實施的 PSI 費用　(4)辦理出口報關手續。

(　　) 4. FAS 的連環買賣中，第一個賣方 A 賣貨與買方 B，B 轉售予 C，C 轉售予 D，請問找船及裝貨應由誰負擔？　(1) A　(2) B　(3) C　(4) D。

(　　) 5. FAS 的賣方應負擔下列何種費用？　(1)吊櫃費　(2)運費　(3)出口報關費　(4)進口國實施的 PSI 費用。

二、問答題

1.請說明在 FAS 下，何種情況會產生風險提早移轉的情形？

2.請說明在 FAS 下，有可能發生連環買賣的情形嗎？

3.請說明在 FAS 下，賣方的通知義務為何？

4.請說明在 FAS 下，賣方宜提供何種交貨單據給買方？

5.請說明在 FAS 下，買方的通知義務為何？

第一節 ▶▶▶
概　說

❧ 一、前　言

Free on Board，簡稱 FOB（船上交貨條件規則）。

㈠ FOB 之淵源

1. FOB 在航海時代，貿易商人就已經約定俗成的使用這個貿易條件，英國法院在 1812 年就出現了與 FOB 有關的判例，一般稱此時期之 FOB 為固有意義之 FOB，或者是古典意義之 FOB。

2. 然後，1919 年美國貿易定義之 FOB vessel (Named port) 也出現了，基本上它還是沿襲英國固有意義之 FOB。再來就是 ICC 在 1936 年把 FOB 納入了 Incoterms 做出規定。

㈡ 國貿條規有關 FOB 條件之演變

1. 傳統英國法院判決 ❶

傳統英國法院的判決確定了 FOB 的主要意義，那就是賣方應支付費用並負責把貨物運至船上，交付後，貨物的滅失或毀損風險，即由買方負擔。這樣的定義簡單的把 FOB 的精神集中在兩個基本要素，那就是交付與風險負擔。

2. 國貿條規 2010 年版重大之轉變

而 Incoterms® 2010 FOB 的導引，本於上述兩個基本要素，將 FOB 的定義更詳細的鋪陳為，買方指定船舶，然後賣方在約定裝船港把貨裝載於該指定船舶上或購買已經如此交付的貨物就屬於交付 (Delivery)。自裝載於船舶時起

---

❶　J. Raymond Wilson & Co., Ltd. v. Norman Scratchard, Ltd.

(On board the vessel)，貨物的風險負擔即移轉給買方，買方也從那時候起負擔所有的費用；還有連環買賣也納入於 FOB 做出規定。到了 2020 年版則並未再做出任何實質修正。

3.連環買賣

由於連環買賣的中間商是購買已如此交付的貨物，故不須重複把貨裝載於船舶上。

舉例而言，連環買賣如果適用的是 GAFTA 標準格式，一般使用 FOB，由買方備船運送，備船運費於 B/L 的運費條款常見的記載為：Freight payable as per charter party，因此，理論上賣方不必重複裝貨，買方也不必重複去指定船舶。可是有學者❷卻認為，連環買賣應無 FOB 適用的情況，因為 FOB 下貨物已經裝船了，又何勞買方派船去裝船？

4. FOB 的意義

free 字面的意思是自由，也就是「在此責任終了」的意思，On board 是船舶之上，可以是船舶的甲板也可以是貨艙。FOB 選擇船舶的權利在買方。在貨櫃船尚未出現前，是一個運用最廣的貿易條件。

5. FOB 的使用方式

在契約書或訂購單記載的方式為 FOB KAOHSIUNG USD60,000, INCOTERMS® 2020，附加在 FOB 後面的是輸出港之港名。

二、使用者導引

㈠定　義

乃指賣方將貨物裝載在買方指定裝船港之船舶上，或者購買已如此交貨之貨物，自該時起，貨物之滅失或毀損歸買方負擔。

FOB，雖然已不再使用越過船舷欄杆當分界線，但 ICC 也沒有進一步說明什麼是「船舶上」，這可能要依貨物的性質去做決定，例如原油與散裝貨物之裝載於「船舶上」可能意義就有不同。

---

❷　楊大明 (2011)。《國際貨物買賣》。北京：法律出版社。

但無論如何，裝載於船舶上的這個時點，決定了費用與風險之分界線。當貨物已裝載於船舶上時風險即轉移，爾後所有的費用由買方負擔。

㈡運送方式

FOB 的賣方有義務把貨物交到船舶上，如果在這之前即須把貨交給運送人，例如已裝櫃之貨物先交到貨櫃場，就不適合使用 FOB。

FOB 僅適用於海運及內陸水路運送，比較不適合使用在貨櫃，因為貨櫃應先交至貨櫃場，但這與實際裝上船舶會有時間差，因此 2020 年版之使用導引一再建議，裝載於貨櫃運送的貨物宜使用 FCA。

此外，有人甚至主張用 "FCA on board carrying vessel" 來代替 FOB 使用於貨櫃運送，但這僅屬於價格層面的代替，因為 FCA on board carrying vessel 的風險負擔移轉地點還是與 FOB 不同。

2012 年 6 月，GAFTA 草擬了第 88 號格式 (For CFR/CIF) 及第 89 號格式 (For FOB) 兩份適用於貨櫃裝運的穀物買賣標準契約格式，取代原有的第 86 號格式。亦即使用傳統的海運條件 (FOB/CFR/CIF) 於貨櫃（包括整櫃與併櫃）運送。

實務上，傳統海運條件使用於貨櫃運送 (Which has been in use for containerised transportation)❸已行之有年，且此觀念很難改變。

✥ 三、用法上應注意事項

㈠安排船運問題

依 Incoterms，在 FOB 下，船舶的安排或艙位的洽定，係買方的義務。這在大宗物資的買賣，由買方自行傭船運送，固然不生問題，但在零星雜貨交易，利用定期船運送的場合，因艙位多須預先訂妥，除非買方在出口地有代理商可為代辦，否則甚為不便。所以，實務上，以 FOB 交易的零星雜貨買賣，往往就船運安排事宜，再做若干的約定，例如：

---

❸ A. Poortman (London) Ltd. (2010). New GAFTA Contracts 88 & 89 for containerised transportation. CICILS IPTIC.

(1)賣方以買方的代理人名義安排船運，辦理一切託運事宜，也就是一般所稱的 FOB shipment to destination contract。

(2)賣方以自己的名義安排船運，辦理一切託運事宜，也就是一般所稱的 FOB contracts "with additional services"。

賣方以代理人名義或賣方以自己名義安排船運，在學理上與實務上有不同的法律效果。例如於賣方出具認賠書 (Letter of Indemnity, L/I) 請求運送人發行清潔提單 (Clean B/L)，而貨物運抵目的地，買方發現貨物與提單所載不符時，如賣方以自己的名義安排船運，則買方得向運送人請求損害賠償；反之，如賣方以買方的代理人身分安排船運，則買方對運送人不得主張任何權利。

買方與賣方究竟由誰承擔託運人的身分？當事人有約定時，自應從其約定；當事人無約定時，自應從契約中所約定的條件探求。例如在 FOB 契約中，其付款條件為付款交單的場合，如約定提示提單時支付價款 (Payment against B/L)、提示貨運單據時支付價款 (Payment against shipping documents) 或有賣方須向買方提出提單的約定時，通常認為賣方必須承擔託運人的身分。

㈡多港口 FOB 條款 (Multi-port FOB clause) 的問題

以多港口 FOB 條款（例如以 FOB Taiwan port 或 FOB European port）訂約時，由於裝船港事後才指定，在訂約時尚屬未知數，因此從賣方工廠到裝船港的內陸運費不知，成本無法事先精確估算，從而對於哪一方擁有裝運港的指定權，容易引起爭執。C. M. Schmitthoff 認為：

1.大宗貨物

若貨物為大宗貨物，並依嚴格意義下的 FOB，須由買方負責洽船者，買方應於簽訂買賣契約後，適時指定一艘有效的船舶，選擇裝船港，並立即通知賣方。

2.小宗貨物

若貨物為小宗貨物，將由定期船載運，並由賣方代洽訂艙位，或由賣方以其本身名義洽訂艙位者，裝船港應由賣方選擇。

換言之，在多港口 FOB 下，負責安排洽船的一方通常即有權選擇對其最方便的港口作為裝船港。

㈢ FOB 與 FCA 的區別

實務上，常將 FOB 稱為「海上 FOB」，而將 FCA 稱為「複合運送的 FOB」，兩者的區別如下：

表 12-1　FOB 與 FCA 的區別

	FOB	FCA
運送方式	僅適用於海運及內陸水路運送	適用於包括複合運送在內的任何運送方式
交貨地點	裝船港船舶上	內陸的運送集散站或其他收貨地點
風險移轉	以貨物裝載於船上作為風險的分界點	以貨物交給指定運送人時作為風險的分界點
賣方應提交的運送單據	必須表明貨物已裝上船 (On board the vessel)	提供貨物已交運送人的通常證明

㈣ FOB 使用於貨櫃運送時風險移轉的問題

貨櫃運送並不適合使用 FOB，但我國出口廠商本於習慣，對出口貨櫃運送貨物仍使用 FOB 交易者並不在少數。若非用 FOB 交易不可，則建議買賣雙方約定以貨櫃場為風險移轉界限，例如約定：The risk of the goods shall pass from the seller to the buyer when the goods are delivered into the charge of the carrier (or forwarder) designated by the buyer at the CFS (Container Freight Station) in Keelung, Taiwan。

㈤ FOB 與保險問題

1.「或有保險」(Contingency insurance) 的投保

在 FOB（或 CFR）下，賣方所負擔的貨物風險，以裝載船舶上為界，因此通常賣方不再投保貨物海上保險。但是，賣方將貨物交運後，未收到貨款前，若貨物因意外事故而滅失或毀損，而買方又拒付貨款，則賣方將陷入窘境。於是，以 FOB（或 CFR）交易時，賣方為確保收不到貨款而貨物又遭遇損失時可獲得適當的補償，可考慮投保或有保險。

2.加保「裝船前賣方受益險」(Risk before loading for benefit to shipper)

以 FOB（或 CFR）交易時，貨物海上保險由買方投保，但買賣雙方所負擔的貨物風險是以裝載船舶上為界，因此，萬一貨物在裝載船舶上之前發生損失，則因其風險負擔尚未移轉，買方不具保險利益 (Insurable interest)，買方無法憑其購買的保險單獲得賠償。如果在此情形下，賣方也未就裝船前的風險購買保險，則其損失將無法獲得補償，勢必影響到交易的安全。因此，以 FOB（或 CFR）交易，對貨物裝上船之前的內陸運送風險，賣方必須依賴保險來保障。其方式有二：

(1)由賣方自己向保險人投保陸上運送險，保險效力至貨物裝上船舶為止，如此自然包括裝船前風險在內。

(2)要求買方在其購買保險時，加保「裝船前賣方受益險」，本保險條款範例如下❹：

Special Clause for Benefit of Insurance to Shipper

It is specially understood and agreed that this insurance is to grant the shipper the benefit of this insurance to the extent of his insurable interest on the terms and conditions of this policy, should the goods and documents of title not be accepted by the assured, providing notice is given promptly after receipt of advice of nonacceptance and subject to payment of a premium in the same currency as that designated herein by the shipper to this company prior to the insurance of the policy mentioned below.

Pursuant to this, this company agree to issue to the shipper,

Messrs.

A substituted policy in exchange for the above-mentioned policy as soon after non-acceptance has been established as final, whether before or after loss.

In the event of any delay or deviation caused by the failure of the consignee to take up the goods or documents, held covered at an additional premium to be arranged, which provision will be deemed to override any condition expressed to the contrary.

---

❹　濱谷源藏 (1964)。《貿易賣買研究》，頁 288–289。東京：同文館。

㈥目的港的約定

　　FOB 後面的港口名稱就是裝船港名稱，通常都會標明，至於目的港則往往闕如。但是，如賣方在國外各地設有獨家代理商或獨家經銷商時，為避免其他人侵犯該等代理商或經銷商的權益，以 FOB 交易時，應同時明示目的港名稱及輸入國名稱。換言之，向其他人報價時，不得以已設有獨家代理商或獨家經銷商所屬國家港口為目的港。此外，也不得以政府限制或禁止輸往的國家港口為目的港。

第二節 ▶▶▶
解　說

🌸 一、一般義務

㈠賣　方

　　賣方應提供與契約本旨符合的貨物，若：

1.買賣雙方當事人於契約中有特別約定

　　買賣雙方當事人的契約常有特別約定，例如買賣原油規定品質應符合 "Crude oil with no paraffin"（原油不得含有石蠟），目的是用來煉成潤滑油。當然使用各協會製作的規則 (Rule) 或標準版本對貨物的品質也會有所規範，例如美國的 American Peanuts Shellers Association 2004 年版的 *Farmers Stock Trading Rule* 就對花生定有等級標準 (Grade standard)，賣方即應依該標準提供。

　　我國《民法》規定「物」的賣方，應負「物」的瑕疵擔保責任，擔保貨物具有通常價值或通常效用的責任。

　　但大宗物資買賣使用的協會契約格式如 GAFTA 版本，該標準格式會準據英國法，則貨物是否符合契約要求，就應留意英國《貨物買賣法》底下的三種默示責任：

　　⑴以貨物描述進行買賣，則貨物必須符合契約的描述 (Correspond with

description)；若以樣品進行買賣，則貨物必須與樣品符合。

⑵貨物必須適合商業銷售品質 (Merchantable quality)，1994 年的立法已改稱為具有滿意的品質 (Satisfactory quality)。

⑶貨物必須適合買方的特別用途 (Fitness for particular purpose)。

2.賣方提供與契約本旨不符的貨物

若賣方提供與契約本旨不符的貨物，則可能有以下的效果：

⑴船公司拒裝。

⑵船公司在提單上註明不潔字樣。

⑶在航行中發生風險（例如精銅礦含水分過高）。

⑷買方在裝船前可拒裝，貨到目的港也可拒領。

3.契約得要求的單據

買方為了確保貨物與契約本旨相符，常使用的方法為：

⑴要求賣方出具品質符合證明 (Certificate of quality)。

⑵買方代表人員檢驗合格出具品質符合證明 (Certificate of quality)。

⑶由協力廠商或公證公司甚至是政府檢驗單位出具品質符合證明 (Certificate of quality)。

如前所述，若契約有特約由公證公司檢驗，該檢驗費用由賣方負擔。

㈡買　方

買方有依契約約定支付價金的義務。支付價金，賣方講求的是最安全妥當的付款方式，買方考慮的則是能夠安全受領符合契約約定的貨物才付款的方式。

雙方若是第一次交易可能會為付款方式談判一陣子，以 FOB 為貿易條件使用的付款方式常見的有：

1.定金×% T/T in advance，×% 於見 Shipping document copy（提單影本）後付款

2.定金×%，×% L/C 付款

3. 100% L/C payment

二、交　貨

㈠ A2 之規定

賣方應把貨在約定時間放置於買方指定裝船港口之裝船地點之指定船舶上，或者購買已如此交付之貨物代替交貨。

1.交貨時間

⑴雙方合意約定之期日。

⑵買方依 B10 通知了賣方，在約定期間內其選擇了出貨之特定期日。

⑶如果買方未依 B10 通知其選擇之特定交貨期日 ，則為該約定期間之末日。

2.交貨地點

如果買方未指示交貨之特定地點，賣方有權選擇在裝運港內，最適合契約目的之裝船地點。

3.通知船舶名稱

至於是否應通知賣方船舶名稱 (The carrying vessel)，A2 並未做出規定，但 B10 則規定應通知船舶名稱 (The vessel name)。

4.依港口習慣方式交貨

㈡買方指定船舶

1.買方指定的船舶要合適

買方指定的船舶在裝船港不能被列入黑名單禁止進港裝貨，而船型大小、長度、吃水深淺等都必須考慮，此外還必須考量積載因素（一般總噸位達 2 萬噸的散裝船，考慮到包裝與堆疊等因素後，並不見得可以裝下 2 萬噸的棉花）。

2.替代船舶的問題

除非契約約定買方於通知賣方指定船舶之名稱後，該指定船舶即不能變更，或須經賣方同意後始得變更，否則買方於發生一定事故時，得變更指定的船舶，這種情形，特別是在傭船契約情況下更有其必要。

案例摘要

Agricultores Federados Argentinos Sociedad Cooperativa v. Ampro S.A.
Commerciale〔1965〕2 Lloyd's Rep.157

　　買賣雙方訂定一紙玉米買賣契約，約定裝船日期為 9 月 29 日。買方於 9 月 19 日通知已指定 "Oswestry Grange" 輪前往裝運，該船預計於 9 月 26 日抵達裝運港。但因受氣候影響，該船於 9 月 30 日方能到港。為避免違約，買方於 9 月 29 日「緊急通知」賣方已另找替代船舶 "Austral" 輪，且該船舶在當天已抵達裝運港，賣方可立即裝貨。然賣方拒絕替代船舶，雙方發生訴訟。

法院判決解說

　　Widgery 法官認為本契約並未明確規定指定船舶的意義究何所指，從而本案雙方的權利義務應受 FOB 契約的一般法律來規範。

※ FOB 的一般法律，僅僅要求買方應於規定時間提供適宜裝運的船舶，且如果出於禮貌或方便，買方通知擬指定船舶 A 後，應可在稍後階段變更指定提供船舶 B，當然船舶 B 應於契約規定期限內抵達裝運港履行買方的義務。

3.若委由賣方找船得限定船公司

　　Shipment to be effected by EVERGREEN/PIL/or APL lines. B/L must evidence the same（應裝運於上述三家船公司的任意一家裝運，提單亦應如此註明）。

㈢賣方在指定裝船港的指定裝貨地點裝貨 (Loading point)

1.指定裝船港的方式

　　⑴指定的裝船港有時是一個廣泛的地區，例如 FOB Taiwan port 或者是 FOB main European port，如此指定的理由可能是：

　　　　①方便賣方選擇靠近生產地的港口出貨，例如臺商工廠設在中國大陸深圳，若買方指定上海港會增加前階段由深圳運到上海港的費用。

　　　　② FOB Taiwan port，工廠若在臺中，不見得每班船會掛靠臺中港，因此選擇廣泛的臺灣國際商港當裝船港。

　③大宗物資買賣例如石油，由於產地不一，遂以靠近主要產地的港口為
　　裝船港，到時再選擇究由何處出貨、何個港口當裝貨港。

⑵裝船港有時是一個確定港口。若已指定確定港口，除非契約另有規定外，
　並不得變更。

⑶裝船港有時是多個港口，如 FOB ARA (Armsterdam/Rotterdam/Antwerp)
　port。

2.指定裝船港的選擇權

　　如果裝船港是上述 1. 的⑴與⑶的情形，會發生究竟是由誰指定哪個港口裝
貨的選擇權問題。若選擇權在買方 (At buyer's option)，B10 規定買方應將裝載
港與船舶名稱通知賣方；若選擇權在賣方 (At seller's option)，賣方也應將裝載
港與船舶名稱通知買方。

案例摘要

David T. Boyd & Co. Ltd. v. Louis Louca〔1973〕1 Lloyd's Rep.209

　　買賣契約的貿易條件約定為 FOB，賣方負責積載，裝運港為良好的丹麥
港口 (FOB stowed good Danish port)，然契約未進一步約定誰有權選擇特定裝
運的丹麥港口，雙方為此發生訴訟。

法院判決解說

　　Kerrz 法官認為，契約的裝船港規定為："FOB stowed good Danish port"，
如果選擇權在賣方，買方傭船有困難（如果地區太廣泛），定期船訂艙位更困
難，因此除契約另有規定外，裝船港的選擇與指定權在買方 (In a FOB contract,
there is a range of port then if nothing else is agreed and where there is no custom
of trade and no surrounding circumstances from which a contrary intention can be
inferred, the port is at buyer's option)。

解析

　　從臺灣實務而言，若無特別約定，定期船若用 FOB Taiwan port，選擇權

通常在賣方。但若臺商在中國大陸有數個工廠，則宜選用 FOB China port at seller's option，因為若寫 FOB Qingdao，有時並不一定在青島工廠出貨，但若不寫 At seller's option，萬一買方也有貨要在上海裝運，選擇由上海港出貨時，則賣方必須把貨從內陸託運到上海，可要花一筆費用。

3.指定裝貨地點

交貨地點應該與泊位有關，在傭船契約賣方常要求買方指派的船應適合賣方裝貨，因此於契約會約定："Vessel to be loaded at berth suitable to sellers" 或 "Vessel to load at berth indicated by the buyer"。但若是定期船應無指定泊位必要，因為船公司大部分都有自己專屬的碼頭與泊位。

㈣賣方在約定的期日與期間內裝貨

大宗物資的買賣，因會涉及船舶延滯費的問題，所以常約定賣方裝貨率每天是多少，例如每天裝 2 千噸，星期天或下雨天不算，若有如此約定賣方應在約定期間內裝貨完畢。

但有時契約並未約定裝貨期間，或是僅規定按港口習慣快速裝運 (Customary Quick Dispatch, CQD)，此或許是因為貨物的種類與各個港口的設施會有不同的裝貨節奏所致，這時也只好以是否屬於合理時間來論斷是否符合裝船期間了。

㈤依港口的習慣方式交貨 (In the manner customary of the port)

何謂依港口的習慣方式交貨？由於貨物的性質、船舶的種類與形態和港口的結構設施皆各有差異，因此會產生當地習慣的交貨方式，例如有的港口認為當以交貨為目的，則將貨物放置在船舶釣鉤之下 (Under ship's tackle) 就屬於裝到船上❺。

至於貨物在港口如何裝上船舶？對此買賣雙方與船公司三者之間會相互影響，就以汽車為例，如果是以貨櫃裝運，則在貨櫃碼頭是用天車吊上船舶。如

---

❺　請參閱 Incoterms® Rules Q&A 第 11 題有關的說明。

果以專門的汽車船 (Pure Car Carrier, PCC) 載貨，在專用碼頭，有一個在船尾是專門用來裝卸車輛的跳板 (Ramp)，與碼頭連接。而甲板與甲板之間的連接跳板 (Inter-deck ramp)，也可將車輛開至指定位置進行繫固。因此汽車的 On board the vessel，不再是吊上吊下型 (Lift on/Lift off) 的。

Incoterms® 2010 以前，實務上有關汽車開上汽車船的風險負擔是以汽車後輪的車軸通過跳板的時點當作移轉標準；而 Incoterms® 2010 之後的交貨時點，究竟是整車開上船舶就完成交貨或是開上船舶各層甲板的指定位置才算交貨，則是依港口習慣作決定。

但 Incoterms® Rules Q&A 第 17 題說明，當貨物被平穩的放置於船舶上之時起 (Be delivered on board the vessel when first at rest on deck) 才算交貨，既然是要 "At rest"，應該是開上船舶各層甲板的指定位置才算交貨。

至於油輪的交貨，以前的契約常規定為："The title to the oil delivered hereunder and risk of loss thereof shall pass to buyer when the oil passes the flange connection between the delivery hose and the vessel's cargo intake, provided, however, that any loss of or damage to the oil during loading that is caused by the fault of the vessel shall be for buyer's account"；Incoterms® 2010 FOB/CFR/CIF 等貿易條件是否仍以原油已注入船艙時為準，若契約未約定也應依碼頭方式作交貨的決定。2011 年版 TOTAL 公司新的標準契約格式則已經改為 On board the vessel。

(六)裝到船上的意義

Incoterms® 2010 FOB 已是使用 On board the vessel（放置於船舶上）當分界線，並修正了 Incoterms® 2000 的 A4 與 B6 和定義產生矛盾，因為當時的 A4 與 B6 是如此規定：

A4（將貨交到船舶上）：The seller must deliver the goods on the date or within the agreed period at the named port of shipment and in the manner customary at the port on board the vessel nominated by the buyer。

B6 （支付貨物裝過船舷前有關的一切費用）：The buyer must pay all costs

relating to the goods from the time they have passed the ship's rail at the named port of shipment。

若不考慮以港口習慣方式交貨，則 2010 年版已修正上述 A4 與 B6 造成彼此的矛盾，B6 並在引言強調貨物放置於船舶上，風險與費用同時移轉。

1. 貨物要完全（整）的裝到船上

散裝貨物的交貨經常引發爭議。

> 📖 **範 例**
>
> 200 捆鋼材已有 100 捆裝上船舶，但發生火災導致船沉了，而岸上還有 100 捆鋼材來不及裝船，這樣是否可認為 100 捆已經裝船了？
>
> 👤 **解 析**
>
> 由於 A4 只說明交貨乃是把貨物它們 (Them) 裝到船上而已，並未進一步說明部分裝船是否屬於交貨。若遇此種情況，首先需確認買賣雙方是否於契約約定，彼此同意或允許部分交貨，如果契約沒有規定，則 ICCCLP 進一步補充解釋❻，所謂的把貨物它們裝到船上，它們指的是所有的貨物而言，也就是貨物應全部裝到船上才算交貨完畢，風險也從此時方才移轉。

2. 貨物要完全且安全的裝到船上

除港口另有習慣方式外，當貨物被平穩的放置於船舶甲板上之時起才算交貨到船上，因此，如果在裝運或置放於甲板的過程有任何損壞，應屬未完成交貨，風險歸賣方負擔；如前所述，若放置在船舶釣鉤之下 (Under ship's tackle) 就屬於裝到船上，則裝運或置放的風險是歸買方負擔。

至於貨物應否安全的裝到船上？對於裝載重物如機器設備尤其重要，若放置到船上發生甩傷損害致機器不能使用，是否可算已交貨？ICCCLP 是有言及要把貨安全裝載到船上 (On board safely)❼，但這應是當然的解釋。

---

❻　請參閱 Incoterms® Rules Q&A 第 19 題有關的說明。

❼　請參閱 Incoterms® Rules Q&A 第 17 題有關的說明。

📂▶ 案例摘要

若已通知船名，則是否可因船未停碼頭而不交貨？

A 公司（賣方）與 B 公司（買方）訂定買賣契約，雙方約定買賣契約使用的貿易條件為 "FOB Mailiao or FOB Kaohsiung"（即於麥寮港或高雄港裝船），買方應於 8 月 31 日前安排船運取貨，買方即於 8 月 27 日通知賣方船名為○○輪，預計於 8 月 29 日抵達麥寮港或 8 月 31 日抵達高雄港，賣方得選擇便利港口交貨，即賣方可於 8 月 29 日在麥寮港裝貨，如無法在麥寮港裝貨，可改於 8 月 31 日在高雄港裝貨。因賣方 8 月 29 日未於麥寮港交貨，是該船於 30 日即起程前往高雄港口，8 月 30 日係下錨於高雄港外港錨地，僅係等待通知即可辦理入港手續，而由錨地進入高雄港碼頭所需時間約略為 1 小時，買方聲稱依船務運作實務，系爭船舶既已到達錨地下錨，即應認為已到港，何以船舶未辦理進港手續？係因等待賣方確認是否已經在港口的儲存槽準備貨物載裝，然因賣方稱沒有貨，故未辦理進港手續。

🏛 法院判決解說

法官認為本案的爭議點在於是因船舶未到港致買方受領遲延或賣方未備料以致船舶無法進港？

(1)法官認為系爭船舶確於 8 月 30 日到達高雄港外海錨地，應認為已到港。

(2)法官進一步說明契約係約定以 "FOB Mailiao or FOB Kaohsiung" 為給付模式，並非賣方所稱之向物所在地取貨之往取債務❽類型，亦即賣方應將系爭貨物備妥並運至港口儲存槽或港口碼頭邊以為給付的提出方生提出給付的效力，故本案不論系爭船舶是否抵達高雄港，賣方依契約即有提出給付的義務，不得以船舶未到港而為拒絕提出給付的理由。

---

❽　指買方應安排運送工具於約定時間或期間內前往約定交貨地點提取貨物。

三、風險的移轉

一般對風險的定義乃指並非由於雙方當事人的行為或疏忽，因任何事件對貨物所造成的滅失或毀損 (Any accidental loss or damage to the goods, caused by neither an act nor an omission of any of the parties)。Incoterms 對風險負擔與所有權移轉係採分開處理原則，因所有權移轉比較複雜，因此 Incoterms 也不加以處理，並且把交貨當作確定風險移轉的標準。

至於風險移轉的標準，論者一直在船舷與裝載於船上之間爭論不停。

㈠ Incoterms® 2010 以前：採用船舷當分界線

Incoterms® 2010 以前一直是採用船舷當分界線，理由無非是把船舷當作想像中的國界。Devlin 法官在 Pyrene Co. Ltd. v. Scindia Navigation Co. Ltd. 一案中說到:「只有最熱心的律師才會滿意地注視著貨物在吊桿的尾端搖搖晃晃地越過船舷正上方的概念化的垂直線時，那種難以確定責任的移轉場面」(Only the most enthusiastic lawyer could watch with satisfaction the spectacle of liabilities shifting uneasily as the cargo sways at the end of a derrick across a notional perpendicular projecting from the ship's rail)。

Clive M. Schmitthoff 認為❾：若以船舷當風險負擔分界線，完全不管是否已把貨物安全的置放於船舶上（或艙內），可說是置貨物的裝貨作業於不顧，顯然的，這是買賣契約與運送契約分別以不同觀點對裝運作看待的結果。此外，Schmitthoff 尚認為兩種契約應對裝運作相同看待，因此賣方應安全的把貨放置在船舶甲板上（或艙內），才算裝運完畢，此時風險才移轉。

㈡ Incoterms® 2010：採用 On board the vessel

Incoterms® 2010 起草小組共同副主席 Charles 認為，On board the vessel 是一個比較簡單的規則，並且引述前面提及的 Pyrene Co. Ltd. v. Scindia Navigation Co. Ltd. 案例，也對船舷當風險負擔分界線有意見，何況該案是依《海牙規則》所提起貨物索賠的海商案件 (It was a maritime case relating to the applicability to

---

❾　Murray et al. *Schmitthoff's export trade*, para 2-013.

a cargo claim of the *Hague Rules*)。再說，經過仔細討論，船舷顯難逃離理則學的爭辯，因為 FOB 是 Free on board，而不是 Free on rail，這似乎是改採 On board the vessel 的理由 ❿。

㈢風險移轉

1. 買方自賣方依 A2 交貨時起負擔風險

2. 買方未依 B10 發出指定船舶的通知

3. 買方指定的船舶未按時抵達，讓賣方完成 A2 交貨義務，風險提早移轉

4. 買方指定的船舶不能承載貨物，風險提早移轉

5. 結關時間早於通知時間，風險提早移轉

至於有 2–5 情形，風險何時移轉？若貨物已特定化，則自約定期日起；若無約定期日，則自賣方於約定期間內依 A10 所為通知之日起；若無此通知日則自交貨約定期間屆滿起，由買方負擔。

㈣變形條件的風險何時完成？

通常認為 FOB、CFR 和 CIF 的本質為「貨物風險移轉的時點是以 On board the vessel 為準」，因此如果契約是屬於 "No arrival, no sale"（貨未到買賣契約就不成立）的類型，就改變了這三個貿易條件以 On board the vessel 當作風險移轉的本質結構，變成目的地（目的地契約）。

那麼，若是分別在 FOB、CFR 和 CIF 後面附加「積載、繫固、平倉」(Stowed、Secured、Trimmed) 等變形條件，賣方應負擔把貨物安全的積載、繫固和平倉的義務和費用，則此種變形條件風險是貨物裝載於船上就移轉嗎？還是賣方完成這些義務後方才移轉？

ICCCLP 的補充解釋認為似乎應隨之而推延風險移轉 (Would likewise be delayed) 的時間，言下之意乃賣方應完成這些義務後風險方才移轉 ⓫。但這三個變形條件應是用來對費用的分配做規定，除非契約對風險移轉另有特別約定，否則風險的移轉仍應以 On board the vessel 為準。

---

❿　University of Southamapton (2011), "Professor Debattista on Incoterms 2010."

⓫　請參閱 Incoterms® Rules Q&A 第 18 題有關的說明。

🍀 四、運　送

㈠運送契約

1.原　則

賣方並無訂立運送契約的義務。

但應循買方之請求，並由買方負擔風險與費用，提供賣方所持有，為了安排運送所需之任何資訊，包括與運送安全有關之資訊在內。

2.例　外

如果買方有所請求，且賣方表示同意，賣方應以買方之風險與費用，以通常條件訂定運送條件。這是一般所稱之額外服務契約 (Additional service contract)。

⑴若貨物屬於小宗貨物，實務上買方常請求賣方協助訂定運送契約。

⑵ 2010 年版有商業實務作法得由賣方訂定運送契約且買方並未於適當時間作出相反指示者，得以買方的風險與費用，依通常的運送條件，由賣方訂定運送契約，而這次之 2020 年版則已經廢除此項約定。

㈡代訂運送契約

以 FOB 交易時，賣方並無訂立運送契約的義務，而且在整船裝運散裝貨時，也不會要求賣方訂立運送契約。但在定期輪運送，其運費通常都依定期輪同盟 (Liner conferences) 所定標準計算運費，因此，無論由買方或賣方洽訂運送契約沒有差別時，由賣方或其 Forwarder 在裝船港代訂運送契約往往更為簡便。所以，在雜貨 (General cargo) 買賣時，買方常要求，或依商業習慣，由賣方代訂運送契約。在此情形，賣方是以提供額外服務的立場代訂運送契約，其有關風險與費用歸買方承擔。

代訂運送契約的情形有：

1.買方有所請求

賣方本於額外服務契約以買方代理人名義幫買方訂立運送契約。

2.商業實務作法

由賣方依商業實務作法訂定運送契約，為 Incoterms® 2010 所新增。請參閱

FCA 一章有關的說明。

3.賣方若不願意代訂運送契約的處理方式

對於買方的請求或商業實務作法，若賣方未於適當時間作出反對表示，就應以通常條件以買方的風險與費用訂定運送契約；反之，賣方若不願意應迅即通知買方。

五、保　險

買賣雙方均無對他方訂定保險契約的義務。但買方若覺得有訂定必要，得向賣方請求，由買方負擔風險與費用，提供買方所持有之買方購買保險所需的資訊。通常賣方於履行 A10 交貨通知義務時，可同時給予買方有關購買保險所需資訊。

範　例

FOB 契約買方要求於提單作成 Freight prepaid，此時運費應如何處理？

解　析

有時買方基於三角貿易等原因，用 FOB 買進再用 CFR 賣出，因此 B/L 要求作成運費已付。賣方應分別從運費與 L/C 和商業發票三方面加以考量：

(1)運費付清與否？

①若運費尚未付清，有時買方透過進口國當地的船公司指示在出口國該地的分公司提單應標示為運費已付。因運費是由買方負擔，船公司願意如此標示運費已付，那是買方與船公司間的運送契約法律關係。

②買方另於 L/C 之外用 T/T 把運費電匯給賣方，要求提單應標示運費已付清。運費既已收妥，自無不可以代理人身分與船公司訂定運送契約，並付訖運費。

但如果運費尚未由買方付清，若委由賣方訂定運送契約並要求標示運費已付，則需考慮買方的財務狀況，決定是否代墊運費。

⑵ L/C 應如何處理？

若 L/C 規定 "Full set clean on board bill of lading made to the order of ×××× Co., Ltd. and notify AAA"，並要求提供的 B/L 應標明 "Freight collect" 或 "Freight payable at destination"，賣方應要求買方修改 L/C 條款，運費標示更改標明為 "Freight prepaid"，避免提單因標示不符而遭受拒付。

⑶ Invoice 應如何繕製？

可於發票上繕製 Unit price FOB，然後在發票總值加上 Add sea freight to... : USD ××××。

六、交貨／運送單據

賣方應以自己之費用，提供與買方以依 A2 交貨之通常證明。

但如果買方要求取得的是運送單據，則賣方應循其要求並由其負擔風險與費用，給予買方一切協助以取得有關之運送單據。買方應接受賣方依 A6 提供之交貨單據。茲加以說明。

㈠交貨單據的種類

1.交貨的通常證明 (Proof of delivery)

FOB 賣方應提供何種單據方才符合 Incoterms 的規定？應是提供已依 A2 交貨的通常證明 (Usual proof)，通常應該是大副收據 (Mate receipt)。1919 年美國貿易定義之 FOB vessel 條件中有說明，提供碼頭收據 (Dock receipt) 或者船舶收據 (Ship's receipt) 是賣方的義務，1941 年變更為提供清潔船舶單據 (Clean ship's receipt) 或清潔提單，若是清潔提單，則是屬於運送單據之層次。

2.運送單據 (Transport document)

賣方把貨物交由運送人運送，通常會依當事人的請求給予運送單據，該運送單據具有運送契約與運送人業已收受運送貨物的證明。

3.大副收據 (M/R) 或是承攬運送人收據 (FCR)，常被認為是一般交貨的通常證明

　　若貿易條件為 FOB，其付款方式為 L/C，要求交貨的單據為 FCR，則開狀銀行是否得以「FOB 屬於海運條件，而開狀申請人要求提供的單據是 FCR，與 FOB 屬海運性質應表示裝載於船上的精神不符」為由要求改用提單？

　　實務上，用 FCR 應無不可，因為若買方指定貨物運送代理人，不論是 M/R 或 FCR，只要具備交貨的初步證據似乎是可接受的。

　　Incoterms 1980 對運送單據已改用通常運送單據的名稱，亦即已不再堅持 FOB 應使用具有物權性質 (Document of title) 的提單，可以使用運送單據或交貨的通常證明，使用何種單據由買賣雙方自行決定。FCR 只是表明承攬運送人已收受貨物，即將把貨物裝載到船上，是屬於交貨的通常證明，那是買賣雙方依 Incoterms 所作的約定。L/C 若約定應提供 FCR，雖使用 FCR 對銀行或許較無保障，但對該買賣契約所約定的單據開狀銀行理應不加以置喙，要求改用提單，才准開狀。

㈡以買方為託運人的交貨單據

　　FOB 固是由買方訂艙與負擔運費，因此提單等交貨單據得要求作成託運人為買方，買方仍應在 B/L 上背書，之後交給賣方，受貨人為 To order，或者 To order of shipper。

📁 案例摘要

　　買方開出的 L/C 規定，在 FOB 下，要求受益人提交的提單應作成以開狀申請人為託運人 (Shipper)。賣方雖然發現此有「貨款兩空」的風險，但認為與運送人訂立運送契約的是買方，買方作為託運人也順理成章。再說，為此修改 L/C 會延誤裝船期限，也就照辦了事。但後來因押匯單據有瑕疵而被退回。

　　買方此時就對正處在運送途中的貨物，本於提單託運人的名義指示運送人將貨物交給其指定的受貨人。賣方雖控制著提單，但貨物卻已被買方指定的受貨人提走，賣方遂以運送人無單放貨提出告訴。

🏛 **法院判決解說**

法院以無權起訴為由予以駁回。

1. 提單 (B/L) 記載買方為託運人的作法，除非買方為跨國公司或是買方已 100% T/T in advance，否則賣方為避免付款風險，宜將自己記載為 B/L 上的託運人，但此舉也會有風險，萬一買方拒付，船公司無法從買方收到運費時 (尤其所運送的貨物拍賣不值錢或已腐爛)，船公司可能會向 B/L 的託運人追繳運費。

2. 本案法院從程序駁回訴訟。但實務上，依我國《民法》第 642 條規定：「……託運人對於運送人，如已填發提單者，其持有人對於運送人，得請求中止運送、返還運送物，或為其他處置。」依前述規定，實務上託運人若欲行使變更指示權則應提示 B/L，船公司方能變更。本案由於 B/L 仍在賣方手上，因此船公司把貨交給買方指定的受貨人的舉動是違法的。

(三)以賣方為託運人的交貨單據

　　《漢堡規則》第 1 條第 3 款規定：「託運人，是指由其本人或以其名義或代其與運送人訂立海上貨物運送契約的任何人，或是由其本人或以其名義或代其將海上貨物運送契約所載貨物實際提交運送人的任何人。」這指出了託運人有兩種，一種是與運送人簽訂海上運送契約的人；另一種是將貨物交給與海上貨物運送有關的運送人的人❷。FOB 的買方或賣方均符合作為託運人的條件，但還是以賣方作為託運人保留對貨物的處置權以保護權益，較為妥當。

🌺 七、輸出入通關

(一)賣方辦理輸出通關

　　在可適用情況下，賣方應履行及支付所有輸出國所要求之任何輸出通關手

---

❷　《鹿特丹規則》則分為託運人與單據託運人。

續，例如：

    1.輸出許可證。

    2.輸出之安全通關資料。

    3.裝運前強制性檢驗。

    4.其他官方強制批准書等。

㈡賣方協助辦理輸入通關

在可適用情況下，賣方應循買方之要求，以買方風險與費用，取得為辦理過境第三國或輸入國之過境或輸入通關手續，所需之任何單據與資訊，這些還包括過境與輸入國家所需之安全資訊以及強制性檢驗資訊。

㈢買方協助賣方辦理輸出通關

在可適用情況下，買方應循賣方之請求，以賣方風險與費用，取得為辦理輸出通關手續，所需之任何單據與資訊，這些還包括輸出國所需之安全資訊以及強制性檢驗資訊。

㈣買方辦理輸入通關

在可適用狀況下，買方應辦理及支付輸入國及過境第三國所要求之任何過境與輸入通關手續，例如：

    1.輸入及過境第三國之許可證。

    2.輸入及過境第三國之安全通關資料。

    3.裝運前強制性檢驗。

    4.其他官方強制批准書等。

㈤補充說明

1.賣方自負風險與費用取得輸出許可證或相關官方批准書

  ⑴進出口貿易管理採正面表列和負面表列的國家

進出口貿易管理採正面表列的國家，輸出入貨物原則上均須申領輸出入許可證；而採負面表列的國家，原則上不必申領輸出入許可證，只有當貨物被列為管制或有條件准許輸出入之貨品時，方要辦理輸出入許可證。上述這些申辦手續，Incoterms 因顧及請領的方便性與某些國家限由當地國民或公司申辦，因此應由賣方負擔風險與費用。

但有問題的是於買賣契約締結時，不須申領輸出許可證，待出口時方被列為應申領的項目，風險似乎乃由賣方負擔，但若已盡合理勤勉還是無法獲得，則似乎屬不可抗力，因此有人會於契約加註：Subject to export licence。

然而，若訂約時已知應申領輸出許可證，但縱盡合理努力還是無法取得，則風險應由賣方負擔。

(2)相關出口批准書

輸出許可證以外的出口批准書大致可分為兩種：

①外國引 WTO 的〈逃避條款〉對出口產品的設限，須有出口配額，或是依我國《戰略性高科技貨品輸出入管理辦法》被公布為列管清單的產品須取得特殊的出口許可。

②其他須取得國貿局以外行政機關核發的批准書。

(3) FOB 的買方指定 Forwarder 辦理出口通關的風險

在正常情況下，是由賣方辦理取得相關出口單據與辦理通關手續的義務，但有時買方基於運送的安排，會指定進口地的 Forwarder（再委任臺灣的報關行）、跨國的物流公司或買方在出口國熟悉的 Forwarder 來處理這些手續。若契約有如此約定，或賣方對買方的指定並未反對，那就表示賣方放棄了報關權，由買方指定的 Forwarder 報關，可是報關費用還是要由賣方負擔。但對賣方而言，由買方指定 Forwarder 可能有下列風險：

① Forwarder 的收費較賣方自己配合的報關行略高。

② Forwarder 有可能將提單直接交與買方。若 Forwarder 是以買方名義訂艙，並直接把提單寄給買方，或用賣方名義訂艙，但受貨人寫的是 To order of buyer，則賣方在買方未履行付款前，可能喪失利用提單控制貨物所有權的權利。

對此，有人建議應請指定的 Forwarder 出具保函，明白表示不會把提單交給買方，受貨人欄寫 To order 或 To order of shipper。但實務上，一般的 Forwarder 不會出具這種保函。

⑷出口稅與 VAT

　某些國家本於出口資源的有效利用，曾對原木或鋼鐵等出口課徵出口稅與 VAT 或是其他規費，這些須由賣方負擔。但有些國家也實施出口退營業稅或 VAT 制度，退稅則應歸賣方享受。

2.買方自負風險與費用取得輸入許可證或相關官方批准書

　買方偶爾也會遇到進口法令變更致無法取得進口許可，因此產生的風險與費用由買方負擔。

八、檢查／包裝／標示

㈠檢　查

　賣方應負擔交貨前的檢查品質、丈量過磅計數的費用。

㈡出口包裝與標示

1.易碎品

　一般而言，產品若是易碎品可先用紙箱，再用木箱包裝（有煙燻問題），並貼上易碎的標籤。

2.嘜頭要標示進口商的電話

> SHIPPING MARKS—ABC TEL NO. 02-27016855 JEDDAH, SAUDI ARABIA, INVOICE, B/L AND P. LIST MUST EVIDENCE THE SAME.
>
> 　嘜頭標誌為 ABC，並顯示電話號碼為 02-27016855（沙烏地吉達），且提單和包裝單需有同樣的表示。

3.紙箱要印進口商的 Logo

> THE OPENER'S LOGO IN LARGE SIZE TO BE PRINTED ON ONE SIDE OF THE MASTER CARTON 30×30 CM. INVOICE AND P. LIST MUST EVIDENCE THE SAME.
>
> 　進口商的大號標識（尺寸為 30 × 30 cm）需要在主外箱上印出來，且發票和包裝單需有同樣的表述。

4.紙箱標明產品號碼

> THE OPENER'S ITEM NO. AND PACKING, STRICTLY SHOULD BE PRINTED ON EVERY MASTER CARTON. INVOICE AND P. LIST MUST EVIDENCE THE SAME.
>
> 進口商的產品號碼與包裝規格需要在主外箱上印出來，且發票和包裝單需有同樣的表述。

九、費用的劃分

㈠賣方應負擔費用

1. 直至依 A2 交貨為止之費用，除買方應依 B9 負擔者除外。

2. 為證明貨物已經交貨，依 A6 提供給買方之通常證明費用。

3. 在可適用之情況下，為輸出通關所支付之關稅及其他費用。

4. 支付買方為協助取得輸出通關有關之單據及資訊之費用。

㈡買方應負擔之費用

1. 自賣方依 A2 交貨時起發生之所有費用，但應由賣方依 A9 負擔者除外。

2. 賣方為協助買方依 A4、A5、A6、A7b 規定，取得相關資料及資訊的所有費用。

3. 在可適用之狀況，支付輸入通關及過境第三國之關稅等稅費。

4. 因下列兩項原因所額外增加之費用：

   ⑴買方未能依 B10 規定做出相關之通知。

   ⑵買方依 B10 指定之船舶，未能準時到達，未能承載貨物，貨物結關日期早於買方依 B10 通知之日期。

表 12-2　FOB 買賣雙方負擔費用的劃分

賣方負擔費用	買方負擔費用
直至依 A2 交貨為止之費用，除買方應依 B9 負擔者除外	自賣方依 A2 交貨時起發生之所有費用，但應由賣方依 A9 負擔者除外
為證明貨物已經交貨，依 A6 提供給買方之通常證明費用	－
在可適用之情況下，為輸出通關所支付之關稅及其他費用	在可適用之狀況，支付輸入通關及過境第三國之關稅等稅費

支付買方為協助取得輸出通關有關之單據及資訊之費用	賣方為協助買方依 A4、A5、A6、A7b 規定，取得相關資料及資訊的所有費用
－	因下列兩項原因所額外增加之費用 ⑴買方未能依 B10 規定做出相關之通知 ⑵買方依 B10 指定之船舶，未能準時到達，未能承載貨物，貨物結關日期早於買方依 B10 通知之日期

十、通　知

　　誠如 Sassoon 所說，國際買賣的順利進行必須雙方緊密合作，尤其在 FOB 下更顯得雙方密切聯繫的重要，因為賣方應提供符合契約的貨物，而買方則應提供船舶，尤其是買方選擇的交貨期間應給予賣方充分的通知，讓賣方能依契約約定的速度，裝運契約約定的貨物數量，並在裝運期滿前完成交貨 ❸。

㈠賣　方

　　賣方應給予買方充分之通知，貨物已依 A2 規定完成交貨，以及買方指定之運送人或其他指定之人未能於合意時間內接受貨物。茲說明之：

1.貨物已依 A2 置放於船舶上供買方處置 (A10)

　　因買方須負擔自賣方將貨物交給買方所指定的運送人或其他人處置時起，有關貨物的一切風險與費用，故賣方應負交貨通知義務，俾買方得適時辦理保險，及準備適時依 B2 接受貨物。通知之方式宜以電傳方式（諸如 Fax 與 E-mail 等方式）迅速為之，也可以透過發裝船通知 (Shipping advice) 的方式來通知買方。

2.船舶未能在約定時間接管貨物

　　因為船舶係由買方指定，買方與船東間彼此聯絡若發生差錯，致未能接管貨物，當然由買方負責，但賣方亦須充分通知買方。

3.賣方通知之分析

　　由於賣方已裝貨的通知與風險負擔移轉的時點有關，Incoterms 雖未規定賣方未通知的法律效果，但依該契約準據法的規定，屬違反契約，應負損害賠償

---

❸　David M. Sassoon 著，郭國汀譯 (2001)。《CIF 和 FOB 合同》，頁 478。上海：復旦大學出版社。

責任。

　　另外 FOB 的買方可能需要投保運送保險，若賣方怠於通知或延遲通知致未適時投保，賣方也應負責。

　　至於何謂充分通知，原則應係已於何時及何處貨物已交到船上、船舶名稱與航班號碼、何時開航並預計何時抵達，以及已裝船貨物的相關資料等等，當然如果以 FOB Taiwan port 成交，且出口港由賣方選擇，也應通知買方裝船港。

　　那麼應用何種方式通知？A10 並未提及特別的方式或格式 (Particular form)，實務上以電子方式，如 E-mail，較為普遍。

㈡買　方

　　買方應給予賣方充分通知以下列事項：

　　1.與運送安全有關之需求。

　　2.船舶名稱。

　　3.裝船港口之裝貨地點。

　　4.在合意期間內選擇之交貨期日。

　　若買方不通知，則：

　　⑴風險的提早移轉。

　　⑵所增加的額外費用由買方負擔。

📖 範　例

　　某中國大陸公司出貨到墨西哥，因為需透過船貨清單傳輸系統 (GAHSS) 做進口安全資料申報，在海關結關前（報關行要求 3–4 天前）出口商就把提單資料中有關實際的託運人、收貨人、貨物名稱件數、重量和封條號碼給了報關行，而結關可能是船舶開航前 1–2 天。因海關查驗致需換掉貨櫃的封存號碼，且申報資料必須要改，則請問此項費用由誰負擔？

👤 解　析

　　一般應該是通關後才能確認提單，因為有時候海關查櫃會換掉封條號碼，這時提單與 AMS 申報的封號都要更換，而 AMS 規定更改費約是 USD20❹，應是由買方負擔，但實務上可能是由賣方負擔。

十一、FOB airport

FOB airport (named airport of departure)，簡稱為 FOA，是 Incoterms 1980 新增加的貿易條件，當初有關航空運送中 FOB 的貿易規則是經過審慎地草擬，以反映經常見到的在貿易上的習慣作法。必須注意的是，FOB 的確切涵義是裝運港船上的交貨，若聯繫到航空運送，就不能從字面上去解釋，而 FOB 之後加列的地點（即起運機場），即標明賣方責任終止的場所。

賣方應將貨物置於買方指定的空運承運人（買方的代理人或買方的其他指定人）的支配下。如買方未指定，則將貨物提交賣方選定的空運承運人或其代理人。在雙方同意的交貨日期或期限內，在指定的起運機場，賣方按該航空站慣常辦法履行交貨，或於買方在合同上指定的其他地點履行交貨。賣方承擔貨物的風險直至完成交貨為止。

嗣 Incoterms 1990 將 FOB airport 併入 FCA，並於 FCA A4 交貨中說明，若是航空運送，於貨物交付航空運送人或其代理人時即為完成交付，風險也自該時點移轉給買方；Incoterms 2000 不再於 A4 分別就不同的運送工具規定交貨的時點，但還是有人喜歡用 FOB airport。有人認為，FOA 的交貨與危險負擔應自把貨裝置於船舶機艙上（除非有特別約定，否則貨交機場人員收管即屬交貨且風險移轉），在採船舶欄杆為風險負擔分界線的時代（Incoterms 2000 以前），因飛機無船舷的概念，因此並不宜採納；Incoterms® 2010 海運改採 On board the vessel，若使用 FOA，除非有特別約定，否則還是貨交航空運送人抑代理人風險就移轉。

FOA 對 Incoterms® 2020 而言，似乎已是個變形條件，除非買賣契約註明

---

❹ AMS 一般實務上是加收 USD20。

FOA Incoterms 1980 方得依據 Incoterms 1980 的意義加以解釋。至於現在的 FOA，除於契約有特別規定外，似乎無法從 FOB 是裝運港船上交貨的確切涵義，聯繫到航空運送也應從字面上去解釋，而 FOB 後面的 "Airport"（即起運機場）卻是標明賣方責任終止的場所。因此，還是用貨物交付航空運送人抑代理人時即為完成交付較妥適。

習 題

一、選擇題

（　）1. FOB 下，裝貨 (Delivery) 是指貨物　(1) On board the vessel　(2) On board the vessel safely　(3) On board the vessel completely　(4) Across the ship's rail。

（　）2. FOB 下，某些國家實施的出口退稅 (VAT) 是歸誰享有？　(1)賣方　(2)買方　(3)報關行　(4)運送人。

（　）3. FOB 下，出口到美國申報貨物安全資訊費用 (AMS) 依 Incoterms® 2020 規定應由誰負擔？　(1)賣方　(2)買方　(3)報關行　(4)運送人。

（　）4. FOB 下，貨物的積載、繫固、平倉費用應由誰負擔？　(1)賣方　(2)買方　(3)報關行　(4)運送人。

（　）5. FOB 下，若買方投保全險 From warehouse to warehouse，則請問買方自何時開始方有保險利益？　(1)賣方倉庫　(2)貨櫃離開 CY 的倉庫　(3)超過船舷　(4)裝載船舶上。

二、問答題

1. 請說明 FOB airport 的風險於何時移轉給買方？

2. 請說明 FOB 與 FCA 的區別。

3. 請說明運送單據與交貨通常證明的區別。

4. 請說明 Pyrene Co. Ltd. v. Scindia Navigation Co. Ltd. 一案中，Devlin 法官對 FOB 的看法。

5. 請說明 FOB 買賣雙方各應通知對方哪些主要的事項？

第一節 ▶▶▶ 概　說

Cost and Freight，簡稱 CFR（運費在內條件規則）。

🌸 一、前　言

1. CFR 也是流行在航海時代 Incoterms 1936 年就有了的貿易條件，在 1980 年以前是稱為 C&F，也有人使用 CNF (C AND F)，因為 C&F 之 "&" 不方便電腦輸入，因此 1980 年版改稱為 CFR。C 等於 Cost（費用）該當於 FOB，然後 FR 等於 Freight（運費）。本規則僅適用於海運及內陸水路運送。CFR 後面所加的為買方所指定目的地之港口。

2. 有些國家為獎勵國內保險公司，進口貨物須投保國內保險，或者跨國公司已與保險公司談妥整年進口貨物之統保契約，或者國內之保費低於出口國報價之保費，或是契約貨物價格低，因此未予投保，因此適用 CFR 條件。

3. 在貿易契約或訂單確認書，貿易條件之書寫方式，略為 CFR London PORT UK USD66,000 INCOTERMS® 2020。

🌸 二、使用者導引

㈠定　義

乃指賣方負責把貨交到船舶上，或購買已如此交貨的貨物。當貨物已裝到船上，風險與費用自該時起，移由買方負擔，賣方要訂定把貨物運送至目的港的運送契約並負擔運費與相關的費用。

(二)交貨及風險

當貨物交到船舶上風險與費用移由買方負擔，交貨時貨物要符合契約品質，至於到達時貨物是否依然處於良好狀況，賣方並不負擔此項風險。在本條件，買方為保護其利益，最好還是要購買水險。

(三)兩個關鍵港口

本條件有兩個關鍵港口，一個是在裝船之港口，當貨物在此裝上指定船舶上，風險移轉給買方。

另外一個是賣方訂定運送契約，負擔運費把貨物運送至合意目的地之港口。兩個港口之性質不一樣。

(四)裝船港口是否需要特定之問題

通常之買賣契約雙方會合意指定目的地之港口，例如 CFR New York port, USA，不會另行標明裝船之港口，雖然這個港口決定了風險在船舶上轉移之地點。但如果特別指定裝船港對買方有利益，例如買方想核算運費是否合理，則當事人應在契約中精確指定此裝船港口 ，例如 CFR New York port USA Shipment from Shanghai。

(五)精確指定卸貨港口之目的地地點

同樣的，目的地港之合意地點對賣方也很重要，這會影響到賣方訂定運送契約時應支付之運費多寡問題，但也可能影響到買方要到哪個港口領貨之問題，例如印度孟買有舊港、新港之分，涉及這兩個港口哪個會比較容易擁擠之問題，因此要訂明。

(六)數個運送人

海運或許會有數個運送人，例如從寧波港用子母船 (Feeder) 把貨運到上海港再運到美國紐約港口，風險是在寧波港或上海港之船舶上移轉？雙方應在契約上合意規定之，雙方若無合意，則當貨裝上第一個運送人之船舶時風險就移轉，這可能會早於買方預料之風險移轉地點，因此買方若想在稍後階段之地點，例如上海，才移轉風險，那就應於契約裡合意約定此地點。

(七)目的港卸貨費用

除契約另有規定目的港卸貨費用由誰負擔，否則賣方負擔之運費包括目的港之卸貨費用，則賣方並不得向買方要求償還此卸貨費用之款項。

三、適用範圍與相關問題

(一)適合海運或內陸水路運送

1.海　運

海運原則是從港到港 (From port to port)，因此是用海船 (Seagoing vessel)，也可以使用內陸水路運送的船隻，從裝船港把貨運到目的港。

港口有很多種，船也有很多種，因此要特別留意。

2.內陸水路運送

凡在與海洋相通的內陸河流運送，即稱為內陸水路運送。

例如亞馬遜河從與大西洋交會的河口向內河走有 3,700 公里的航道，海船可以直接到達秘魯的伊基托斯，小一點的船可以繼續航行 780 公里到達阿庫阿爾角，再小的船還可以繼續航行。

範　例

CFR Nhava Sheva ICD TKD (Tughlakabad) 因船公司於提單僅載明 Port of discharge: Nhava Sheva port，在貨物描述欄加註 "ICD TKD (Tughlakabad) Delhi"，船公司將貨卸下轉火車到 Delhi，遂向進口商（買方）收取以下費用（INR，印度盧比）：

(1) Nhava Sheva operational surcharge INR34,837

(2) Rail additional-discharge INR2,000

(3) Terminal handling-discharge port INR22,875

但買方認為，要由賣方負擔。

解　析

　　與印度做貿易，常用：CFR Nhava Sheva（那瓦什瓦），這個港口一般又稱為孟買新港 (JNPT (Mumbai))，由於地勢原因，運費價格稍稍低於孟買，但若後面加 CFR Nhava Sheva ICD TKD (Tughlakabad)，則不宜使用，因為 TKD 是印度德里附近的內陸城市，在目的港產生的 THC，經常發生糾紛。

㈡有關船舶卸貨費用的問題

　　因為是港到港的條件，運費基本上是屬於港到港這一段的運費，在岸上碼頭所產生的費用 (THC) 就要另外加收。

1.原則上

　　在賣方裝船港碼頭發生的費用由賣方負擔，卸貨港碼頭所發生的費用則是由買方負擔。

2.例外情況

　　若賣方與運送人簽訂的運送契約已包含目的港的卸貨費用，則除買賣雙方另有規定外，不得以此為由向買方索還該項卸貨費用。

㈢盡可能明確的指定在卸貨港的卸貨點

　　買方應盡可能明確的指定在卸貨港內的卸貨點，否則因之增加的額外費用由買方負擔。

範　例

　　貿易條件為 CFR，高雄港○○號西碼頭軍品特定倉庫，船到後於小港區 70 號碼頭卸貨，再用平板車把貨物從 70 號碼頭運往該指定的○○號西碼頭軍品特定倉庫，兩碼頭間有一人行陸橋，司機因未注意貨物高度而與人行陸橋擦撞。

解　析

　　本案首需確認保單的保險區間為何？是否只是從港到港的區間 (From

port to port)？若依我國《海商法》第 127 條第 2 項規定：「海上保險契約，得約定延展加保至陸上、內河、湖泊或內陸水道之危險」，該保險有延伸到指定碼頭的特定倉庫，則因 CFR 的風險在貨物裝載於船上即由買方負擔，貨物受到擦撞所產生的費用應由買方負擔，買方得依保單向保險公司索賠或向運送人索賠，而賣方只負擔貨物運到指定卸貨地點的費用而已。

㈣兩個關鍵地點原則

CFR 是裝運地契約 (Shipment contract)，風險負擔於貨物裝上船舶後移轉由買方負擔，但有關的運費還是要付至指定的目的港，因此又稱為兩個關鍵地點原則。

㈤連環買賣的中間商人裝貨的問題

FOB 與 CIF 固是大宗物資買賣常用的貿易條件，但在 Sugar Trading Ltd. v. China National Sugar & Alcohol Group Corp. 一案中，貿易條件使用的是 CFR free out (international rule and convention)。由於連環買賣的一大串當事人，他們買賣的是相同與特定化的貨物 (The appropriated cargo)，實際上也只有第一個賣方履行物理交貨，最後一個買方實際受領貨物，線的中間商處理的是貿易單據而已。因此 ICCCLP 在 CFR 的導引中遂作出了這樣的規定，連環買賣的中間商為了對線尾的買方負責，只要已購買如此裝運的貨物與運送契約就可以了。

㈥ CFR 的同義詞

ICC 的仲裁庭在 "ICC Arbitration Case No. 7645 of March 1995" 判斷說 Incoterms 1990 並無一種貿易條件叫做 CNF，但雙方既已提及 "The 'Incoterms' 1990 edition"，他們的目的是想用 CFR (They intended to refer was the clause "CFR")，文字卻是沿用以前版本的 C+F 或者是 C and F，說得更精確一點就是 Cost and freight，但無論如何中間的字母 "N" 應該就是 "And" 的意思，因此仲裁庭認為該案有 Incoterms 1990 的適用。本案若發生於現在似乎也應有 Incoterms® 2010 的適用。

(七) CFR 與 CIF 的區別

CFR 與 CIF 的區別，主要在於 CFR 的賣方對買方不負保險義務，此點看起來也許微不足道，但影響可不小：

1.保險公司的選定

CFR 的買方可以選擇適合自己的保險公司，將來理賠比較容易溝通；CIF 則是由賣方選定的，溝通比較不方便。

2.投　保

CFR 的買方可以對貨物投保足額的與自己認為需要的險種，是為自己投保的；而 CIF 則是賣方本於義務為買方的利益投保，除非買賣契約另有約定，否則投保的是最低值的保險，如果買方沒有意識到該保險無法全部理賠他所受的損害，買方將蒙受無法理賠或全部理賠的困境。

但 GAFTA 的 CFR 卻有如此的規定：C&F transaction, if seller's request evidence that cargo has been insured and buyers refuse or fail to provide evidence, then sellers are titled (but not obliged) to cover insurance at buyer's expense（如賣方要求買方提供其已投保的證據，若買方拒絕或無法提供，賣方得以買方費用投保保險）。

四、用法上應注意事項

(一) CFR 是裝運地契約

CFR 是裝運地契約的一種，即賣方將貨物運至裝船港，裝載於船上時，貨物的滅失或毀損風險，即轉由買方負擔。也就是說，貨物在海上運送中的風險，賣方不負責。

(二) CFR 費用及風險分擔的關鍵地點

在 CFR 下，賣方雖然必須負擔依通常航路並以習慣方式將貨物運至指定目的港的通常運費，但貨物滅失或毀損的風險及貨物裝上船之後因意外事故而生的額外費用，則自貨物在裝船港裝上船舶之時起，歸買方負擔。

因此，本條件與其他 C 群貿易條件一樣，具有兩個關鍵地點，即費用分擔關鍵地點和風險分擔關鍵地點。基於此，要增加賣方在 CFR 有關上述風險分擔關鍵地點以後的義務時，要非常謹慎。CFR 的本質是只要賣方訂立運送契約，將貨物裝上船以履行契約後，賣方就免除進一步的風險及費用。

(三) CFR 運送中的任何延遲風險均由買方負擔

CFR 是屬於裝運地契約，貨物一旦裝載於船上風險即移轉，運送中的任何遲延風險依規定由買方負擔，所以，在任何情況下，賣方都不應該改變本條件的屬性，承擔貨物於裝船後訖運抵目的港有關的任何風險或義務。

因此，與時間有關的任何義務，例如：「裝船不遲於……」一定是指裝船港的時間。至於類如「CFR 漢堡，不遲於……」這種約定並不是妥當的方式，而且可能會引起不同的理解，當事人可能會理解成貨物必須在該約定日期實際運抵漢堡。在此情形下，該契約已非裝運地契約，而是目的地契約；或者當事人也有可能理解成賣方必須在貨物於正常情況下可於約定日期前運抵的時間裝船，除非是由於意料不到的事故使運送遲延。

(四) 買賣雙方的費用負擔

依 CFR 的涵義，海運運費歸賣方負擔，故裝載費用 (Loading costs) 總是由賣方負擔，至於卸貨費用，除非已包括在海運運費之內，或於支付海運運費時已由船公司收訖，否則將由買方負擔。但如賣方同意以 CFR landed（運費、起岸費在內）交易，則卸貨費用將歸由賣方負擔。應注意的是，CFR 後面加上 Landed 一詞，僅表示卸貨費用歸賣方負擔而已，並不因而變更本條件性質，也不變更其風險負擔的分配。

假如無法確定貨物究竟將由定期船抑或傭租船舶承運，那麼當事人最好在買賣契約中就此事做明確的約定。又即使允許以傭租船舶載運的場合，也常常規定賣方必須以 Liner terms（定期輪條件）訂立運送契約。在此情形，裝卸貨費用包括在運費中，歸由賣方負擔。但是，傭船契約中很有可能約定不負擔 (Free) 上述裝卸費用，這就是所謂的 FIO（Free in and out，裝卸貨船方免責）條款。無論如何，"Liner terms" 一詞的涵義未必有共同的理解，因此，除非由信用良好的定期船公司承運，否則建議當事人在買賣契約中，將運送契約的條件做明確的規定。

㈤ CFR 的交貨方式

在 CFR 下，其交貨方式係以運送單據（即提單）的交付代替貨物的實際交付。換言之，其交貨方式是象徵性交貨 (Symbolic delivery)，而非如 EXW、FAS 或 FOB 等貿易條件的實際交貨 (Actual delivery)。

象徵性交貨是指買方從賣方取得運送單據後，即有權向運送人請求交貨。如貨物發生滅失或毀損，買方可依運送單據所載條款向運送人索賠，或依保險單規定向保險人索賠。

㈥ CFR 下，賣方的裝船通知義務

以 CFR 交易時，賣方對於裝船通知義務的履行應特別注意，如賣方未依本條件 A10 的規定向買方發出充分的通知，則貨物在運送中的風險仍須由賣方負擔，而不是由買方負擔。

㈦裝船港與目的港

1.裝船港

在 CFR 下，除非另有約定，裝船港可由賣方自行選擇。本條件賣方不特別約定裝船港的理由，是於訂定買賣契約時，想保留有稍後再決定裝船港的自由 (With a certain liberty with regard to the exact port of shipment)。例如不以 CFR New York shipment from Stockholm 交易時，裝船港就有三個選擇：(1)直接從斯德哥爾摩出口；(2)用路運到哥登堡 (Gothenburg) 出口；(3)用路運到鹿特丹再出口，在此情形下，賣方必須安排經由通常航路的船舶運送。

由上述可知，如有兩者以上的航路可供選擇時，賣方應以合理的方式安排船運，並且避免暴露於比一般相關貿易下更大的貨物滅失、毀損或遲延的風險。

2.目的港

至於目的港的約定，是 CFR 的必須條件。目的港通常為某一特定的港口，但也有約定以某地區的一主要港口為目的港者，例如約定 "One main Persian Gulf ports to be nominated upon the carrying vessel passing Strait of Hormuz"。在此情形，買賣雙方宜事先約定 "Main port"，否則可能發生糾紛。

　　此外，在規定目的港時，還應注意同名異港的問題，世界各國港口名稱相同的很多。例如 Victoria 全世界有十二個之多；Portland、Boston 在美國和其他國家都有同名稱的港口。因此，凡有同名的港口，應加註國名，在同一國家有同名港口的，則還須加註所在國的位置。例如過去曾發生過因漏註國名，將應運至利比亞 Tripoli 港的貨物，誤運至黎巴嫩 Tripoli 港去的差錯事故。

📂 案例摘要

　　1988 年初我國某出口商以 CFR 出售一批 5,800 公噸的水泥到中東地區，買方是在當地承包有多項工程的法國公司。因為該地區戰亂及內陸轉運的問題，買方在契約中規定 "Delivery at one main Persian Gulf ports to be nominated upon the carrying vessel passing Strait of Hormuz"，為我國出口商所接受，並據此向某船東租用 6,000 噸級散裝船 (Bulk carrier) 一艘承運。未料船抵波斯灣時接到買方指示後才發現，買方所指定的港口已淤淺，6,000 噸級的貨輪無法滿載靠泊，故只得按船長建議，先在另一港口卸下 1,500 公噸水泥，使船身吃水較淺後再駛往前述所指定港口，卸下其他約 4,500 公噸水泥，致造成交貨延誤並使工程未能照契約進度完成，買方轉向我國出口商要求賠償，船東也向出口商要求支付延滯費，以致引起糾紛。

🏛 法院判決解說

　　就本案而言，由於買賣雙方未事先約定清楚何謂 "Main port"，也未約定此 Main port 必須是船舶可以安全停泊的港口，是訂約上的過失。

　　本案表面上是按 CFR 交易，但卻規定 "Delivery at one main Persian Gulf ports"，這與 CFR 為裝運地契約的本質有出入，若照此契約規定 "Delivery at" 目的港，則似屬目的地契約，出口商應負責在約定日期或期間內在目的港交貨，否則就構成違約。如將 "Delivery at" 改為 "Destination..." 或 "Shipment to..." 可能較佳。

(八)避免使用 "CFR, no arrival, no sale" 的條件

實務上，偶爾可以見到以 "CFR, no arrival, no sale" 的條件交易者，意指「不到貨，就無買賣」，這顯然已違反 CFR 為裝運地契約的屬性，而成為目的地契約。為避免混淆，不宜以這種條件交易。

(九)載運船舶

賣方必須按通常條件訂立以運送該契約貨物所常用類型的海船（或視情形，內陸水路船舶）(A3a)。

(十)保險問題

以 CFR 交易而又涉及對買方授信的場合（例如以 L/C、D/P、D/A 等為付款條件時），賣方必要時，尚須考慮投保「或有保險」(Contingency insurance) 的問題，請參閱 FOB 一章有關的說明。

在 CFR，係由買方安排保險並支付保費。然而，保險費率與船齡有密切關係，船隻愈老舊，保險費率愈高。因此，聰明的買方最好在買賣契約中規定，賣方不得以逾齡船載運，否則因此而生的額外保險費歸賣方負擔。例如約定：
Insurance: to be covered by buyer, however, A/P (Additional Premium), if any, due to overage vessel, shall be for seller's account。

(十一)使用限制

CFR 在應用上不如 CIF 普遍，有些國家基於政治原因，或由於外匯短缺，要求其進口商最好在國內投保，或買方與保險公司訂有預約保險或進口國保險費率較低等狀況，會使用 CFR 交易。但因為 CFR 會導致運送和保險安排被人為地分隔開來，出口商通常並不喜歡以 CFR 交易，而 CIF 則與 FOB 一樣，對出口商和國外買方之間的責任，都作出自然的劃分。

第二節 ▶▶▶
解　說

一、一般義務

㈠賣　方

1.提供符合契約本旨的貨物

就本質而言，CIF 與 CFR 具有相同的性質 (The CIF and the CFR clauses being of the same nature under the aspect here under review, what has been said relating to the CIF clause is valid also with regard to the CFR clause❶)。在 Kwei Tek Chao v. British Traders and Shippers Ltd. 一案中，Mustill L. J. 法官說明 CIF 契約的性質就是把某些的義務加諸在賣方，這些義務有的是與貨物有關的，有的是與單據有關的。

所謂「與貨物有關的」指的是必須將與契約符合的貨物交到裝船港甲板上，至於「與單據有關的」乃指交付的單據應符合契約的規定。

2.提供商業發票與契約得要求的其他符合單據

商業發票既是付款請求書亦是交付明細書，但有時客戶會有預付款，則商業發票應如何製作？

L/C 要求：L/C value of USDXXX represents mechandise value of USDYYY less prepayment of USDZZZ。

一般的製作方式是：

> Total amount: USDYYY
>
> Deduct prepayment out of L/C: USDZZZ
>
> Amount paid under this L/C: USDXXX

在 ISBP 第 60 條有規定，發票應顯示 L/C 要求的任何折扣或減項，發票亦可顯示 L/C 未敘明的預付款折扣等任何減項。

---

❶　ICC Arbitration Case No. 7645 of March 1995 (Crude metal case).

食品出口就以葡萄酒為例，有些國家進口商通關，一般會要求生產廠商檢附「葡萄酒生產工藝流程」或者「成分鑑定分析表」正本，這若是契約要求的符合資料，則賣方即應提供。

㈡買　方

買方有支付價金的義務。

二、交　貨

賣方負責把貨交到船舶上，或購買已如此交貨的貨物，至於交貨的時間，應依照雙方合意之期日或者期間。交貨的方式也應參照當地港口習慣之方式。然後買方對賣方已經如此交貨之貨物，應從目的地指定港口之運送人處提領貨物。

㈠交　貨

在 CFR 或 CIF 下，所謂「交貨」乃指將貨交到船上的過程，有時是一道謹慎與繁複的手續，以在臺中交貨為例，由於有的貨物會超重或超高，因此賣方會先把機械綑繫固定好在木箱，再由包裝公司固定在平版貨櫃，拖到碼頭，此外，還須委由臺灣臺中港專業工程行的現場負責人於裝船前嚴格檢查，並經船運公司確認之後才可裝入船上。

㈡受領貨物

1. 目的港宜指定特定地點 (Place)

例如：CFR port Said，由於塞德港 (Said) 有兩個停靠地點 (Place)，有人將舊的稱為本港，新的稱為新港。若買方未指定受領貨物的特定地點，由於本港擁擠，船公司常會將貨櫃卸在新港，但從新港把貨拖到本港要一段時間，卡車費用也不便宜，從而當事人雙方宜明白指定目的港內的約定地點，以便清楚劃分運費的承擔責任。

2. 買方應在指定目的港受領貨物

買方應在指定目的港受領貨物，但若買方不領貨怎麼辦？Incoterms 對於當事人違約不領貨，應該如何處理並未加以規定，而由當事人依照契約適用的準據法請求救濟。

　　實務上，CFR 貨到目的港，一般情況下，在目的港或倉庫的滯留等費用是因買方受領遲延所致，若買方決定提貨，則該項費用會向買方收取；但若買方因故不領貨，決定棄貨，則運送人通常會本於提單託運人欄記載為賣方而向賣方收取，否則無人認領的貨物會被拍賣。在此情況下，若付款方式非 L/C，則賣方將承受貨款無法回收的風險。此外，若是散裝貨物 (Bulk cargo) 的價值少於 USD1,000，某些國家的運送人擔心貨物的價值不夠清償目的港或倉庫的費用，會向賣方收保證金。

🔶 三、風險的移轉

㈠ Incoterms® 2020 風險移轉的原則

　　CFR 顯然是採取交貨時風險即移轉的原則 (The risk of loss of or damage to the goods passes to the buyer at the time of delivery)。交貨與風險移轉和費用的負擔原則上具有密切不分的關係。Incoterms® 2010 的交貨地點已改採把貨交到船上，或購買已如此交付的貨物。

㈡風險的提早移轉 (Premature of passing risk)

　　如買方未依約定將裝載貨物的時間或目的港內提領標的物的指定地點給予賣方適當的通知，則自約定裝船期日或期限屆滿日起風險提早移轉給買方。

㈢連環買賣風險移轉的時期

　　連環買賣的中間商，因為貨物已在航行途中，無法確認貨物是否損害，在此情形下應如何規定風險負擔究竟應於何時移轉呢？有兩種規定的方式：

1.風險負擔溯及自第一個賣方裝貨後就移轉

　　貨物於第一個賣方把貨裝載於船上就已經移轉，此時爾後的買方就必須承擔買賣契約生效前已經發生事變的結果，意即風險負擔溯及自第一個賣方裝船後就移轉。

2.連環買賣的中間商訂定契約之時就是風險負擔移轉之時

　　此辦法比較務實，因為轉賣運送途中的貨物很難去掌握它的確切情況。

因此似應以 CISG 第 69 條規定若有需要的情況下，當貨物交予有簽發運送單據的運送人時起，風險即移轉給買方負擔，但若買方已知或可得而知貨物已經滅失或毀損而未告訴買方時，不在此限。

四、運　送

賣方應自付費用訂定運送契約，於約定時間及約定之交貨地方或地點把貨運到指定港口。運送契約應符合通常條件，行駛於通常航路，使用通常於運送契約貨物之船舶運送。茲加以分析。

・運送契約

1.運送契約與船舶的關係

CFR 適用於港到港的運送，為了貨物能夠安全抵達目的港，進口商會對船舶作若干要求，例如要求船舶符合 《國際海上人命安全公約》 (International Convention for the Safety of Life at Sea, SOLAS) 的規則，並需出具國際安全管理認證書 (International Safety Management Code Certificate, ISM Code Certificate)。

ISM code 乃指船舶除應具備傳統意義上的船舶堪航要求外，尚須符合安全管理要求，即賣方應取得船公司和船舶的安全管理認證和船籍證書，且船舶持有的安全管理認證正本，其船名應與船籍證書一致，所載公司名稱也應與「符合證明」中的公司名稱相一致。

至於證明可分為兩種：

(1) DOC (Documentation of Compliance) 符合證明，是發給公司的。

(2) SMC (Safety Management Certificate) 安全管理證明，是發給船舶的。

因此 CFR 的賣方，若買方規定賣方洽訂運送契約須符合這種要求時，應注意船舶是否有 ISM code。

2.通常用運送該類商品的船來運送

船舶的先決條件是必須具有堪航能力，若 CFR 適合用在大宗物資，則運送契約必須考慮到船舶必須適合運送該商品，例如運送稻米的船要具備有通風設備 (With satisfactory ventilation system)。

CFR 下，一個稱職的賣方，除了知道自己貨物的性質外，還需要幫買方考慮船舶方面的因素，用合適的船來運送貨物。

3. 經由通常航路 (Usual route)

Usual route 的用語應係淵源自 MIA 1906 第 46 條 (2) 所稱的通常及習慣航線 (The usual and customary course)。一般指的是裝卸港之間地理上最直接的航線 (Direct geographical route)，但例外也可證明縱非最直接航線，唯若同業均跑此航線，也是屬於通常航線。

⑴ 定期船的通常航路。定期船最直接的航線指的可能是直航，可是有些航線要掛靠很多港口，那麼這些航線是否仍屬於通常航線呢？關於此，英國法院在 Frenkel v. MacAndrews (1929) A.C. 545 一案的判決確定了一項原則，那就是除非提單註明 "Proceed directly to the port of delivery"（直接航行到交貨港），否則若提單註明的是諸如 "Bound for Liverpool"、"With destination Liverpool"，也算屬於通常航線❷。

對定期船而言，所謂的通常航線究何所指？海運市場為了呼應貿易業者的需要，商品要快速供應，運費不要對貨物的最終售價產生太大的影響，因此出現了定期船經營模式，即船舶在特定航向的貿易路線上，用預定的船期表及航線，行走於一定的航路，停靠於一定的航口。若航線不同，運費當然也不同，例如沙烏地阿拉伯的達曼 (Dammam) 和吉達 (Jeddah)，這兩個港口雖屬於同一個國家，但達曼屬於波斯灣航線，吉達屬於紅海航線，兩者的航線不同，故同一商品的運費費率當然會有不同。

⑵ 非定期船的通常航路。若無特別約定，在考慮到貨物的性質和所有的情況後，認為屬於合理的航線，即可算是通常航線。此種航線不一定是地理上最短的航線，也不一定是不可改變的航線，因為涉及季節性的海象變化，冬天的通常航線可能與夏天的會稍有不同。因此，當有數條通常航線時，經由任何通常航線都可履行契約。若在履行時僅有一條航線，

---

❷　楊良宜 (1998)。《船運實務叢談第七冊——程租合約》（初版），頁 131。大連：大連海事大學出版社。

若該航線是可行的並且不損害貨物的條件或根本改變交易，便可採用。

4.按通常條件訂立運送契約支付運費

CFR 應由賣方自負費用，按通常條件訂立運送契約。

📖 範　例

買方用 CFR 向賣方買貨，但由於買方擔心如果賣方跟船方有運費方面的問題，豈不是領貨時又要再付一次運費，因為 CFR 已經包括運費了，所以要求運送單據必須註明 Freight prepaid（運費付訖），付款方式為 D/P。但賣方以連環買賣的上手簽的是 FOB 契約，第一個買賣中規定運送單據運費寫的是 "Freight payable as per charter party"，聲明運送單據只能照此種方式轉讓，而不能改寫為 Freight prepaid。

💼 解　析

連環買賣的上手有時是用 FOB，再以 CFR 或 CIF 賣給下手，但提單已註明運費是 Freight collect（運費待付），為了避免買方重複支付運費（一次給船方，一次給賣方），買方可使用下列兩種方式：

(1)從發票扣除運費 (Deduct from the invoice the amount of freight) 後，自己再付運費給船方。

(2)在契約中規定，運送單據不得顯示尚未付訖運費（運費待付）的註記。

🌼 五、保　險

買賣雙方均無義務訂定保險契約，但賣方循買方請求，由買方負擔費用與風險，提供賣方所持有之資訊，讓買方購買保險。

㈠ CFR 與保險的問題

買方不使用 CIF 而用 CFR 的理由：

1.買方國家為了促進該國保險產業的發展

某些國家保險產業規模不大沒有競爭優勢，因此遂規定進出口的保險要由他們國家的保險公司承保，以壯大該國保險事業，如奈及利亞等國家。

2. 節省支付保費盡量少動用到該國外匯的存底

　　某些國家外匯短缺，為減少外匯支出因此由該國保險公司投保。

3. 買方已用統保方式與保險公司訂定保險契約

📖 範 例

　　依〈臺灣高等法院 91 年保險上字第 56 號判決〉，買方可於貨物運輸保險合約書中約定：

第 1 條　在本合約有效期限內，甲方（被保險人）應就後開約定之貨物向乙方（保險人）辦理投保，並繳付保費，不得故意遺漏或隱瞞或向他家保險公司投保，以示誠信；乙方應就後開約定承保範圍，擔負保險責任。

第 2 條　保險標的物：㈠出口：凡甲方所有以 CIF、C&I 或其他包含海、空運輸保險在內之貿易條件下所出口之貨物均自動承保，但須甲方對該等貨物具有保險利益者為限。……貨物名稱、種類：電腦用品等等。（該判決省略進口，無記載）

第 3 條　保險金額：除事先以書面／聲明或填妥要保書並經乙方同意者外，保險金額一律以 L/C 或 I/L (Import License) 上規定之金額或發票金額之百分之壹佰壹拾為計算基礎。

第 4 條　（判決中未列）

第 5 條　從馬來西亞之港口或機場至東北亞、東南亞、中國大陸沿海經濟特區、香港或西歐、美國之港口或機場並延伸至最終目的地；反之亦然。

第 6 條　投保方式：甲方應於知悉貨物裝運日期後，列明貨物名稱、發票金額、數量、載運船舶、航期、航程及其他參考資料等，按月向乙方申報，乙方即憑上開資料，簽發保單或申報書，以為理賠之依據。除甲方有故意遺漏申報或隱瞞不報者外，乙方對於甲方因疏忽而致遺漏投保情事，仍應依本合約保險條件負保險責任。

第 7 條　保險費率：大陸沿海經濟特區×%；香港、東北亞、東南亞×%；西歐、美國×%。

第 8 條　保費繳納：甲方應依據本合約所訂保險費率及本合約第 3 條所規定申報之貨物金額計算保險費，並按月以美金繳納之。

某些跨國公司常與保險公司訂定統保契約，因此用 CFR 出口貨品。

㈡ CFR 不投保的風險

📖 範　例

　　賣方出口烏克蘭貨物一批，貿易條件是 CFR，船舶途經土耳其時發生撞船事件，貨物並未遭受損失只是船舶遲延到達卸貨港口，因屬共同海損，貨物所有人要分擔共同海損費用，船公司乃要求烏克蘭的買方簽署共同海損費用分擔書，且繳納該項費用後才能提貨。買方認為依提單之記載賣方為提單的託運人，而提單的受貨人欄記載的是 To order，遂認為賣方是貨物的所有人，賣方應該支付這筆共同海損分擔費用，否則買方不願提貨❸。請問，在 CFR 基礎上，賣方是否應為此事負責？若賣方既不想失去這個客戶，又不想為共同海損付費，這事情應該如何解決？

👤 解　析

　　從上文看來，由於船舶碰撞是在 On board the vessel 之後，因此上述案例之損失理應由買方負擔。若賣方不想失去此客戶，可於爾後的交易酌給優惠。

　　再說，為何買方對貨物不予投保？理論上，買方應投保而未投保，事故時買方自應負責；實務上，買方若不提貨，也不分擔共同海損費用，則船方

---

❸　福步外貿論壇。網址：http://bbs.fobshanghai.com/index.php。

與賣方可能發生糾紛，當然，賣方與買方也會發生糾紛。所以視情形，不宜用 CFR 交易或者使用 CFR 交易的出口商，出貨前應請買方傳真一份已投保 (Open policy) 的保單影本。

六、交貨／運送單據

㈠運送單據的意義

《鹿特丹規則》所言及的運送單據大概有四種：

1. 可轉讓的運送單據 (Negotiable Transport Document, NTD)

2. 可轉讓的電子運送紀錄 (Negotiable electronic transport record)

3. 不可轉讓的運送單據 (Non-negotiable transport document)

4. 不可轉讓的電子運送紀錄 (Non-negotiable electronic transport record)

在《鹿特丹規則》下，傳統的提單似乎被不可轉讓的運送單據所取代，但因其不具有物權證券性質，某些船公司或 Forwarder 得對未持有不可轉讓的運送單據的第三人放貨。不可轉讓的運送單據因不具有安全性 (Security) 而不受銀行界的歡迎。

㈡載往約定目的港的單據

契約目的港若是 Venice，則 B/L 若顯示 Venice or Ravenna 為目的港，是屬於賣方違約。但 Re an Arbitration between Goodbody and Balfour, Williamson, & Co. (4 Com. Cas. 119) 一案中，買賣契約寫的港口是 Any safe port in the UK，提單的目的港寫的是 Any safe port in the UK (Manchester excepted)，因當時 (1900) Manchester 對船舶不安全，法官認為這樣記載並無不符。

㈢儘速 (Without delay) 提供交貨單據

CFR 與 CIF 的兩個主要元素為：

⑴提供符合契約本旨的貨物。

⑵提供符合契約本旨的單據。

　　單據應記載已將符合契約的貨物在裝船港裝船，英國傳統的觀念認為 CFR 的買賣不是在買賣貨物的本身，而是在買賣與貨物有關的單據 (A sale of documents relating to goods)，賣方必須提交單據而非在目的港實際物理上交付 (Physical hand over) 貨物。

　　交貨單據的提供無非在向受貨人確認未來他所收的貨物是與契約符合的，但有些受貨人並不關心交貨單據實際所表現的貨物，因為他想儘速的拿到交貨單據轉賣貨物。

　　另外 UCP 600 暗示陳舊提單 (Stale B/L) 不能接受，所以限制提示押匯期限，目的也是希望受益人能儘速提示單據。

㈣交貨單據應記載 (Cover) 標的物與裝船日期

1.交貨單據的內容

　　交貨單據是貨物的收受證明 (Receipt for the goods)，因此單據的內容要包括 (Contain) 對貨物的描述與收受的數量有多少 (The description and quantity of the goods)，若貨物的外觀有瑕疵，應記載 (Notation) 於單據上。

2.在有約定裝船日內的日期

　　A2 對交貨的規定已表明賣方應於約定期日或期間內交付貨物，A6 則更具體的要求於交貨單據表明裝船期間內的裝船日期。裝船日期在英國法是當作貨物描述的一部分 ❹(As part of the description of the goods)。

3.交貨單據倒填日期的有效性問題

　　如果實際裝船日期遲於約定日期，某些船公司或 Forwarder 循託運人的要求下，由託運人向船公司提出認賠書，該認賠書係就損害補償予以約定（即萬一買受人向船公司要求詐欺的索賠，應由託運人補償船公司的約定）。該「認賠書」一語，有人是使用 L/G (Letter of Guarantee) 一詞，船公司收妥補償狀後，遂予 Backdate（倒填日期）。

　　交貨單據倒填日期無異於剝奪了買方的單據拒絕接受權，若轉賣係依交貨

---

❹　1995 年英國《買賣法》第 13 條則當作是契約的條件 (Condition)，如有違反則買方可以拒絕接受單據甚至請求損害賠償。

單據的裝船日期為買賣價格的決定標準，因而受有損害的買方得向賣方要求損害賠償；若未轉賣，買方發現倒填事實，貨到可以拒領貨物。

4. 交貨單據的特質

　　(1)領貨。買方能在目的港向運送人提領貨物。既然是 CFR，當應由賣方負擔運費，若出具的是 Freight collect，自然不能無條件提貨。

　　(2)轉賣。利用轉讓或通知運送人方式轉賣運送中的貨物。若是前述可轉讓的交貨單據，例如提單可以借助利用 To order 或 To order of shipper 等方式轉讓提單。若是可轉讓的電子運送紀錄則可利用通知運送人等方式轉賣運送中的貨物。但有些運送單據只有在目的港向貨物運送人提領貨物的權利，卻無轉賣運送中貨物的權利，例如海運貨單或直接提單。又因 A6 述明除另有約定外 (Unless otherwise agreed)，運送單據應為可轉讓單據，從而若買方希望出具的是不轉讓單據應於買賣契約特別約定。

5. 若有核發全套交貨單據正本，則應向買方全套提示

　　全套正本提單若無特別規定應是三份，海運貨運單的份數一般只簽發一份正本，唯若託運人請求，乃可簽發二份以上正本。

　　A6 僅規定可轉讓運輸單據且有數份以上，方才須要全套單據。

(五)買方要求的 B/L 內容

　　有時卸貨港或目的地在 A 國，但買方要求提單上的卸貨港或目的地應做成為 B 國。

　　舉例而言，由於伊朗受到聯合國與歐美國家的經濟制裁，通知銀行對賣方依 L/C 提示的單據若出現與伊朗有關字樣，均不承做押匯。因此，若客戶要求貨物直接裝船到伊朗港口，則賣方有可能將提單以及所有單據都寫成貨到 Dubai，等買方在 Dubai 開狀銀行領取提單後再以轉換提單 (Switch B/L) 方式向船公司換取到阿巴斯港口的提單。

七、輸出入通關

　　通關手續乃指行政當局為核實進出入關境的貨物，是否符合海關通關法令

的要求，就表面化的單據、貨物的安全性與相關資訊，利用人工或電子系統加以檢查，或者對貨物予以物理上的實質檢查，然後決定是否予以放行的整個流程。

產品出口本於國家貿易與關稅政策的要求需要報關，在通關便捷化與貿易安全化交互影響底下，出口商若要在清關的快速化與複雜化中取得平衡，為了有效與便利的通關，報關資料準備應齊全與隨時注意關貿法令的變化。買賣雙方應辦之手續有：

㈠賣方辦理輸出通關

在可適用情況下，賣方應履行及支付所有輸出國所要求之任何輸出通關手續，例如：

　　1.輸出許可證。

　　2.輸出之安全通關資料。

　　3.裝運前強制性檢驗。

　　4.其他官方強制批准書等。

㈡賣方協助辦理輸入通關

在可適用情況下，賣方應循買方之要求，以買方風險與費用，取得為辦理通過第三國或輸入國之過境或輸入通關手續，所需之任何單據與資訊，這些還包括過境與輸入國家所需之安全資訊以及強制性檢驗資訊。

㈢買方協助辦理輸出通關

在可適用情況下，買方應循賣方之請求，以賣方風險與費用，取得為辦理輸出通關手續，所需之任何單據與資訊，這些還包括輸出國所需之安全資訊以及強制性檢驗資訊。

㈣買方辦理輸入通關

在可適用狀況下，買方應辦理及支付輸入國或過境第三國所要求之任何輸入或過境通關之手續，例如：

　　1.輸入及過境第三國之許可證。

　　2.輸入及過境第三國之安全通關資料。

3.裝運前強制性檢驗。

4.其他官方強制批准書等。

八、檢查／包裝／標示

㈠檢　查

　　賣方應自負交貨所需的檢查作業費用。檢查作業的費用包括品質、丈量、過磅與計數等的費用須由賣方負擔。例如石油的出口檢查作業，會在離碼頭不遠處的石油槽 (Shore tank) 取樣品檢驗，但油槽經油管輸送到碼頭的歧管 (Manifold) 會有一段距離，因此會在歧管處裝貨時再另外取一些樣品化驗成分。若化驗結果兩者品質均符合規定，方符合契約品質，這些取樣化驗的費用是由賣方負擔。

㈡依適合貨物的包裝方式包裝貨物

　　普通的貨物常見的包裝是使用如下的英語："Packing should be international export standard sea worthy export packing and a certificate to this effect from the beneficiary must accompany the shipping documents"。

　　買方有時會詳細的列出包裝的方式：

⑴ Individual packing: 1 pc/1 bubble bag + 1 instructive + 1 microcorrugated white box of microcorrugated 2 mm thickness + 2 stickers with black color printing

（個別產品包裝：每一個裝一氣泡袋 + 一份說明書 + 2 公釐厚的微型瓦楞紙板白色盒 + 二個黑色印刷的貼紙）。

⑵ Export packing: regular slotted container—maximum size: 60 × 50 × 40 cm, B/C flute-double-face wall corrugated black color printing shipping marks on 4 sides no staples 150 lbs strength

（外銷包裝：標準開縫箱──最大尺寸：60 × 50 × 40 公分，B/C 級的雙層瓦楞紙箱，四面黑色印刷字體的嘜頭，無釘，有 150 磅的耐力）。

　　如果買方未特別規定則施以通常運送方式的包裝並加標示。

九、費用的劃分

㈠賣方應負擔費用

1. 直至依 A2 交貨為止之費用，除買方應依 B9 負擔者除外。

2. 運費及因運送產生之所有費用，包括把貨積載於船舶上，以及與運送安全有關之費用。

3. 依據運送契約規定，應由賣方負擔之在合意卸貨港口的任何卸貨費用。

4. 依據運送契約應由賣方負擔之過境費用。

5. 為證明貨物已經交貨，依 A6 提供給買方之通常證明單據費用。

6. 在可適用之情況下，為輸出通關所支付之關稅及其他費用。

7. 支付買方為協助取得輸出通關有關之單據及資訊之費用。

㈡買方應負擔之費用

1. 自賣方依 A2 交貨時起發生之所有費用，但應由賣方依 A9 負擔者除外。

2. 過境費用，除非依運送契約應由賣方負擔者則不在此限。

3. 卸貨以及駁船與碼頭費用，除非依運送契約應由賣方負擔者則不在此限。

4. 賣方為協助買方依 A5、A7b 規定，取得相關資料及資訊的所有費用。

5. 在可適用之狀況，支付輸入通關及過境第三國之關稅等稅費。

6. 舉例：

　凡貨物自輸出國運往輸入國，並非直接運送，而是經由第三國地區時，對第三國立場而言，即為過境貿易。以緬甸為例，過境需要審批、繳交過境費與外匯稅費，以及要依照過境貿易方式領得進出口許可證。該項費用若已包括在運送契約內是由賣方負擔，否則由買方負擔。

7. 因下列兩項原因所額外增加之費用：

⑴買方未能依 B10 規定給出相關之通知。

⑵買方依 B10 指定之船舶，未能準時到達，未能承載貨物，貨物結關日期早於買方依 B10 通知之日期。

表 13-1　　CFR 買賣雙方負擔費用的劃分

賣方負擔費用	買方負擔費用
直至依 A2 交貨為止之費用，除買方應依 B9 負擔者除外	自賣方依 A2 交貨時起發生之所有費用，但應由賣方依 A9 負擔者除外
運費及因運送產生之所有費用，包括把貨積載於船舶上，以及與運送安全有關之費用	－
依據運送契約規定，應由賣方負擔之在合意卸貨港口的任何卸貨費用	卸貨以及駁船與碼頭費用，除非依運送契約應由賣方負擔者則不在此限
過境第三國之費用，但以在運送契約中規定應由賣方負擔者為限	轉運費用，除非依運送契約應由賣方負擔者則不在此限
為證明貨物已經交貨，依 A6 提供給買方之通常證明單據費用	－
在可適用之情況下，為輸出通關所支付之關稅及其他費用	在可適用之狀況，支付輸入通關及過境第三國之關稅等稅費
支付買方為協助取得輸出通關有關之單據及資訊之費用	賣方為協助買方依 A5、A7b 規定，取得相關資料及資訊的所有費用

十、通　知

　　賣方應通知買方貨物已依 A2 規定交貨，此外應通知買方提領貨物所需之資訊。

　　至於買方則應給予賣方充分之通知，關於其已決定之裝船期間，及（或）在目的地港口指定之提領貨物地點。茲分析之。

㈠買方通知賣方

　　如果買方有權決定裝貨的時間與目的港的指定地點，要給賣方充分通知。

㈡賣方通知買方

　　CFR 的 A10 通知買方 Shipping advice、Declaration of shipment 很重要，因為除非買賣契約另有約定外，否則賣方經由海運方式，將貨物裝於船舶上，即應就買方保險所須的資訊通知，讓買方適時的購買保險以及準備受領貨物，並且開始向下游兜售貨物的措施。何謂充分通知，原則應係就已於何時及何處貨物已交到船上、船舶名稱與航班號碼、何時開航 (Estimate Time of Departure, ETD) 並預計何時抵達 (Estimate Time of Arrival, ETA)，以及已裝船貨物的相關資料等。

如果貨物明細或者船舶名稱通知錯誤，會讓買方陷入轉售貨物的風險，甚至市場價格下跌，買方以通知不正確為由提出市場索賠。

上述情形可透過兩種方法避免：

(1)確實做好核實的工作，讓通知的內容無任何差錯。

(2)在買賣契約中加入允許錯誤時更正的條款 (The sale contract allowing him to substitute the notice of appropriation)。

 習 題

一、選擇題

（　）1. CFR 的卸貨費用若未包括於運費內，則應由誰負擔？　(1)賣方　(2)買方　(3)運送人　(4)買賣雙方各負擔一半。

（　）2.在連環買賣的情況下，提單已由 A 轉賣到 D，對 D 而言，CFR 風險移轉的時間是在　(1)溯及到第一個賣方將貨裝到船上後　(2)提單移轉給 D 時　(3) D 收到提單時　(4)船公司製發提單時。

（　）3. CFR 的買方應在　(1)裝貨港　(2)中間港　(3)指定目的港　(4)目的地倉庫　領貨。

（　）4.買賣雙方簽訂 CFR 買賣契約後，出貨前運費調漲，則運費漲價的部分應由誰負擔？　(1)賣方　(2)買方　(3)運送人　(4)買賣雙方各負擔一半。

（　）5. CFR 下，原產地證明的費用應由誰負擔？　(1)賣方　(2)買方　(3)運送人　(4)以上皆非。

二、問答題

1.請說明 CFR 的賣方應提供何種單據與買方？

2.請說明 CFR 的賣方應通知買方何種事項？

3.請說明 CFR 的賣方在洽定運送契約應注意什麼事項？

4.請說明 CFR 的買方何以不選擇 CIF 與賣方訂定買賣契約？

5.請說明 CFR 的賣方應協助買方何種事項？

第一節 ▶▶▶ 概　說

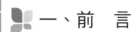 一、前　言

Cost Insurance and Freight，簡稱 CIF（運保費在內條件規則）。

• CIF 之概念

1. CIF 也是流行在航海時代，1862 年英國法院判例就有了 CIF 之記載，當時維多利亞女王在位 (1837~1901)，強力推展海上貿易，因此英國的 CIF 就廣泛的在歐洲與北美流行，Incoterms 在 1936 年把 CIF 納入了統一解釋之範圍。

2. 國際法協會是在 1928 年制定了《華沙規則》，1932 年又在英國牛津修訂，合稱為《CIF 華沙－牛津規則》，但此後未再繼續修訂，因此除學術研究外，幾乎無人在使用。

3. 在 1980 年以前它的簡稱是為 c.i.f.，但並不方便電腦之輸入，因此 1980 年版改稱為 CIF。C 等於 Cost（費用），該當於 FOB，然後 I 等於 Insurance（保險），F 等於 Freight（運費）。本規則僅適用於海運及內陸水路運送。CIF 後面所加的為買方指定目的地之港口。

4. 2020 版本針對 CIP 條件之修正，僅就保險部分之承保範圍由 ICC(C) 條款調高至 ICC(A) 條款，而本 CIF 條件則仍維持為投保 ICC(C) 條款。

5. CIF 適合海運或內陸水路運送，海運原則是參考

《漢堡規則》的從港到港 (From port to port)，而且適用範圍是海船 (Sea going vessel) 與內陸水路航運的船舶，從裝船港把貨運到目的港的航程。例如買賣雙方以 CIF Wuhan shipment from any main port in Taiwan 交易，因長江河道較小，無法航行海輪，需以裝載量約為 500 個 TEU 的江輪來載運，因此此段運送路線需先以海輪從高雄港運抵上海港，再轉由江輪運送到武漢。

有時從卸貨港到買方倉庫地點必須延伸到內陸，此時就需注意該國是否有針對貨物重量等所作的限制。以美國休士頓為例，當地公路限制貨物總重量的上限 18 噸，若超過則需向公路單位申請才可上路。

6. 在貿易契約或訂單確認書，貿易條件之書寫方式，略為 CIF London UK PORT USD66,000 INCOTERMS® 2020。

二、使用者導引

㈠定　義

乃賣方負責把貨交到船舶上，或購買已如此交貨的貨物。當貨物已裝上船舶，風險移轉由買方負擔，賣方要訂定並負擔把貨物運送至目的港的運送契約與費用。當然，賣方對貨物運送期間買方因貨物所可能遭致的滅失或毀損風險也應投保。

買方應知悉 CIF 下，賣方應購買的水險為最低程度的保險。如果買方要得到較大程度的保障，買方應該與賣方明示合意承保的範圍，或者買方自己另作額外加保的安排。

㈡交貨及風險

當貨物交到船舶上，風險與費用移由買方負擔。交貨時貨物應符合契約本旨，至於到達時貨物是否依然處於良好狀況，賣方並不負擔此項毀損滅失之風險。

㈢兩個關鍵港口

本條件有兩個關鍵港口，一個是裝船港口，當貨物在此裝上指定之船舶上，風險移轉給買方。

另外一個是賣方訂定運送契約，負擔運費把貨運送至合意之目的地港口。兩個港口之性質不一樣。

㈣裝船港口是否需要特定之問題

通常之買賣契約雙方會合意指定目的地港口，例如 CFR New York USA，不會另行特別標明裝船港口，雖然這個港口決定了風險轉移之地點。但如果特別指定裝船港口對買方有利益，例如買方想核算運費是否合理，則當事人應在契約中精確指定此裝船港口，例如 CIF New York USA shipment from Shanghai。

㈤精確指定卸貨港口之目的地地點

同樣的，目的地港之合意地點對賣方也很重要，這會影響到賣方訂定運送契約之運費多寡，但也可能影響到買方要到哪個港口領貨之問題，例如印度孟買有舊港、新港之分，還有這兩個港口，哪個會比較容易擁擠？因此要訂明。

由於同一地區可能有許多港口，以奈及利亞為例，Lagos 地區就有三個港口，分別為：Lagos harbour、Apapa port 和 Tin Can Island port。因此，賣方訂定運送契約，船舶應在哪個港口卸貨也要標明清楚。

㈥數個運送人

海運或許會有數個運送人，例如從寧波港用子母船 (Feeder) 把貨運到上海港，再運到美國紐約港口，風險是在寧波港或上海港之船舶上移轉？應在契約上合意規定之，雙方若無合意，則當貨裝上第一個運送人之船舶時風險就移轉，這可能會早於買方預料之風險移轉地點上海，因此買方想在稍後階段之港口上海才移轉風險，就應於契約裡合意約定。

㈦目的港卸貨費用

除契約另有規定目的港卸貨費用由誰負擔，否則如果運費有包括目的港之卸貨費用，賣方並不得向買方要求償還卸貨費用。

三、用法上應注意事項

㈠ CIF 與 CAF

CIF 在歐洲，尤其在法國常常寫成 CAF (Coût, Assurance, Fret)。在英國有時也寫成 CAF (Cost, Assurance, Freight)。但 CAF 一詞在美國往往將其視為 Cost and Freight（即 CFR 或 CF）的縮寫。

案例摘要

法國進口商即曾與紐約出口商以 CAF 交易，結果美國出口商卻誤以為 Cost and Freight 條件，而未對貨物承保，致發生糾紛。

法院判決解說

紐約法官認為 CAF 在歐洲商人皆知相當於 CIF，因此出口商敗訴❶。

※ Pittsburgh Provision & Packing Co. v. Cudahy Packing Co. (1918) 一案中，法官也將 CAF Pittsburgh 解釋為 CIF Pittsburgh。

因此，為防止糾紛，應避免使用 CAF 一詞。

(二)保　險

在 CIF 下，貨物海上運送保險須由賣方負責投保，除另有約定外，其最低投保金額為契約金額加 10%，至於投保險類，至少應按倫敦保險人協會所制定的協會貨物條款或任何類似條款的最低承保條件辦理（例如 FPA 或 ICC(C)）。若這種條款不足以保障貨物在運送途中可能遭遇的風險，則買賣雙方應視貨物的性質、航程等，約定承保範圍較大的其他險類。此外，若買方有要求，且若有可能投保，賣方還應以買方費用加保戰爭、罷工、暴動及民變的風險，並以契約所定的貨幣投保。

(三)避免使用 CIF 的變形

有時 CIF（及 CFR）因一字或甚至一字母的添加，即可能產生完全無法預料的後果，以致使契約的性質完全改觀。因此，應盡量避免使用 CIF customs duty paid、CIF cleared 等 CIF 變形條件。倘若使用這種變形條件，在契約中應訂明各當事人應負的義務與費用，以杜糾紛的發生。

---

❶　UCC (2003). Official Comment §2-320, p. 17.

㈣費用負擔

1. 裝載費用 (Loading costs)

根據 CIF 的涵義，河海運費歸賣方負擔，裝載費用亦歸由賣方負擔。

2. 卸貨費用 (Unloading costs)

此項費用除非已包括在河海運費之內，或賣方支付運費時已由船公司收訖，否則將由買方負擔。但如賣方同意以 CIF landed 條件出售，則卸貨費用，包括駁船費及碼頭費，歸賣方負擔。

㈤附有卸貨重量條件的 CIF，仍屬 CIF 契約

CIF 乃屬於裝運地契約，因此除非另有約定，貨物品質、數量只要在裝船時與買賣契約符合，賣方即已履行契約。至於裝船後品質、數量發生變化的風險歸買方負擔。但在 CIF 下也偶有約定以卸貨重量為條件的情形，例如 CIF net landed weights, CIF delivered weights 或 CIF out turn 等。關於此，2004 年修正版前的 UCC §2-321 (2) 規定，關於數量或品質，約定以其到達時的狀態為擔保條件者，運送途中貨物的通常惡化、短少或類似的風險，將由賣方負擔，但裝船後因海上風險而造成的滅失、毀損，仍應由 CIF 契約的買方負擔。換言之，CIF 附有此類條件者，仍不失為 CIF 契約。

㈥附有「貨物到達時付款」條件的 CIF，仍不失為 CIF 契約

例如 CIF LA payment after goods arrival，當事人只是將付款時間約定於貨物運抵卸貨港時付清，並未改變風險移轉的時點。

㈦附有與 CIF 本質相違的條件者，非 CIF 契約

例如契約雖以 CIF 為名，但卻附有類如：

⑴貨物實際交付買方之前，其危險由賣方負擔。

⑵貨物雖已裝船，但如有部分未運抵目的港，則該部分的契約無效。

⑶貨物以受損狀態運達時，必須扣減貨款等條件者。

上述⑶與 CIF 的「貨物於交到船舶上之時起，其風險即歸買方負擔」的本質有違，故非 CIF 契約。

第二節 ▶▶▶
解　說

🌸 一、一般義務

㈠賣　方

1.提供符合契約本旨的貨物

　　賣方應擔保裝船的貨物符合契約本旨的規定，如果是連環買賣，因中間商並未親自將貨物裝上船，而是出售已在海上航行的貨物，因此中間商對接續的買方必須擔保其「獲取」的單據貨物與接續買方所訂定的買賣契約本旨貨物彼此相符。

2.與契約貨物相符的時間點

　　賣方有義務親自或透過其代理作為託運人將貨物裝船，並與運送人或船東訂定海上貨物運送契約，因此貨物與契約本旨相符的時間點應以裝船時為準。

3.與契約貨物相符的實例

　　Re moore & Co. Ltd. v. Landarer & Co. (1921) 一案中，Rowlatt 法官認為契約規定罐頭每箱裝 30 聽 (Tin)，但有一半貨物每箱僅裝了 24 聽，與契約規定不符。

4.連環買賣運送中的貨物，但貨物已到港卸貨完畢是否與契約符合？

　　英國《買賣法》認為，如果契約就履約方式的條款已有特別規定，雙方即應加以遵守。因為該履約條款已被視為是構成貨物說明的組成部分，並且通常也被視為屬於契約的條件。

> 📁 **案例摘要** ❷
>
> 　　Benabu & Co. v. Produce Brokers Co. Ltd. (1921)

---

❷　David M. Sassoon 著，郭國汀譯 (2001)。《CIF 和 FOB 合同》，頁 52。上海：復旦大學出版社。

緣當事人雙方買賣業已裝載於 Luzo 船舶上，尚處在海上運送中 (Afloat) 的袋裝大豆一批，雙方約定的附加條件是，當船舶抵達倫敦港時，買方馬上就付款交單。但買賣雙方均不知道，在買賣契約訂立之前，Luzo 船舶就已抵達倫敦港且袋裝大豆早已卸貨完畢。等到買方於付款交單後，方才發現前開事實，因而依英國《買賣法》行使拒收貨物的權利，雙方因此興訟。

🏛 **法院判決解說**

Shearman 法官判決認為，「在海運中」一詞是用於貨物和與貨物有關的描述，屬於契約的條件 (Condition)。因此，買方得行使拒收貨物的權利並要求賣方返還業已支付的價金。

5.賣方應提供商業發票，及契約要求的其他單據

㈡買　方

買方有支付價金的義務。

🔖二、交　貨

賣方負責把貨交到船舶上，或購買已如此交貨的貨物，至於交貨的時間，應依照雙方合意之期日或者期間。交貨的方式也應參照當地港口習慣之方式。然後買方對賣方已經如此交貨之貨物，應從目的地指定港口之運送人處提領貨物。

㈠賣方交貨

賣方應將貨物放置於船舶上或購買已如此交付的貨物而為交貨，但買方均應於約定的期日或期間內，以該港口習慣的方式交貨。

㈡買方受領貨物

買方應於目的港向運送人提領貨物。

三、風險的移轉

㈠ Incoterms® 2020 風險移轉的原則

CIF 顯然還是採取交貨時風險即移轉的原則 (The risk of loss of or damage to the goods passes to the buyer at the time of delivery)。

㈡風險的提早移轉 (Premature of passing risk)

如買方未依 B10 將決定裝載貨物的時間或目的港內提領貨物的指定地點給予賣方充分的通知，則風險提早移轉。

㈢賣方未通知買方，風險是否移轉？

在 FOB 下，賣方未將交貨情況給予買方充分通知，致買方未投保而發生滅失或毀損，應認為風險未移轉，在 CIF 是否應作相同解釋？英國 1995 年《買賣法》第 32 條第 3 款規定，若涉及需保海上運送保險賣方若未充分通知，風險並不移轉，因此買方若於投保險種之外，需另再加保其他附加險，賣方並未通知交貨情況，風險並未移轉。

四、運　送

在 CIF 下，賣方負有訂定運送契約的義務。賣方應自付費用訂定運送契約，於約定時間及約定之交貨地方或地點把貨運到指定港口。運送契約應符合通常條件，行駛於通常航路，使用通常於運送契約貨物之船舶運送。

運送契約分為兩種：

1. 需要實際裝船，亦即賣方應與運送人訂定運送契約，不管是定期船或不定期船契約。

2. 購買已在海上航行的貨物與購買作為對其後手的買方表示已履行義務的運送契約 (A seller in string can procure goods shipped and a contract of carriage in performance of his duties towards his buyer downstream)。

茲針對 A4 規定加以分析：

㈠運送的區間

1.交貨地點

運送契約應始自約定的交貨地點迄至約定目的港或該目的港的指定地點。

運送契約的交貨地點若無特別規定，例如寫的是 CIF L.A. port，那麼應從臺灣的哪個港口出貨？原則上，賣方保有選擇權，可從臺灣任一港口出貨；若約定 CIF L.A. port shipment from Kaohsiung port，賣方就需從高雄港裝船。

例如美國最高法院在 Filley v. Pope, 115 U.S. 213 (1885) 一案中，Gray 法官針對從蘇格蘭西岸的雷斯港 (Leith) 而非從東岸的格拉斯哥 (Glasgow) 裝船是否符合運送契約規定中說明，法院無意也無權決定，何以當事人雙方要在契約中特別指明應自格拉斯哥裝船，而不使用諸如「從蘇格蘭裝船」或僅僅使用「裝船」等通常用語，而不特別提及指定地點，但法院卻有義務承認當事人雙方自行選定的特別地點的效力。對「自格拉斯哥裝船」的約定，界定了賣方應該依約行事的義務，同時也是買方履行其他任何義務的前提條件 (A condition precedent)。由於本案賣方並未承擔 (Undertake) 在任何其他港口辦理 (Obtain) 裝運，買方也並未同意接受在其他任何港口所裝運的生鐵。因此本案買方負擔了自格拉斯哥裝運遲誤的風險，同時也承擔了船舶自格拉斯哥航行至紐奧良途中的航海風險；但是買方並不承擔自雷斯港把貨運至相同的港口的遲延或海上的風險。

顯然 Gray 法官點出了裝船的時間和地點的約定應被視為是契約的前提條件，買方無義務接受異於約定港口所裝運的貨物。

2.清楚說明目的港受領貨物特別指定的地點──以 Dubai 為例

Dubai 位於阿拉伯聯合酋長國 (The United Arab Emirates, UAE) 東北沿海，瀕臨波斯灣的南側。Dubai 港區有兩個港口：第一個港口名為拉希德港 (Mina Rashid)；第二個港口為 1981 年新建的米納傑貝勒阿里港 (Mina Jebel Ali) 設有自由貿易區，同屬杜拜港務局管轄，因此若欲停靠第二個港口方便貨物託運入自由貿易港區的保稅倉庫，最好於契約指明。

㈡該項運送契約由賣方負擔費用

1.《海牙規則》

《海牙規則》規定，關於運送人的責任期間，若船舶自備有吊杆是屬於 From tackle to tackle；若船舶未自備吊杆則是屬於 From rail to rail。

2.《漢堡規則》

《漢堡規則》第 4 條第 1 項規定，該規則底下的運送人對於運送的貨物應負責任之期間，乃自裝運港將貨物置於其實力支配下之時起，歷經運送全程，迄於卸貨港為止為其責任範圍之期間，是採取一般所稱之「港到港之原則」(Principle of port to port)，亦即運送人之責任期間，是從裝運港迄卸貨港。

3.《鹿特丹規則》

《鹿特丹規則》對運送人責任期間則作了大幅的改變，按第 12 條規定❸，運送人依據該規則對貨物應負的責任期間，係自運送人或者履約方為運送目的而受領貨物之時開始，迄至貨物交付時終止。運送責任已由《漢堡規則》的港到港擴大至涵蓋「運送前、後區段的戶到戶運送」，不再僅止於港邊或船邊。

因《鹿特丹規則》尚未生效，從而由散裝船時代轉進入貨櫃船時代，貨櫃船交貨地點已延伸到貨櫃場，由此所新增的從貨櫃場把貨櫃移到碼頭，由碼頭吊貨物到船舶甲板的吊櫃費，因船公司報價與收取的運費還是僅止於從港到港的部分，在賣方碼頭與卸貨港碼頭等的裝卸貨費用，並不含於運費之內，這些費用是屬於 THC 的一部分。賣方通常於負擔運費以外，還需要負擔：

⑴搬櫃費用 (Shipping charges)：貨櫃場或集散站將貨櫃移往指定船舶旁邊的運送必要費用，由賣方負擔。

⑵裝船費用 (Loading charges)：由碼頭裝上船舶甲板上的裝載費用，由賣方負擔。

⑶其他產生的費用。

---

❸ 譯文請參閱聯合國 (2009)。《聯合國全程或者部分海上國際貨物運輸合同公約》(簡體版)。

㈢應按通常條件 (Usual terms) 訂立運送契約

通常條件指的是貨物運送契約的條款應屬於在海運貿易上或預定航程上常用的合理條件。海運貿易上的合理條件，例如該契約的貨物在貿易習慣上均係裝載於甲板上，縱該買賣契約並無應裝載於甲板的約定，但賣方與運送人訂定了甲板裝載的運送契約，這是合理的通常條件。至於預定航程上的合理條件，例如原買賣契約並無轉船的規定，但依預定的航程而言，是要轉船的，賣方因此訂定了轉船的運送契約，這是屬於通常條件的運送契約。但若買賣契約已訂明不得於甲板裝載或不得轉船，那就依契約約定。

㈣貨物的運送應經通常的航路 (Usual route)

就轉船是否屬通常航路而言，轉船乃指某特定港口不在船公司的海運航線上直接掛靠的基本港口，若不是直接掛靠必須要轉船才能到的叫非基本港口。以地中海航線為例，西班牙的巴塞隆納 (Barcelonai) 與瓦倫西亞 (Valencia) 兩個港口中，巴塞隆納是基本港口；瓦倫西亞是非基本港口。凡是非基本港口的貨，要在基本港口轉船，並要加收基本港口運費費率以外一定百分比之費用當轉船附加費。在沒有直達運送工具的情況下，就有必要在運送途中轉運貨物，應是屬於通常航路。

㈤用通常適合運送該種類貨物的船型

在 CIF 貿易條件下，若無特約，選擇船舶的權利在賣方，若需租船，賣方關心的重點可能在於：船東要求的運費高低、船期、船型的大小是否適合、船的其他情況是否會影響到賣方的利益。

因此，大宗物資買賣的買方或賣方或者有關的業務人員這時就必須懂得與船舶有關的知識，例如船要運什麼種類的貨物？當時的船舶市場是否有適合的船舶可供租賃？不同的船舶所需的運費是多少？誰是船東？船期如何？什麼是船東互保協會等。

就船級而言，依據紐約農產品交易協會 (New York Produce Exchange, NPE) 的船舶期租的標準格式的租約首段記載，租約要對所租的船舶詳細記載：船型（Fortune、Panamax 散裝船型）、船舶動力如蒸汽機船或內燃機船、船舶結構（船

身長度及寬度)、船級、淨登記噸位及總登記噸位、總載重噸 (Deadweight)、總
艙容量、吃水量 (Draft)、船速、耗油量等。

㈥其他有關船的規定

1. L/C 常出現有關船齡的條款

⑴ Vessel should not be more than 15 years of age....

⑵ Certificate from carrier certifying vessel is less than 16 years old.

⑶ Over 15 years of age but not over 25 years of age accepted.

2. L/C 規定船齡的理由

⑴發動機性能差容易故障,另外船體腐蝕生鏽較多。

⑵某些國家,如伊拉克、卡達、沙烏地阿拉伯、奈及利亞等國家規定,船
齡逾 15 年不准停泊。

⑶保險有所謂「老船加費」的問題,即船齡愈老,保險費愈高。

⑷某些國家由於歷史上的因素或者因為敵對與戰爭的關係,甚至因受聯合
國等國際組織的經濟制裁,進口商於 L/C 會規定如 "Bill of lading must
evidence carrying steamer is not Isreal and not calling at Isreal port" 的語
句。至於進口商由於某些政治原因,或為避免運送途中船遭到扣留的風
險,要求賣方僅裝某些國家的船,或不經過某些地區,不通過某一運河,
不靠某些港口,則範圍顯然更擴大。賣方選擇船舶時自應受到該特約的
限制。

㈦卸貨港與目的港

卸貨港是直接將貨物從船上卸下的港口,如果是直達運送,卸貨港就是最
後目的港,如果要中途轉運則卸貨港代表的是轉運港。目的港的卸貨情形與裝
船正好相反。卸貨乃指將所運送的貨物從船上卸下,由船公司指定的裝卸公司
作為卸貨代理人總攬卸貨和接受所卸貨物的工作。卸下的貨進入裝卸公司的碼
頭倉庫,由進口商憑單交貨稱為倉庫交貨 (Delivery ex-warehouse);如果貨物具
有危險、冷凍或笨重的特性,會在船邊就進行交貨 (Alongsideship delivery),或
稱為現提。

(八)多港口裝卸的問題

在訂定傭船契約的時候，租船人有時還不能確定究竟要在哪個港口裝貨或卸貨。因此租船契約有時會做這樣的約定 "One, two or up to three ports in the U.S. North Pacific (Columbia River District, including portland and pueget sound district) at charterers' option"，如果不這樣約定，允許可使用多個裝／卸貨港，到時會被船東拒絕或另付費用。

若約定使用多港口裝／卸貨，則在備貨、配貨或碼頭使用的優先順序一般都會約定一地理上的順序裝卸貨 "One, two or up to three ports in Mainland China, ports in geographical rotation"。另外，若在數個港口裝／卸貨，也需考慮到船舶裝卸貨後的首尾吃水差、結構安全及平艙的問題，船舶若有五個船艙，卸下第四及第五艙的貨物後再開往第二卸貨港，可能要花錢重整貨物，此時宜於契約中做約定，依貨物性質做卸貨順序的約定❹。

五、保　險

按我國《保險法》第 1 條規定：「保險，謂當事人約定，一方交付保險費於他方，他方對於因不可預料，或不可抗力之事故所致之損害，負擔賠償財物之行為。根據前項所訂之契約，稱為保險契約。」

2020 年版規定略為：

1. 除非另有約定，或特殊貿易另有慣例，賣方應自付費用投保 ICC(C) 條款或類似之最低承保範圍之貨物保險。

2. 保險應與信譽卓著之保險人或保險公司訂定，並給予買方或有保險利益者有直接向保險人求償之機會。

3. 賣方得循買方請求，由買方負擔費用投保 (A) 或 (B) 條款，及或協會之兵險與罷工險等條款。

4. 保險應以最低投保金額乘以 110%，保險涵蓋範圍應自 A2 交貨時起至指

---

❹　楊良宜 (1998)。《船運實務叢談第六冊——租期合約》，頁 178，大連：大連海事大學。

定目的地港口為止。

　　5.賣方應提供保單或保險證明與買方。此外，買方有所請求應提供其額外購買保險所需之資訊。

㈠最低承保範圍的貨物保險

　　CIF 下，賣方自負費用取得 ICC(C) 條款或任何類似條款所提供的最低承保範圍的貨物保險。

1.由賣方負擔保險費用

　　保單中有保費 (Permium) 一欄，此欄通常不加註具體數字而於保單印就 "As arranged"（按協商）等字樣。有時也可按 L/C 要求繕打 "Paid"、"Prepaid"，或繕打具體金額數目。

　　保險費分一次交付及分期交付兩種。保險契約規定，一次交付或分期交付的第一期保險費，應於契約生效前交付，但保險契約簽訂時，保險費未能確定者，不在此限。保險費應由要保人依契約規定交付。要保人為他人利益訂立的保險契約，保險人對於要保人所得為之抗辯，亦得以之對抗受益人。

2.投保貨物保險

　　海上貨物保險，亦即進出口貨物的運送保險。此種保險所承保的標的物，乃指貨物以及商品等，並不包括船舶與運費的保險。至於甲板裝載貨物，如果沒有任何相反的航運習慣時，甲板上所載的貨物應於投保時向保險人特別聲明。海上貨物保險大都採取定值保險單，於此場合通常都以「約定保險價額」作為保險金額。

　　海上貨物保險都按照航程投保，亦即採取航程保險單，以一定航程為保險期間。但如全部的航程中亦延伸包括陸上運送如工廠到裝上甲板時，其陸上運送路程亦是承保在內。

3.投保等同於 ICC (LMA/IUA) 的保險條款

　　請參閱第三章「國貿條規的原則」有關的說明。

㈡訂定保險契約

　　CIF 下，應與信譽良好的保險業者訂定保險契約。

1.保險業者

　　包括保險人與保險公司，請參閱第三章「國貿條規的原則」有關的說明。

2.信譽良好的意義

　　何謂信譽良好的保險公司並無具體定義，它的保費不見得是最低的，但在理賠的時候能夠以最快與最有效的速度積極處理整個程式，也能為保護與防衛公司的利益著想並有好的顧客服務團隊的保險公司。

㈢索　賠

　　CIF 賦予買方或任何其他享有貨物保險利益者有直接向保險人索賠的權利。

　　CIF 的賣方是為買方的保險利益投保的，因此當發生保險事故時，保險人會調查貨物究竟是在物流的哪個階段發生滅失或毀損的，保險索賠者是否有保險利益，而決定是否補償。

㈣依買方請求以買方的費用加保任何附加險

1.依買方請求

　　若依買方請求且有付保可能，則賣方依買方提供的必要資訊，以買方的費用加保任何附加險。

　　例如 ICC(A)、ICC(B) 條款或任何類似條款所提供的保險及（或）符合 War risk、SRCC 以及任何類似條款的保險。

2.投保金額

　　投保金額最低為 CIF 110%，並與契約相同幣別的貨幣投保。

3.保險期間

　　應覆蓋自 A2 與 A3 指明的交貨地點起至指定目的地點止。

六、交貨／運送單據

㈠賣方交付通常運送單據給買方

　　賣方應自負費用迅速的提供與買方，載有約定目的港的通常運送單據。且該運送單據應載明契約標的物以及裝運時間係在雙方約定期間內的期日。又，若依明示或慣例，此運送單據亦應能讓買方於指定目的港逕向運送人訴請提貨且除另有明定外，交貨單據得轉讓與下一個買受人或以通知運送人的方式，轉售運送中的貨物。

當交貨單據係以可轉讓形式簽發且有數份正本時，應向買方提供全套正本單據。

㈡買方應受領單據

買方應接受賣方依 A6 所示情況提供的交貨單據且該單據應符合契約約定。

七、輸出入通關

㈠賣方辦理輸出通關

在可適用的情況下，賣方應自負風險及費用，取得貨物輸出必要的任何輸出許可證或其他官方批准書，並辦理貨物輸出通關的手續，例如：

1. 輸出許可證。

2. 輸出之安全通關資料。

3. 裝運前強制性檢驗。

4. 其他官方強制批准書等。

臺灣為工作母機輸出的王國，但某些精密的工作母機可用來製造國防武器，因此《瓦聖納協議》(*Wassenaar Arrangement*) 會定期將該限制出口的精密機械列載為管制清單，國貿局也會不定時發布列入戰略性高科技貨品管制的清單，出口這類產品應使用特殊的表格取得出口申請，我國的賣方應自負風險與費用取得這類貨物出口的相關官方核准單據。

在美國出口戰略性高科技貨品的行政規則相當複雜，負責審查的機關除商務部的國貿局外，還有財務部、國務院和原子能委員會；加拿大與墨西哥對這些出口單據的核發採比較寬鬆的政策；我國則對此類貨物的種類會有更動，需不定期上國貿局網站查詢，否則出口通關時可能會產生風險問題。

㈡賣方協助辦理輸入通關

在可適用情況下，賣方應循買方之要求，以買方風險與費用，取得為辦理通過第三國或輸入國之過境或輸入通關手續，所需之任何單據與資訊，這些還包括過境與輸入國家所需之安全資訊以及強制性檢驗資訊。

㈢買方協助辦理輸出通關

在可適用情況下，買方應循賣方之請求，以賣方風險與費用，取得為辦理輸出通關手續，所需之任何單據與資訊，這些還包括輸出國所需之安全資訊以及強制性檢驗資訊。

㈣買方辦理輸入通關

在可適用狀況下，買方應辦理及支付輸入國與過境國所要求之任何輸入通關手續，例如：

1. 輸入及過境第三國之許可證。
2. 輸入及過境第三國之安全通關資料。
3. 裝運前強制性檢驗。
4. 其他官方強制批准書等。

㈤小　結

取得輸出入許可證是買賣雙方的絕對或相對義務嗎？Incoterms 似乎建立了一項原則，那就是買賣雙方各自向自己的政府打交道的原則 (Each counterparty to deal with his or her own governments)，因此賣方負責辦理並取得相關出口單據與手續的義務；買方則辦理並取得相關進口單據與手續的義務。此項義務應是相對的義務，只要雙方各自用盡所有合理的努力去取得相關單據即可。如要對方盡絕對義務辦理或取得該項單據否則即屬違約，那就應於契約明白規定，若契約未明文規定，依學者 Sassoon 的見解，賣方對取得相關單據僅負有相對義務。

八、檢查／包裝／標示

㈠檢　查

賣方應自負交貨所需的檢查作業費用。檢查作業的費用包括品質、丈量、過磅與計數等的費用須由賣方負擔。例如石油的出口檢查作業，會在離碼頭不

遠處的石油槽 (Shore tank) 取樣品檢驗，但油槽經油管輸送到碼頭的歧管 (Manifold) 會有一段距離，因此會在歧管處裝貨時再另外取一些樣品化驗成分。若化驗結果兩者品質均符合規定，方符合契約品質，這些取樣化驗的費用是由賣方負擔。

(二)依適合貨物的包裝方式包裝貨物

普通貨物常見的包裝是使用如下的英語：" Packing should be international export standard sea worthy export packing and a certificate to this effect from the beneficiary must accompany the shipping documents"。

買方有時會詳細列出包裝的方式：

(1) Individual packing: 1 pc/1 bubble bag + 1 instructive + 1 microcorrugated white box of microcorrugated 2 mm thickness + 2 stickers with black color printing

（個別產品包裝：每一個裝一氣泡袋＋一份說明書＋2公釐厚的微型瓦楞紙板白色盒＋二個黑色印刷的貼紙）。

(2) Export packing: regular slotted container—maximum size: 60 × 50 × 40 cm, B/C flute-double-face wall corrugated black color printing shipping marks on 4 sides no staples 150 lbs strength

（外銷包裝：標準開縫箱——最大尺寸：60 × 50 × 40 公分，B/C 級的雙層瓦楞紙箱，四面黑色印刷字體的嘜頭，無釘，有 150 磅的耐力）。

此外，如果買方未特別規定，則施以通常運送方式的包裝並加標示。

九、費用的劃分

在每個契約項下費用的區分很重要，除了知道誰要作什麼以外，還要知道誰要負責該項費用，分析 Incoterms 費用劃分原則，似為是賣方負擔費用至指定交貨地點，爾後發生的費用由買方負擔 (The seller has to pay costs necessary for the goods to reach the agreed point of delivery, and the buyer has to pay any further costs after that point)。但這牽涉到費用的種類與當地的港口習慣甚至是買賣雙方以前的商業實務 (Commercial practice used earlier)，在實務應用上有困難。

㈠賣方負擔的費用

1. 貨物直至依 A2 交付時止之費用，除買方應依 B9 負擔者除外。

2. 運費及因運送產生之所有費用，包括把貨積載於船舶上，以及與運送安全有關之費用。

3. 依據運送契約規定，應由賣方負擔，在合意卸貨港口的任何卸貨費用。

4. 舉例：傭船契約卸貨費用的問題

CIF 最主要使用大宗物資的買賣，是由賣方支付傭船運送的費用，若屬於航程傭船契約，傭船契約會規定裝卸貨的時間或是按港口習慣快速裝運 (Customary Quick Despatch, CQD) 方式，倘裝船港裝貨若有延滯，費用是由賣方負擔，如果在卸貨港延滯，船東會向傭船的賣方索取此項費用，為避免糾紛買賣契約常約定延滯費的規定如下❺：

⑴ Discharge laytime and demurrage as per charter party.

⑵ Discharge demurrage payable as indicated in the charter party.

5. 依據運送契約應由賣方負擔之過境費用。

6. 為證明貨物已經交貨，依 A6 提供給買方之通常證明費用。

7. 因 A5 發生之保險費用。

8. 在可適用之情況下，為輸出通關所支付之關稅及其他費用。

9. 支付買方為協助取得輸出通關有關之單據及資訊之費用。

㈡買方負擔的費用

1. 自賣方依 A2 交貨時起發生之所有費用，但應由賣方依 A9 負擔者除外。

2. 過境費用，除非依運送契約應由賣方負擔者則不在此限。

3. 卸貨以及駁船與碼頭費用，除非依運送契約應由賣方負擔者則不在此限。

4. 因買方請求額外購買附加保險所增加之費用。

5. 賣方為協助買方依 A5、A7b 規定，取得相關資料及資訊的所有費用。

6. 在可適用之狀況，支付輸入通關及過境第三國之關稅等稅費。

---

❺　楊良宜 (1998)。《船運實務叢談第七冊──程租合約》，頁 328、440。大連：大連海事大學。

7. 舉例：

凡貨物自輸出國運往輸入國，並非直接運送而是經由第三國地區時，對第三國立場而言，即為過境貿易。以緬甸為例，過境需要審批、繳交過境費與外匯稅費，以及要依照過境貿易方式領得進出口許可證。該項費用若已包括在運送契約內是由賣方負擔，否則由買方負擔。

8. 因下列兩項原因所額外增加之費用：

　(1)買方未能依 B10 規定給出相關之通知。

　(2)買方依 B10 指定之船舶，未能準時到達，未能承載貨物，貨物結關日期早於買方依 B10 通知之日期。

⊕ 表 14–1　CIF 買賣雙方負擔費用的劃分

賣方負擔費用	買方負擔費用
直至依 A2 交貨為止之費用，除買方應依 B9 負擔者除外	自賣方依 A2 交貨時起發生之所有費用，但應由賣方依 A9 負擔者除外
運費及因運送產生之所有費用，包括把貨積載於船舶上，以及與運送安全有關之費用	－
依據運送契約規定，應由賣方負擔之在合意卸貨港口的任何卸貨費用	卸貨以及駁船與碼頭費用，除非依運送契約應由賣方負擔者則不在此限
依據運送契約應由賣方負擔之過境費用	轉運費用，除非依運送契約應由賣方負擔者則不在此限
為證明貨物已經交貨，依 A6 提供給買方之通常證明單據	－
在可適用之情況下，為輸出通關所支付之關稅及其他費用	在可適用之狀況，支付輸入通關及過境第三國之關稅等稅費
支付買方為協助取得輸出通關有關之單據及資訊之費用	賣方為協助買方依 A5、A7b 規定，取得相關資料及資訊的所有費用
因 A5 發生之保險費用	因額外請求賣方購買保險所增加之費用
－	因下列兩項原因所額外增加之費用： (1)買方未能依 B10 規定給出相關之通知 (2)買方依 B10 指定之船舶，未能準時到達，未能承載貨物，貨物結關日期早於買方依 B10 通知之日期

⚜ 十、通　知

賣方應通知買方貨物已依 A2 規定交貨，此外應通知買方提領貨物所需之資訊。買方則應給予賣方充分之通知，關於其已決定之裝船期間，及（或）在目的地港口指定之提領貨物地點。

㈠買方通知賣方

如果買方有權決定裝貨的時間與目的港的指定地點，要給賣方充分通知。

㈡賣方通知買方

CIF 的 A10 通知買方 Shipping advice、Declaration of shipment 很重要，因為除非買賣契約另有約定外，否則賣方經由海運方式，將貨物裝於船舶上，即應就買方保險所須的資訊通知，讓買方適時的購買保險以及準備受領貨物，並且開始向下游兜售貨物的措施。何謂充分通知，原則應係就已於何時及何處貨物已交到船上、船舶名稱與航班號碼、何時開航 (Estimate Time of Departure, ETD) 並預計何時抵達 (Estimate Time of Arrival, ETA)，以及已裝船貨物的相關資料等。

如果貨物明細或者船舶名稱通知錯誤，會讓買方陷入轉售貨物的風險，甚至市場價格下跌，買方以通知不正確為由提出市場索賠。

上述情形可透過兩種方法避免：

⑴確實做好核實的工作，讓通知的內容無任何差錯。

⑵在買賣契約中加入允許錯誤時更正的條款 (The sale contract allowing him to substitute the notice of appropriation)。

📖 範　例

L/C 常見的通知條款為 Bene's❻ shipment fax sent to applicants fax no: ×××× informing the shipment details within 5 days after shipment date（受益人應於裝船後 5 日內傳真到申請人 Fax 號碼，將裝船細節通知申請人）。

解　析

最好說明是 Copy of bene's fax 或 Certified copy of bene's fax 會比較完整。

---

❻　beneficiary 簡稱為 bene。

習題

一、選擇題

（　） 1. 貨櫃運送若還是使用 CIF，則貨櫃的吊櫃費應由誰負擔？ ⑴賣方 ⑵買方 ⑶船公司 ⑷依當地碼頭習慣。

（　） 2. CIF 下，目的港的 THC 應由誰負擔？ ⑴賣方 ⑵買方 ⑶若未含於運費由買方負擔 ⑷報關行。

（　） 3. 我國賣方用 CIF 洛杉磯港口賣與美國買方散裝貨物一批，若無特約，裝船港得由下列何者選擇任一臺灣港口出貨？ ⑴賣方 ⑵買方 ⑶運送人 ⑷報關行。

（　） 4. 下列有關 CIF 的敘述，何者錯誤？ ⑴ CIF 的買方得於裝船港接受貨物 ⑵ CIF 的買方有在目的港接受貨物的義務 ⑶ CIF 的賣方不必通知買方貨物已裝船的相關細節 ⑷ CIF 的賣方投保金額若無特約，是按 CIF 乘以 110% 計算。

（　） 5. CIF 的買方要求提供可轉讓的運送單據，則賣方應提供下列何者？ ⑴提單 ⑵ SWB ⑶ Straight B/L ⑷ AWB。

二、問答題

1. 請說明《鹿特丹規則》與 CIF 的關係。

2. 請說明在 CIF 下的連環買賣，賣方應如何交貨？其風險又於何時移轉？

3. 請說明 Incoterms® 2020 CIF 就保險契約有關的規定。

4. 請說明 Incoterms® 2020 CIF 就運送契約有關的規定。

5. 請說明 CIF 與 CIP 的區別。

第三篇

2020 年版國貿
條規的運用
策略

第一節 ▶▶▶
選用貿易條件的原則

　　貿易條件的選用，如果單純從買賣雙方履行義務繁複的程度來說，理論上當盡可能選擇自己負擔義務最少或風險最小的條件。准此，在洽談契約時，賣方當盡可能選用現場交貨的 EXW；但就買方而言則應選擇負擔義務最少的條件，即目的地交貨的 DDP。然而，實務上，貿易條件的選用常涉及買賣雙方的談判或協商能力，同時還需要顧及各項貿易外在的因素，諸如貨物的市場狀況因素、運送及保險的控制、政府的干預、地理因素及外匯管制等。茲就選用貿易條件的原則說明如下：

一、貨物的因素

　　貨物因素包括貨物的種類與數量、貨物市場狀況的考慮和貨物地理因素的限制等。

㈠貨物的種類與數量

　　國際貿易貨物的種類很多，而不同種類的貨物其特點也各異，從而影響了貿易條件的選用。

1.季節性或節慶的產品

　　此類貨物必須保證貨物的到達時間以趕上銷售時機，因此，往往需採用 D 群貿易條件訂立「目的地契約」。

2.精密儀器、貴重物品、鮮活商品和急需物資

　　此類貨物需要有高品質的貨運運送工具配合且運送速度要快，通常係使用航空運送，此時就不能適用海運與內陸水路運送的 FOB，需使用適合於包括複合運送在內的任何運送方式的 FCA 等貿易條件。

3.大宗物資

如果是大宗物資，則宜選用 FOB、CFR、CIF 等傳統海運條件。

4.不同類別的貨物

不同類別的貨物具有不同的特點，它們在運送方面各有不同的要求，故安排運送的難易不同，運費開支大小也有差異。這是使用貿易條件應顧及的因素。

5.成交量的大小

成交量的大小直接影響安排運送是否有困難，或者運費是否合算。當成交量太小，又無定期輪船掛靠必須在其他港口轉運的情況下，負責安排運送的一方，勢必會考慮額外增加的運送成本與運抵目的地的時間，故成交量少的貨物選用海運貿易條件時，會避免選用有約定時間限制的 DDP。

(二)貨物市場狀況的考慮

在競爭劇烈的市場中，賣方為了與競爭者競爭起見，有時不得不遷就買方，而應允採用對買方負擔義務比較輕的 DAP、DPU 或 DDP 等目的地交貨條件。或是賣方也得採用 CFR、CPT、CIF 或 CIP 等貿易條件，以示願意負擔安排運送事宜及支付運費的責任。但須知，羊毛出在羊身上，賣方接受須負擔更多風險與費用的貿易條件，終必反映在價格上，使得價格水漲船高。

此外若是買方市場，當貨物供過於求，因買方處於主動，採用的貿易條件一般出口傾向於採用 F 群貿易條件；當某商品供不應求或價格看漲屬賣方市場時，則傾向於使用 C 群貿易條件。

(三)貨物地理因素的限制

1.地域較廣的地區

如歐美或中國大陸，當貨源處在內陸地區時，出口宜採用 FCA、CPT、CIP 三種貨交承運人的貿易條件，以減少風險和運送責任。

2.地域較狹隘的地區

如臺灣，一個島國的貿易商從事對外貿易，由於地理上的限制，自不便或不能以 DAP 或 DPU 等貿易條件交易。

二、貨物跨國流動的因素

貨物跨國流動必須歷經國內運送、進出口報關、跨境運送等環節，因此貨物在運送過程中可能會遇到諸多風險。所以，在貨物跨國移動方面選用貿易條件時除應考慮前述的貨物因素外，也需考慮運送、進出口報關、風險與保險、政府干預、外匯管制、價款等因素。

㈠運送因素

運送因素的內容包括運送方式、運送條件、運費水準與運費變動、安排運送事宜、裝卸貨與港口情況等。

1.運送方式

除 FAS/FOB/CFR/CIF 僅適用於海運與內陸水路運送外，其他七種貿易條件則可以適用於包括複合運送在內的任何運送方式。因此如果用海運條件如 FOB TPE airport 於空運，將造成解釋上的爭議，有人主張貨物裝入機艙，有人主張貨交機場相關人員收管，風險才移轉。

2.運送條件

賣方有運送能力或安排運送無困難時，於買賣契約談判時，應爭取自己辦理組織貨物的運送事宜，即按 C 群貿易條件出口，方便對貨物的控制。

3.運費水準與運費變動

⑴在運費水準適中且運價穩定時，賣方安排運送並無運費漲價的風險，因而，出口宜採用 C 群貿易條件。

⑵當運費水準高漲或運價看漲時，則為避免運送成本增加或存在增加的風險，宜將運送的組織責任轉給買方承擔，亦即以 F 群貿易條件出口。

4.安排運送事宜

一般而言，在出口地由賣方安排運送事宜較為便利。此外，船貨互相配合出錯的機會比較少。因此，除非另有考量，否則出口商實無必要堅持必須以 EXW、FCA 或 FOB 等貿易條件交易。換言之，出口商應可接受須負擔較多義務的貿易條件，例如 C 群貿易條件。

5.裝卸貨

(1) EXW 的賣方不負責裝貨，如要賣方負責裝載貨物，則宜使用 FCA。

(2) DDP 的買方不負責卸貨。

(3) FCA 在賣方營業場所交貨，由賣方負責裝貨；在賣方營業場所以外的地點交貨，由買方負責卸貨。如果交貨的對象不是運送人而是其他人，例如買方自己開卡車來提貨，賣方已把貨置放在公司門口特定地點，但拒絕把貨裝上卡車，理由是賣方對「運送人」才負責裝貨，若是買方，既然不是條文所規定的運送人，賣方無義務，應由買方自己裝貨。但 FCA 交貨應與提貨人是誰無關，而是與交貨地點有關，裝上卡車置於買方或其運送人實際支配才完成交貨義務。因為依照 A2，貨物裝上買方提供的運送工具即為完成交貨。

6.碼頭情況

在正常情形下，凡具有良好設施的貨櫃港口及勞工比較溫和與勞動條件較優的國家，因政治動亂、港口擁塞、罷工致碼頭封港或貿易中斷的危險比較小。這種情形，出口商當可選擇將其交貨義務延伸至在目的地交貨的貿易條件，例如 DAP、DPU 或 DDP 等貿易條件，當然，若出口商認為上述風險難以確定，以致不易計算價格時，那只好求其次，改採 FAS、FOB、CFR、CPT、CIF 或 CIP 等貿易條件，而將上述風險轉由進口商承擔。

㈡進出口報關因素

一般而言，貨物進出口的報關手續由本國當事人辦理比較方便，若由外國當事人辦理則存在諸多行政措施的法令限制。因此：

1.買　方

若買方使用 EXW 在出口國辦理出口通關有困難時，宜使用 FCA。

2.賣　方

若賣方在進口國辦理貨物進口通關有困難時，不宜使用 DDP，而宜使用 DAP/DPU。

㈢風險與保險因素

保險的承保範圍，當事人要依運送方式作決定，必須根據不同時期、不同地區、不同運送路線的風險情況決定投保的範圍，至於貿易條件選用 CPT/CFR 或是 CIP/CIF？由買方或賣方購買保險？誰可取得較優惠的保費，是最主要的考量。

在許多事例中，有大量貨物出口及經常出口貨物的出口商，當比偶爾進口貨物的進口商居於有利地位，可從保險人處獲得較優惠的保費條件。

㈣政府干預因素

各國政府當局常直接或間接地以行政命令指定或規定本國廠商須以 CFR 或 CIF 等貿易條件出口貨物，或以 FOB、FAS 或 FCA 等貿易條件進口貨物。其理由為：

1.保護或扶助本國航運及保險事業

以貿易條件為工具，引導本國廠商利用本國船舶裝載進出口貨物，從而達到保護或扶助本國航運及保險事業的目的。

⑴就運送而言，如：

①以 CIP 或 CIF 等貿易條件出口時，將由出口商負責安排運送，故出口商可盡量利用本國船舶裝載。

②以 FAS 或 FOB 等貿易條件進口時，將由進口商負責安排運送，故進口商可盡量安排本國船舶承運。

⑵就保險而言，如：

①以 CIP 或 CIF 等貿易條件出口時，由出口商負責安排保險，故出口商可盡量向本國保險公司投保。

②以 FAS 或 FOB 等貿易條件進口時，進口商負責安排保險，故進口商可盡量向本國保險公司投保。

2.以干預手段增加或節省外匯收入或支出

⑴就出口國而言，出口商以 CIP 或 CIF 等貿易條件出口貨物時，出口商雖承擔運送及保險費用，但這些費用已計入價格內，故可增加外匯的收入。

⑵就進口國而言，進口商以 FAS 或 FOB 等貿易條件進口貨物時，進口商雖承擔運送及保險費用，但因在大多數情況下可以本國幣繳付運費及保險費，故可節省外匯的支出。

㈤外匯管制因素

由於部分國家採行外匯管制措施，故在實務上中小企業較少採用 EXW、DAP、DPU 或 DDP 等貿易條件出口貨物。

㈥價款因素

Incoterms 只提及買方有支付價金義務，對付款方式並未規定，但交貨與付款卻是有密切關係，因此選用貿易條件時也應考慮付款方式。

貿易條件與付款方式的選用策略：

1.付款方式

付款方式大略可以分為匯付、託收、信用狀 (L/C) 與記帳貿易 (Open Account, O/A)。

⑴EXW 適合使用貨到付款 (Cash on Delivery, COD) 的方式，或者使用預付款方式；不適合使用 L/C。

⑵F 群貿易條件也可使用 L/C 當作付款方式。如果是 FOB，憑提單付款；如果是 FCA 或 FAS 也可憑運送單據付款。至於 F 群貿易條件則不適合使用託收方式，因為買方到時不承兌或不付款交單，運費還是要由賣方負擔。萬一貨物發生滅失或毀損，買方又未投保水險，到時買方當然更不會承兌或付款交單。

⑶C 群貿易條件適合使用 L/C 作為付款方式。C 群貿易條件原則上需要使用單據來達到付款的目的，因此適合使用 L/C 當付款方式。如果是 CFR 與 CIF：配合提單的使用，然後提示載有已裝船的運送單據；如果是 CPT 或 CIP：因貨交第一運送人後，也可取得相關的運送單據例如複合運送單據，因為運送單據配合 L/C 的使用是理想的與貿易條件結合的付款方式。此外，如果進一步考慮買方不投保所引發的不承兌與不贖單風險，則 C 群貿易條件中的 CIF/CIP 也適合使用託收方式。

(4) D 群貿易條件賣貨予跨國零售店會使用 O/A 作為付款方式，使用 O/A 方式最好配合擔保信用狀的使用。一般認為 O/A 搭配擔保信用狀使用是不錯的選擇，因為如果買方違約不付款，可以依擔保信用狀條款的規定，檢附相關單據要求開狀銀行付款。

D 群貿易條件不適合使用 L/C，因為容易於貨物到達後為品質等問題產生爭執而不出具相關的受領貨物單據。就以 DAP 為例，若使用 L/C，通常 L/C 會規定買方應提供受領單據，證明買方已受領貨物，但如果對貨物品質有爭執，買方通常拒絕提供，這時賣方就無法獲得 L/C 項下的付款。再說 L/C 的本質設計是憑提示裝運等相關的單據得到付款，免除受益人於履行交貨義務後不能獲得付款的風險。

但在 D 群貿易條件下，仍有人使用 L/C 當付款工具的用意何在？主要是賣方可利用 L/C 對買方進行融資，例如使用買方遠期信用狀，方便買方資金周轉使用。當然國家法令強制規定付款方式或者買賣雙方彼此互有誠信也可使用 L/C 當付款方式。

對出口商而言，無論何種貿易條件，100% 預付款是最佳的選擇。其次是 L/C，再其次為使用部分預付款搭配出貨前或裝船後若干天付清餘款，例如賣方使用 30% 左右的預付款，出貨前電匯 70% 餘額，或是 70% 左右餘額見提單影本付款；也有賣方使用 30% 左右的預付款，50% 裝船前付款，20% 貨到港口付款。國貿條規中的 F 群與 C 群貿易條件皆適合這些付款方式。

⊕ 表 15-1　十一種貿易條件適合與不適合的付款方式

貿易條件	付款方式
EXW	1.適合：COD、預付款 2.不適合：L/C
F 群貿易條件	1.適合：L/C、預付款 2.不適合：託收
C 群貿易條件	適合：L/C、託收 (CIF/CIP)、預付款
D 群貿易條件	1.適合：O/A（搭配擔保信用狀） 2.不適合：L/C

2. 外匯管制與政府干預

外匯管制國家進口會規定使用 L/C 作為付款方式；有些國家則規定出口使用 CIP/CIF，進口使用 FCA/FOB，若賣方接受這種付款方式，即應注意進口國開狀銀行的信用。

第二節 ▶▶▶
賣方選用貿易條件的決策過程

出口商在進行貿易時，有時會與新客戶進行貿易、不熟悉國際運送業務，或是進口商要求以新的貿易模式 (New trade business model) 進行貿易等狀況，賣方慣用的貿易條件（如 FOB）不被對方接受，或不適合該新貿易模式，或用轉口貿易過境其他國家運送時，就必須考慮並選用其他適合該個案的貿易條件。

一、概　說

㈠選用貿易條件

選用貿易條件首先要先瞭解國際商會 (ICC) 制訂的 Incoterms，才能充分且適當運用。茲舉兩例加以說明：

1. CPT 的買方要繳關稅

> **案例摘要**
>
> **Russia 11 April 1997 Arbitration proceeding 220/1996**
>
> 英國賣方出口一批貨物與俄羅斯的買方，雙方約定買賣契約內容如下："CPT port of designation in Russia"，買方雖已付部分款項，但貨物受領後並未付清餘額，賣方遂向俄羅斯聯邦商會國際商務仲裁庭申請仲裁。
>
> 賣方主張俄羅斯買方並未付給他契約項下的價金餘額。
>
> 買方抗辯他將付款餘額扣除賣方應付的進口通關手續費與關稅後，已無價金餘額可供返還，因此不負價金餘額返還義務。

仲裁判斷解說

　　仲裁庭認為，本案有關交貨與品質等的事實已臻明確，並無爭執，其中儘管涉及進口的貨物是要在俄羅斯製造，可以免關稅，但從 CPT 的本質來看，誰要負擔關稅？CPT 的 B2 規定應該由買方負擔，因此這些關稅並不包括於賣方應負擔的費用裡面。根據此案，由於賣方已經交貨，且賣方已把單據交給買方，因此仲裁庭認為買方應給付餘款給賣方。此案很清楚的用 Incoterms 的規定解決了糾紛。

2. CIP 的買方應適時辦妥進口通關手續

案例摘要

Russian 24 January 2002 Arbitration proceeding 27/2001

　　俄羅斯的買方向匈牙利的賣方用 CIP 購買貨物一批，買方於仲裁時訴稱，其已把全部價金付給賣方，但賣方並未準時 (On time) 交貨，因運送遲延貨物被置放在俄羅斯轉運點的海關倉庫 (Customs warehouse at a transit point in Russia)，致進口結關手續無法適時辦理，買方要求應退還價金並就遲延交付的部分付罰金。

仲裁判斷解說

　　仲裁判斷認為，賣方已履行其交貨義務，亦即把貨交給運送人，辦妥了出口通關手續，然後也依契約規定的時間，把貨空運到目的地莫斯科。

　⑴賣方如上所述並無遲延交貨情事，對運送遲延情事不必負責。

　⑵賣方也把運送單據 AWB 與相關單據交給了買方指定負責進口結關的買方代表。

　⑶依 Incoterms 2000 CIP B2 的規定，買方應負進口通關等相關義務，本案遲延到達目的地是歸因於買方未能適時辦理進口通關手續，因此賣方勝訴。

3.應瞭解國貿條規每個規則的內容，才能充分運用

以 CFR 的 B2 與 A10 為例，業者對兩者的內容與彼此的關係和優先順序應該加以瞭解。

📖 範　例

設若買賣雙方以 CFR 買賣大宗物資，因買方遲延卸貨，運送人遂向買方加收延滯費用，買方轉嫁向賣方尋求對延滯費用予以賠償，理由略以買方並未接到任何賣方有關貨物已經到港的通知，先前也未接到賣方正確的交貨通知。

賣方抗辯，依 Incoterms® 2020 CFR 的 B2，買方有受領貨物的義務，否則屬違反契約，對增加的費用例如延滯費用要賠償，斯乃當然之事。

但買方則認為，依 A10 規定賣方應將業已交貨細節充分的通知買方，否則買方就沒有充分資訊去作提領貨物的準備。

👔 解　析

雖然雙方各舉有利於自己的條項，但衡諸 B2 與 A10 關係，A10 賣方的通知義務的時間點應該要早於 B2 買方的義務，故此項延滯費用應由賣方負擔。

㈡選用貿易條件的首要原則

選用貿易條件的首要原則是根據買賣雙方的特約合意選用，充分體現誠信與公平交易原則。但有時候經買方信用調查，認為賣方信譽不好，買方可能會堅持使用 FOB，由自己派船前來取貨避免賣方詐欺。此外，有的買方會要求賣方分別報 FCA/CPT/CIP 的價格作為比較使用。若 FCA 的報價買方可以接受，但 CPT 的價格卻認為偏高，原因可能是包裝或運費出現問題，雙方可能會再拿出包裝單 (Packing list) 分析包裝等方式是否有可改善之處。有的貨物體積較大，買方會要求小件貨物先放進中件貨物裡面，中件貨物再放進大件貨物當中，減少材積，甚至要求改變包裝方式，讓一個 20 呎貨櫃可以裝進更多的貨物。

㈢選用貿易條件的考慮因素

1.由誰負責安排貨物有關的運送事項

例如：誰願意或提議由誰負責安排運送事項？買賣雙方由誰安排運送可以獲得較低廉的運費？其中，「運費高低」常是由誰負責安排運送的主要考量。

賣方如若善於安排運送服務有其好處，也許從運送的安排可以獲得比其他業者更低的運費，就可以賺到運費的差價，這種差價可稱為運送佣金。如果賣方不想賺取該項差價，則可以用比其他競爭對手更優惠的價格獲得訂單。

2.風險負擔的移轉

就賣方的立場而言，當然希望風險負擔愈快移轉給買方愈好，但這取決於交貨地點的決定。因為正常情況下，交貨地點的所在就是風險移轉的所在；就買方立場而言，若純從風險移轉考量，買方也許會選用 D 群貿易條件，即當自己可以實際掌控貨物時風險才移轉。因此，實務上在選用貿易條件時，要依照整個契約情況、雙方相關利益的妥協以及買賣契約談判的能力才能作出最後決定。

3.國際商展場合買方要求報價

此時賣方一般會先用 FCA 報價，待買方有意願時才會客隨主便，報 C 群貿易條件的價格。

4.賣方報價應盡可能不使用變形條件

賣方報價應以不變形條件作為貿易條件談判的基礎。如大宗物資買賣，若買方要求報 FOB stowed and trimmed，賣方也願意接受，則可考慮使用該變形條件，但必須特別注意：

⑴風險的移轉時點：買方須瞭解風險於何時移轉、是否為 On board the vessel 就移轉或須等積載與平艙完畢始移轉等資訊。

⑵變形條件的價格結構：變形條件有附加的各種費用，賣方應注意這些費用是否已確實反映在變形條件的價格結構當中。

5.詳細的制定一份有關費用的清單

雖然 Incoterms® 2020 十一種貿易條件的 A9 對費用的劃分已有所規定，但還是有不少的貿易糾紛是因何方要負擔裝載或卸貨費用、THC、貨櫃租賃費與通關手續費發生爭執，即使買賣雙方已經清楚的選定了某個特定的貿易條件，此種爭執仍有可能發生。因此賣方可以製作一份清單 (Checklist)，針對這些可能發生爭執的元素，有系統的與買方溝通。若有必要，賣方甚至可以針對所選擇的條件制定一份費用清單，作為契約文本的附件 (Contract textual addition to the chosen Incoterms)，如此一來就能把該抽象貿易條件的背後，實際所具體代表的費用範圍加以充分顯現。

6.固定使用少數幾個特定貿易條件會錯失貿易機會

有些小型企業與剛剛開始從事國際貿易的業者，堅持使用諸如 EXW 等賣方負擔義務較少的貿易條件，這也許無可厚非，但如果買方也堅持使用自己喜歡的 F 群或 C 群貿易條件，豈不是錯失貿易機會?因此全盤瞭解 Incoterms® 2020 是有必要的，除買賣雙方對使用的貿易條件有共識外，與 Forwarder 洽詢有關運送或通關等事項，都將會獲得相關的知識來處理這些貿易條件有關的技巧。

7.是否辦理進出口通關與繳交關稅？

如果賣方選擇的貿易條件需要辦理這些業務，就必須考量究竟需要辦理的是哪些手續？辦理該項業務需要多少時間？萬一通關發生障礙時要如何處理？然後在買賣契約中針對辦理所需要的合理期間，和通關發生不可抗力的風險預為設計相關的免責條款是有必要的。

二、賣方選用貿易條件的決策過程

每個出口商都有自己選用貿易條件的決策模式，以下提供一個決策模式的樣本供賣方做決策參考。

㈠決策模式的樣本

1.您希望在工廠或營業場所直接把貨交給買方，但不想辦理出口通關手續
　　⑴若答案為「是」，則宜選擇 EXW，因為工廠交貨條件賣方只要把貨準備好放在工廠附近周圍，您就已履行交貨義務。
　　⑵若答案為「非」，則宜選擇 FCA，如此一來，您需負責在工廠把貨交給買方指定的運送人，並負責出口通關。

如果上開情形（例如交貨地點）對您不適合使用，請繼續：

2.您願意在自己的國家交貨，並辦理出口通關，但不願意支付國際運送費用

此種情形下，您可以考慮使用 FCA、FAS 或者 FOB。

　⑴FCA：如果貨物是裝載於貨櫃，或者使用於任何或多種運送方式（複合
運送），貨物的交貨地點除在上述 1.所提及的賣方場所以外，也可以選
擇在內陸地點或者貨櫃集散站，或者把貨交給買方指定的人，宜選擇
FCA。

　⑵FAS：如果是散裝貨或是大宗物資貨物，交貨地點在船邊，您不負責在
出口港把貨裝到船上，宜選擇 FAS。

　⑶FOB：如果是散裝貨或是大宗物資貨物，您負責把貨物裝載於船舶上，
風險與費用並在裝載於船舶上時移轉，宜選擇 FOB。

如果上開情形（例如負擔國際運送費用）對您不適合使用，請繼續：

3.除負責出口通關費用外，您願意負擔國際運送費用，但不願意負擔國際運送
風險

此種情形下，您可考慮使用 CPT、CIP、CFR 或者 CIF。

　⑴CPT：如果貨物是裝載於貨櫃，或者使用於任何或多種運送方式，貨交
運送人時即屬完成交貨，宜選擇 CPT。

　⑵CIP：如果貨物是裝載於貨櫃，或者使用於任何或多種運送方式，您願
意支付保險費，且於貨交運送人即屬完成交貨，宜選擇 CIP。

　⑶CFR：如果貨物屬散裝貨物或者大宗物資，且使用傳統海洋運送方式，
貨物於裝載船舶上即屬交貨，宜選擇 CFR。

　⑷CIF：如果貨物屬散裝貨物或者大宗物資，且使用傳統海洋運送方式，
貨物於裝載船舶上即屬交貨外，您願意支付保險費，宜選擇 CIF。

如果上開情形對您不適用，請繼續：

4.除負責出口通關費用外，您願意負擔國際運送費用以及國際運送風險

此種情形下，您可以考慮使用 DAP、DPU 或者 DDP。

　⑴DAP：您願意把貨運至買方指定目的地，但不負責從到達運送工具上卸

貨，也不負責進口通關與繳交關稅，宜選擇 DAP。

⑵ DPU：您願意把貨運至買方指定目的地，並負責從到達運送工具上把貨卸下，但不負責進口通關與繳交關稅，宜選擇 DPU。

⑶ DDP：您願意把貨運至買方指定目的地，並負責進口通關與繳交關稅，但不負責從到達運送工具上卸貨，宜選擇 DDP。

㈡小　結

　　每個買賣契約，其具體的貨物與情況可能千差萬別，因此選用貿易條件要盡可能配合貨物種類和貿易相關因素的不同特點，然後採取適合的貿易條件。但在安排運送或保險的義務時也須考慮，賣方或買方是否願意承擔該項義務？如果買方再給賣方更多的義務，例如把交貨義務延伸到目的地 DPU，賣方願意嗎？賣方也許要經過一番思考後，作出策略考量。

　　雖然 Incoterms® 2020 對每個貿易條件在導引中已概略的對選用各該貿易條件提出了一些有用的選擇資訊，然而，在具體選用貿易條件時，買賣雙方還是要考慮前面提及的各項因素、彼此的交易習慣和通常的實務作法作出合適的選擇，比如使用貨櫃運送時，就宜選擇 FCA；如賣方為控管運送過程中貨物的品質，願意在目的地指定地點交貨，且願意承擔貨物運送到該地點的費用（卸貨費用除外）和風險時，可考慮選擇 DAP。如賣方除承擔 DAP 所必須履行的義務外，還願意承擔貨物運送到該地點從運送工具上卸貨產生的費用時，可考慮選擇 DPU。如果賣方有與他配合良好的 Forwarder，且該運送人在進口地有分公司，可以辦理進口通關與繳交關稅，並在進口國有組織運送，把貨物送到位處偏遠地區之買方營業場所能力，賣方也因此願意負擔所有風險與費用，可以考慮使用 DDP。茲以圖示選用貿易條件的策略過程於下，供作參考❶。

---

❶　ICC (1990). Incoterms 1990 Q&A, pp. 31–32.

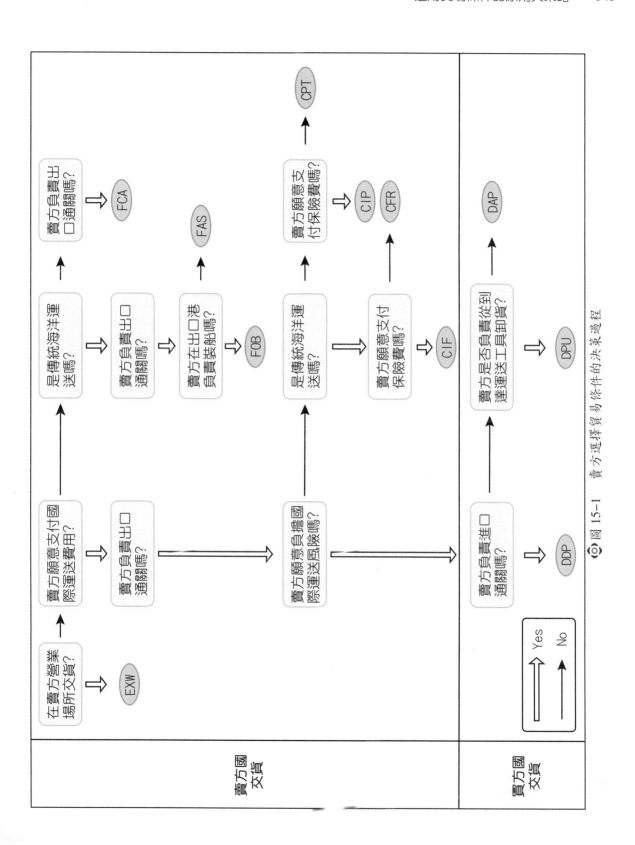

◎ 圖 15-1　賣方選擇貿易條件的決策過程

習 題

一、選擇題

( ) 1.把貿易條件實際所具體代表的費用範圍加以充分顯現方法為 (1)制定一份費用清單 (2)說明是用 Incoterms® 2020 即可 (3)說明按照出口地貿易習慣處理 (4)說明按照進口地貿易習慣處理。

( ) 2.若進口國實施扶植國內保險公司政策,則進口貨物會採用何種貿易條件? (1) FOB (2) CPT (3) DDP (4) CIF。

( ) 3.若出口付款方式欲使用託收,則貿易條件宜選用 (1) FCA (2) CPT (3) CIP (4) EXW。

( ) 4. EXW 不適合使用下列何種付款方式? (1) L/C (2) COD (3)預付款 (4)託收。

( ) 5.進口通關有困難的國家,不宜選用下列何種貿易條件? (1) DDP (2) DAP (3) DPU (4) CIP。

二、問答題

1.請說明選用貿易條件要考量的因素有哪些?

2.請說明何以賣方報價應盡可能不使用變形貿易條件?

3.請說明選用貿易條件應考慮貨物的因素有哪些?

4.請說明在考慮進出口海關的因素後,買賣雙方應如何選擇適宜的貿易條件?

5.請說明買方選擇 FOB 作為貿易條件的理由?

第一節 ▶▶▶
使用 EXW 的策略

一、買方如何到賣方工廠取貨？

買方到賣方工廠取貨一般使用公路運送方式，公路運送在歐洲會受到《國際公路運送公約》(The Convention on the Contract for the International Carriage of Goods by Road, CMR) 的規範，但依該公約第 17 條 4(c) 的規定，運送人並不負責託運人為裝載貨物所致的損害。這意味著卡車運送人並不負責裝載貨物，如果真的去裝載貨物，卡車運送人與受僱人（如司機）是本於託運人的代理人身分去從事裝載。

可是實務上，在很多場合，運送人是接受買方的指示去裝載貨物，且裝載貨物的風險與費用是由買方負擔。這種情況特別是在運送諸如反應爐、鍋爐與工業機械等，最為常見。

因此若使用 EXW，則賣方宜考慮買方的立場，似乎可協助裝貨，並可註明裝貨的風險由誰負擔。

二、誰最適合把貨物裝上運送工具？

若從賣方的企業責任保險 (Corporate liability insurance) 來立論，這個保險的涵蓋範圍是不包括代表買方的第三者在賣方營業場所的行為所致的損失。

因此衡量結果，賣方還是最適合把貨物裝上卡車的人。但賣方究竟是用什麼身分將貨物裝上卡車呢？似乎是以買方代理人身分，以買方的風險與費用協助裝載。儘管如此，實務上，裝載費用多是由賣方負擔。

若賣方把貨寄存在第三者經營而不是賣方監管的倉庫，且由賣方協助裝載於買方取貨的卡車。在此情形下，賣方可於取得裝載費用的相關單據後向買方要求歸墊，此時風險移轉若無特約裝貨風險還是由買方負擔。

就裝載費用而言，Incoterms 為了維持 EXW 為賣方負擔責任最小的條件，因此該項費用規定由買方負擔，但實務上則由賣方負擔。

三、買方運送保險的時間差 (Uninsured risk gap)

EXW 是由買方投保貨物運送保險，但有一段風險並未涵蓋在該運送保險裡面，因為買方取得的運送保險是於貨物交給運送卡車裝運時方才開始 (The moment the goods are handed over to the carrier)，也就是保單效力並未在賣方把貨放置於工廠並於通知買方後開始，而是卡車到工廠取貨時 (Pick up) 方才開始，亦即取貨前的風險並未包括於保險範圍。

四、買方辦理出口通關的可行性

某些國家規定在該國業已註冊的公司或當地居民才能辦理輸出有關事項，如果出口需辦理許可證，買方應該要如何處理？買方應依 A7 的規定尋求賣方協助辦理提供。

買方則會在買賣契約訂定免責條款，針對他無法準時拿到輸出許可證或辦妥出口通關手續致延遲受領貨物的日期 (Postponing the delivery reception date) 是屬於免責事由的範圍，買方不必負責加以規定，賣方原則上也會接受。

五、出口加值稅 (VAT) 退稅的問題

某些國家有退 VAT 的制度（我國似指營業加值稅的退稅），如果貿易條件使用 EXW，退 VAT 就比較麻煩。

由於賣方既不辦理出口通關，也不負責訂定把貨運到國外的運送契約，在這種情況下賣方將如何申請退稅？賣方必須設法請買方提供貨物確實已外銷到

國外的證明（例如出口報關文件副本）。雖然賣方需要此種證明來作為出口退稅稅務申報目的使用 (Need this information for, e.g., taxation or reporting purpose)，但 B7 買方協助的義務似乎不包括此項協助，而 EXW 的導引 6. 也說，買方提供給賣方貨物輸出相關資訊的義務是非常有限的。

因此，賣方對買方的價格談判策略就要說明，如果退 VAT，則 EXW 的價格較便宜；不退 VAT，則 EXW 的價格較貴。若由賣方退 VAT，買方有義務提供出口到他們國家的證明；若由買方自己辦退 VAT，賣方會協助提供資訊，但售價會比較貴，且該項必要費用由買方負擔。

六、FCA v. EXW loaded

EXW 的使用者導引說明，如果裝貨由賣方來做較為妥適，那麼宜用 FCA，且賣方也更適合辦出口手續。

但是買方若堅持只希望賣方協助裝貨，但不願意使用 FCA，這時雙方可協議使用變形條件 EXW loaded。

不過 EXW loaded 變形條件會發生貨物風險移轉的盲點，即風險是要延遲 (Delayed) 到貨物裝上運送工具才移轉？還是賣方只協助裝貨，但風險移轉的時點不變？為杜絕爭議，買賣雙方宜在 EXW loaded 後面加上特定的用語，如 At seller's risk 或者 At buyer's risk，明定裝貨風險由誰負擔。

七、何時使用 EXW？

ICC 是把 EXW 定位在賣方負擔責任最小（輕）的貿易條件，只要把貨放在賣方營業場所交由買方處置，責任就已完結。適用於當買方並無意願馬上輸出，或者買方不想出口，只想把貨物在國內轉賣給其他買家的情形使用。Jan Ramberg 說，如果把 EXW 加上了通關義務，那麼喜歡這種單純 EXW 的商家，就沒有適當的貿易條件可用。因此若要解決裝貨於運送工具的問題，可以使用 EXW loaded at seller's (or buyer's) risk 的變形條件。

若要使用於輸出，FCA 可解決裝貨於運送工具與辦理出口手續的問題。

第二節 ▶▶▶
使用 D 群貿易條件的策略

D 群貿易條件是屬於實際交貨，原則上貨物應依買賣契約約定日期或期間在指定的目的地交貨。對出口商而言，是一個風險與費用和義務負擔最重的貿易條件。因此如果使用 D 群貿易條件，必須瞭解各該條件國貿條規所規定的風險義務與費用等，在執行過程中方能採取有效的措施，防範風險的發生。

一、報　價

D 群貿易條件的報價要瞭解貨物從出口地運送到指定地的各個物流環節和費用，基本上此費用由「兩段式費用」所構成：

㈠第一段費用

是在出口國所發生的費用，包括國內運送費用、保險費用、出口報關費用、行政規費加上運往目的地的主要運費，這些費用因在出口地發生，賣方比較容易掌握。

㈡第二段費用

是目的地的費用，DDP 的賣方要充分瞭解進口國通關的實際作業與文件製作環節，各個環節或多或少會發生費用，此外，還要注意 HS code 歸類的正確性，不見得進口國海關在關稅估價時會採取與我國相同的歸類，也就是出口報關檔與進口報關檔在繕製時會有不同。若歸類發生錯誤，小則增加關稅影響通關時間，大則禁止進口貨物需要退運，故須特別留意。通過進口國海關以後運送到目的地的運送過程，在某些國家可能因基礎環境設施不完善，會發生一些不可預料情事，因此進口國這段的費用應該適度提高。

二、賣方要取得買方的支持與配合

㈠買方協助提供資訊

DDP 的賣方為辦理貨物的運送與進出口通關和過境第三國所需的單據和資

訊，買方負有協助提供的義務，DAP 與 DPU 也均有類似協助提供資訊的義務。

㈡買方協助提供已交貨證明

D 群貿易條件的付款方式並不適合採用 L/C 當付款工具，因為如果貨物已運抵目的地，而買方未履行受領貨物的義務時，則賣方將面臨買方不付款的風險問題。若欲採用 L/C 付款，雖然理論上會建議賣方宜於買賣契約中約定受領貨物時，應由買方提供經其簽名的交貨證明 (Proof of delivery)。但若買方不提供經其簽名的交貨證明呢？因此實務上採用 L/C 時，會約定由出口商提示提單即可押匯，或改採用商業擔保信用狀 (Commercial Stand-by L/C)。

㈢買方協助轉運事宜

DAP 或 DPU 貨物已運抵買方指定目的地，若貨物要再運往其他目的地，需注意貨物與接貨運送工具配合的問題，例如臺商用 DAP 中國大陸綏芬河交貨賣與俄羅斯買方，俄羅斯買方要準時派車前來接貨，否則延滯費用由買方負擔。

三、風險的防範策略

㈠防範誤解 Incoterms 內容的策略

雖然 Incoterms 2000 的 DAF、DES、DDU 以及 DEQ 已分別被 Incoterms® 2020 的 DAP 和 DPU 所替代，但如果想在大宗物資買賣 (Commodity trading) 繼續使用 DES、DEQ 等舊條件，由於 Incoterms 並未規定禁止使用舊的版本 (The earlier version)，因此買賣契約還是可以註明如 "DES of the Incoterms 2000 rules" ❶。

但是如果當事人欲使用 Incoterms 2000 的舊貿易條件，卻誤寫成適用新版的貿易條件（例如誤寫成 "DES of the Incoterms® 2010 rules"）時，應該如何處理？在此情況下，雖然 Incoterms® 2020 已無 DES 的規定，但我們可以合理的確認當事人的意思是要適用 2000 年版 DES 的相關規定 (It is reasonable to assume that they meant "the Incoterms 2000 rules") ❷，但既然 Incoterms® 2020 的 DAP、

---

❶　張錦源 (2010)。《國際貿易付款方式的選擇與策略》，頁 202–203。臺北：三民書局。

❷　Jan Ramberg (2011). *ICC Guide to Incoterms® 2010*, p. 23. ICC Publication.

DPU 該當於 Incoterms 2000 的 DES、DEQ，為防範誤解貿易條件的內容，還是採用 Incoterms® 2020 的 DAP、DPU 比較適宜。

㈡對價格風險增加的防範策略

如果主運費是海運，賣方與船公司可以自由議定運費價格，運費通常會包括到目的地的 THC，也即稱為 Terminal in/Terminal out 的報價，因為使用 D 群貿易條件的理由除了賣方要增加對供應鏈底下貨物的安全管控，維持運送速度與貨物品質之外，節省運送費用也是重要的原因之一。

㈢盡量不要約定交貨的期日或期間

運送過程會遇到不可預料的天然事故與人為災害，買賣契約除應規定不可抗力條款外，可以爭取只規定裝運期限，但不約定交貨的期日與期間，否則交貨期間的規定也應盡量寬鬆。至於若是 DAP、DPU，因買方辦理進口通關延誤增加的費用，也應規定由買方負擔。

四、DDP 報價應注意事項

㈠賣方必須瞭解進口國海關或行政當局對該特定貨物的進口行政措施

例如美國食品藥物管理局 (FDA) 對健康食品有何特別規定，需要何種認證，進口關稅是多少等，事先應調查清楚，方不至於被美國海關退關或影響利潤。

㈡報價宜保留一些彈性

在報價方面，可能有些細節在最初核算費用時未加考慮，例如目的港海關查驗貨物產生的查驗費，甚至因進口通關延誤，在海關倉庫的逾期堆放費等等額外產生的費用。因此在報價時，報價宜保留一些彈性，以防增加額外的費用。

㈢執行交貨義務時，委由對該國海關與運送有經驗的 Forwarder

在執行交貨義務時，宜委由對該國海關與運送有經驗的 Forwarder 安排貨物從出口地運到進口指定地的所有事宜，避免發生差錯。

㈣投保從倉庫到倉庫的運送保險

賣方應投保從倉庫到倉庫的運送保險，避免因意外遭受損失。

第三節 ▶▶▶
使用 FOB 的策略

一、FOB 與 CIF

捨 CIF 而使用 FOB 的理由為：

㈠風險提早移轉的內容不同

2000 年左右鐵礦砂與煤炭需求突增，租船市場船舶的調度發生困難，因此買賣雙方均希望以 FOB 與對方交易。由於 FOB 的買方應負責洽定運送契約，若買方找船發生問題（例如找不到船或有不能承載貨物等情況），則可能發生下述風險提早移轉的情況：

⑴買方自賣方依 A2 交付時起負擔風險。

⑵買方未依 B10 發出指定船舶的通知。

⑶買方指定的船舶未按時抵達，或不能承載貨物或結關時間早於通知時間。

若貨物已特定化則自約定期日起，由買方負擔；若無約定期日，則自賣方於約定期間內依 A10 所為通知之日起，由買方負擔；若無此通知日則自交貨約定期間屆滿起，由買方負擔。

如果用 CIF 交易，是由賣方負責洽定運送契約，若賣方找船發生問題（例如找不到船或有不能承載貨物等情況），則風險歸賣方負擔，只有在下述情況方有風險提早移轉的適用：貨物特定化後，買方未依 B10 發出適當的通知，則自約定裝船期日或期限屆滿日起，風險提早移轉給買方。

因此，FOB 的賣方只要依買賣契約把貨於約定期間內交至買方指定的裝船港上，即完成交貨，至於船舶是否能如期安全到達目的港，由於風險已移轉給買方，故無須賣方操心。

㈡賣方在 FOB 下負擔的義務較少

FOB 下，賣方不負責船舶訂艙與訂定保險契約，因此不必負擔運費與保險費價格波動的風險。

二、使用 FOB 的風險防範策略

㈠出口商應講求船與貨無法銜接風險的防範

船與貨無縫隙連貫的運送過程是賣方順利交貨的重要因素，但 FOB 將船與貨這兩個元素切割為由賣方負責準備貨物與裝船，買方負責找船訂艙。如果雙方各自運作順暢，買賣契約的交貨義務就能順利履行，但偶爾會發生貨等船，或者船等貨的現象。

1. 貨等船

⑴如果貨物的市場價格下跌，買方會藉故不指定或延遲指定船舶，等待與賣方協商降價。

⑵船舶艙位不足，買方不能順利訂到艙位。

上述兩種情況皆會使賣方備妥的貨物必須寄存倉庫，增加倉租費用。

2. 船等貨

賣方因備貨倉促或因其他因素無法於指定期日順利把貨裝上指定船舶，導致產生額外的空艙費或延滯費，買方的客戶無法於約定期限收到貨物而產生賠償糾紛。

3. 防範策略

賣方宜講求船貨銜接的策略，爭取用 FOB 額外服務契約以代理人身分幫買方找船訂艙，若買方對賣方的信用有疑慮，可以指定運送的船公司。

㈡賣方應講求避免貨款兩空的風險防範

FOB 下貨款兩空指的是賣方已履行把貨交到船上的義務，但貨物的價金卻未入帳。例如買方除指定裝運的船公司之外，尚且指定 Forwarder 為其辦理出口與向船公司領取提單等手續，而 Forwarder 直接把提單寄給買方提貨；或者買方要求船公司出具的提單，託貨人欄記載為買方，受貨人欄記載為 "To order"，在未付款情形下，利用擔保提貨把貨提走。

防範之道為謹慎使用運送單據並留意提單託運人欄與受貨人欄的記載。當然買方指定 Forwarder 固無可厚非，可是提單不宜由船公司逕行交付給

Forwarder。

㈢使用提單不當與記載不當的風險防範

1.託運人欄的記載

依《漢堡規則》，託運人可分為兩種：

⑴把貨交給與海上貨物運送有關的運送人。

⑵與運送人簽訂運送契約的人。

因此，FOB 的賣方可以成為託運人，且由於託運人在貨物運送途中，得改變指示，要求運送人將貨物交給其變更指定後的受貨人，故託運人欄宜以賣方當做託運人。且若賣方不是託運人，將來如果運送人無單放貨，賣方可能也無權起訴運送人。但如果貨款有十足保障，或者買方信用良好，且有必要轉售運送中的貨物時，可以買方為託運人。

提單記載賣方為託運人時，賣方又有何風險?因為 FOB 是由買方承擔運費，提單會記載運費待收 (Freight collect)，貨物到達港口如果買方拒領貨物，運送人會轉向託運人追償運費。雖有人建議，賣方應與運送人簽訂運費不得向託運人追償的條款，但船公司恐怕不會答應，到時賣方就必須支付運費。

2.受貨人欄的記載

賣方一般並不喜歡使用記名提單，以美國為代表的國家，記名揰單於貨到日的港後，運送人可以把貨物逕自交付給提單上載明的受貨人。因此宜用指示式提單，註明 To order 或 To order of shipper 等。

對記名提單，除非運送人同意在提單上批註「必須憑正本提單提貨」或受貨人欄記載為開狀銀行，賣方可接受外，否則不宜接受記名提單。

3.盡量不使用運送承攬人提單

由於運送承攬人提單容易發生無單放貨情況，因此宜取得船公司所核發的正本提單 (Master bill of lading, Master B/L)，有人甚至建議託運人應於託運單註明「……船公司……航次……提單號碼項下的貨物須憑正本提單放貨，該批貨物的提單適用我國《海商法》」，並要求運送人單獨簽了承諾上述內容。

㈣防範 Forwarder 無單放貨的策略

1. Forwarder 無單放貨的情形

　　FOB 的買方指定進口國的 Forwarder（甲）為其找船訂艙，甲在出口國有分公司或策略聯盟的 Forwarder（乙），乃由乙與船公司訂定運送契約，當賣方出貨後，船公司出具正本提單 (Master B/L) 給乙，並以乙為託運人，受貨人欄則記載為憑甲指示，之後乙再憑自己為運送人或代理人身分出具提單，一般稱此種提單為運送承攬人提單 (House B/L)，其上記載託運人為賣方，受貨人為指示式。賣方於買方付款後方才將運送承攬人提單寄給買方，再由買方交給甲憑以換取正本提單，向船公司提貨。

　　但有些 Forwarder 卻與買方串通，在買方付款前（運送承攬人提單尚在賣方手上）把正本提單交予買方持向船公司領貨，或者以「電報放貨」方式指示船公司把貨交給指定的買方。

2. 防範策略

　　⑴賣方應以書面通知 Forwarder 無賣方授權或賣方出具的電報放貨保函不得私自電報放貨，或者 Forwarder 於目的港應見提單正本再放貨，否則 Forwarder 應承擔賣方所受的全部損失。

　　⑵賣方應憑運送承攬人提單所載的船公司與船舶和貨櫃號碼，追蹤貨物的現況，查看是否有無在買方付款前，貨物已被無單放貨的情形。若已被私自放貨，宜直接向法院起訴 Forwarder，而且愈快愈好。

㈤防範運送人或 Forwarder 收取不當碼頭作業費的策略

　　FOB 是由買方負擔運費，但有關出口地的碼頭作業費，或者由買方指定的 Forwarder 代辦出口報關的費用是由賣方負擔，常有不合理的加收或超收現象，這時宜向買方說明，要求買方協助處理。

㈥防範買方不投保的策略

　　賣方為自己利益，在貨物裝上船舶風險移轉以前，宜投保國內運送險。但若風險移轉後，買方未投保，特別是在付款方式為託收時，貨物若發生滅失或毀損，買方可能不願意付款或承兌，這種現象對賣方的帳款回收有風險。為避免此種情況，賣方可以投保或有保險 (Contingency insurance)。

三、FOB 使用貨櫃運送時應注意的策略

㈠概　說

1.使用 FOB 與 CIF 的比例偏高

國際商會已將 FOB 定位為使用於散裝貨或大宗物資的買賣，且貨物確實有必要由賣方裝載到船舶上，或者液體物資的裝運上，方才適用 FOB。但因為買賣雙方使用的習慣還是偏好 FOB 以及國家海關當局行政上的要求　（出口使用 FOB 或者換算成 FOB 價格；進口使用 CIF），使得 FOB 與 CIF 使用的比例還是偏高。

2. FOB 下，賣方保護自己利益的防範策略

若貨櫃運送時採用 FOB 會產生時間差（貨櫃場到裝載船舶上）與保險差（裝載到船舶上買方才有保險利益），在此情況下，賣方為保護自己的利益是否有防範的策略？

因為貨櫃交貨的地點可能是在 CFS 或者 CY，然後再運到貨櫃碼頭吊上船舶。由賣方營業場所拖櫃，先運到內陸的貨櫃場，然後再拖到貨櫃碼頭裝船。FOB 使用貨櫃並非直接送到碼頭旁邊，　因此賣方需投保這一段的內陸運送保險。

㈡買賣雙方特約風險於貨櫃場交付運送人風險即移轉的可能性

國際商會於 1980 年曾試圖將船舷的危險負擔時點變成貨交運送人 (Transfer from the "passing of the ship's rail" to the delivery to the carrier before shipment on board takes place)，但並未獲得通過。那麼，可否由雙方當事人依據契約自由原則，於買賣契約約定，貨櫃運送若使用 FOB，其風險移轉的地點是在貨櫃場交給運送人時就移轉？

Incoterms® 2020 在 CPT 與 CIP 的引言中說明，如果在貨交第一運送人時風險就移轉，買方毫無掌控能力，故買賣雙方可以在買賣契約特約，風險在稍後階段移轉。這似乎告訴我們，風險移轉地點並非一成不變，可以由雙方特約，

因此貨櫃運送下的 FOB 應可特約提早於貨交至貨櫃場即移轉，解決保險的時間差等問題。

雙方約定以貨櫃場為風險移轉分界點的條款可以規定為：The risk of the goods shall pass from the seller to the buyers when the goods have been delivered into the charge of the carrier designed by the buyer at the CFS in Keelung, Taiwan。

但必須考慮的是，保險公司是否接受風險提早於貨交至貨櫃場即移轉，被保險人即有保險利益，若保險人同意，從貨交至貨櫃場開始，買方即有保險利益，可避免貨櫃運送的保險時間差。

㈢ Incoterms® Rules Q&A 中有關貨櫃運送使用 FOB 的建議

除大宗物資、散貨等外，FOB 有關交付地點 (Delivery point) 的規定並不適合使用於貨櫃運送。因為實務上貨櫃於裝上船舶前，需先把貨櫃交至貨櫃場或倉庫，若使用 FOB（CFR、CIF 亦同），則在裝上船前這段期間的風險皆由賣方負擔，因此 Incoterms® 2020 在 FOB 的導引中提醒業界人士，若欲使用貨櫃運送應該選用 FCA/CPT/CIP 較適當❸。

如果貨櫃運送使用 FOB 且付款方式為 L/C 時，開狀銀行本於融資或債權確保，會要求提示的運送單據應為提單 (B/L)，對此買賣雙方在契約中可否特別約定風險於貨櫃交給集散站時就移轉？

ICCCLP 的補充解釋認為貨櫃運送還是使用 FCA/CIP 為妥（CPT 也應包括在內）。至於為符合銀行要求，得使用已裝船提單或待運提單加註裝船日期，如果非得使用傳統海運條件，則買賣雙方得在契約中約定，風險可以在貨櫃場或者集散站移轉，然後用提單顯示的日期來表示貨物確已裝載於船上。這似乎顯示了 FOB 的風險移轉點雙方可以特約提早於貨物進入貨櫃場時即移轉，但 ICCCLP 並不鼓勵如此行事❹。

---

❸　請參閱 Incoterms® Rules Q&A 第 15 題有關的說明。

❹　請參閱 Incoterms® Rules Q&A 第 16 題有關的說明。

第四節 ▶▶▶
使用 CIF 的策略

一、使用 CIF 的原因

賣方出口使用 CIF 的比例居高不下，原因為賣方選用 CIF 比 FOB 有更大的自主權，自己可以辦理運送契約和訂定保險契約。這時賣方在買賣契約、運送契約和保險契約上都是當事人，它的好處有：

(一)船與貨可以無縫隙的銜接

賣方很清楚知道自己備料與貨物生產期間，然後充分的安排船運。賣方配合的報關行或 Forwarder 也很容易控制出口報關與裝船的整個流程，因此可把出貨的風險降至最低。

(二)對於運送中的貨物有控制權

賣方自己長期配合的船公司或 Forwarder 比較不容易發生無單放貨等不道德事故，例如買方未依約定的方式付款，由於提單掌控在賣方手裡，在買方不提貨的情況下，只要賣方找到新買主，就可憑提單轉讓領貨。

(三)避免 FOB 買方保險於貨物裝船前無保險利益的窘境

CIF 下，賣方投保時，與保險公司訂定精確的倉到倉條款，貨物運送保險的區間訂為從賣方倉庫到買方倉庫，把國內運送保險也包含於保險公司的承保責任範圍。

二、活用 CIF 的策略——降低運費報價過高的策略

有時候，廠商 FOB 的報價買方可以接受，但是若報 CIF 價格，買方則認為偏高，此時就應檢討原因改善，其原因可能有：

(一)應合理的填寫商品名稱

船公司運費報價，常與國際商品統一分類號碼連在一起使用，但船公司的運費表，有的商品需具體列出商品的單獨名稱例如塑膠玩具，有的則可使用集

合名稱，例如塑膠製品，兩者運費可能會有差別，因此應慎選商品分類以降低運費成本。

㈡材積噸與重量噸的模糊地帶

有些產品可能介於按重量噸或材積噸計算運費的模糊地帶，可以選擇最有利的標準計算運費。

㈢選擇最有利的航線計算運費

船公司對於航行在波斯灣航線與紅海航線的船，報價可能會有不同，此時可比較相鄰地區的目的港運費價格的差異，選擇最有利的航線報價。

㈣注意進出口碼頭作業費的變化

買賣雙方應注意出口港 THC 與進口港 DDC 的變化，避免核算運費時發生差錯，致影響利潤或喪失報價競爭能力。

第五節 ▶▶▶
貿易條件與報價的策略

❧ 一、運費的核算

㈠出口交易中，採用 CPT/CFR、CIP/CIF 成交，賣方應核算運費

核算運費應注意：

1.注意運送距離

有時參加商展，出口商可能會先報 FOB 的價格，但若客戶進一步要求提供 CFR 或 CIF 價格時，有些賣方為圖方便就逕以例如 CFR L.A. 當北美地區 CFR 價格的概數報給溫哥華的客戶，但北美地區頗廣，包括美加墨三地區，彼此也有距離遠近，若按 L.A. 價格報美加墨西岸港口 CIF 價格，似乎並不精確。

2.轉船與否

運費若報直達基本港，運送費用應低於中途轉船的費用，因此若需轉船應把轉船費用加進運費當中。

3.運費的附加費

　　船公司在基本運費外，又會報如幣值附加費 (CAF) 與燃油附加費 (BAF) 還有出口地的 THC 等等在內，這些附加費經常會變動，因此要留意，須把這些費用包含於運費的計算當中。

4.過境費用

　　CFR/CPT/CIP/CIF 的過境費用若包含在運費中要由賣方負擔，不得向買方要求補償，因此要特別留意過境費用有無包含在運費裡。

㈡注意貨物包裝與堆疊技巧

　　在出口交易中，貨櫃的選用，貨物的裝櫃方法對於賣方減少運費開銷有很大的影響。貨物外包裝箱的尺碼、重量，貨物在櫃內的配裝、擺放以及堆疊和墊板規格都有一定的最佳化配置，很多公司已經在實務中累積了不少經驗，對減少運費有很大的幫助。

　　以一個 20 呎貨櫃究竟可以裝多少個立方公尺 (CBM) 為例，有少數出口業者報價時是抓概數計算。例如 20 呎貨櫃內部體積為 33.1 CBM，習慣上按八成或八成五計算，則應可裝到 27 CBM❺，其實，熟練的裝載工人也許可以裝得更多。

　　客戶若要求報整櫃運費，若是既成品，且已有外銷記錄，可以參照記錄，套上船公司所報運費，算出 CFR 的價格。但若是多項產品併成一櫃，則要根據詢價數量算出產品體積，調整出一個貨櫃裝得下的各項產品的最佳配置。如果客戶下的是小訂單則依訂購數量，再依船公司報的併櫃費算出運費為若干。

二、CFR 運費報價要領

㈠ Step 1：計算出產品的體積或重量

　　例如 LED 手電筒的體積是每箱 0.164 立方公尺 (CBM)，每箱裝 60 支。

　　先計算產品體積：

---

❺　國貿業務丙級檢定考試的題目則設定有效容積為 25 CBM。

1. 報價數量為 5,000 支

$$總體積 = 5,000 \div 60 = 83.33，取整數 84 箱$$

$$84 \times 0.164 = 13.78 \text{ CBM}$$

2. 報價數量為 9,000 支

$$總體積 = 9,000 \div 60 = 150$$

$$150 \times 0.164 = 24.60 \text{ CBM}$$

(二) Step 2：查運費報價

從船公司網站查到運至加拿大溫哥華的運費報價分別是：每 20 呎貨櫃 1,350 美元；併櫃每立方公尺 66 美元。

根據 Step 1 算出的體積可知：

1. 5,000 支部分

5,000 支的材積是 13.78 CBM，並不包括打棧板的材積（規格約為 1.0 M × 1.2 M × 1.5 M）。而 20 呎貨櫃內部容積約為 5.69 M × 2.13 M × 2.18 M（亦有人認為是 5.92 M × 2.34 M × 2.38 M），貨櫃的門框高度限制約在 2.5 M 左右，故 5,000 支能夠裝進 20 呎貨櫃內。

實務上，貨櫃裝箱有電腦軟體可供應用，對於如何裝入貨櫃的算式一般教科書已有論及，在此不再贅述。

$$運費 = \text{USD}66 \times 13.78 = \text{USD}909.48 < \text{USD}1,350$$

故宜採用併櫃，運費 909.48 美元。

2. 9,000 支部分

9,000 支的材積是 24.60 CBM，並不包括打棧板的材積。若考慮各箱間的縫隙，應能裝進 20 呎貨櫃內。

$$運費 = \text{USD}66 \times 24.60 = \text{USD}1,623.6 > \text{USD}1,350$$

故宜裝 20 呎整櫃，運費 1,350 美元。

三、保險費核算

買方若要求以 CIF 報價，賣方得向保險公司用電話洽詢保險費率或上保險公司網站查詢保費，核算保險費的公式如下：

$$保險費 = 保險金額 \times 保險費率$$

$$保險金額 = CIF\ 貨價 \times (1 + 保險加成率)$$

在進出口貿易中，根據有關的國際慣例，保險加成率通常為 10%。出口商也可根據進口商的要求與保險公司約定不同的保險加成率。

> ### 📖 範　例
>
> 　　CIF 價格為 9,000 美元，進口商要求按成交價格的 110% 投保 ICC(A)（保險費率 0.5%）和戰爭險（保險費率 0.08%），試計算出口商應付給保險公司的保險費用。
>
> ### 👤 解　析
>
> $$保險金額 = USD9,000 \times 110\% = USD9,900$$
>
> $$保險費 = USD9,900 \times (0.5\% + 0.08\%) = USD57.42$$
>
> 　　出口商應付給保險公司 57.42 美元。

在我國出口業務中，出口商常用的三種貿易條件為 FOB、CFR 和 CIF。鑑於保險費是按 CIF 貨價為基礎的保險金額計算的，其中 CFR 與 CIF 兩種貿易條件的價格應按下述方式換算：

1. CIF 價格換算成 CFR 價格

$$CFR = CIF \times [1 - (1 + 10\%) \times 保險費率]$$

2. CFR 價格換算成 CIF 價格

$$CIF = CFR \div [1 - (1 + 10\%) \times 保險費率]$$

❀ 四、FCA 與 FOB 的報價差異

㈠ FCA 與 FOB 的不同

　　請參閱 FOB 一章有關的說明。

㈡ FCA 與 FOB 海運報價的差異

1. FCA

FCA 的賣方，若交貨地點在自己營業場所，則不必負擔拖車運至集散站，再拖至碼頭的拖車費用。有關貨物的併櫃費與吊櫃費與賣方無關。至於通關等手續還是由賣方負擔。

但在歐洲有關的實務，賣方在出口地不僅負擔將貨物搬入空貨櫃及交付前之諸費用，貨物於交付運送人後的某些費用也要由買方負擔，因此買賣契約常約定 "FCA costs up to ship's side (or ship's tackle) for seller's account unless included in freight charge"。

2. FOB

FOB 的賣方要負擔國內運送費用直至碼頭，然後負責報關與從碼頭吊至船舶上的吊櫃費，還有其他在出口國發生的 THC 等費用。

㈢ FCA 空運與鐵路運送的報價

FCA 的賣方把貨送至機場由指定人員收管時起風險與費用移由買方負擔，至於從航空集散站把貨裝上飛機機艙費用由買方負擔，有關通關與報關費用由賣方負擔。

鐵路運送把貨物交至鐵路公司集散站風險就移轉，從集散站把貨裝上鐵路車廂費用由買方負擔，有關通關與報關費用由賣方負擔。

五、小　結

㈠報價策略

每家出口公司可能有自己既定的報價策略，就以業務費用為例，往往會用粗估或概算比例如 5% 計算，這並無對錯的問題。

㈡計算利潤加成

有些公司在計算利潤加成時，是使用「成本 ÷ (1 − 利潤的百分比)」，而非「成本 × (1 + 利潤的百分比)」。例如 FOB 成本為 USD10 ÷ pc，利潤為 10%，有些公司是用「10 ÷ (1 − 10%) ÷ 11.11」，而非「10 × (1 + 10%) = 11」報價，這並無對錯的問題。

㈢核算報價

有些公司對核算報價，是以總價法得出每打或每箱的 CFR 或 CIF 價格，再除以每打或每箱的個數得出每支的單價，再用每支單價對外報價。有人則用單價核算，但因數字可能較小，因此要保留多位小數點，例如 4 位再四捨五入為 3 位小數點。

㈣驗　算

出口報價宜使用逆演算法來驗算，即用「收入減去支出等於成本」的原理來核算對外報價是否正確。

 習 題

一、選擇題

（　）1. CAF 是下列何者的英文縮寫？　⑴燃油附加費　⑵幣值附加費　⑶港口擁擠附加費　⑷文件作業費。

（　）2. FOB 的賣方為託運人時，受貨人欄不宜記載為　⑴ To order　⑵ To order of shipper　⑶ To a Corp.　⑷ To order of issuing bank。

（　）3.付款方式使用託收，為防止買方不投保，賣方可投保下列何者？　⑴或有保險　⑵全險　⑶平安險　⑷ICC(B)。

（　）4.驗算出口報價宜使用下列何種方法？　⑴順算法　⑵逆算法　⑶估算法　⑷推算法。

（　）5. FOB 於出口發生的 THC 應由誰負擔？　⑴買方　⑵賣方　⑶運送人　⑷報關行。

二、問答題

1.請說明何謂 D 群貿易條件報價的兩階段策略？

2.請說明買方在使用 EXW 時，應如何處理在賣方場所裝貨的問題？

3.請說明運用 FOB 風險的防範策略？

4.請說明 CIF 的賣方應如何核算運費？

5.請說明 FOB 的賣方如何防範提單不當的記載？

第一節 ▶▶▶
與貿易條件有關的運送策略

■ 一、誰應負責組織國際運送的策略？

(一)由賣方、買方或雙方組織國際運送工作

貨物的運送鏈大概可以分為三個階段：

1. 裝運前運送階段 (Pre-carriage)

指賣方把貨從自己營業場所運到裝運港的階段。

2. 主運送階段 (Main-carriage)

指用海運把貨運到目的港的階段。

3. 卸貨後運送階段 (On-carriage)

指買方用鐵公路等方式把貨運回自己營業場所的階段。

表 17-1　以 FOB Kaohsiung port 為例說明

裝運前運送階段	賣方營業場所→高雄港
主運送階段	高雄港→洛杉磯港
卸貨後運送階段	洛杉磯港→買方營業場所

FOB 的運送是屬於港到港的運送方式，因此 Incoterms A4 有關誰安排運送契約，指的就是「主運送階段」的安排。以下說明所指的運送安排皆包括此三個階段。

運送契約的訂定或組織的義務，有的是歸買方；有的是歸賣方；有的是一部分歸買方，一部分歸賣方負擔。

1. FCA seller's premises（賣方營業場所）

買方應負責組織全程運送的工作。

2. DDP buyer's premises（買方營業場所）

賣方應負責組織全程運送的工作。

3. FOB 或 FCA 買方指定賣方營業場所以外的地點交貨

出口國的 Pre-carriage 是由賣方負責，這兩種貿易條件把運送切割成一部分由賣方負責，一部分由買方負責。

裝運前運送涉及出口國內陸運送風險的掌控，也涉及裝運前運送階段與主運送階段要迅速與無縫隙的接軌運送。因此有不少的跨國公司已考慮到運送鏈的重要性，且通常是委由物流公司提供運送的協助，對組織運送做出適當的安排。

㈡由賣方或買方組織運送應考慮的事項

1.操作性因素

⑴法律面的問題，諸如運送人的責任與運送安全等 (Liability of the carrier and security requirements)。

⑵付款條件 (Payment terms) 是否需要特定的運送單據，例如需要具有物權證券性質的提單。

⑶稅賦與相關的物流基礎措施是否完備的問題。

2.貨物因素

貨物的數量與重量和貨物本質 (The nature of the goods) 是否需要快速交貨，此外也要考慮距離的遠近。貨物的本質指的是貨物是否為製成品、散裝或用貨櫃裝以及大宗物資的貨物。

3.運送方式的性質 (Transport mode character)

除考慮運送方式（海運、非海運或者複合運送）的性質外，對運送的可靠性與便利性也要加以考慮。

㈢賣方負責或組織運送

1.宜由賣方負責或組織運送的情形

⑴賣方出口的貨物數量很大，且屬於有規則性的出貨。此種情況下，由賣方負責組織運送除能獲得較便宜的運費外，也能從船公司調度到艙位。

⑵若有急單，賣方可以本於老客戶身分從運送人處調度到艙位，但小型買方卻不見得有此能力。

2. 由賣方組織運送業務的優點

　(1)運送人願意配合出具符合的單據：賣方選擇的運送人彼此互有信賴關係
　　　而且配合度也高。因此 L/C 若有規定需要於運送單據做額外的加註或提
　　　供特殊的單據時，較容易出具符合的單據，而且應買方要求無單放貨的
　　　機率也不高。

　(2)賣方較熟悉運送契約的準據法：運送契約的準據法，若無例外宜選擇賣
　　　方的本國法，或是相關的國際公約，賣方會比較熟悉。

　(3)結合運送與貨物：若由賣方組織運送契約，買賣價格已包含運費，再利
　　　用 Documents of title 控制貨物的支配權，可讓運送與貨物結合在一起。

　(4)減少儲藏成本：賣方安排運送，可以自己擬定出貨計畫，船貨無縫隙銜
　　　接，不必把貨放在倉庫，可以減少儲藏成本。

　(5)容易拿到較低的運費：賣方若是經常出口，與船公司有良好的關係，容
　　　易拿到較低的運費報價，因此若報 CPT 或 CIP 價格，買方的國際採購人
　　　員容易比較出哪間公司的價格較具有競爭性。

　(6)賣方較積極：在國際競爭的市場，賣方沒有懶惰的權利，對買賣高附加
　　　價值的跨國公司而言，為了維護自己的公司信譽與對運送中貨物品質的
　　　管控，通常會自己組織運送、自己向 End user 擔保貨物的品質，用戶到
　　　戶或門到門已是一項趨勢。賣方主導物流，然後再用招標方式將物流運
　　　送等業務外包予國際物流公司。

㈣賣方或買方負責或組織運送的風險

1. 運費變動的風險

　　賣方報價若包含運費在內，他必須考慮到締結買賣契約與實際出貨時，石
油價格的波動、幣值變動對運費的影響等。這都會提高契約價格的成本侵蝕賣
方的利潤，賣方得訂定價格變動條款規避這種風險。當然，由買方組織運送也
有相同的運費變動風險。

2. 船與貨物無法配合的風險

　(1)貨等船：應交由能力較優越（如能迅速找到船）的一方組織運送。

　(2)船等貨：由於賣方深知自己的交貨能力，故宜由賣方組織運送。

3.法律規範的風險

　　某些國家若有限制進出口物資應由該國貨輪運送，買方會把船舶選擇權限制的條款訂入契約，不利賣方組織運送。

二、海上貿易條件使用傭船的策略

　　就實務而言，某些輸出貨物並不必先運到貨櫃集散站，可以直接把貨物運到船邊後，依常地習慣裝到船上，再載到目的港卸貨，例如鐵礦砂與大宗物資等的運送方式，這些貨物的運送原則是使用傭船運送。但因傭船契約有關裝卸貨物的義務與裝卸貨時間有時會有不同的規定，因此大宗物資買賣安排的傳統海洋運送條件就宜注意有關傭船的策略。

㈠ FAS/FOB

　　這兩個貿易條件是由買方傭船運送貨物，但如果賣方超過船東或買方通知的把貨置放在船邊或裝船時間，就要付延滯費 (Demurrage)；若貨物裝卸速度較快，船東會退還一筆費用，稱為快速費 (Dispatch)。這些費用屬於運送契約的規定事項，與 Incoterms 無關，但最好也於買賣契約寫清楚裝貨與交貨的時間，以及退費與補繳的對象。

㈡ CFR/CIF

　　這兩個貿易條件是由賣方傭船，在裝船港賣方會盡快裝貨。至於提貨，B2僅規定買方應在目的港從運送人處提領貨物，關於提領貨物的時間，傭船契約會規定卸貨天數，慢了有延滯費，快了有快速費可退，要退給誰？另外，應由誰負擔延滯費，宜於買賣契約明白約定。

㈢ FOBST/CIFFO

1. FOBST (FOB Stowed and Trimmed)

　　傭船契約的船東有時不負責裝船，如果買方也不想裝船，會用 FOBST 向賣方下訂單，如果賣方接受了，則賣方就要把貨裝到船艙並負責積載與平艙的義務與費用。但 FOBST 的風險移轉，有人主張還是 On board，有人則主張平艙完成後才移轉。

2. CIFFO (CIF Free Out)

備船契約的船東有時不負責在卸貨港卸貨，如果賣方也不想負責卸貨，會用 CIFFO 與買方締約，如果買方接受了，則買方就要負責在卸貨港卸貨。

但如果買方堅持不接受 CIFFO ，賣方只好另外找願意承擔卸貨義務的船東，或者賣方自己設法安排在目的港卸貨。

第二節 ▶▶▶
變形條件的運用策略

一、變形條件產生的原因

國貿條規目前訂有十一種基本的貿易條件，用來適應現行的商業實務的需要 (To adjust the basic Incoterms according to existing commercial practices)，可能有所不足。

而一套國貿條規要運用於不同種類的貿易或者貨物與地區，條文起草方式就會走向抽象化，涵蓋的層面才會愈廣，加上實務也一直在變化，雖然在某些範圍內可用當地習慣或當事人之前的例子來解決，但有時還是不夠的。為了適應需要，有人就會使用變形條件。因此 Incoterms® 2020 的引言也說明，Incoterms 並不禁止使用變形條件 (Do not prohibit such alternation)，但特別強調使用變形條件有風險，為了避免糾紛，應該清楚的將為什麼要使用變形條件，於契約中作個交代。

二、變形條件的定義

Asko Raty 認為變形條件乃是對基本條件本身所作的額外調整 (An addition to the basic term itself)，這種調整可能是賣方或買方義務的增加或減少，或者是想用比國貿條規所用的語言，更精確的作出更多的描述 (To express something more precisely and exactly than the wording of the term itself allows)[1]。

---

[1]　Charles Debattista (1995). *Incoterms in Practice*, p. 144. ICC in Paris, France.

變形條件與協助 (Assistance) 不同，協助起因於當事人一方特別的要求所採取的行為，而變形條件是設計用來作一般的用途 (Variants are being designed for general use)。

三、變形條件的種類

變形條件基本上可分為以下幾種：

㈠對貨物交付的位置作更清楚的界定 (To define the position of the cargo on delivery)

選擇使用這種變形條件無非是對賣方何時在何處履行義務作更清楚的標記。簡言之，就是對交貨點作更進一步的界定 (Define the place of delivery of the goods)。例如：

1. EXW loaded

Loaded 的意思純粹是賣方協助把貨裝上買方備妥的車輛，不影響到風險移轉點，但卻割裂了費用與風險的認定標準。EXW loaded 未明確規定賣方協助裝貨，費用由誰負擔。

2. EXW loading (costs) excluded/included

本型是針對交貨地點與費用由誰負擔作出規定，但不影響到風險移轉點。

㈡對交付貨物的狀態作出敘述 (The state of the cargo)

例如貿易條件後面加上 "Customs cleared" 或 "CIF maximum cover"，對交付貨物需具有哪些特別要素 (A particular feature of the goods on delivery) 作出規定，不涉及交貨地點也不涉及風險移轉點的變更。

㈢涉及到風險移轉點的變更

美國《統一商法典》2004 年以前的 Section 2-234，規定有 CIF no arrival, no sale（貨物未到達，買賣契約就不成立）的變形條件，顯然變更了 CIF 以貨裝到船上，風險就移轉的規定。

四、FOBST 變形條件解說

FOB 的變形條件常見的有 FOB Stowed (FOBS)、FOB Trimmed (FOBT) 和 FOB Stowed and Trimmed (FOBST)。

(一) Stowed/Trimmed

Stowed 是為堆裝，Trimmed 是為平艙，就理論而言，在 CIF 或 CFR 的情況下，若非貨櫃，因是由賣方負責找船，可能運費已包括堆裝或平艙費用，因此由賣方負責。

但如果是 FOB，因把貨物裝載於船上是風險移轉及費用負擔的分界線，倘若買方不願意在裝船港履行這種堆裝或平艙的義務，一般買賣契約會寫為 FOBS、FOBT、FOBST、FOB stowed、FOB stowed and trimmed，如果賣方不拒絕，就是賣方義務。

(二) FOBS、FOBT 或 FOBST 的風險移轉

FOBS、FOBT 或 FOBST 是表示這些費用由賣方負擔，風險移轉仍以貨物是否業已 On board 為準。但學者 Frank Reynold (1994 (1) LMCLQ 121) 則認為，賣方交貨的義務必須於堆裝與平艙完成後才算完結 (The seller's delivery obligation is not met until the stowing and trimming have been completed)。並舉美國 Minex Shipping v. International Trading Company of Virginia and SS Eivini (1969 303 Fsupp 205) 一案為例，法官認為堆裝是貨物有秩序的集中堆疊方式，目的在避免磨擦等因素讓袋裝水泥免於破損，堆疊完成風險就移轉給買方負擔，至於爾後黃豆掉落汙損水泥的風險由買方負擔。*Benjamin's Sale of Goods*[2] 一書中也提到風險應直至貨物以堆疊完成方才移轉 (The risk should not pass until the goods are stowed)，若果採後說，當賣方堆裝或平艙，發生滅失或毀損的風險是由賣方負擔。

---

[2] A. G. Guest, C. J. Miller, D. Harris, G. H. Treitel, E. P. Ellinger, Professor C. G. J. Morse, & Eva Lomnicka (2006). *Benjamin's Sale of Goods*, 7th, para 19-006. Professor L. S. Sealy, & Hon Professor Francis M. B. Reynolds (Contributor).

　　持平以論，運送契約並非賣方所訂，賣方對堆裝等無控制能力，且裝上了船舶，買方就有保險利益，故應認為，貨物裝上船舶後風險就移轉。

　　因此賣方宜於買賣契約就風險何時移轉做出規定。

(三) CIF out-turn

　　石油買賣的契約常看到類似 CIF out-turn clause 或者 CIF landed weight 的變形條件，基本上它只是在 CIF 的基本條款加上一個價格調整機制 (Price adjustment mechanism) 的變形條件，這個變形條件流行於 1973 年以阿戰爭期間，石油價格飆升，為了避免運送，買方並不依提單表示的重量付款，而是依照實際卸貨的重量付款，針對運送途中的損耗不負責任。但有人對於風險移轉的期間有不同的看法：

1. 石油 On board 風險就移轉，Out-turn 只是價格調整機制

　　這個意見可以 2004 年前的 UCC 2-321 為代表，CIF 或 CFR 後面接 Landed weights、Payment on arrival、Warranty of condition on arrival terms，這些變形條件並不影響 CIF 的風險移轉的本旨。

2. 運送損失 (Transport loss)❸ 到目的地才移轉

　　一般不採用此種見解。

第三節 ▶▶▶
陸橋與國貿條規的使用策略

一、陸橋的意義

1. 陸橋指的是海上運送與長距離的陸上運送一貫複合而成的國際複合運

---

❸　損失可以分為兩種：⑴運送損失 (Transport loss)，乃因運送期間所發生的蒸發、凝聚、濺出或計量 (Evaporation, sludge accumulation, spillage or measurement) 錯誤的數量損失；⑵海運損失 (Marine loss)，指的是海上運送意外引起的損失，這不屬於本變形條件的範圍。

送。最具代表性的是西伯利亞陸橋、中國陸橋和美國的微陸橋。

2. 使用陸橋運送貨物，反映在國貿條規上，就是 A6 運送單據的提供，一般是使用複合運送單據。複合運送對貨物的毀損滅失有的國家採取網狀責任制，若毀損滅失發生在鐵路運送，賠償標準依國際鐵路運送公約的標準，它的賠償標準通常低於海運如海牙威士比或鹿特丹規則之標準。因此宜使用貨物運送保險來獲得較充分之保障。

二、陸橋的類型

㈠西伯利亞陸橋 (Siberia Land Bridge, SLB)

SLB 是 1971 年建立的，由海參威火車站到莫斯科，然後分成兩條支線，一條到德國，這一條已經停止行駛，另一條延伸到芬蘭則繼續營運中。

2008 年雖然日本的近鐵會社使用陸橋向中亞輸出汽車只用了 20 天的時間，但那只是個案。因各站並未停留，基於以下原因，似乎已經沒落：

1. 耗時太長

海參威火車站太擁擠，貨櫃待運期間會等太久。

2. 海運費用相對便宜

航向歐洲的貨櫃船大型化，載櫃量約在 6,000–8,000 TEU 以上，運費相對於陸橋運費便宜。

3. 改　道

韓國與日本等運往中亞的貨物改走中國陸橋。

㈡中國陸橋 (China Land Bridge, CLB)

第一歐亞大陸橋建於 1992 年，從連雲港到阿姆斯特丹總長約 10,900 公里，經過哈薩克、烏茲別克、塔吉克、吉爾吉斯、俄羅斯、比利時、波蘭、德國、荷蘭等九國。

日本、韓國、臺灣、香港、東南亞輸往中亞的貨物常經由此運送路線。中國人陸雖然想銳意經營，在上海、天津、青島等港的腹地有鐵路往返，可接上此陸橋，但由於中國大陸與哈薩克協議建造軌距為 1,435 mm 的窄軌，而中亞各國的軌距卻是 1,520 mm，在各國邊界必須更換列車才可繼續運送。貿易商以前大多是在哈薩克的 Druzhba 火車站和阿拉山口的火車站換列車，但因該地風大，遂換在室內用天車把貨櫃吊起改放置在其他列車上，然而此舉費時費錢，甚不方便，現在則因新疆銜接哈薩克鐵路已可接通通車，不需更換列車❹。

使用中國陸橋的缺點：

1. 中國大陸國內運送能力有改善空間，且貨櫃空櫃不敷業者使用。

2. 沿途各站皆停比較耗時。

3. 通關手續複雜。

4. 貨物追蹤功能不佳。

5. 鐵路管理系統不完善。

6. 軟硬體有待加強。

例如韓國的大宇汽車認為，由於上述缺點使得目前經過中國陸橋把汽車零組件運到設在烏茲別克的汽車工廠須時 28 天，若能改善，則有可能將運送期間縮減到 15 天以內。

㈢西伯利亞陸橋、中國陸橋與國貿條規

俄羅斯已經分為十五國，且各國都定有過境的通關制度與規費，手續複雜與通關時間太長，大約佔了運送期間的十分之一。此外，由於經過西伯利亞陸橋的貨不多，需要事前預訂，否則需花費許多時間等待列車進站。而中國陸橋的軟硬體設備皆有待加強，因此，若使用 DAP/DPU/DDP 就宜慎重考慮，若改用 CIP 較為適合，但也須要有實力堅強的 Forwarder 配合。

㈣美國微陸橋與國貿條規

1. 美國鐵路概述

美國獨立戰爭以後，為了發展西部經濟，不斷向西延伸建築而成的大鐵道形成了美國陸橋，東起紐約，西至舊金山，全長 4,500 公里，東接大西洋，西連太平洋。

---

❹　高玲 (2007)。〈チャイナ・ランド・ブリッジの発展方向と検討課題〉，《立命館國際地域研究》，第 25 號。立命館國際地域研究所。

2. 美國陸橋 (America Land Bridge)

西伯利亞陸橋與中國陸橋是屬於 Forwarder 主導型的；美國的陸橋則是屬於海運公司主導型的。

在美西如西雅圖、舊金山或洛杉磯的碼頭，有船公司專用的貨櫃鐵路列車，隨時可以臨時編成 15-18 列的列車。日本的豐田等汽車公司在美國的工廠內部，鋪有鐵軌，使得裝零組件的貨櫃可以直接開進工廠的廠區。

此條陸橋的開發是因為 1967 年以阿戰爭，蘇伊士運河關閉，由美商海陸公司 1972 年首先公布陸橋運費表而開始的。凡日本或遠東地區有貨要運至歐洲，可用海運送至美國西岸（奧克蘭、洛杉磯），走鐵路到美國東岸，再用貨櫃船運往歐洲。戰爭結束後，蘇伊士運河重新開啟，此條陸橋的使用機會也逐漸減少。

3. 美國小型陸橋作業 (Mini-land Bridge Service, MLB)

遠東欲輸往美國東岸或墨西哥灣沿岸地區的貨物，先在美國西岸卸下，走美國鐵路到東岸貨櫃場，再經公路運往內陸各地。

4. 美國微陸橋作業 (Micro-Bridge Service, MBS)

目的地若不在東岸而是在美國中西部，則遠東地區的貨先用海運到美國西海岸貨櫃場卸下，再用火車或公路運至內陸各地。

5. 陸路共同地點作業 (Overland Common Points Service, OCP)

OCP 係美國與加拿大西岸所特有的制度，利用微陸橋先靠西岸，再運往美國內陸主要都市（含芝加哥在內約四十個都市）的運送方式，若該內陸主要都市是在洛磯山脈以東的叫 OCP，否則叫 IPI (Interior Point Intermodal Service)。

6. 反向微陸橋作業 (Reversed Interior Point Intermodal Service, RIPI)

RIPI 乃指遠東地區貨物先靠美國東岸或墨西哥灣主要城市，再反向的利用鐵公路運到內陸主要城市。

美國的陸橋在鐵路公司的配合下，出現了所謂的「雙層堆積火車」(Double stack train)，是專門用來運送可以兩個貨櫃堆積運送的火車，這種火車一周約發十二班，與中、西、東部十八個都市連成專用列車網，主要的船公司也自備有專用列車，因此運送日期縮短，貨櫃準時且準確到達，可以滿足進口商需要。

7.加拿大陸橋 (Canadian Land Bridge)

於 1980 年開始出現，凡日本或遠東地區有貨要運到歐洲，船先靠西岸溫哥華，走加拿大鐵路橋到東岸的蒙特利爾，再用海船運到歐洲，目前使用的機會不多，當做小型陸橋或微陸橋作業使用。

> 📁▶ **案例摘要**
>
> **臺灣高雄地方法院 94 年度海商字第 7 號判決**
>
> 緣賣方用 CIF New Orleans（紐奧良）貿易條件賣與冷卻滾輪機器六件，分裝在兩個木箱。併櫃後，自臺灣高雄港裝船後運至美國加州洛杉磯港卸載，暫儲存加州聖喬治倉庫 (St. George warehouse) 拆櫃。因發現系爭貨物之 1 號木箱已毀損，另製作乙只新木箱重新裝入冷卻滾輪機器及其他連接機器；再與其他運送至紐奧良的貨物，一同裝上由聖喬治倉庫所安排的拖車 (Trailer)，並以 33975 號封條 (Seal) 固定在右後門 (The right rear door) 上，經由聯合太平洋鐵路 (Union Pacific Railroad) 為內陸運送 (Inland carriage)。運抵紐奧良，再由聖喬治倉庫安排經由聯合太平洋鐵路支線 (Spur)，運抵紐奧良訴外人 Freight Inc. 的倉庫。在移除右後門封條欲將系爭貨物卸下交付買方時，除系爭貨物的 2 號木箱已順利自拖車卸下交予買方收受而無受損外，系爭貨物的 1 號木箱經數次嘗試無法順利卸下拖車，經檢查發現有毀損現象。
>
> 👤💬 **解 析**
>
> 本案貿易條件似乎宜用 CIP，例如 CIP L.A. OCP New Orleans 較為妥適。

(五)印度的內陸驗關貨運站 (Inland Clearance Depot, ICD)

印度主要的港口有十二個，但約有六成的貨櫃是經由西部孟買 (Bombay) 的 JPNT (Jawaharlal Nehru Port) 新港，其正式名稱為 Nhava Sheva；它的舊港是孟買，孟買屬內港擴張，餘地有限。

孟買為印度最大港，但印度最大的工業重鎮卻在德里 (Deli)，因此印度架構起了諸如 Deli-Bombay route 複合運送的航程，用海運運到孟買再用鐵路運到內陸城市德里，這些鐵路主要是由 Concor Corporation of India 公司所經營，簡稱

CONCOR。CONCOR 是印度國鐵 (India Railway) 的子公司用自己的專用列車展開從海港把貨運到內陸的 ICD。CONCOR 在印度建構了四十個以上的 ICD，就以 JPNT 新港為例，到貨的貨櫃約有 27% 是靠鐵路運往德里，鐵路行程約 48 小時。

ICD 具備有各項與貿易綜合的行政機關功能，關稅與銀行和船公司以及檢查丈量和檢驗等公司機關均於此集中，提供 One stop service，當然也有保倉提供暫時儲存的功能，因為印度的關稅偏高。進出口的貨櫃約有 30% 是經由 ICD 處理的。

在德里一帶最大的 ICD 為 Tughlakabad ICD，簡稱為 TKD。

印度進口商一般是要求出口商以 CFR 或 CIF Nhava Sheva 後面接 ICD TKD。鐵路運費先由印度國鐵向 CONCOR 報價，CONCOR 再向船公司報價，船公司再向進出口商報價。

在此狀況下，Incoterms 宜使用 CPT 或 CIP。賣方報價時要精準抓住港口卸貨一直到內陸 ICD 的費用。

第四節 ▶▶▶
過境運送的費用考量策略

一、前　言

臺灣的出口商，出了三個貨櫃的窗簾，約 37.3 公噸，從臺中港開往廈門的東渡港，完成各項申報後，再搭中歐（廈門）班列車開往德國漢堡，約 17、18 天可抵達。

如果貨櫃再由漢堡轉公路運送到英國，顯然這批貨櫃的過境國家，主要為中國大陸廈門，及德國到英國等歐盟國家。貨物過境可能需要辦理：

1. 過境許可 (Permit)

如果不談本案，假設以過境中東國家如沙烏地為例，對豬肉產品，酒類產品等有嚴格的管制，因此有些貨物須辦理過境許可。

2. 過境手續

　　辦理過境需向海關辦理過境各項申報手續。

3. 過境檢查費用

　　如果過境之海關懷疑申報不實或有其他不法嫌疑，得留置貨櫃開櫃檢查，可能會發生檢查費用或留置倉租費用。

4. 到了德國，如何過境再到英國，要依據歐盟海關法典的相關規定辦理。

5. 有些國家對過境公路運送會課徵道路稅，甚至是空污相關規費。

二、貨物過境其他國家的手續由誰辦理？

表 17-2　Incoterms® 2020 貨物過境其他國家的手續

未規定係屬於賣方或買方義務	EXW
屬於賣方義務	DAP、DPU、DDP
屬於買方義務	FCA、FAS、FOB、CFR、CIF
屬於賣方或買方義務❺	CPT、CIP

三、過境運送的費用

表 17-3　Incoterms® 2020 過境運送的費用

未規定係由賣方或買方負擔	EXW
由賣方負擔	DAP、DPU、DDP
由買方負擔	FCA、FAS、FOB
貨物過境其他國家的運送費用由買方負擔，但是該項費用若已包含於運送契約，則是由賣方負擔	CPT、CIP、CFR、CIF

四、過境運送的障礙

　　跨越國境運送有關的障礙頗多，例如 WTO 在 2006 年檢討吉爾吉斯的貿易政策時指出，外國卡車過境該國所需的道路稅比該國卡車繳交的費用多了 5-10 倍。

　　一般而言，過境常見的障礙有：

1. 海關與員警會刻意刁難，藉此收取賄賂。

---

❺　交貨前過境其他國家運送的通關手續由賣方負擔，交貨後由買方負擔。

2.過境手續複雜不明確而且沒有效率。

3.各機關間沒有連繫。

4.運送業者與運送服務業者效率不佳。

5.基礎設施不良，如道路有坑洞。

為解決上述情形，可將條約分為多邊或雙邊協定。

五、解決過境運送障礙的多邊或雙邊協定

為了解決過境運送障礙的問題，乃有多邊或雙邊協定的出現：

㈠東南亞國協

東南亞國協訂有過境運送協定 (ASEAN Framework Agreement on the Facilitation of Inter-State Transportation)，其主要內容為：

表 17–4　東南亞國協訂的過境運送協定

海　　關	希望利用簡單的手續，24 小時內就能完成通關
運　　送	不管是公路或鐵路，運送車輛不必替換，可以由目的港一貫運送到目的地
可以收取通行規費	海關檢查後貼封條，在保稅狀態下過境運送

㈡阿富汗與巴基斯坦

不少國家也借助於雙邊協定解決過境問題，例如阿富汗與巴基斯坦於 2010 年簽有過境貿易協定 (The Afghanistan-Pakistan Transit Trade Agreement, APTTA) 的雙邊協定，於 2011 年 6 月正式生效。阿富汗的進口商品中約 30% 以上是從巴基斯坦入境，影響甚大。

依 APTTA 第 4 條過境運送走廊 (Transit transport corridors) 另行規定的附錄一，允許阿富汗卡車攜帶阿富汗過境出口貨物行駛在指定的路線，到巴基斯坦境內瓦嘎 (Wagah) 邊境口岸及喀拉剌 (Karachi) 港。巴基斯坦貨車也可通過阿富汗全境直達伊朗、土耳其等國，故又有新絲路之稱。阿富汗的貨物在巴基斯坦境內須使用帶有追蹤裝置的密封貨櫃運送，在托克哈姆 (Torkham) 口岸離境時需再次接受巴基斯坦查驗。兩國已同意安裝運送工具的跟蹤裝置和報關資訊共用（IT 數據等）。

至於過境運送到印度部分，因印度與巴基斯坦的緊張關係，卡車只能在瓦嘎邊境口岸卸貨，再搬上印度的卡車運到印度，阿富汗回程卡車不得載運印度出口的貨物 (Afghan cargo will be off loaded on to Indian truck back to back at Wagah, and the trucks on return will not carry Indian exports)。

就一個出口商而言，如果過境國家政治環境並不安全或過境具有上述不利因素，則宜考量過境費用不宜包括在運費之內。

六、案例解說

案例摘要 [6]

CIP Karaganda（卡拉干達），受貨人拒付過境港口所有費用

賣方用 CIP Karaganda（卡拉干達）售予買方貨物一批，預計於立陶宛的克萊佩達 (Klaipeda) 過境轉關，然後用卡車送到買方位於卡拉干達的倉庫。在克萊佩達港產生貨櫃的拆櫃費用以及轉關費用和運往目的地卡車押金，買方以貨物尚未運抵卡拉干達，而且目的地以外所產生的費用，應由賣方負擔為由，拒付這些費用。貨物已經在克萊佩達的海關監管倉庫堆放約 10 天，每天產生 60 歐元的倉租費用。請問該筆費用應由誰負擔？

解析

依 CIP 的相關規定：

(1) A7 規定，賣方應辦理貨物輸出與交貨前過境其他國家運送時的通關手續。B7 規定，買方應辦理貨物輸入與過境其他國家運送時的通關手續。究竟是歸賣方還是買方負擔？實務上，除非該項義務依運送契約約定是賣方義務，否則貨物自賣方國家裝運（發送）後，應由買方承擔該項義務 (Unless this obligation is for the seller's account under the contract of carriage)。

---

[6] 本案例出現在 http://bbs.fobshanghai.com/，由筆者以 Andylaw 名義回答。

⑵ A9/B9 規定，過境其他國家的運送費用，除運送契約約定由賣方負擔已包含於該項契約外，是應由買方負擔。

由上述 2 點可知，由於本案買賣契約及運送契約皆無特約，故應由買方負擔。

七、ICC 對過境費用的補充解釋

㈠ Incoterms® 2020 與過境費用有關的規定

表 17–5　　Incoterms® 2020 與過境費用有關的規定

EXW 的 A7/B7 與 A9/B9	過境任何國家的通關手續與運送費用由買方負擔（買方辦理、賣方協助）
F 群的 A7/B7 與 A9/B9	過境任何國家的通關手續與運送費用由買方負擔（買方辦理、賣方協助）
C 群的 A7/B7 與 A9/B9	1.過境任何國家的通關手續與運送費用由買方負擔（買方辦理、賣方協助） 2.交貨後過境任何國家的運送費用未包含於費用的部分，由買方負擔
D 群的 A7/B7 與 A9/B9	過境任何國家的通關手續與運送費用由賣方負擔（賣方辦理、買方協助）

㈡過境費用的負擔對象

過境費用包含運送費用與其他（額外）費用：

1.過境運送費用

C 群貿易條件的 A4 均規定，賣方應以通常條件自行負擔費用訂定運送契約，把貨運至指定的地點或目的港。再依 A9d/B9b 的規定，抵達指定的地點或目的港以前過境其他國家的費用若已包含於運送契約之內，是由賣方負擔，否則是由買方負擔，規定得甚為清楚。

2.過境運送費用的其他（額外）費用

實務上，在過境過程中因國情不同，某些特殊的案例會產生額外的費用，這些額外費用應認包括於過境運送費用由賣方負擔嗎？有的認為並不應由賣方負擔，那麼買方應該支付這些額外的費用嗎？因有疑惑，遂請求 ICCCLP 補充解釋。

㈢ ICCCLP 對過境費用的補充解釋

ICCCLP 首先援引 C 群貿易條件 A9 的規定加以說明，賣方應支付取得 (Obtain) 運送契約所需的運費與其他費用 (Freight and all other costs)。而賣方對貨物的報價若已包括運費在內，且買方也接受時，則買賣契約成立，買賣雙方應履行該項契約，因此爾後運費增加的部分應由賣方負擔。

然後，再參酌 C 群貿易條件 B9 的規定：過境運送費用若含於運費固是由賣方負擔，而風險移轉的時點也是費用劃分的時點。至於風險移轉後，如果貨物裝運後發生不可預料的事故，如擱淺、船舶互相碰撞、罷工、政府命令或惡劣天候等這些不可預料的事情所產生的費用，除運送契約明定是由賣方負擔外，否則將由買方負擔❼。

第五節 ▶▶▶
國際快遞貿易與貿易條件選用策略

一、國際快遞貿易的意義

商業界人士本來是利用郵局來處理單據與包裹的遞送，但由於郵局的作業較緩慢，因此，從 1960 年代起，原本只為銀行運送貴重物品的民營運送公司也發展出了專業的快遞業務。

國際快遞業務可分為三種：

1. 傳遞資訊，例如銀行信用狀單據的遞送。

2. 遞送包裹。

3. 貨物 (Cargo) 的遞送。

凡是國際間利用快遞方式來遞送貨物買賣，皆可稱為國際快遞買賣。雖然有些國家規定貨物低於一定重量或金額者，屬於國際快遞貿易，如阿根廷政府

---

❼　請參閱 Incoterms® Rules Q&A 第 8 題有關的說明。

規定，貨物重量低於 50 公斤，價值少於每公斤 3,000 美元的是屬於國際快遞貿易❽。但實務上，凡是國際間利用快遞方式來遞送貨物買賣者，即可稱為國際快遞貿易，例如小額快遞貿易、專門為賣方處理貨物完成品 (Product) 的快遞貿易、專門為跨國企業集團供應鏈底下的原物料供應者快遞與半成品供應者，或兩者為共同目的把貨物輸往其他海外子公司組裝或生產目的的貨物快速遞送皆可稱之。但若是屬於 B2C 型的宅配快遞則不包括在內，因為快遞貿易基本上是定位在屬於 B2B 型。

國際快遞貿易通常為整合型國際航空貨運業 (Intergrated express service)，集航空公司、貨物承攬、報關、倉儲及陸地運送等五項活動於一體，利用門到門貨物 (Door to Door Cargo, DDC) 的遞送方式，此與一般航空運送由機場到機場 (From airport to airport) 不同，DDC 是把貨物安全迅速運到買方營業場所的門口。

二、國際快遞業務的主要業者

提供國際快遞業務的主要業者有：

㈠整合型國際物流業者

例如：DHL、FedEX (Federal Express)、TNT Express (Thomas Nationalwide Transport)、UPS (United Parcel Services)。

㈡空運貨物承攬業者 (Air freight forwarder)

傳統上，歐洲使用 Forwarder 來為賣方處理貨物的快遞，例如 DB-Schenker 專門為 Siemens 處理門到門的貨物快遞。

㈢ EMS

EMS (Express Mail Service)，為各國郵局提供的快遞服務。這種方式在貨物到達的準時性方面比前兩者難掌握。

---

❽　鄭琮憲 (2005)。〈GATS 郵政快遞服務貿易相關問題之研究——以分類標準與到達費議題為中心〉，頁 32。

🔖 三、國際快遞貿易與貿易條件的使用

國際快遞貿易條件的使用策略，要看買賣雙方的貿易能力（運送執行能力）、貨物的性質和輸出入國家的法令等而定。

就法令而言，有些出口國如我國，若是使用國際客機行李艙位 (On Board Unit, OBU) 是以簡易報關方式出口。如果是 DHL 等專機，貨品則是經由機場快遞專區報關出口。進口國方面如墨西哥或巴西快遞貿易的通關法令很複雜，因此賣方若有貨物須出口到這兩個國家，要特別注意。

國際快遞貿易，基本上較常使用下列幾種貿易條件：

㈠ EXW

如果貨物的性質穩定，在運送途中不容易變質，買方為控管貨物的運送費用，會用 EXW，再將履行運送的義務外包給國際物流業者。

EXW 的運費一般會使用到付方式：

1. 賣方必須轉知快遞公司買方在快遞公司進口國已經開設的帳號，經快遞公司認證該帳號有效後才會接受到付。

2. 賣方需在快遞公司開設帳號，開設帳號一般是憑公司營業帳號與負責人名片即可申請。

3. 賣方要填寫一張由快遞公司印好的保函，擔保如果買方拒收或拒付快遞費用，有關的費用將由賣方負擔。

關於 DHL 的帳號可分為兩種，一種是當地帳號，另外一種是全球帳號，全球帳號表示該帳號的所有人有存款在帳號裡面，運費可直接從帳號中扣除。

若是出口報關，由賣方當地的國際快遞分公司負責；若是進口報關，則由買方當地的國際快遞分公司負責。

㈡使用 D 群貿易條件

1. DAP

有些國家的進口通關手續甚為複雜（如俄羅斯、巴西等），此時相當適合選用 DAP。例如買賣雙方選擇以 DAP Saratov Incoterms® 2020 交易。但由於國際

快遞公司常向客戶辯稱快遞均在莫斯科海關辦理進口通關，而買方營業場所距離該處甚遠，必須遠赴莫斯科辦理通關，使得買方多所抱怨。

2. DDP

若進口通關手續不是那麼煩瑣，賣方可以委由國際快遞公司代辦進口通關手續，會考慮用 DDP。

此外，以國際知名時尚服飾店為例，例如歐洲某些標榜快速反應的服裝公司，全球可能有數百家專賣店，分布在六十幾個國家，每年銷售的服裝約數千萬件。賣方利用網路資訊，把客戶訂單傳送給國際快遞配送中心，配送中心便根據專賣店的需求在一定的時間內進行打包、組配、辦理出口與進口國通關，送貨。整個快遞過程可在一週內完成。

㈢使用非定型的 Free house delivery 或 Delivery free domicile

這兩個名詞並不是定型的貿易條件，而是運送契約專門用語。實務上常用於門到門的國際宅配 (Door to door package)，由出口地一直配送到買方指定地的費用，全部由賣方負擔。這兩個貿易條件盛行於歐洲國際包裹快遞，日本綜合商社歐洲支店視為等同於 DDP 的貿易條件。但因為這兩者沒有具體解釋規則可以依循，容易引發爭執，因此還是使用 DDP 較為妥適。

第六節 ▶▶▶
與貿易條件有關的保險應用策略

一、貨物本質與固有瑕疵引起損害的對應策略

按貨物到達目的港後，發現貨物有因本質與固有瑕疵引起的敗壞瑕疵，例如水果有軟化、腐爛、葡萄有乾梗出現或尺寸較小、出現斑點、汙點等瑕疵，雖然保的是水險 (A) 條款，但該瑕疵並不是運送過程中遭受意外或特別事故所引起的毀損，保險公司並不賠償。

何謂貨物本質與固有瑕疵？

㈠固有瑕疵的意義

固有瑕疵乃指在沒有外力影響下，運送的貨物或者被保險貨物本身因為內在因素的分解，或由於其本質具有容易變壞或腐敗的變質原因，例如荔枝外殼容易變黑、水蜜桃容易腐爛等。我國《海商法》與《保險法》均規定運送人與被保險人對貨物固有瑕疵 (Inherent vice) 引起的損害不予賠償。

有學者認為固有瑕疵與固有性質意義相同 ❾，試分析之：

1.固有瑕疵是貨物本身固有的性質

例如將煤炭堆在不通風的船艙就容易引起自燃、菸葉容易腐爛。

2.固有瑕疵不必然會發生，但貨物的性質就是有容易變質的風險或傾向

例如輸日香蕉的外皮不必然會變黑但有部分確會有變黑的傾向。

3.固有瑕疵的變質是由內在因素所引起，而非外在因素影響所致

例如因火災而引起的香蕉變質就是由外在因素所引起的，不屬於固有瑕疵。

㈡固有瑕疵與正常滲漏的關係

1906 年英國《海上保險法》第 55 條 (2)(C)，原本將習慣性滲漏與失重和正常性自然損耗與固有瑕疵規定在同一款項裡，但 ICC 2009 第 4 條除外不保條款的編列，則將被保險標的物的正常滲漏、失重、失量或耗損列為 4.2 款，而被保險標的物的固有瑕疵或本質所引起的損害或費用則另行獨立出來改列為 4.4 款，分屬不同款項的除外不保項目。雖兩者都屬除外不保，但意義彼此不同。舉例而言，酒類與橄欖油或糖蜜等在無外力影響底下，航海過程中，通常會透過與容器的接觸而少量的滲漏；散裝小麥在進出口碼頭作業，容易滲漏或存留於運送工具細縫處，或者水分蒸發而失重，這是屬於 4.2 款規定的情形；而 4.4 款的固有本質則是指稻米容易長米蟲、麵粉容易於運送途中結塊等的情形。

㈢固有瑕疵與物的瑕疵擔保責任

物的出賣人要負物的瑕疵擔保責任，於交付與買受人時擔保具有通常價值與通常效用。若是貨物固有的瑕疵，也就是貨物交付時就存在的品質瑕疵，賣

---

❾ 郭國汀 (1994)。《國際經濟貿易法律與律師實務》，頁 261。北京：中國政法大學出版社。

方應負擔物的瑕疵擔保責任，但保險法與海商法所謂的固有瑕疵，則是指貨物交付時品質並無瑕疵，經過一段運送期間之後，例如魚粉會自燃、玉米會長黃麴毒素等，這些瑕疵是有可能會發生但是不一定會發生的。

〈臺灣最高法院民事裁定 97 年度台上字第 121 號判決〉認為，從美國進口水果之瑕疵有軟化、腐爛、葡萄有乾梗出現或尺寸較小、斑點、汙點等項之瑕疵係貨物本身敗壞所致，亦即屬於貨物固有的瑕疵與性質。

原則上，保險人與運送人不賠償貨物於運送期間因固有的性質（瑕疵）所引起的損失，所以使用裝運地契約（例如 FCA、FOB、CPT、CFR、CIP 和 CIF）者，買賣雙方宜於契約中約定雙方應如何負擔固有性質引起的損害（例如約定「腐損率超過 3% 時，出口方僅就超過 3% 之部分補償進口方」）；至於目的地契約（例如 DDP）貨物的品質，原則上是以在目的地交貨時的品質為準，而固有性質引起的損害是由賣方負擔。

㈣賣方的對應策略

1.出具品質檢驗報告

為了避免發生爭執，賣方常於裝貨時出具品質檢驗報告證明貨物於裝運時品質無問題。

2.投保附加險

若賣方為控制風險，對貨物本質與固有瑕疵引起的風險，可於 ICC(A) 條款外，投保附加險，如麵粉結塊險。此外，若貨到發生貨物本質與固有瑕疵引起的毀損，保險公司要負舉證責任。

3.船公司要負舉證責任

清潔提單只是外觀良好的初步證據，不足以證明貨物內在的品質有瑕疵，貨到發生貨物本質與固有瑕疵引起的毀損，船公司要證明不是外部因素所引起的，例如船公司運送玉米，貨到發現長有黃麴毒素，此時船公司必須提出證據證明船艙於本次裝運玉米前已經消毒完竣，此乃貨物固有性質所引起。

二、船舶不具堪航能力是否可向保險公司索賠？

如果船舶不具堪航能力，且在賣方不知情的前提下貨物發生毀損，保險公司要負擔賠償責任；如果是因賣方包裝不當導致貨物毀損，保險公司不需負擔賠償責任。以下茲加以解說：

㈠包裝應具備有堪航能力

CIP/CIF 的 A8 規定，賣方要以適合貨物運送過程的方式包裝，如果是以海運運送，包裝應具備有堪航能力，否則縱然保的是全險或 ICC(A) 條款，保險公司是不賠的。

> 📖 範　例
>
> 　　貨物在海洋運送途中因海浪拍打船身，使得船體劇烈搖晃致貨物破損，則在此情況下保險公司是否應理賠？
>
> 👤 解　析
>
> 　　這種情況從因果關係而言，貨物損失的直接原因應該是包裝不當，而不是船體搖晃，而通常保險公司對於包裝不當是不予理賠的。

㈡船舶不具堪航能力，保險公司會賠嗎？

ICC 1982 中規定，若船舶不具堪行能力，無論貨主是否知情，保險公司均不予理賠。但 ICC 2009 已對不適航與不適運條款 (Unseaworthiness and Unfitness Exclusion Clause) 做出修正，言明如果貨主不知道船不適宜航行，保險公司應予理賠；此外，若貨主於包船時超載貨物，保險公司也不予理賠。例如北大西洋的冬天浪大，若船公司用小船載貨，運送過程中船體會劇烈搖晃，這時若被保險人（貨主）不知船舶不具堪航能力，保險公司應予理賠。

三、忘記投保與補辦保險

㈠ CIF 下，賣方未辦理保險但仍將貨物安全送達，賣方是否違約？

依 Incoterms® 2020 CIF A2 規定，賣方除負有交貨義務外，還應依賣方 A6 規定交付貨物運送單據義務。另依 A5 規定，賣方應提供保單或保險證明。賣方未辦理投保或忘記投保，賣方當然無法提供保單，縱然貨物已安全抵達，賣方還是違反貨物應予投保的義務。為避免忘記投保情事發生，買方可以要求賣方於出貨前掃描保單，並傳真給買方。

㈡ 船已開航是否還可補辦保險？

實務上，賣方偶爾會忘記保險，待船舶開航後，方才向保險公司投保。在此情況下，保險公司原則上不會同意，然而有些國家的保險公司會同意賣方投保，但會要求賣方出具保證函或不索賠保證函，然後倒簽保險單的生效日期給予賣方。

1. 要求賣方出具保證函

保險公司會要求賣方出具保證函保證貨物現在是安全的，才願意出具倒填日期保單。

2. 要求賣方出具不索賠的保證函

由於保單對善意的買方或第三人仍具有效力，因此有的保險公司會要求賣方出具不索賠保證函。如果買方或第三人提出索賠，保險公司得轉向賣方索償。然後簽發保單供作為目的國海關結關或者供賣方作為在信用狀項下交單使用。

3. 倒簽保險單的生效日期

我國《保險法》第 51 條第 1 項規定：「保險契約訂立時，保險標的之危險已發生或已消滅者，其契約無效。但為雙方當事人所不知者，不在此限。」由此可知保險契約為最大善意契約，故保單倒填日期是具有效力的，與提單倒填日期是屬於無效不同。

習題

一、選擇題

( ) 1. OCP 與 IPI 是 (1)美國與加拿大 (2)印度 (3)中國大陸 (4)全球 常使用的陸橋條件。

( ) 2. CIF 的賣方投保全險,因發生船舶碰撞使得船艙中的水果全部毀損,此時保險公司應 (1)視情況理賠 (2)認屬貨物固有性質不賠 (3)是船舶碰撞所引起與固有性質無關,因此要賠 (4)全險不含碰撞險所以不賠。

( ) 3. ICD 是 (1)美國與加拿大 (2)印度 (3)中國大陸 (4)全球 常使用的陸橋條件。

( ) 4. 國際快遞貿易較常使用下列何種貿易條件? (1) CFR (2) FOB (3) DDP (4) CIF。

( ) 5. CIP 的過境費用若已包含於運費內,則該費用應由誰負擔? (1)賣方 (2)買方 (3)運送人 (4)報關行。

二、問答題

1. 請說明買賣雙方由誰負責組織運送需要考量的因素有哪些?

2. 請說明我國廠商利用中國陸橋運貨到莫斯科應如何選用適宜的貿易條件?

3. 請說明 CIF 的賣方在使用傭船時,應注意哪些事項?

4. 請說明若 CIP 的賣方忘記保險,但貨已快要運到目的地,此時賣方應如何處理?

5. 請說明倒簽提單的法律效果。

第一節 ▶▶▶
貿易條件決定貿易付款方式

　　無紙化或者 e 化的貿易流程對貿易的付款方式會產生一定的衝擊，因此有諸如 Trade card 或 Paypal 等新興付款方式的出現，但傳統的四種貿易付款方式還是廣為使用，這四種貿易付款方式分別為：

　　1. 預付貨款 (Cash in Advance, CIA; Cash in prepayment)

　　2. 信用狀 (Letter of Credit, L/C)

　　3. 託收 (Documentary collection)

　　4. 記帳貿易 (Payment on Account, P/A; Open Account, O/A)

　　當然，這四種方式可以混合使用 (Hybrid)，如 30% 預付貨款，70% 託收也是可能的付款方式。

　　《國際貿易付款方式的選擇與策略》❶一書將國際貿易付款方式的決定因素分為十四種，其中「貿易條件及交貨方式」也是決定付款方式的因素之一，作者認為不同貿易條件所表明的交貨方式是不同的，而不同的交貨方式能適應的付款方式也不一樣。在實務上，也不是每一種交貨方式能適用於任何一種付款方式。例如在使用 CFR、CPT、CIF 及 CIP 等屬於象徵性交貨條件或單據交貨條件的交易中（CPT、CIP 也有實際交貨的契約），採用的是憑單交貨、憑單付款的方式，控制運送單據就是意味著控制貨物所有權。因此，這些交易既可使用 L/C 方式也可採用付款交單

---

❶　張錦源 (2010)。《國際貿易付款方式的選擇與策略》。臺北：三民書局。

(D/P) 的託收方式收取貨款。

但如使用 EXW 及 DDP 等屬於實際交貨方式的貿易條件交易，則由於是賣方向買方（或透過運送人）直接交貨，賣方無法透過運送單據控制貨物所有權（除非賣方取得可轉讓提單）。因此，一般不能採用託收方式。即使按 FOB 或 FCA 交易，在實務上也可憑運送單據，例如提單或複合運送單據交貨與收款，但這種交易的運送是由買方安排，賣方則將貨物裝上買方指定的運送工具，或交給買方指定的運送人，賣方很難控制貨物所有權，所以不宜採用託收方式。

另外，中國對外貿易經濟合作企業協會在 2007 年 10 月制定《關於出口訂艙、託運及交付貨物的指導原則》，其中第 5 條為付款方式的選擇，內容如下：

堅持先收款後交貨或付款交單的原則，以下付款方式供參考：

1. Advance Payment（預付貨款，即先收款後交貨，原文稱 T/T 付款方式）

2. L/C（信用狀付款方式，即期或遠期）

3. D/P（付款交單方式，即期或遠期）

4. D/A（承兌交單）則需謹慎使用

❇ 表 18-1　業者在選用貿易付款方式時的參考事項

付款方式	應注意事項
部分預付款（比率不小於 30%）、餘款寄單前 T/T 付款	為避免對方付款中使用 T/T 匯款有詐欺或偽造情事，可以將買方傳真的匯款憑證或水單向銀行確認真實性後再寄提單
部分預付款、部分 L/C 付款	必須收妥預付款或該預付款足夠支付來回運費及可預計損失的 T/T 預付款後才能將貨物付運
D/P、D/A、O/A 等支付方式	可根據客戶的誠信度、結合投保出口信用險來選擇使用，其中 D/P 即期 (At sight) 相對較安全

一、預付貨款付款方式

預付貨款乃指進口商先將貨款的全部或部分匯交出口商，出口商則於收到付款後立即或在一定時間內，交運貨物的一種付款（結算）方式。

㈠預付貨款的種類

依買方付款的時間可區分為：

1.訂貨時付現 (Cash with Order, CWO)

進口商於簽約或下單時，即匯付貨款。

2.預付現金 (Cash in Advance, CIA)

進口商於簽約或下單若干日內，或賣方出貨若干日之前即匯付貨款。

至於如何預付貨款？電匯、票匯、信匯或其他票據如支票均屬可行，電匯也許手續費與郵電費較貴，但入帳速度快，也沒有票據被拒付的風險。因此國際商會建議電匯必須錢已入帳，票據必須託收票款已經進帳方始發貨。

㈡適合選用預付貨款的貿易條件

無論是用 100% T/T in advance，或者部分款項於下訂單時匯付，餘款於出貨前付清或待收到貨後匯付 (T/T) 尾款（此種情形要考慮客戶的信用與預付款和餘款的比例），均是各種貿易條件中買方履行付款義務 (B1) 的最佳選擇。但上述兩種預付款方式似乎較適合用在 DDP。

1.使用 DDP 的國家

歐美國家較常使用 DDP，此外，俄羅斯因為進口有所謂「灰色清關」的問題，買方也選用 DDP，要求賣方負擔進口通關等有關事項。

2.進口商選擇 DDP 的主要原因

⑴進口商剛開始做進口或者第一次接觸，對運送、海關等作業不瞭解，所以依賴出口商幫他處理這些作業。

⑵進口商不太願意處理進口的瑣事，將進口通關與繳納關稅等事交由出口商辦理。

⑶進口商為了降低進口的風險，特別是一些貨物容易受進口限制、關稅或者貿易障礙，可把這種風險移轉到出口商身上。

二、信用狀付款方式

對賣方而言，使用 L/C 當作付款方式的安全性較高，僅次於預付貨款的方式。因為 L/C 有開狀銀行的介入，只要賣方所提示的單據符合 L/C 的規定，銀行即承諾付款，減少了出口商曝露在買方破產或開狀申請人不願付款的風險。

固然銀行也會破產，但著有聲望的銀行破產似並不常見。加上押匯制度的設計也方便賣方資金的周轉。

此外，有些國家的法令規定貿易付款方式應使用 L/C，例如孟加拉或者阿爾及利亞就是其中的代表，此時賣方選擇使用的貿易條件就會傾向於使用 C 群貿易條件。

L/C 制度的設計，讓銀行所處理的是單據，而非與單據有關的貨物，其中運送單據尤為重要。因此與 L/C 相連結的貿易條件中，C 群貿易條件、FOB 與 FCA 皆適合使用 L/C 當付款方式，得約定賣方應提供運送單據；而雖然 D 群貿易條件也可於 L/C 約定由買方提供貨物的受領證明，但若買方不出具證明，賣方無法提示該項單據就無法獲得付款，因此不適合使用 L/C 當付款方式。

三、託收付款方式

託收乃指出口商依照買賣契約約定，將貨物裝運出口後，開具以進口商為付款人的財務單據，檢附商業單據，委託銀行代向進口商收取貨款。可分為承兌交單 (D/A) 與付款交單 (D/P)，流行於中南美洲。賣方於裝船後到買方付款前有一段時間，可能會碰到海上風險致貨物發生滅失或毀損，因此最好以 CIP 與 CIF 成交，避免買方疏忽未予投保，此時保單持有人（可能是出口商）即可憑水險保單索賠。但如果託收使用的貿易條件為 FCA、FOB、CFR 或 CPT，則宜投保或有保險，以防萬一貨物遇險，買方未投保又拒絕承兌或付款時，可由賣方逕向保險公司索賠。至於若因市場價格下跌，買方拒絕承兌交單或付款交單時，則宜投保輸出信用保險。

出口商出貨後取得的提單，受貨人欄會記載 "To order of shipper" 或 "To order of collecting bank"，須於進口商承兌或付款後方始交付單據，用來控制貨物的所有權，因此 FCA 或 FOB 宜由賣方當託運人，取得運送單據，控制貨物的所有權。

四、記帳貿易付款方式

記帳貿易又稱記帳買賣 (Open Account Sale, O/A Sale)，是「先運後付」的

一種交易方式。使用記帳方式雙方應先達成合意，即出口商先行出貨，出貨後連同所須單據寄給進口商領貨後，進口商再將該筆應付帳款科目計入買方帳戶貸方，並將欠賣方的貨款金額顯現於帳戶，賣方再依雙方約定的信用額度繼續出貨，進口商於約定付款期限屆滿時再行將貨款匯付（一般都以 T/T 方式匯付）賣方。依據我國中央銀行近年年報可知，我國外銷以 O/A 方式交易者超過八成，大抵使用於高科技電子產品貿易。

在某些地區與信用良好的公司做生意，也許記帳貿易是唯一會被接受的付款方式，至於與其他地區信用良好公司做生意利用放帳方式，或許可以讓雙方建立更長久的貿易關係，增加銷售量。

EXW 與 DDP 是比較適合採用記帳貿易的貿易條件。EXW 由買方主導物流，再委由物流公司直接到工廠取貨，配銷至全球各地。DDP 則由賣方主導物流，再委由物流公司用門到門的運送方式把貨配送至全球銷售點。記帳期間屆滿，買方再將貨款匯付賣方。

五、多種付款方式混（結）合使用

付款條件採用兩種或多種方式混（結）合使用的方式，稱為多種付款方式，常見的有：

㈠部分匯付（前 T/T）與 L/C 混合使用方式

中國對外貿易經濟合作企業協會認為部分匯付（前 T/T）、部分 L/C 付款可以接受，但必須收妥 T/T 款或收到足夠支付來回運費及可預計損失的 T/T 款項後才能將貨物付運。亦即前 T/T 預付款與 L/C 款項的比率宜作適當調配。

㈡匯付與擔保信用狀混合使用

買方於締結買賣契約或出貨前預付部分款項，尾款於出貨前或貨到付清，賣方為確保貨款安全，常會要求買方開立擔保信用狀以保證付款義務。D 群貿易條件常使用此種貿易方式。

㈢L/C 與託收結合

即雙方約定部分貨款用信用狀支付，尾款用託收方式結算。

㈣匯付、託收與 L/C 相結合

㈤部分預付款與尾款匯付（前 T/T 與後 T/T）結合

　　此種方式只是將付款金額分為預付款與尾款出貨前付清而已，還是屬於一種付款方式，不屬於多種付款方式混合使用。此種方式常見的有三種：

1. 30% Deposit T/T in advance, 70% before shipment

2. 30% Deposit T/T in advance, 70% B/L scanned

　　最好註明如見提單影本，請於 15 天內付清餘款。

3. 30% Deposit, 30% copy doc, 40% after RCV goods

　　這種方式賣方也是借助於對提單的物權掌控達到付款的目的，原則適用於 CFR/CIF 等貿易條件，如果是 FOB 賣方也應以自己為託運人，受貨人記載為指示式提單用以控制物權。

第二節 ▶▶▶
國貿條規與信用狀的關係

　　儘管業者對貿易條件的稱呼不統一，例如價格條件、交貨條件等，但很少聽到有人將之稱為付款條件 (Payment terms)。這是因為貿易條件並不涉及付款方式的選擇，所以十一種貿易條件的 B1 均規定，買方有依買賣契約約定支付價金的義務。但當買賣契約選擇 L/C 作為付款方式時，Incoterms 與 L/C 就有了交集。買方在開狀時，就會把賣方應提示的相關單據，清楚的指示開狀銀行列為 L/C 的單據條款。茲舉以下數點加以說明：

❖ 一、商業發票如何記載 Incoterms 的版本？

㈠貿易條件應依 L/C 條款顯示為商業發票的一部分

1. SWIFT MT 700 L/C 45A 欄貨物描述記載

　　Item No.: 0000000555 HHH-227.

　　Unit price: USD30,000.

Total amount: USD60,000.

Delivery terms❷: CIF Kaohsiung port, Taiwan (as per Incoterms® 2020).

那麼受益人應將貿易條件 "CIF Kaohsiung port, Taiwan (as per Incoterms® 2020)" 顯示在商業發票裡，否則即屬單據有瑕疵。

2. 貿易條件可以構成商業發票的一部分嗎？

針對 L/C 涵蓋裝運 (Covered the shipment) 的是 "Ladies' silk blouses FOB Shanghai"，但提示的商業發票並未將貿易條件 "FOB Shanghai" 繕打進去，而被認為單據不符，但受益人則認為貿易條件並不屬於貨物描述的一部分 (The trade term is not part of the goods description)。經送請 ICC 銀行委員會表示意見，委員會認為，貿易條件是經雙方當事人同意，而且一般是在 L/C 的貨物描述欄中 (Often placed in the field "goods description") 提及，在這個案子商業發票當然要包括貿易條件 (In this case the commercial invoice must contain the trade term)。

故 ICC R237 的結論是，"FOB Shanghai" 這個貿易條件，既經雙方當事人同意做為 L/C 貨物描述的一部分，即需要在商業發票中做出描述，否則應認為單據不符❸。

㈡國貿條規的版本問題

TA615REV 針對貿易條件之後增加 Incoterms 2000 的意見：L/C 規定的貿易條件為 "CFR Esmeraldas Ecuador"，受益人繕製的商業發票貿易條件則為 "CFR Esmeraldas Ecuador, Incoterms 2000"。

開狀銀行認為 L/C 並未提及 "Incoterms 2000"，如在商業發票顯示 "Incoterms 2000"，會混淆貿易條件的涵義。

1. ICC Banking Commission No. 165

ICCCLP 的意見則認為，額外附加的 "Incoterms 2000" 單據並無瑕疵。

---

❷　貿易條件儘量不用 "Delivery terms" 一詞以免誤會，本例宜改用 "Trade terms" 或 "Shipment terms" 較佳（尤其是用 FOB、CFR、CIF 等時），但若是 DAT、DAP 和 DDP，則可用 "Delivery terms"。

❸　閻之大 (2007)。《UCP 600 解讀與例證》，頁 251。北京：中國商務出版社。

2. ISBP 681 第 61 條

ISBP 681 第 61 條認為，L/C 規定為 "CIF Singapore Incoterms 2000"，如果商業發票繕製為 "CIF Singapore Incoterms"，就不符合 L/C 的要求。

從上述 2 點可知，ICC 的意見似有商榷餘地，因當時的版本是 Incoterms 2000，但如果在商業發票額外附加的是 "Incoterms 1990"，是否即應認為沒有瑕疵？由於，1990 年版已非當時流行的版本，故此單據是有瑕疵的。

二、開狀銀行對使用與貿易條件不相對稱單據的態度

㈠銀行行員是否應熟悉 Incoterms？

Incoterms 並未強制要求處理 L/C 業務要依循 Incoterms 相關規定，而 UCP 也未要求銀行行員於開狀和審單之際，要對 Incoterms 有專業水準的認識。

在 *Incoterms 2000: A Forum of Experts* 一書的附錄 "Why Bankers Should Bother" 中，Frank Reynolds 說銀行行員本來就應該關心 Incoterms，雖然 Incoterms 是屬於非「銀行思考」的產物，它僅涉及到買賣契約雙方間的關係。但他認為，作為一個進出口商，實在無法想像如果銀行不瞭解買賣的基礎契約或者貿易條件的意義，他們將如何提供結構融資 (Structure financing) 或者指導客戶使用適當的條件。唯有熟悉 Incoterms 才能瞭解信用狀條款涉及的涵義、決定是否融資以及有能力協助開狀申請人建構所需的單據於 L/C 條款中。

Jan Ramberg 也被問到：「下一次 UCP 修正的時候，會釐清銀行員在國貿條規下的義務 (Should have a reference to banker's duties under Incoterms) 嗎？」他的答覆是：「L/C 與基礎契約分離的性質應該會繼續保留，因為貿易條件是買賣契約的一部分，不應該把 Incoterms 納入 L/C 交易的領域，但銀行員也要懂 Incoterms，才能在開狀時針對相對應的貿易條件提出建議如何選擇適當的單據。但這樣也有風險，萬一建議錯誤，可是要負抽象輕過失責任。」

㈡說　明

・對保兌銀行而言

若開狀銀行的 L/C 內容未提及 Incoterms，則保兌銀行會開始思考這對它會

造成何種風險。

三、發票寫 CIF，產地證明寫 FOB 可以拒付嗎？

新加坡星展銀行 vs. 無錫湖美熱能電力工程有限公司信用狀糾紛案〈中國人民最高法院（2017 年）最高法民終 327 號判決概要〉

判決要旨：

原產地證書表格第九欄中的 "(FOB)" 理解為國際貿易術語項下的 FOB 價格，不符合常理。對該 "(FOB)" 的合理理解應當是指引性的，即指引當事人在此欄中填入相應的貨物價格。

㈠事　實

1. 2013 年 6 月 10 日，新加坡星展銀行（以下簡稱星展銀行）以無錫湖美熱能電力工程有限公司（以下簡稱湖美公司）為受益人開立了 553-01-1165349 號即期付款信用證。總金額為 8,938,290.98 美元；信用證 45A「貨物描述」為：合同 HWM12-002 下用於 PTDABIOLEO2X90T/H +15MW 電站的一套電廠設備，CIF 印尼杜邁；46A 單據要求規定：湖美公司交單時應當提交商業發票、原產地證明等單據。

2. 2013 年 11 月 29 日，依信用狀提示的全套單據，星展銀行發現商業發票顯示的價格條款為 CIF 印尼杜邁，價值 8,938,290.98 美元。原產地證明第七欄包裝件數及種類、產品名稱（包括相應數量及進口方 HS 編碼）除其他相關內容外，還填寫有「合同 HWM12-002 下用於 PTDABIOLEO2X90T/H+15MW 電站的一套電廠設備，CIF 印尼杜邁」；但第九欄毛重或其他數量及價格 (FOB) 項下除其他相關內容外還填寫有 "USD8,938,290.98"。

3. 星展銀行決定拒付，拒付通知稱：「原產地證明第九欄所列 FOB 價格為 8,938,290.98 美元，而發票顯示 CIF 價格與之相同，即 8,938,290.98 美元，構成了衝突。」

㈡法院判決理由

1.認為原產地證明符合

該原產地證明係「中國－東盟自由貿易區優惠關稅原產地證書 E」格式文本，其中第七欄「包裝件數及種類、產品名稱（包括相應數量及進口方 HS 編碼）」下填寫有「合同 HWM12-002 下用於 PTDABIOLEO2X90T/H+15MW 電站的一套電廠設備，CIF 印尼杜邁」等資訊；第八欄「原產地標準」下填寫有 "WO"（指出口國完全生產的產品）；第九欄「毛重或其他數量及價格 (FOB)」下填寫有 "USD 8,938,290.98" 等信息；第十二欄「證明」下由發證人簽署「根據所實施的監管，茲證明出口商所做申報正確無誤」。根據上述 UCP 600 第 14 條 f 款和 d 款的規定，只要該原產地證書的內容看似滿足其功能，且其中的資料與信用證要求的資料以及信用證要求的其他單據的資料不矛盾，即應當認為構成相符交單。

2.原產地證明所述的 FOB 是指引性的

由於上述原產地證書係格式文本，當事人無法就其中的欄目名稱進行修訂。第九欄中的 "(FOB)" 是欄目名稱自帶內容，該 "(FOB)" 表述不應被理解為國際貿易術語項下貨物的 FOB 價格，具體理由如下：首先，該表述不符合國際貿易術語的基本格式。國際貿易術語主要描述貨物從賣方到買方運送過程中涉及的義務、費用和風險的分配。FOB 是「船上交貨（……指定裝運港）」的簡稱，是指「賣方在指定的裝運港，將貨物交至買方指定的船隻上，或者指（中間銷售商）設法獲取這樣交付的貨物。一旦裝船，買方將承擔貨物滅失或損壞造成的所有風險」；CIF 是「成本，保險加運費付至（……指定目的港）」的簡稱，是指「賣方將貨物裝上船或指（中間銷售商）設法獲取這樣交付的商品。貨物滅失或損壞的風險在貨物於裝運港裝船時轉移向買方。賣方須自行訂立運送合同，支付將貨物裝運至指定目的港所需的運費和費用」。

本案中的 "(FOB)" 表述後缺乏「（……指定裝運港）」，明顯不符合國際貿易術語的格式要求。

其次，從《國際貿易術語解釋通則 (2010)》規定可以看出，國際貿易術語項下的 FOB 價格與 CIF 價格構成明顯不同，且無法簡單套用某種公式或者以其他形式相互轉化。

上述原產地證書格式表格為中國—東盟自由貿易區內的國際貿易，中國—東盟自由貿易區內的國際貿易不可能僅僅允許當事人使用 FOB 價格而排除其他價格。如果將表格第九欄中的 "(FOB)" 理解為國際貿易術語項下貨物的 FOB 價格，明顯不符合市場需求。

綜上，將上述原產地證書表格第九欄中的 "(FOB)" 理解為國際貿易術語項下的 FOB 價格，不符合常理。對該 "(FOB)" 的合理理解應當是指引性的，即指引當事人在此欄中填入相應的貨物價格。

📖 範　例

若 L/C 提到貿易條件為 FOB，但要求的運送單據卻是 FCR 時，保兌銀行將作何反應？

🧑 解　析

由於 FCR 只是把貨交給 Forwarder 的憑證，與 FOB 的把貨交到船舶上才算「交貨」的本旨不符，在此情況下，保兌銀行為了確保自己的利益，會希望運送單據改用 B/L，並且顯示 On board date，因此會要求開狀銀行對運送單據做出澄清，否則不願保兌。由此可知，保兌銀行此舉顯然純粹是從保護自己的角度去做思考，但也可能與某些銀行偏好使用提單的因素有關。

· 對通知銀行而言

📖 範　例

若貿易條件為 FOB，但要求的運送單據卻是 FCR 時，通知銀行將作何反應？

🧑 解　析

通知銀行認為與 FOB 交貨的性質不符，遂去電開狀銀行要求澄清以確保受益人的利益。由於 Incoterms 是屬於「非銀行思考」的簡式買賣契約，若用銀行的思考模式處理貿易條件，就容易產生上述問題。

3.銀行審核受益人提示的單據

📖 範　例

　　若 CIF 要求提單上應註明 "Freight charges payable as per charter party"，提示的提單卻標明為 Freight prepaid，開狀銀行應該如何處理？若提示的 B/L 載明的卻又是 "Freight collect"，這樣符合嗎？

　　至於貿易條件在 L/C 代表的意義為何？(What is the significance of any commercial term in a letter of credit?) 若 L/C 表明為 CIF 但卻不要求提供相對應的保單，且提示的單據也未提示保單會構成瑕疵嗎？又，如果是 FOB，L/C 要求提示 B/L 並應標示 "Freight prepaid"，這樣有瑕疵嗎？

👤 解　析

　　對此，有人說 Incoterms® Rules 在 UCP 當中是沒有地位的，因為 Incoterms 是規範買方與賣方義務的，若引入 L/C 不但沒有價值，反倒引起麻煩。

　　再說，Incoterms 也沒有明白說明 FOB 應提供何種運送單據（例如應提供提單）。如果契約沒有規定提供何種單據，則應依 L/C 的規定，若提單直接由船公司給予買方，此時對賣方較為不利，故賣方可要求修改或要求更改付款方式。因為這是屬於基礎契約的範疇，買賣雙方應該要知道如何用 Incoterms 處理風險費用與單據，Incoterms 是處理買方與賣方兩方面的事（開狀申請人與受益人），但銀行只處理單據，而與基礎契約分離，它不應該去關心 L/C 有無貿易條件的存在，因為銀行不是買賣契約的一方，因此沒有義務要求把 Trade terms 表現出來。

　　此外，運送單據也可以僅是一張 Receipt，Incoterms 也只是商業條件（Commercial terms，也即 trade terms）的一種，各種版本或實務的商業條件會有不同的意義，因此 Incoterms® 2010 的 FOB 被限制使用在海運，如果 L/C 表示應提供 AWB、CIF 也要求提供 AWB，則除非契約對運送單據有特別規定，否則 Incoterms® 2010 要的只是通常的運送單據來當作貨物已裝船的證明，銀行也許可告訴買方還是提供配合貿易條件的運送單據會比較好。

　　而 L/C 契約的當事人為受益人與開狀銀行，買賣契約是基礎契約，因此與銀行無關，若你是讓購銀行，提示單據完全與 L/C 符合，貿易條件為 CIF，但卻要求提示 AWB，則是否應認單據有瑕疵？依 Incoterms，CIF 應提供 B/L 等海運單據，但由於 UCP 並未如此規定，故不算有瑕疵。

　　綜觀上述可知，銀行行員應無需熟悉 Incoterms。但若從更寬闊的角度來看，銀行行員必須瞭解貿易條件的涵義，特別是在運送單據上，因為如果開狀申請人發生破產，則其權利義務將受到買賣雙方所選擇適用的貿易條件的影響。當然銀行對貿易條件底下的保險單據也應具有專業知識，因為處理 L/C 的過程當中，保險單據也是一項很重要的元素。

四、在 Incoterms 下，賣方常用的 FOB L/C 條款

1. If the vessel does not arrive at load port by a certain date, goods can be stored at load port and FCR is presented instead of B/L.

2. 開狀申請人應於 L/C 所載最晚裝船日 10 天以前，經由開狀與保兌銀行徑路用 SWIFT 正本通知受益人其指定的船舶名稱。

3. 如果開狀申請人未依 2. 的規定辦理、指定船舶未到達裝船港或遲延到達，或者到達船舶無法裝船（含全部貨物），受益人得依 L/C 規定的單據押匯，但整套提單得以下列單據代替：

⑴ 由裝船港港務當局出具的證明，敘明如上述 3. 的情況。

⑵ 由港務單位出具並簽章的碼頭收據，如契約本旨的貨物已置放於碼頭，船舶到達即可隨時裝船。

⑶ 由受益人出具不可撤銷承諾書，承諾船舶到達將把貨免費的裝到船舶上。

 習 題

一、選擇題

( )　1. "CIF Singapore Incoterms® 2020" 如果商業發票繕製為 "CIF Singapore Incoterms"，則　(1)不符合 L/C 的要求　(2)符合 L/C 的要求　(3)視情況而定　(4)符合國際標準銀行作業實務。

( )　2. CIF 下，L/C 要求提示 AWB，請問此時開狀銀行應　(1)勸導當事人使用海運運送單據　(2)屬買賣當事人間之原因契約，可不加理會　(3)為開狀銀行利益應要求改為提單　(4)拒絕開狀。

( )　3. SWIFT MT 700 L/C 45A 欄提及 FOB Kaohsiung，在商業發票中應如何描述？　(1)應對 FOB Kaohsiung，作為貨物描述的一部分加以描述　(2) UCP 未規定得不予描述　(3)應對 FOB Kaohsiung，作為貨物描述的一部分加以描述並註明 Incoterms® 2020　(4)由開狀銀行自由心證。

( )　4. SWIFT MT 700 L/C 45A 欄提及 "CIF Keelung Incoterms"，如果商業發票繕製為 "CIF Keelung Incoterms® 2020"，則　(1)不符合 L/C 的要求構成瑕疵　(2)符合 L/C 的要求不構成瑕疵　(3)符合國際標準銀行作業實務　(4)與 UCP 600 無關。

( )　5. 比較適合採用 L/C 當作付款方式的貿易條件為　(1) EXW　(2) DDP　(3) DAT　(4) FOB。

二、問答題

1. 請說明進口商選擇使用 DDP 的主要原因。

2. 請說明銀行行員為何需要瞭解 Incoterms® 2020？

3. 請說明貿易條件在 L/C 所代表的意義為何？

4. 請說明記帳貿易方式，比較適合使用何種貿易條件？

5. 請說明哪些貿易條件比較適合使用 L/C 當付款方式？

第一節 ▶▶▶
供應鏈管理與國貿條規

🦋 一、前　言

很多人在研究國貿條規，也有很多人在研究全球供應鏈 (Supply chain management)，但並沒有很多人在探討兩者之間的關係。一個跨國公司的採購，行銷或財務人員都會與供應鏈有關係，也會與貿易條件有關係。

1. 採購人員要管理供應商，他們會把供應商分為一階 (Tier one)、二階 (Tier two) 或三階 (Tier three) 供應商，這些供應商參與了公司的產品，分別從原物料，到半成品，到組裝為完成品的流動過程，會有貨物運送費用產生，也會有風險和不確定性。

2. 行銷人員要負責如何把公司產品送到進口國門市部門，會有貨物運費產生，也會有風險。

3. 財務人員要負責管控成本管控費用，會考慮運送或保險費自己處理，或由他方處理，可以節省多少費用。用 EXW 與用 DDP 哪個貿易條件比較節省？

而交貨費用與風險就是國貿條規的重要元素，因此選擇適合的國貿條規，是跨國公司偉大的全球供應鏈的一部分，這可以減少供應鏈的不確定性。也就是國貿條規可以幫助供應鏈澄清每個階段的交貨義務，風險與運送和費用等，但可惜的是有一些跨國公司之 SCM 管理人員缺少有關國貿條規的充分知識。

二、從價值鏈看國貿條規

在 2020 年版之 A9/B9 雖然起草小組自認為已對費用作了很詳細之劃分，但仍有不詳細之處，有一個學者將費用分為十一項❶：

1. 在買方處所裝貨之費用 (Loading at suppliers location)。
2. 把貨運到港口或機場之內陸運送費用。
3. 輸出通關單據之取得與製作費用，可適用狀況包括出口關稅。
4. 集散站與港口費用 (Origin terminal and port fees)。
5. 海運與空運費用。
6. 輸入單據之取得與製作和海關單據製作費用，以及進口關稅。
7. 目的地集散站與港口費用。
8. 海關檢查費用 (Custom review)。
9. 港口維持費用 (Harbor maintenance fees)。
10. 水險。
11. 從目的地港口等地方把貨運回進口商處所之內陸運送費用。

SCM 的採購人員，會用自己建立的整體之最終費用模型 (Total landed cost model) 分析賣方之報價，例如 FCA 之報價可以接受，但 CPT 之報價卻是偏高，究竟是運費之關係，還是包裝出現了問題，抑或是例如旅行箱材積大，可不可以將小的放進中的旅行箱，再放進大的旅行箱，可以節省多少運費？然後在目的地再請工人取出，工資又要花多少錢做出比較，再做出決定。

雖然國貿條規不僅僅是所謂之付款條件，但價格卻也會影響到 SCM 人員考量選用貿易條件之重要因素，貿易條件隨著由賣方負擔責任最輕的 EXW 條件，進入到賣方負擔責任最重之 DDP 貿易條件，價格也會由 E-F-C-D 群組 (Group) 的分類逐步地墊高，國貿實務稱此種情形叫價格鏈 (Value chain)，國貿條規的選用會考慮到價格鏈，甚至進口商或者出口商，進出口貨物，對不同的

---

❶ Stewart Soh (2017). "*The impact of Incoterms Selection and Supply Chain Finance on the Working Capital of a Company: A case study analysis*", Master's thesis.

國家也會因此而選用不同之貿易條件。

三、供應鏈管理需要之成功運送策略

運費合理固然是 SCM 項下成功的運送策略之一，但更重要的是考量運送之可靠性 (Reliability) 與運送到達目的地時之品質安全性 (Quality safety and security)。

㈠運送可靠性

C 群海運條件規定，賣方應按通常條件，選用適合運送該種貨物的船型，走通常之航路，這樣之約定，無非在正常情況沒有其他運送風險時，貨物能依估定時間抵達，可以避免工廠斷料之風險，否則公司就要調整他們的庫存策略，這樣的可靠性需要以下因素之配合：

1.船的因素

在 FOB 的通知事項中，賣方要通知買方船舶未能到達，這可能是港口擁擠船進不來，若在傭船契約也有可能是大、二或三船東間產生了糾紛。

至於通知買方指定之船舶未能承載貨物，在裝穀物的船若未消毒乾淨或船艙潮濕，有的國家之穀物檢查員不准裝船。

還有有些國家之船公司因為違反規定，其屬下之船舶被經濟制裁，也都會被拒絕裝載。

2.買方或賣方之因素

如果買方未按時指定船舶，會發生貨等船的現象，但船舶如期抵達了目的港，買方不辦或未如期辦妥輸入通關手續，會發生船等人領貨之現象。

至於賣方，貨物未準時製作完畢，在傭船契約會發生船等貨之現象，在定期船會發生無法如期裝船之情形。

3.其他因素

例如發生罷工或天候不佳致遲延現象。

㈡運送之品質安全與沒有毀損或滅失之安全

十一種貿易條件之 A1 均規定賣方應交付符合契約品質之貨物，交付後賣方並不保證到達目的地後之品質完好如契約所述之品質，而影響品質安全之因素有包裝或船公司在運送途中對貨物之照料，當然還有貨物固有性質所引起的等因素。

至於貨物被偷被盜等部分，運送路徑長，可能在集散站、鐵路運送車廂上等被偷被盜。這些都是 SCM 人員會關注的現象。

㈢地點管理策略

1. 有一些跨國量販店，在進口國設有物流中心（倉庫），這些物流中心有的多達四十二個以上，然後再從物流中心，進口商進行最後一哩路將貨運到各地門市，有的公司則是採取物流配送去中心化，由出口商直接把貨送到門市，這時候買方通知賣方目的地之指定地點就變得很重要。

   因此我們可以看到例如 CIP 的 B10 規定買方應就指定目的地之指定地點 (The point of receiving the goods) 充分通知賣方。

2. 當然有一些跨國公司在出口國之採購人員，也會對出口物流進行規畫，自己或委託物流公司進行貨物併櫃，這時我們可以看到例如 FCA 的 B10d 規定將交貨地之指定地點通知買方。

㈣降低風險策略

1. 國貿條規最主要之貢獻，就是把貿易條件之最主要的十項元素納入考量，然後予以標準化，尤其是交貨，風險與費用這三個部分，這對一個 SCM 的管理人員如何選擇適當之貿易條件有幫助，他們可以去面對不可預料之風險，他們也可以面對可以預料之風險，但他們心裡有一把尺在衡量，低於什麼範圍他們願意承受。

2. 他們會對供應商加以考核，也會對如船公司加以考核，有無準時交貨等等訂定一套評量與淘汰標準，確保可預料風險不會發生。

㈤改變貿易條件的策略

用這個貿易條件對我們公司值得嗎？換個貿易條件會減少貿易費用嗎？選用的物流供應鏈太長太複雜可以砍掉不必要的環節讓物流變得人力更節省，費用更節省嗎？或者 SCM 人員想對貨物擁有較大之控制權，物流更透明性更具有伸縮性，可以完全掌控整個物流執行效果，他們會改變貿易條件選用策略，建立屬於自己之永續競爭性利益之供應鏈❷。

1. 有些跨國公司的 SCM 人員覺得自己的物流能力強，或許會選用 EXW 作為貿易條件，但有的跨國公司基於降低風險考量，會選用 DDP 作為買貨之貿易條件，但選用了 EXW 或者 DDP 貿易條件，並不意味著他們不會變更選用的貿易條件，交貨與風險和費用的考量是他們考量改變的重要因素。

2. 賣方有時候會想將買方選用之 F 群條件改為 C 群條件

　　賣方在出口地選擇容易配合之 Forwarder 或者有信用之船公司，因為他們不輕易收取附加費，貨物生產完畢，無需等待買方之裝船通知就可出貨。

3. 運送策略有時會讓買方由選擇之 C 群條件改為 F 群條件

　　運送費用大概可以分為兩大部分，一部分是運費 (Freight fees) 另一部分是附加費 (Additional fee)，附加費可能是貨櫃場作業費 (Terminal handling charges)，燃料附加費，或船舶有關安全費用等等，賣方所報的 C 群條件價格，難免會冠上這些可能臨時發生之費用，或因不可預料因素可能所產生之費用，也就是 C 群價格中常有隱藏之費用在內，如果改用 F 群條件就可以節約費用。

4. 當然有些跨國公司會與某些知名的國際船公司 (Mega-carrier) 訂定服務契約 (Service contract, SC)；整年之輸出入貨物都由他們負責，運費之支付 (Freight credit agreement) 另依契約之約定方式支付，這時選擇的貿易條件又會不一樣。

---

❷ Janne Matikka. "*How origin consolidation can reduce transportation costs in a typical Finnish company*", Master's thesis.

第二節 ▶▶▶
如何選用國貿條規策略討論

一、智利藥品進口商的案例討論❸

㈠智利進口商

1. 某智利 B 進口商，擁有報關行執照及從美加進口藥品經驗，也與當地運送公司擁有很好的關係，從聖地牙哥把貨運到公司倉庫，可以享有很優的費率。

2. B 最關心的是藥品能夠安全 (Safty and security) 的進口到智利，因為他們曾經從 UAE 進口藥品一批，藥品是裝載於恆溫貨櫃，一般叫 Reffers，但其次從杜拜航行至印度洋途中，恆溫設備被關閉了五個小時，失控的溫度讓這批價值 20 萬美金的貨物變質了，這讓 B 公司耿耿於懷，他們特別注重保險，但他們不知該如何與保險公司打交道，是向自己國家的保險公司或是出口國的保險公司投保？他們沒有概念。

3. B 公司也很關心費用，他們自認為是小公司，希望出口商擁有與船公司就運費的議價有較優之能力，他們能從中能夠受益。

㈡加拿大出口商

1. 加拿大魁北克的 S 藥品製造公司正與 B 進口商洽談兩個貨櫃的藥品，藥品要裝載於恆溫貨櫃。

2. S 公司要求的付款方式是簽約時付款 50%，其餘 50% 於裝船時付清。

3. S 公司賣藥品到智利已經不是第一次了，但這次這兩個貨櫃的藥品的價格甚高，蒙特利爾港口 12 月到 4 月港口會結冰，他們考慮到價格高的藥品在運送途中容易被偷竊，因此究竟從溫哥華或者從美國西海岸裝船

---

❸ 本案例改寫自 Léo Vincenti and Jacques Roy (2017). Bolloré Logistics Canada And The Use Of Incoterms In International Maritime Shipping Case, TA3 Harvard.pdf-Volume 15 Issue 1 March 2017 HEC160.

到智利，他們正在考慮，他們瞭解到美國港口經常擁擠而且經常罷工，這會遲誤到達智利的時間，而碼頭罷工容易因電力中斷，使藥品變質，B 進口商會不高興。

4. S 公司的內部也有一股聲音傳出，為了降低自己的風險，他們希望快快的就把風險移轉給買方，最好在蒙特利爾就把風險移轉給買方。

5. 可是藥品製造又是一個很競爭的產業，也有不少的同業生產這些藥物，S 公司又想讓 B 進口商成為老客戶，經常會有 Repeat order 下給他們。

㈢案例討論

　　假設你是一家物流公司或是一家 Forwarder，你會建議他們使用什麼貿易條件，交貨地點與目的地點呢？還有貨物由 S 公司或 B 進口商投保什麼種類之保險？

二、DDP 出口挖礦設備的案例討論

㈠A 公司選用國貿條規的原則

　　A 公司專門生產挖礦設備，賣與 B 公司挖鎳礦設備一套，付款條件是裝船前 100% 貨款全部付清，貿易條件是 DDP，但交貨的過程出了一些狀況。

1. A 公司選用的付款條件要考慮到很多因素，包括雙方來往彼此已建立之信任關係，還有產品別，以及來往國家之政治風險和外匯風險，而他們跟 B 公司沒有往來過，所以付款條件選用 100% 貨款出貨前全部付清。

2. A 公司選用的貿易條件是對老客戶 (Regular customer) 都要負責整個挖礦設備之運送過程，因為對整個貿易流程他們已經跑過了好幾遍了，至於其他偶然客戶則是由對方辦理，因為新客戶國家的物流過程還不熟悉，為了降低運送的風險，因此由買方辦理，但新來的國際行銷人員卻違背了這個原則，用 DDP 這個貿易條件與 B 公司做生意。

㈡在進口國碰到了幾個難題

1. 當裝設備之貨櫃運抵了進口國之海關，海關當局卻禁止輸入通關，說他們國家禁止進口這種設備，貨櫃遂被擱置在保稅倉庫，為了解決法令之

問題，A 公司請了當地之報關行，走行政申訴方式，海關終於同意放行。

2. 時間耽誤了，A 公司要付給保稅倉庫一筆倉租，而船公司也要向 A 公司收取貨櫃超出七天免費歸還的使用費。

3. 另外，拖車公司要把貨櫃拖到礦區，因為路況崎嶇難行，依照勞工法令要收取勞工加班費。

4. 至於 B 進口商則拿出契約書說，賣方遲延交貨多少天，應該支付遲延履行之賠償責任。

㈢案例討論

1. 請問海關擋關的風險由誰負擔？

2. 增加之倉租與船公司索取之貨櫃延滯費應由誰負擔？

3. 拖車司機的加班費由誰負擔？

4. B 進口商要求遲延之損害賠償有理嗎？

 習 題

一、選擇題

(　) 1. 以下哪一項並非國貿條規之重要元素？ ⑴交貨 ⑵費用 ⑶所有權移轉 ⑷風險。

(　) 2. 2020 年版國貿條規，關於買賣雙方應負擔之費用劃分係規定在 ⑴ A2/B2 ⑵ A3/B3 ⑶ A9/B9 ⑷ A10/B10。

(　) 3. 請問哪個群組之貿易條件通常會包括隱藏之費用在價格裡面？ ⑴ E 群條件 ⑵ D 群條件 ⑶ C 群條件 ⑷以上皆非。

(　) 4. 物流能力強的跨國公司通常會選擇 ⑴ EXW ⑵ DDP ⑶ FCA ⑷以上皆非 貿易條件。

(　) 5. DDP 條件，進口國禁止貨物輸入之風險要由 ⑴賣方 ⑵買方 ⑶報關人員 ⑷船公司 負擔。

二、問答題

1. 請說明供應鏈管理與貿易條件選用之關係？

2. 請說明成功之運送策略應考量之因素有哪些？

3. 請說明 SCM 管理人員將 F 群條件，改變為使用 C 群條件之理由？

4. 請說明你會建議加拿大魁北克藥品公司採用哪個貿易條件輸出智利？理由何在？

5. 請說明 DDP 適合使用於出口挖礦設備嗎？

第四篇

附錄一
美國對外貿易
定義解說

第一節　American Foreign Trade Definitions 的制定經過

一、India House Rules for FOB (1919)

　　本世紀經過兩次世界大戰之後，國際經濟情勢發生了劇烈變化。尤其自第二次世界大戰之後，美國一躍成為世界貿易的重心。我國對外貿易，多年來與美國息息相關，這種密切關係，將繼續維持殆無疑問。因此從事對外貿易者，除應熟悉 Incoterms 之外，尚應研究美國貿易業者在其州內、州際或與外國間貿易中所慣用的買賣習慣。

　　美國立國較晚，歷史淵源不久。自從盎格魯撒克遜 (Anglo-Saxon) 民族由英倫島國移居美國大陸後，乃以拓荒的精神，開拓新大陸。在初期，移民們將英國的買賣習慣移植新大陸，而成為美國經濟立法的基礎。例如 1906 年制定的美國統一買賣法 (Uniform Sales Act)，在本質上即為抄襲自英國 1893 年制定的商品買賣法 (Sale of Goods Act, 1893)。然而，無論在資源方面或在市場方面，美國與英國在先天上具有不同的自然條件。因此，如將蕞爾島國的法律或習慣，依樣畫葫蘆，移植地大物博的新大陸，難免有削足適履之感。基於這種地理條件的不同，美國除移植英國海上買賣習慣之外，自有採用陸上買賣習慣的必要。其最顯著的例子就是美國的 FOB 習慣❶。

　　在美國，由於州內、州際貿易的盛行，業者所使用的貿易用語不僅與英國傳統的貿易用語有出入，且業者間對於同一貿易用語的解釋也往往彼此有歧異。於是為謀求貿易用語的統一，於 1919 年 12 月在美國 National Foreign Trade Council 的提倡之下，由具有代表性的企業機構及貿易團體，在紐約的 India House 舉行全美貿易會議 (National Foreign Trade Conference)。當時會議中討論的重點為：

---

　　❶　張錦源，《信用狀理論與實務》，初版，民國60年，pp. 492–494.

(1)美國慣用的貿易條件與他國所用者,其解釋有何差異。

(2)如何使貿易條件的解釋統一。

在此一會議中,就多種出口報價條件 (Export Quotations) 中選出 FOB、FAS、C&F 及 CIF 等四種常用者,予以美國標準定義 (Standard American Definitions),並由與會的 National Foreign Trade Council, Inc., Chamber of Commerce of USA, National Association of Manufacturers, American Manufacturers Export Association, Philadelphia Commercial Museum, American Exporters and Importers Association, Chamber of Commerce of the State of New York, NewYork Produce Exchange 及 New York Merchants Association 等九個機構具名頒布了美國出口報價條件定義 (U.S. Definitions of Export Quotations)。其中 FOB 計有七種,即:

> FOB (named point)
>
> FOB (named point) freight prepaid to (named point on the seaboard)
>
> FOB (named point) freight allowed to (named point on the seaboard)
>
> FOB cars (named point on the seaboard)
>
> FOB cars (named port) LCL
>
> FOB cars (named port) lighterage free
>
> FOB vessel (named port)

由於本定義中 FOB 共有七種之多,占了本定義的大部分,且因在 India House 會議中通過,乃依美國商務部的建議將本定義稱為 India House Rules for FOB。因其為「1941 年修訂美國對外貿易定義」(Revised American Foreign Trade Definitions, 1941) 的前身,所以,也有人稱其為「1919 年美國對外貿易定義」(American Foreign Trade Definitions, 1919)。

是項美國標準定義於 1920 年,由紐約銀行信用狀會議 (The New York Bankers' Commercial Credit Conference) 的與會者決議率先採用❷。

---

❶　橋本英二,《外國貿易取引條件の研究》,初版,1953,pp. 91-92。

二、Revised American Foreign Trade Definitions

　　然而，自 1919 年頒布 India House Rules for FOB 以還，在貿易實務上發生許多變遷。是項規則雖對於簡化貿易手續貢獻很大，而且為美國貿易業者廣泛應用，但畢竟無法因應實務需要。於是，於 1940 年，在第 27 次全美貿易會議時，由 Chamber of Commerce of USA, National Council of American Importers, Inc. 及 National Foreign Trade Council, Inc. 等三團體組成聯合委員會，聯合修訂 India House Rules，終於 1941 年 7 月定稿，制定了「1941 年修訂美國對外貿易定義」(Revised American Foreign Trade Definitions－1941)。簡稱 "American Definitions"。至 1990 年復加以修訂，改稱 "Revised American Foreign Trade Definitions－1990"（1990 年修訂美國對外貿易定義）。

　　是項修訂貿易條件的解釋規則，雖與 Incoterms 有若干差異，但仍廣為美國貿易業者，尤其州際貿易業者所應用。

　　由於美國定義主要是當作報價 (Quotation) 之用，而 Incoterms 則對於買賣雙方的義務有詳細的規定，且為世界多數國家貿易業者所使用。因此，美國業者已同意使用 Incoterms，以期貿易條件的解釋的國際性統一化。然而，事實上，部分美國貿易業者仍繼續使用美國定義，因此，我們與美商交易時，不可不注意。

　　茲將 1990 年修訂美國對外貿易定義的貿易條件圖示如下：

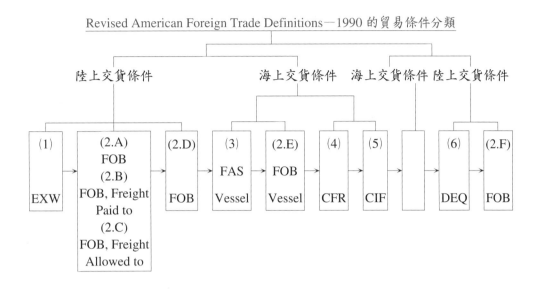

Revised American Foreign Trade Definitions—1990 的貿易條件分類

![]

陸上交貨條件　　　　　海上交貨條件　　海上交貨條件　陸上交貨條件

| (1) EXW | (2.A) FOB (2.B) FOB, Freight Paid to (2.C) FOB, Freight Allowed to | (2.D) FOB | (3) FAS Vessel | (2.E) FOB Vessel | (4) CFR | (5) CIF | | (6) DEQ | (2.F) FOB |

第二節　American Foreign Trade Definitions 序言及一般注意事項

──中英文對照──

REVISED AMERICAN FOREIGN TRADE DEFINITIONS
－1990

Adopted 1990, by a Joint Committee representing the Chamber of Commerce of the United States of America, the National Council of American Importers, Inc., and the National Foreign Trade Council, Inc.

FOREWORD

Since the issuance of American Foreign Trade Definitions in 1919, many changes in practice have occurred. The 1919 Definitions did much to clarify and simplify foreign trade practice, and received wide recognition and use by buyers and sellers throughout the world. At the Twenty-Seventh National Foreign Trade Convention, 1940, further revision and clarification of these Definitions was urged as necessary to assistthe foreign trader in the handling of his transactions.

The following Revised American Foreign Trade Definitions－1990 are recommended for general use by both exporters and importers. These revised definitions have no status at law unless there is specific legislation providing for them, or unless they are confirmed by court decisions. Hence, it is suggested that sellers and buyers agree to their acceptance as part of the contract of sale. These revised definitionswill then become legally binding upon all parties.

In view of changes in practice and procedure since 1941, certain new responsibilities for sellers and buyers are included in these revised definitions. Also, in many instances, the old responsibilities are more clearly defined than in the 1941 Definitions, and the changes should be beneficial both to sellers and buyers. Widespread acceptance will lead to a greater standardization of foreign trade procedure, andto the avoidance of much misunderstanding.

Adoption by exporters and importers of these revised terms will impress on all parties concerned their respective responsibilities and rights.

GENERAL NOTES OF CAUTION

1990 年修訂美國對外貿易定義

本解釋規則是在 1990 年由代表美國商會、美國進口商全國委員會、及全國對外貿易委員會組成的聯合委員會採行實施。

序　言

自從 1919 年「美國對外貿易定義」頒佈以來，在實務方面已發生了許多變遷。1919 年的定義對澄清和簡化對外貿易實務卓有貢獻，並已獲得全世界的買方和賣方廣泛承認和使用。在 1940 年第 27 次全國對外貿易會議時，各方敦促對這些定義作進一步的修訂和澄清，俾能有助於對外貿易業者進行其交易。

茲推薦「1990 年修訂美國對外貿易定義」供出口商和進口商共同使用。此項修訂定義除非經過特別的立法，或經法院判決加以確認，否則不具備法律效力。因此，特建議賣方和買方共同接受將它列為買賣契約的一部分，如此，此項修訂定義就具有法律的效力，拘束所有的當事人。

由於 1941 年以來貿易習慣及手續方面已有所變遷，賣方與買方所應負擔的一些新的責任，均已包含在這些修訂的定義中。同時，在許多地方，對於原有責任的解釋，也比 1941 年的定義要來得清楚，這種更動對於買賣雙方應均屬有利。廣泛接受這次修訂的定義將導致對外貿易程序更進一步的標準化，並避免許多誤解。

出口商和進口商採用此修訂的定義，可以使各有關當事人對其各自的責任與權利更加明確。

一般注意事項

1. As foreign trade definitions have been issued by organizations in various parts of the world, and as the courts of countries have interpreted these definitions in different ways, it is important that sellers and buyers agree that their contracts are subject to the Revised American Foreign Trade Definitions—1990 and that the various pointslisted are accepted by both parties.

2. In addition to the foreign trade terms listed herein, there are terms that are at times used, such as Free Harbor, C.I.F.&C. (Cost, Insurance, Freight, and Commission), C.I.F.C.&I. (Cost, Insurance, Freight, Commission, and Interest), C.I.F. Landed (Cost, Insurance, Freight, Landed), and others. None of these should be used unless there has first been a definite understanding as to the exact meaning thereof. It is unwise to attempt to interpret other terms in the light of the terms given herein. Hence, whenever possible, one of the terms defined hereinshould be used.

3. It is unwise to use abbreviations in quotations or in contracts which might be subject to misunderstanding.

4. When making quotations, the familiar terms "hundredweight" or "ton" should be avoided. A hundredweight can be 100 pounds of the short ton, or 112 pounds of the long ton. A ton can be a short ton of 2,000 pounds, or a metric ton of 2,204.6 pounds, or a long ton of 2,240 pounds. Hence, the type of hundredweight or ton should be clearly stated in quotations and in sales confirmations. Also, all terms referring to quantity, weight, volume, length, or surface should be clearly defined and agreed upon.

5. If inspection, or certificate of inspection, is required, it should be agreed, in advance, whether the cost there of is for account of seller or buyer.

6. Unless otherwise agreed upon, all expenses are for the account of seller up to the point at which the buyer must handle the subsequent movement of goods.

7. There are a number of elements in a contract that do not fall within the scope of these foreign trade definitions. Hence, no mention of these is made herein. Seller and buyer should agree to these separately whennegotiating contracts. This particularly applies to so-called "customary" practices.

1.由於世界各地的機構分別提出了對外貿易定義，而各國的法庭對於這些定義又作過不同的解釋，因此，賣方和買方協議其所訂契約係遵照「1990 年修訂美國對外貿易定義」，並接受「定義」中所列各點，這極為重要。

2.除本「定義」所列的對外貿易條件外，尚有其他一些條件也常被採用，如 Free Harbor（港口交貨），C.I.F.&C.（運費、保費、佣金在內），C.I.F.C.&I.（運費、保費、佣金、利息在內），C.I.F. Landed（運費、保費、起岸費在內），以及其他條件。除非對這些條件的確切意義已先有正確的了解外，不應加以採用。欲以本「定義」所舉的條件附會解釋其他條件，實非聰明之舉。因此，無論何時，都應儘可能採用本「定義」所解釋的任何一個條件。

3.在報價或契約中，使用可能引起誤解的略語，乃非聰明之舉。

4.報價時，通俗的用語「匈特威」或「噸」應加以避免。一個匈特威可能是短噸的 100 磅，或長噸的 112 磅。一噸可能是 2,000 磅的短噸，或 2,204.6 磅的公噸，或 2,240 磅的長噸。因此，在報價單或在售貨確認書中對於匈特威或噸要明確表示其所代表的實際重量。同時，關於數量、重量、容積、長度、或面積等單位的用語，也應清楚地加以界定並取得協議。

5.如需要檢驗，或檢驗證明書，應事先議定該項費用是由賣方或買方負擔。

6.除另有協議外，賣方必須負擔一切費用，直至買方必須接手處理貨物隨後搬運的地點為止。

7.契約中尚有許多條件不屬於對外貿易定義的範圍，因此，在本「定義」中未曾提及這些條件。對此賣方和買方在洽訂契約時應個別加以協議，對於所謂「慣常的」做法尤應如此。

第三節　工廠交貨 (EXW) 條件

一、工廠交貨條件的概念

本條件的原文是 Ex Works，代號為 EXW，中文可譯成「工廠交貨」條件（或價格）「現場交貨」條件、「原地交貨」條件或「產地交貨」條件，根據貨物原存放地點 (Point of Origin) 的不同，乃有「工廠交貨 (Ex Factory)」條件、「工場交貨 (Ex Mill)」條件、「礦場交貨 (Ex Mine)」條件、「農場交貨 (Ex Plantation)」條件、「倉庫交貨 (Ex Warehouse)」條件等之分。本條件的賣方通常是生產業者或製造商，因交貨地點就在其生產或製造廠所在地，所以對賣方而言，係一很有利的貿易條件。依本條件交易時，賣方須在約定的期日或期間內，在約定地點，將貨物交由買方處置，並負擔貨物的一切費用及風險直至買方有義務提貨時為止；而買方則須於貨物交由其處置時，儘速提貨，並自其有義務提貨時起，負擔貨物的一切費用及風險。

本條件大致上與 Incoterms 的 Ex Works 條件相當。又本條件中，Ex Warehouse 與 Incoterms 的 Ex Warehouse 相同，係指在倉庫交貨。如在工廠（場）內的倉庫交貨，通常仍多以 Ex Factory, Ex Mill, Ex Works 等表示。但為有所區分，如在倉庫業的倉庫交貨，可以 Ex Bailee's Warehouse 表示，如在賣方倉庫交貨，可以 Ex Seller's Warehouse 表示。

使用本條件報價時，須在 Ex 後面加上貨物所在地點 (Point of Origin) 的名稱，例如：

> We offer...10,000 cases, US$12 per case, ex factory, St. Louis, Missouri, delivery during March.
>
> （謹報價……〔某項貨物〕10,000 箱，每箱售美金 12 元，密蘇里州，聖路易市工廠交貨，在 3 月間交貨。）

在本條件，依文字上的規定，賣方的風險與費用止於其貨物所在地，而買方則須到貨物所在地提貨，但實際上，除非買方有代理人或分支機構在賣方所在地，由其辦理提貨事宜，否則，在買方請求之下，賣方仍宜予買方協助。

又本條件對於買賣雙方的義務規定得很簡略，當事人對於本條件未規定的事項，如認為有必要，自應在買賣契約中加以訂明。

二、本條件定義原文及其中譯

（原文）

(I) EXW (EX WORKS－NAMED PLACE)

"Ex Factory", "Ex Mill", "Ex Mine", "Ex Plantation", "Ex Warehouse", etc. (named point of origin)

Under this term, the price quoted applies only at the point of origin, and the seller agrees to place the goods at the disposal of the buyer at the agreed place on the date or within the period fixed.

Under this quotation:

Seller must

⑴ bear all costs and risks of the goods until such time as the buyer isobliged to take delivery thereof;

⑵ render the buyer, at the buyer's request and expense, assistance in obtaining the documents issued in the country of origin, or of shipment, or of both, which the buyer may require either for purposes ofexportation, or of importation at destination.

Buyer must

⑴take delivery of the goods as soon as they have been placed at his disposal at the agreed place on the date or within the period fixed;

⑵pay export taxes, or other fees or charges, if any, levied because of exportation;

⑶bear all costs and risks of the goods from the time when he is obligated to take delivery thereof;

⑷pay all costs and charges incurred in obtaining the documents issued in the country of origin, or of shipment, or of both, which may be required either for purposes of exportation, or of importation atdestination.

（中譯）

(I)「工廠交貨」條件

工廠交貨、工場交貨、礦場交貨、農場交貨、倉庫交貨等（指定原地）

在本條件下，所報出的價格僅適用於在貨物所在地點，賣方同意於規定期日或期間內，在約定地方，將貨物交由買方處置。

在本報價下：

賣方必須

⑴負擔貨物的一切費用及風險，直至買方有義務提貨時為止。

⑵循買方要求並由其負擔費用，給予協助，以取得買方為貨物出口或在目的地國進口可能需要而由產地國及（或）裝運國所簽發的單據。

買方必須

⑴於貨物在規定日期或期間內，在約定地點交由其處置時，盡速提貨。

⑵支付因出口而徵收的任何出口稅或其他規費或手續費。

⑶自其有義務提貨時起，負擔貨物的一切費用及風險。

⑷支付因取得為貨物出口或在目的地因進口可能需要而由產地國及（或）裝運國，所簽發單據而生的一切費用。

第四節　運輸工具上交貨 (FOB) 條件

一、運輸工具上交貨條件的概念

美國定義下的 FOB(Free on Board) 是指「運輸工具上交貨」而言，與 In-coterms 的 FOB 是指「船上交貨」者，涵義迥然不同。再者，此一條件，實際上是六種 FOB 的總稱。這六種 FOB 關於買賣雙方的義務規定，各不相同。換言之，美國的 FOB 條件，實際上係六種不同的報價（貿易）條件。所以本規則提醒大家，乃有下列的 note：

> Seller and buyer should consider not only the definitions but also the "Comments on all FOB Terms" given at end of this section, in order to understand fully their respective responsibilities and rights under theseveral classes of "FOB" terms.
>
> （為期充分了解在各種 FOB 條件，雙方各自的權利與責任，賣方與買方不僅須顧及本定義，而且對於本節後面所列「對各類 FOB 條件的評註」也應加以注意。）

此六種 FOB，如以交貨地為區分標準，可分為：

$$
\text{FOB}
\begin{cases}
\text{FOB place of shipment}
\begin{cases}
\text{(II–A)} \\
\text{(II–B)} \\
\text{(II–C)} \\
\text{(II–E)}
\end{cases}
\text{風險在裝運地運輸工具上移轉買方} \\
\\
\text{FOB place of destination}
\begin{cases}
\text{(II–D)} \\
\text{(II–F)}
\end{cases}
\text{風險在目的地運輸工具上移轉買方}
\end{cases}
$$

換言之，(II–A)、(II–B)、(II–C) 及 (II–E) 等四種 FOB 屬於裝運地契約 (Shipment Contract)，而 (II–D) 及 (II–F) 等二種 FOB 屬於目的地契約 (Destination Contract)。

又如以其使用於國內買賣抑或使用於國際買賣為區分標準，可分為：

$$
\text{FOB}
\begin{cases}
\text{Domestic Terms（國內買賣用語）}
\begin{cases}
\text{裝運地條件}
\begin{cases}
\text{(II–A)} \\
\text{(II–B)} \\
\text{(II–C)}
\end{cases} \\
\text{目的地條件}
\begin{cases}
\text{(II–D)} \\
\text{(II–E)}
\end{cases}
\end{cases} \\
\text{Foreign Terms（國際買賣用語）}
\begin{cases}
\text{目的地條件——(II–F)} \\
\text{裝運地條件——(II–E)}
\end{cases}
\end{cases}
$$

以下就各類 FOB 分別加以說明❸。

二、(II–A)FOB(named inland carrier at named inland point of departure)

㈠本條件的概念

本條件簡稱 FOB named inland carrier，係謂「國內指定起運地點的指定國內運輸工具上交貨」條件，或稱「起運地點運輸工具上交貨」條件。Carrier 一詞，可解作「運送人」，也可解作「運輸工具」，但貨物只能 on board 某種運輸工具，而不可能 on board 某運送人，所以，在這裡 Carrier 應解釋為「運輸工具」。以本條件報價時，賣方須在約定日期或期間內，在指定國內裝載地點，將貨物裝上指定國內運送人的運輸工具（包括火車、卡車、駁船、平底貨輪、飛機等）上或交給指定國內運送人，並負擔貨物的任何滅失及毀損的風險直至貨物在裝載地裝上運輸工具 (be responsible for any loss or damage, or both, until goods have been placed in, or on, conveyance at loading point)，取得

❸　Ruel Kahler and Ronald L. Kramer, *International Marketing*, 4th ed., pp. 285–287.

運送人簽發的清潔提單或其他運輸收據 (Transportation Receipt) 為止；買方則須負擔貨物在裝載地點裝上運輸工具以後所生的任何滅失與毀損風險，並支付一切運輸費用。至於運輸契約究竟應由買方抑由賣方負責訂立，本定義並未規定，但原則上應由買方負責。當然，實務上不如委請賣方就近締結運輸契約較為方便❹。

本條件大致相當於 Incoterms 的 FCA，但有下列三點不同：第一、本條件的運輸工具包括火車 (Railway Cars)、卡車 (Trucks)、駁船 (Lighters)、平底貨輪 (Barges)、飛機 (Aircraft) 及其他運輸工具，而 FCA 則可使用於包括複合運送在內的任何運送方式。第二、本條件的運輸是指出口國的內陸運輸，終點是在出口國國境以內，所以使用本條件交易，買方必須有分公司或代理人在運輸終點提貨，然後再辦理出口事宜，或者，另與賣方約定，由其代為協助辦理上述事宜，所以本條件屬於國內買賣條件。而在 FCA 條件下，其終點不是在出口國國境內，而是在進口國國境內。所以屬國際買賣條件。實際上，本條件多用於國內廠商之間或國內廠商與出口商 (Exporter-Buyer) 之間的交易。第三、本條件對買賣雙方義務的各項規定較簡略，當事人如有必要，可用契約補充。

依本條件報價時，在 FOB 後面須列明運輸工具種類及起運地點名稱，例如：

> We offer...10,000 cases, US$14 per case, FOB cars St. Louis, Missouri, shipment during March.
>
> （謹報價……〔某項貨物〕10,000 箱，每箱售美金 14 元，密蘇里州，聖路易火車上交貨，在 3 月間交運。）

在上述報價中的聖路易就是「指定國內起運地點」，而其中的 Cars，則為

---

❹　濱谷源藏，《貿易取引の基本問題》，p. 53；另參閱本節八「對於各類FOB條件的評註」5 (p. 318): The seller should be certain to notify the buyer of the minimum quantity required to obtain a carload, ...

Railway Cars 之略，是指火車，也就是所指定的運輸工具。假如所指定的運輸工具是卡車，則上述報價中的 Cars 就改為 Trucks。除上述二種運輸工具以外，可能指定駁船 (Lighters)、平底貨輪 (Barges) 以及飛機 (Aircraft) 等。

又以本條件交易時，買方必須有代理人或分公司在運輸終點提貨，然後再辦理出口貨運事宜。否則，應請求賣方協助辦理。

㈡本條件定義原文及其中譯

（原文）

(II) FOB (FREE ON BOARD)

Note: Seller and buyer should consider not only the definitions but also the "Comments on all FOB Terms" given at the end of this section, in order to understand fully their respective responsibilities and rights under the several classes of FOB terms.

(II–A) FOB (named inland carrier at named inland point of departure)

Under this term, the price quoted applies only at inland shipping point, and the seller arranges for loading of the goods on, or in, railway cars, trucks, lighters, barges, aircraft, or other conveyance furnishedfor transportation.

Under this quotation:

Seller must

⑴ place goods on, or in, conveyance, or deliver to inland carrier for loading;

⑵ provide clean bill of lading or other transportation receipt, freight collect;

⑶ be responsible for any loss or damage, or both, until goods have been placed in, or on, conveyance at loading point, and clean bill of lading or other transportation receipt has been furnished by the carrier;

⑷ render the buyer, at the buyer's request and expense, assistance inobtaining the documents issued in the country of origin, or of shipment,or of both, which the buyer may require either for purposes ofexportation, or of importation at destination.

Buyer must

(1) be responsible for all movement of the goods from inland point of loading, and pay all transportation costs;

(2) pay export taxes, or other fees or charges, if any, levied because of exportation;

(3) be responsible for any loss or damage, or both, incurred after loading at named inland point of departure;

(4) pay all costs and charges incurred in obtaining the documents issued in the country of origin, or of shipment, or of both, which may be required either for purposes of exportation, or of importation atdestination.

（中譯）

(II)「運輸工具上交貨」條件

注意：賣方與買方為期充分了解所有 FOB 條件下，雙方各自的義務與權利，不僅須顧及本定義，而且也應注意本節後面所列的詳註。

(II–A)「國內指定起運地點的指定國內運輸工具上交貨」條件

在本條件下，所報出的價格僅能適用於在國內裝運地點，由賣方安排將貨物裝上或裝入火車、卡車、駁船、平底貨輪、飛機或其他運輸用交通工具。

在本報價下：

賣方必須

(1)將貨物裝上或裝入運輸工具，或交付國內運送人裝載。

(2)提供運費到付的清潔提單或其他運輸收據。

(3)負擔貨物的任何滅失及（或）毀損，直至貨物在裝載地點裝入或裝上運輸工具，並由運送人掣給清潔提單或其他運輸收據時為止。

(4)循買方要求並由其負擔費用，協助買方取得為貨物出口或在目的地國進口可能需要而由產地國及（或）裝運國，所簽發的單據。

買方必須

⑴負責貨物自國內裝載地點的一切搬運，並支付一切運輸費用。

⑵支付因出口而徵收的任何出口稅或其他規費或手續費。

⑶負責在國內指定起運地點裝載後所生的任何滅失及（或）毀損。

⑷支付因取得為貨物出口或在目的地因進口可能需要而由產地國及（或）裝運國，所簽發單據而生的一切費用。

三、(II−B)FOB(named inland carrier at named inland point of departure) Freight Prepaid to (named point of exportation)

㈠本條件的概念

本條件簡稱 FOB freight prepaid，是謂「國內指定起運地點的指定國內運輸工具上交貨，運費預付至指定出口地點」條件，或稱「起運地運輸工具上交貨運費付訖」條件。較之 (II−A)FOB 多出一項運費條件。依本條件報價時，買賣雙方的義務，除賣方須負責締結運輸契約並預付運費至指定出口地點以外，其他都與 (II−A)FOB 完全相同。故賣方對貨物的風險責任仍為直至貨物裝上運輸工具取得運送人簽發的清潔提單或運輸收據時為止。 例如在 (II−A)FOB 所舉例子，可改按本條件報價如下：

> We offer...10,000 cases, US$17 per case, FOB cars St. Louis, Missouri, Freight Prepaid to Philadelphia, Pennsylvania, shipment during March.
>
> （謹報價……〔某項貨物〕10,000 箱，每箱售美金 17 元，密蘇里州、聖路易火車上交貨，運費預付至賓州，費城，3 月間交運。）

本條件大致相當於 Incoterms 的 Carriage Paid To(CPT) 條件，但有下列四點不同：第一、本條件的運輸，為國內運輸，終點是在出口國國境以內。因此本條件實際上多用於國內廠商間或國內工廠與出口商 (Exporter-Buyer) 之間的交易，而 Carriage Paid To(CPT) 的運輸跨越國境，終點是在進口國國境內。第二、本條件的運輸只限於單一式運輸 (Single Mode Transport)，而 Carriage Paid To(CPT) 的運輸，可為單一式運輸，可為複合運輸 (Multimodal Transport)。第三、在本條件下，貨物運到出口地點後，係由買方負責申報出口並繳納出口稅捐，而在 Carriage Paid To(CPT) 條件下，申請輸出許可證、繳納出口稅捐等均須由賣方負責，兩者責任範圍不同。第四、在本條件下，買方須有分公司或代理人在出口地辦理出口手續；而在 Carriage Paid To(CPT) 條件下，買方不必有分公司或代理人在出口國。第五、本條件對買賣雙方義務的規定比 Carriage Paid To(CPT) 簡略。當事人對於本條件未規定的事項，如有必要，應在買賣契約中加以訂明。

㈡本條件定義原文及其中譯

（原文）

(II−B) FOB (named inland carrier at named inland point of departure) Freight Pre-paid To (named point of exportation)

Under this term, the seller quotes a price including transportation charges to the named point of exportation and prepays freight to named point of exportation, without assuming responsibility for the goods after obtaining a clean bill of lading or other transportation receiptat named inland point of departure.

Under this quotation:

Seller must

⑴ assume the same seller's obligations as under II−A, except that under ⑵ he must provide clean bill of lading or other transportation receipt, freight prepaid to named point of exportation.

Buyer must

⑴ assume the same buyer's obligation as under II−A, except that he does not pay freight from loading point to named point of exportation.

（中譯）

(II–B)「國內指定起運地點的指定國內運輸工具上交貨，運費預付至指定出口地點」條件

在本條件下，賣方所報出的價格包括至指定出口地點的運輸費用在內，並預付至指定出口地點的運費。但賣方在國內指定起運地點取得清潔提單或其他運輸收據後，對貨物即不再負責。

在本報價下：

賣方必須

⑴負擔與 II–A 所列賣方的相同義務，但第⑵項他必項提供運費預付至指定出口地點的清潔提單或其他運輸收據。

買方必須

⑴負擔與 II–A 所列買方的相同義務，但無需支付自裝載地至指定出口地點的運費。

四、(II–C) FOB (named inland carrier at named inland point of departure) Freight Allowed to (named point)

㈠本條件的概念

本條件簡稱 FOB freight allowed，是謂「國內指定起運地點的指定國內運輸工具上交貨，扣除至指定地點運費」條件，或稱「起運地點運輸工具上交貨運費扣除」條件。與 (II–A)FOB 比較多出一項運費條件。此一運費條件與 (II–B)FOB 又復不同。按本條件交易時，賣方所報價格包括起運地點至指定地點 (named point) 的運費，但在裝運時，由賣方與運送人約定，運費由買方在指定地點支付。因此，賣方在開製發票時，必須從貨價扣除上述運費。至於買賣雙方的其他義務，與 (II–A)FOB 條件相同。這裡所指「指定地點」(Named Point) 通常係指出口地點 (Point of Exportation) 或出口港 (Port of Export) 而言。

然而，為什麼賣方先將運費計入貨價中，然後又將其從貨價中扣除呢？

實際上以本條件交易者，多發生在使用商品目錄 (Catalog) 報價的場合。原來有些行業其所經營的商品項目甚多，例如有幾十項甚至幾百項，而其經營者先按 (II-B)FOB 計算售價（即包括運費，Freight Prepaid），並編成商品目錄，必要時在目錄上特別註明，以該目錄當作正式報價，然後郵寄買方。在此情形下，賣方往往在目錄上註明 "freight allowed to..." 字樣，表示扣除至某一地點的運費。於是，日後其中任何一項商品成交，賣方都可不必墊付運費。例如賣方先按前述 (II-B)FOB 編製商品目錄，某項貨物的單價是美金十七元，其中三元是聖路易至費城的運費，倘日後該項商品成交一萬箱，賣方就須在裝貨時墊付運費三萬元。此筆墊付的運費雖可當作貨價收回，但很可能是在數個月之後。假如在報價時，自售價中扣除運費，而改由買方在費城支付，則賣方在裝貨時，就不必墊付運費❺。

　　本條件畢竟是不易令人了解的條件，除上述靠商品目錄推銷的業者外，很少人使用。再者依本條件交易時，買方須有代理人或分公司在指定地點 (Named Point) 辦理出口貨運事宜。

　　茲以 (II-B)FOB 所舉例子，改按本條件報價如下：

> We offer...10,000 cases, US$17 per case FOB cars St. Louis, Missouri, Freight Allowed to Philadelphia, Pennsylvania, shipment during March.
>
> （謹報價⋯⋯〔某項貨物〕10,000 箱，每箱售美金 17 元，密蘇里州、聖路易火車上交貨，扣除至賓州、費城運費，3 月間交貨。）

　　從此例子可看出 (II-B)FOB 的售價與 (II-C)FOB 的售價均為每箱十七元，但對於運費的處理，在 (II-B)FOB，是由賣方預付，然後當作貨價收回，而在 (II-C)FOB 則由買方在指定地點到付。

㈡本條件定義原文及其中譯

（原文）

---

❺　周渭泉編著，《國際貿易實務》，中華出版社，民國61年，pp. 31–32。

(II-C) FOB (named inland carrier at named inland point of departure) Freight Allowed To (named point)

Under this term, the seller quotes a price including the transportation charges to the named point, shipping freight collect and deducting the cost of transportation, without assuming responsibility for the goods after obtaining a clean bill of lading or other transportation receiptat named inland point of departure.

Under this quotation:

Seller must

(1) assume the same seller's obligations as under II-A, but deducts from his invoice the transportation cost to named point.

Buyer must

(1) assume the same buyer's obligation as under II-A, including payment of freight from inland loading point to named point, for which sellerhas made deduction.

（中譯）

(II-C)「國內指定起運地點的指定國內運輸工具上交貨，扣除至指定地點運費」條件

在本條件下，賣方所報出的價格包括至指定地點為止的運費在內，但運費到付，故應扣除運輸費用。賣方在國內指定起運地點取得清潔提單或其他運輸收據後，對貨物即不再負責。

在本報價下：

賣方必須

(1)負擔與 II-A 所列賣方的相同義務，但其發票應扣除至指定地點為止的運輸費用。

買方必須

(1)負擔與 II-A 所列買方的相同義務，包括支付已由賣方扣除，自國內裝載地點至指定地點為止的運費。

五、(II–D) FOB (named inland carrier at named point of exportation)

㈠本條件的概念

本條件簡稱 FOB named point of exportation，是謂「指定出口地點的指定國內運輸工具上交貨」條件，或稱「出口地運輸工具上交貨」條件。本條件與 (II–B)FOB 相較，從起運地點至指定出口地點的國內運輸費用均同由賣方負擔，但貨物風險負擔的分界點則不同。在 (II–B)FOB 條件下，貨物在起運地點裝載後，貨物風險與費用即由賣方移轉買方負擔；而在本條件下，賣方須負擔一切風險與費用，直至運輸工具內或之上的貨物運抵指定出口地點時為止，並在運輸工具上將貨物交付買方；買方則須自運輸工具上提貨並負擔運輸工具到達指定出口地點時起的一切費用及風險。本條件實際上也多用於國內廠商或國內工廠與出口商 (Exporter Buyer) 之間的交易。

(II–A)FOB、(II–B)FOB、(II–C)FOB 三條件均為裝運地交貨條件，而 (II–D)FOB 條件則為目的地交貨條件。

又，本條件相當於 Incoterms 1936 的 Free...(named port of shipment)──指定裝貨港的國內運輸工具上交貨條件，不過後者在 1953 年修訂時已刪除。

依本條件報價時，在 FOB 之後須加上國內運輸工具種類及出口地點名稱。例如 (II–C) 所舉的例子，改以本條件報價如下：

> We offer...10,000 cases, US$17 per case FOB cars Philadelphia, for export, delivery during April.
>
> （謹報價……〔某項貨物〕10,000 箱，每箱售美金 17 元，費城火車上交貨，供外銷用，4 月間交貨。）

上述報價中 for export 是有用意的。由於有 for export 字樣，賣方就須保證：①貨物須在輪船碼頭 (Steamer Pier) 或鐵路駁船交接地點 (Railroad

Lighterage Point) 交貨，其因此而發生的額外費用 (如果有的話) 歸賣方負擔。
②鐵路搬運費 (Rail Haul) 可適用外銷運費率 (Export Freight Rate)。此項費率
通常比國內鐵路運費率 (Domestic Rail Rate) 要低。

㈡本條件定義原文及其中譯

（原文）

(II–D) FOB (named inland carrier at named point of exportation)

Under this term, the seller quotes a price including the costs of transportation of the goods to named point of exportation, bearing any loss or damage, or both, incurred up to that point.

Under this quotation:

Seller must

(1) place goods on, or in, conveyance, or deliver to inland carrier for loading;

(2) provide clean bill of lading or other transportation receipt, paying all transportation costs from loading point to named point of exportation;

(3) be responsible for any loss or damage, or both, until goods have arrived in, or on, inland conveyance at the named point of exportation;

(4) render the buyer, at the buyer's request and expense, assistance in obtaining the documents issued in the country of origin, or of shipment, or of both, which the buyer may require either for purposes of exportation, or of importation at destination.

Buyer must

(1) be responsible for all movement of the goods from inland conveyance at named point of exportation;

(2) pay export taxes, or other fees or charges, if any, levied because of exportation;

(3) be responsible for any loss or damage, or both, incurred after goods have arrived in, or on, inland conveyance at the named point of exportation;

(4) pay all costs and charges incurred in obtaining the documents issued in the country of origin, or of shipment, or of both, which may be required either for purposes of exportation, or of importation atdestination.

（中譯）

(II–D)「指定出口地點的指定國內運輸工具上交貨」條件

在本條件下，賣方所報出的價格包括貨物運至指定出口地點為止的運輸費用在內，並負擔至該地點為止所生的任何滅失及（或）毀損。

在本報價下：

賣方必須

⑴將貨物裝上或裝入運輸工具，或交付國內運送人裝載。

⑵提供清潔提單或其他運輸收據，支付裝載地至指定出口地點的一切運輸費用。

⑶負責貨物的任何滅失及（或）毀損，直至國內運輸工具之內或之上的貨物運抵指定出口地點為止。

⑷循買方要求並由其負擔費用，協助買方取得為貨物出口或在目的地因進口可能需要而由產地國及（或）裝運國所簽發的單據。

買方必須

⑴負責在指定出口地點將貨物自國內運輸工具上的一切搬移。

⑵支付因出口而徵收的任何出口稅或其他規費或手續費。

⑶負責自國內運輸工具之內或之上的貨物運抵指定出口地點以後，所生的任何滅失及（或）毀損。

⑷支付因取得為貨物出口或在目的地因進口可能需要而由產地國及（或）裝運國所簽發單據而生的一切費用。

六、(II–E) FOB Vessel (named port of shipment)

㈠本條件的概念

　　本條件是謂「指定裝貨港船上交貨」條件或稱「出口地船上交貨」條件，依此條件交易時，賣方必須於約定日期或期間內，將貨物確實裝上買方所安排船舶上，並負擔至此為止的一切風險與費用；買方則須負擔自此以後的一切風險與費用。本條件與 (II–D)FOB 條件，在表示方法上只有一字之差，(II–D)FOB 是在出口港國內運輸工具上交貨（如火車 Cars），而本條件則在出口港船上交貨，使用 Vessel 一詞。兩者比較，在本條件賣方須多付貨物從國內運輸工具卸下再裝上船舶這一段的作業費用，承擔的風險也延伸到貨物確實裝上船舶時才終止。這一段的費用與風險，在平時也許不致有大問題，但萬一碼頭工人發生罷工以致碼頭作業停頓時，賣方的風險與費用就無法估計了。

　　本條件與 Incoterms 的 FOB 大致相當，但有下列數點不同：第一、在本條件下，賣方所負擔的費用與風險，是於貨物在裝貨港確實裝上船舶 (actually loaded on the board vessel) 時才終止；而 Incoterms 的 FOB 則以出口港船舶的船舷 (Ship's Rail) 為買賣雙方費用及風險負擔的分界點。從航運實務而言，本條件的規定比較具有實際的意義。第二、對於出口稅捐以及有關出口規費或手續費，本條件規定由買方負擔；而 Incoterms 的 FOB 則規定由賣方負擔。在實務上以 FOB 條件交易，而未述明根據那一規則時，發生在出口國的費用通常是由買方負擔，而發生在進口國的費用則由賣方負擔。但這也只是一般情形而已。實際上，可能因買賣雙方觀點的不同，仍會發生歧見。第三、由於美國定義對於 FOB 的解釋有六種之多，所以使用「裝貨港船上交貨條件」時，須在 FOB 之後列明 vessel 一詞，以免混淆；而 Incoterms 的 FOB 其本意就是出口港船上交貨條件，因此，在 FOB 後面不必加上 vessel 一詞。否則有可能被視為美國定義下的 FOB vessel。第四、本質上，本條件具有國內買賣與國際買賣的雙重性質。但用於美國廠商向美國出口商（即買方為出口商的情形）報價時居多。所以才有出口稅捐及費用等由買方負擔的規定。而 Incoterms 的 FOB 則在本質上係用於本國出口商向國外進口商報價的場合。也就是說，本條件主要是用於國內買賣 (Domestic Sale)，而 Incoterms 的 FOB 則用於國際買賣 (International Sale)。當然如以本條件用於國際買賣時，這些出口稅捐及費用仍應依規定由買方負擔。第五、依本條件，申領輸出許可證的責任歸買方負擔，而依 Incoterms 的 FOB，此項責任歸賣方負擔（此外，在本條件下出口通關費用也須由買方負擔）❻。

　　茲將 (II–D)FOB 所舉的例子，改按本條件報價如下：

> We offer...10,000 cases US$17.50 per case FOB vessel Philadelphia, shipment during April.
>
> （謹報價……〔某項貨物〕10,000 箱，每箱售美金 17 元 5 角，費城船上交貨，4 月間交運。）

㈡本條件定義原文及其中譯

（原文）

(II–E) FOB Vessel (named port of shipment)

　　Under this term, the seller quotes a price covering all expenses up to, and including, delivery of the goods upon the overseas vessel provided by, or for, the buyer at the named port of shipment.

　　Under this quotation:

Seller must

　　⑴ pay all charges incurred in placing goods actually on board the vessel designated and provided by, or for, the buyer on the date or within the period fixed;

　　⑵ provide clean ship's receipt or on-board bill of lading;

　　⑶ be responsible for any loss or damage, or both, until goods have been placed on board the vessel on the date or within the period fixed;

---

❻　橋本英三，《外國貿易取引條件の研究》，初版，國元書房，1953，p. 102。

(4) render the buyer, at the buyer's request and expense, assistance in obtaining the documents issued in the country of origin, or of shipment, or of both, which the buyer may require either for purposes of exportation, or of importation at destination.

Buyer must

(1) give seller adequate notice of name, sailing date, loading berth of, and delivery time to, the vessel;

(2) bear the additional costs incurred and all risks of the goods from the time when the seller has placed them at his disposal if the vessel named by him fails to arrive or to load within the designated time;

(3) handle all subsequent movement of the goods to destination:

(a) provide and pay for insurance;

(b) provide and pay for ocean and other transportation;

(4) pay export taxes, or other fees or charges, if any, levied because of exportation;

(5) be responsible for any loss or damage, or both, after goods have been loaded on board the vessel;

(6) pay all costs and charges incurred in obtaining the documents, other than clean ship's receipt or bill of lading, issued in the country of origin, or of shipment, or of both, which may be required either for purposes of exportation, or of importation at destination.

（中譯）

(II-E)「指定裝貨港船上交貨」條件

在本條件下，賣方所報出的價格，包括貨物交至指定裝船港，由買方或為買方所安排海洋船舶上為止的一切費用在內。

在本報價下：

賣方必須

　　⑴支付將貨物在規定日期或期間內實際交至由買方或為買方所指定及安排的船上而生的一切費用。

　　⑵提供清潔船方收據或裝船提單。

　　⑶負責貨物的任何滅失及（或）毀損，直至貨物在規定日期或期間內交至船上為止。

　　⑷循買方要求並由其負擔費用，協助買方取得為貨物出口或在目的地因進口可能需要而由產地國及（或）裝船國，所簽發的單據。

買方必須

　　⑴將船名、開航日、裝貨停泊處，以及向船舶交貨時間，給予適當的通知。

　　⑵如其指定船舶未於指定時間內抵達或裝貨時，負擔自賣方將貨物交由其處置時起所生的額外費用，以及貨物的一切風險。

　　⑶處理隨後至目的地的一切貨物搬運事宜：

　　　⒜購買保險，並支付保險費。

　　　⒝辦理海運或其他運輸，並支付運費。

　　⑷支付因出口而徵收的任何出口稅或其他規費或手續費。

　　⑸負責貨物裝上船舶以後的任何滅失及（或）毀損。

　　⑹支付因取得清潔船方收據或提單以外，為貨物出口或在目的地因進口可能需要而由產地國及（或）裝船國所簽發單據而生的一切費用。

七、(II–F) FOB (named inland point in country of importation)

㈠本條件的概念

　　本條件簡稱 FOB named point of importation，是謂「進口國指定國內地點（運輸工具上）交貨」條件，或稱「目的地運輸工具上交貨」條件。在本條件下，賣方須負責安排將貨物運至進口國的指定地點的運輸及保險事宜，並負擔直至運輸工具內或上的貨物運抵進口國指定地點為止的一切風險與費用；買方則須於貨物運抵目的地時迅速自運輸工具上提貨，並負擔貨物運抵目的地以後的一切風險與費用。故係目的地交貨條件之一。此一條件，在一般國際貿易概念上，不容易令人了解。實際上本條件大致相當於 Incoterms 1936 的 Free or free delivered (named point of destination) 及 Incoterms 1990 的 Delivered Duty Paid 條件，也與歐洲大陸所使用的 Franco 或 Rendu 條件差不多。由於此條件下的賣方，其所負責任奇重，所以實務上較少採用。

又在本條件所稱 inland point 似應包括進口港在內。那麼美國賣方若以 FOB Keelung 向我方報價，則大致與 DDP Keelung 相當了。但賣方是否應支付進口稅捐呢？依本條件定義，賣方義務第(9)項規定觀之，自應由賣方負擔。

使用本條件報價時，在 FOB 之後應列明進口國國內運輸工具種類及交貨地點，例如前述 (II–E)FOB 所舉的例子，改按本條件報價如下：

> We offer...10,000 cases, US$30 per case FOB cars Taipei, delivery during June.
>
> （謹報價……〔某項貨物〕10,000 箱，每箱售美金 30 元，臺北火車上交貨，6 月間交貨。）

鑑於依本條件交易時，賣方須負擔一切費用及風險，直至貨物運到進口國指定地點時為止，賣方須在進口國設有代理人或分公司，以便辦理進口通關，繳納進口稅捐，支付通關費用以及申請輸入許可證等事宜。

㈡本條件定義原文及其中譯

（原文）

(II–F) FOB (named inland point in country of importation)

　　Under this term, the seller quotes a price including the cost of the merchandise and all costs of transportation to the named inland point in the country of importation.

　　Under this quotation:

Seller must

(1) provide and pay for all transportation to the named inland point in the country of importation;

(2) pay export taxes, or other fees or charges, if any, levied because of exportation;

(3) provide any pay for marine insurance;

(4) provide and pay for war risk insurance, unless otherwise agreed upon between the seller and buyer;

(5) be responsible for any loss or damage, or both, until arrival of goods on conveyance at the named inland point in the country of importation;

(6) pay the costs of certificates of origin, consular invoices, or any other documents issued in the country of origin, or of shipment, or of both, which the buyer may require for the importation of goods into the country of destination and, where necessary, for their passage in transit through another country;

(7) pay all costs of landing, including wharfage, landing charges, and taxes, if any;

(8) pay all costs of customs entry in the country of importation;

(9) pay customs duties and all taxes applicable to imports, if any, in the country of importation.

NOTE: The seller under this quotation must realize that he is accepting important responsibilities, costs, and risks, and should therefore be certain to obtain adequate insurance. On the other hand, the importer or buyer may desire such quotations to relieve him of the risks of the voyage and to assure him of his landed costs at inland point in country of importation. When competition is keen, or the buyer is accustomed to such quotations from other sellers, seller may quote such terms, being careful to protect himself in an appropriate manner.

Buyer must

(1) take prompt delivery of goods from conveyance upon arrival at destination;

(2) bear any costs and be responsible for all loss or damage, or both, after arrival at destination.

（中譯）

(II–F)「進口國指定國內地點〔運輸工具上〕交貨」條件

在本條件下，賣方所報出的價格，包括貨物成本以及運至進口國指定國內地點的一切運輸費用在內。

在本報價下：

賣方必須

(1)安排至進口國指定國內地點的一切運輸，並支付運費。

(2)支付因出口而徵收的任何出口稅或其他規費或手續費。

(3)購買海上保險，並支付保險費。

(4)除買賣雙方另有約定外，購買兵險，並支付保險費。

(5)負責貨物的任何滅失及（或）毀損，直至運輸工具上的貨物運抵進口國指定國內地點為止。

(6)支付為買方進口貨物至目的國，以及需要時，為運送途中通過其他國家，可能需要而由產地國及（或）裝船國所簽發產地證明書，領事發票或任何其他單據的費用。

(7)支付一切起岸費用，包括碼頭費、起岸費，以及稅捐。

(8)支付在進口國通關的一切費用。

(9)支付在進口國因進口貨物所需徵收的關稅及一切稅捐。

注意：在本報價下，賣方必須了解其將承受重大的責任、費用與風險。因此，應確實購買適當的保險。另一方面，進口商或買方可能希望藉此種報價以免除其他航行中的危險，並確定其在進口國國內地點的起貨成本。當競爭激烈，或買方習慣於別的賣方的這種報價時，賣方可以適當的方式留意保護其本身報出這種條件。

買方必須

(1)載運工具抵達目的地時，迅速提貨。

(2)負擔貨物運抵目的地以後的任何費用，並負責一切的滅失及（或）毀損。

八、對於各類 FOB 條件的評註

（原文）

Comments on All FOB Terms

In connection with FOB terms, the following points of caution are recommended:

1. The method of inland transportation, such as trucks, railroad cars, lighters, barges, or aircraft should be specified.

2. If any switching charges are involved during the inland transportation, it should be agreed, in advance, whether these charges are for account of the seller or the buyer.

3. The term "FOB (named port)", without designating the exact point at which the liability of the seller terminates and the liability of the buyer begins, should be avoided. The use of this term gives rise to disputes as to the liability of the seller or the buyer in the event of loss or damage arising while the goods are in port, and before delivery to or on board the ocean carrier. Misunderstandings may be avoided by naming the specific point of delivery.

4. If lighterage or trucking is required in the transfer of goods from the inland conveyance to ship's side, and there is a cost therefore, it should be understood, in advance, whether this cost is for account of the seller or the buyer.

5. The seller should be certain to notify the buyer of the minimum quantity required to obtain a carload, a truckload, or a barge-load freight rate.

6. Under FOB terms, excepting "FOB (named inland point in country of importation)", the obligation to obtain ocean freight space, and marine and war risk insurance, rests with the buyer. Despite this obligation on the part of the buyer, in

many trades the seller obtains the ocean freight space, and marine and war risk insurance, and provides for shipment on behalf of the buyer. Hence, seller and buyer must have an understanding as to whether the buyer will obtain the ocean freight space, and marine and war risk insurance as is his obligation, or whether the seller agrees to do this for the buyer.

7. For the seller's protection, he should provide in his contract of sale that marine insurance obtained by the buyer include standard warehouse to warehouse coverage.

（中譯）

對於各類 FOB 條件的評註

關於 FOB 條件，建議注意下列事項：

1.國內運輸方法，諸如卡車、鐵路貨車、駁船、平底貨輪或飛機，應予明確規定。

2.在國內運輸中，如涉及任何轉駁費用，應事先協議該項費用由賣方或買方負擔。

3. FOB（指定港口）的條件，若未指定賣方責任終止與買方責任開始的確實地點者，應避免使用。使用此條件，對於貨物在港口期間及在交付海洋運送人或裝上海洋運輸工具之前發生的滅失或毀損，其責任究竟歸賣方或買方，將引起爭執。這種誤解，得以指定交貨的特定地點而避免。

4.倘貨物從國內運輸工具搬運到船邊，需要駁船或卡車費用時，應事先了解此項費用究竟係由賣方或買方負擔。

5.賣方應將獲得一整車載量、一卡車載量或一內河貨輪載量的費率所需的最少數量，確實通知買方。

6.在各類 FOB 條件下，除「進口國指定國內地點〔運輸工具上〕交貨」條件外，洽訂海運艙位及購買海上保險與兵險的義務，均屬於買方。此項義務雖僅在買方，但在許多交易中，係由賣方代買方洽訂海運艙位，以及購買海上保險與兵險，並安排裝運事宜。因此，賣方與買方就洽訂海運艙位及購買海上保險與兵險一事，究竟是由買方負責辦理，抑或由賣方同意代買方辦理，雙方應事先取得諒解。

　　7.賣方為保護本身，應在買賣契約中規定，由買方購買的海上保險應包括標準的倉庫至倉庫條款。

 # 第五節　運輸工具邊交貨 (FAS) 條件

一、運輸工具邊交貨條件的概念

　　美國定義下的 FAS(Free Along Side) 應譯作「運輸工具邊交貨」條件，但在實際應用時，只有「指定裝貨港船邊交貨」(FAS vessel [named port of shipment]) 條件一種。故通稱為「船邊交貨」條件。依本條件報價時，賣方必須於約定日期或期間內，將貨物運至買方所指定船舶的船邊或碼頭上，並負擔至此為止的風險與費用；而買方則負擔自此以後的一切風險與費用。而且在報價時，不但須註明出口港名稱，且在 FAS 後面須加上 vessel 一字。

　　例如前例聖路易出口商改以本條件報價：

> We offer...10,000 cases, US$17.40 per case FAS vessel Philadelphia, delivery during April.
>
> 　　（謹報價……〔某項貨物〕10,000 箱，每箱售美金 17 元 4 角，費城船邊交貨，4 月間交貨。）

　　在一般交易，就費用 (Costs) 負擔而言，FAS vessel 與 FOB vessel 相當。但貨物如須在碼頭 (Pier) 等待裝船，則此項「等待」(Waiting) 可能會很昂貴，在 FOB vessel 時此項等待時間 (Waiting Time) 的費用，將由賣方負擔；而在 FAS vessel 的場合，此項等待費用，將由買方負擔。又在大宗貨物交易 (Bulk Trade) 而由買方安排船舶時，FAS vessel 的費用與 FOB vessel 的費用 (Costs) 相差可能更大。因為萬一發生船舶的延滯費用 (Vessel Demurrage)，則此項費用不是由買方負擔就是由賣方負擔，視報價條件而定。

　　本條件雖與 Incoterms 的 FAS 相當，但仍有下列幾點不同：第一、本條件的 FAS 為 Free Along Side 三字的縮寫，而 Incoterms 的 FAS 則為 Free Alongside Ship 三字的縮寫。第二、美國定義的 FAS 條件所代表的三字 Free Along Side 因未具有「船舶」的意義在內，故使用此條件時，必須在 FAS 之後另加上 vessel 一字，才具備「船邊交貨」的意義。而 Incoterms 的 FAS 條件，本身已代表「船邊交貨」的意義，故不必在 FAS 之後再加上 vessel 一字。第三、何謂「船邊」，Incoterms 的 FAS 條件並未加定義，只能按照其導言 12.「港口或特定行業的習慣」(customs of the port or of a particular trade) 所揭示的，依照有關港口的習慣，決定「船邊」的範圍；而本條件對於「船邊」則有明文規定，是指「船舶裝貨索具可及的範圍」(within reach of its loading tackle) 而言。第四、對於買賣雙方的各項義務，Incoterms 的規定較為詳細。第五、風險與費用分界點不同。依本條件其風險與費用負擔分界點為船邊（船已到港時）或碼頭關棧（船未到港時），視情形而定；而 Incoterms FAS 的風險與費用負擔分界點則為船邊。因此，依 FAS vessel 條件交易時，買方所購買保險應訂明自貨物存入碼頭倉庫時起保，俾在倉庫保管中的風險也由保險公司承保。第六、Incoterms 2000 的 FAS 規定賣方須自負風險及費用，以取得任何輸出許可證及其他官方批准書，在可適用的情況下，並辦理貨物輸出所需的一切通關手續，反之，美國 FAS 則規定由買方負責。

二、本條件定義原文及其中譯

（原文）

(III) FAS (Free Along Side)

NOTE:Seller and buyer should consider not only the definitions but also the" Comments" given at the end of this section, in order to understand fully their respective responsibilities and rights under "FAS" terms.

"F.A.S. Vessel (named port of shipment)"

　　Under this term, the seller quotes a price including delivery of the goods along side overseas vessel and within reach of its loading tackle.

Under this quotation:

Seller must

(1) place goods along side vessel or on dock designated and provided by, or for, buyer on the date or within the period fixed; pay any heavy lift charges, where necessary, up to this point;

(2) provide clean dock or ship's receipt;

(3) be responsible for any loss or damage, or both, until goods have been delivered along side the vessel or on the dock;

(4) render the buyer, at the buyer's request and expense, assistance in obtaining the documents issued in the country of origin, or of shipment, or of both, which the buyer may require either for purposes of exportation, or of importation at destination.

Buyer must

(1) give seller adequate notice of name, sailing date, loading berth of, and delivery time to, the vessel;

(2) handle all subsequent movement of the goods from along side the vessel:

    (a) arrange and pay for demurrage or storage charges, or both, in warehouse or on wharf, where necessary;

    (b) provide and pay for insurance;

    (c) provide and pay for ocean and other transportation;

(3) pay export taxes, or other fees or charges, if any, levied because of exportation;

(4) be responsible for any loss or damage, or both, while the goods are on a lighter or other conveyance along side vessel within reach of its loading tackle, or on the dock awaiting loading, or until actually loaded on board the vessel, and subsequent thereto;

(5) pay all costs and charges incurred in obtaining the documents, other than

clean dock or ship's receipt, issued in the country of origin, or of shipment, or of both, which may be required either for purposes of exportation, or of importation at destination.

（中譯）

「運輸工具邊交貨」條件

注意：賣方與買方為期充分了解在 FAS 條件下，雙方各自的義務與權利，不僅須顧及本定義，而且也應注意本節後面所列的「評註」。

「指定裝貨港船邊交貨」條件

在本條件下，賣方所報出的價格，包括將貨物交至海洋船舶旁邊，在其裝貨索具可及範圍之內的費用在內。

在本報價下：

賣方必須

⑴在規定日期或期間內，將貨物交至由買方或為買方指定及安排的船舶旁邊或碼頭上；並支付至此地點為止的任何必要的起重機費用。

⑵提供清潔碼頭收據或船方收據。

⑶負責貨物的任何滅失及（或）毀損，直至貨物交至船邊或碼頭上為止。

⑷循買方要求並由其負擔費用，協助買方取得為貨物出口或在目的地因進口可能需要而由產地國及（或）裝船國所簽發的單據。

買方必須

⑴將船名、開航日、裝貨停泊處，以及向船舶交貨時間，給予賣方適當的通知。

⑵處理貨物自船邊起的一切隨後搬運：

　(a)如有需要，安排並支付在倉庫內或碼頭上的延滯費及（或）棧租。

　(b)購買保險，並支付保險費。

　(c)辦理海運或其他運輸，並支付運費。

⑶支付因出口而徵收的任何出口稅或其他規費或手續費。

⑷負責貨物在船邊其裝貨索具可及範圍的駁船上或其他運輸工具上期間

內，或在碼頭上等候裝載期間，或直至實際裝上船舶時為止，以及隨後的任何滅失及（或）毀損。

　　(5)支付因取得清潔碼頭收據或船方收據以外，為貨物出口或在目的地因進口可能需要而由產地國及（或）裝船國所簽發單據而生的一切費用。

三、FAS 條件的評註

（原文）

FAS Comments

　　1. Under FAS terms, the obligation to obtain ocean freight space, and marine and war risk insurance, rests with the buyer. Despite this obligation on the part of the buyer, in many trades the seller obtains ocean freight space, and marine and war risk insurance, and provides for shipment on behalf of the buyer. In others, the buyer notifies the seller to make delivery along side a vessel designated by the buyer and the buyer provides his own marine and war risk insurance. Hence, seller and buyer must have an understanding as to whether the buyer will obtain the ocean freight space, and marine and war risk insurance, as is his obligation, or whether the seller agrees to do this for the buyer.

　　2. For the seller's protection, he should provide in his contract of sale that marine insurance obtained by the buyer include standard warehouse to warehouse coverage.

（中譯）

FAS 的評註

　　1.在 FAS 條件下，洽訂海運艙位及購買海上保險與兵險，是屬買方的義務。此項義務雖落在買方，但在許多交易中，係由賣方代買方洽訂海運艙位及購買海上保險與兵險，並安排裝運事宜。在其他交易，買方通知賣方於買方指定船邊交付貨物，並由買方自行購買海上保險與兵險，因此，賣方與買方就洽訂海運艙位及購買海上保險與兵險一事，究竟由買方負責辦理，抑或由賣方同意代買方辦理，雙方應事先取得諒解。

2.賣方為保護本身，應在買賣契約中規定，由買方購買的海上保險應包括標準的倉庫至倉庫條款。

 第六節　運費在內 (CFR) 條件

一、運費在內條件的概念

CFR 為 Cost and Freight 的縮寫。以本條件報價時，賣方必須負責安排船運並支付至目的地的運費，並負擔貨物直至裝上船舶（在要求裝運提單時）或交付海上運送人（在要求備運海運提單時）收管時為止的一切風險與費用；而買方則負擔自此以後的一切風險與費用。又依本條件報價時，在 CFR 之後須註明「指定目的地點 (named point of destination)」的名稱，也即目的港名稱，例如前述聖路易出口商改以本條件報價如下：

> We offer...10,000 cases, US$22 per case, CFR Keelung, shipment during April.
>
> （謹報價……〔某項貨物〕10,000 箱，每箱售美金 22 元，至基隆運費在內，4 月間交運。）

本條件與 Incoterms 的 CFR 條件相當，但有下列三點不同：第一、本條件對於賣方所提出的「備運提單」並未硬性規定須經船公司加上已裝船的批註，如買賣契約中未要求裝船提單，則這種未加批註的備運提單，也可符合契約的規定；而 Incoterms 的 CFR 條件則硬性規定如賣方所提出的提單是備運提單，必須由船公司加上已裝船的批註，才符合契約規定。第二、關於風險負擔的移轉，Incoterms 的 CFR 條件是在貨物越過出口港船舷時，風險即轉由買方負擔；而本條件風險負擔移轉分界點則有兩種情形，一為在可以提供備運提單的場合，是在貨物交付海運運送人保管時風險即由賣方移轉買方；二為在需提供裝船提單的場合，則在貨物實際裝上船舶時，風險才由賣方移轉到買方。在實務上，通常在契約中或信用狀上規定由賣方提供裝船提單，故風險實際上係以貨物裝上船時才移轉買方。第三、Incoterms CFR 的後面為「目的港」，American Definitions CFR 的後面為「目的地」，也即美國定義可以泛指目的港和目的地的任何內陸地點。

二、本條件定義原文及其中譯

（原文）

(IV) CFR

NOTE: Seller and buyer should consider not only the definitions but also the "CFR Comments" and the "CFR and CIF Comments", in order to understand fully their respective responsibilities and rights under "CFR" terms.

CFR (named point of destination)

Under this term, the seller quotes a price including the cost of transportation to the named point of destination.

Under this quotation:

Seller must

（1）provide and pay for transportation to named point of destination;

（2）pay export taxes, or other fees or charges, if any, levied because of exportation;

（3）obtain and dispatch promptly to buyer, or his agent, clean bill of lading to named point of destination;

（4）where received-for-shipment ocean bill of lading may be tendered, be responsible for any loss or damage, or both, until the goods have been delivered into the custody of the ocean carrier;

（5）where on-board ocean bill of lading is required, be responsible for any loss or damage, or both, until the goods have been delivered on board the vessel;

（6）provide, at the buyer's request and expense, certificates of origin, consular invoices, or any other documents issued in the country of origin, or of shipment, or of both, which the buyer may require for importation of goods into country of destination and where necessary, for their passage in transit through another country. Buyer must

(1) accept the documents when presented;

(2) receive goods upon arrival, handle and pay for all subsequent movement of the goods, including taking delivery from vessel in accordance with bill of lading clauses and terms; pay all costs of landing, including any duties, taxes and other expenses at named point of destination;

(3) provide and pay for insurance;

(4) be responsible for loss of or damage to goods, or both, from time and place at which seller's obligations under (4) or (5) above have ceased;

(5) pay the costs of certificates of origin, consular invoices, or any other documents issued in the country of origin, or of shipment, or of both, which may be required for the importation of goods into the country of destination and, where necessary, for their passage in transit through another country.

（中譯）

「運費在內」條件

注意：賣方與買方為期充分了解在 CFR 條件下，雙方各自的權利與責任，不僅須顧及本定義，而且也應注意「CFR 評註」及「CFR 與 CIF 評註」。

「指定目的地點運費在內」條件

在本條件下，賣方所報出的價格，包括至指定目的地點的運輸費用在內。

在本報價下：

賣方必須

(1)安排至指定目的地點的運輸事宜，並支付運費。

(2)支付因出口而徵收的任何出口稅或其他規費或手續費。

(3)取得至指定目的地的清潔提單，並迅速寄交買方或其他代理人。

(4)在可提供備運海運提單的場合，負責貨物的任何滅失及（或）毀損，直至貨物交付海運運送人收管時為止。

(5)在要求裝船海運提單的場合，負責貨物的任何滅失及（或）毀損，直至貨物交至船上為止。

(6)循買方要求並由其負擔費用，提供買方為進口貨物至目的地國，以及必要時，為貨物在運送中通過其他國家，可能需要而由產地國及（或）裝運國所簽發的產地證明書、領事發票或任何其他單據。

買方必須

(1)於單據提示時，予以接受。

(2)貨物一經運達，予以提領、處理並支付貨物的一切隨後搬運，包括依照提單條款及條件從船上提貨；支付一切卸貨費用，包括在指定目的地點的任何關稅、稅捐以及其他費用。

(3)購買保險，並支付保險費。

(4)自上述(4)或(5)項所示賣方責任終了時、地起，負責貨物的滅失及（或）毀損。

(5)支付為進口貨物至目的國，以及必要時，為貨物在運送途中通過其他國家，可能需要而由產地國及（或）裝運國所簽發產地證明書、領事發票或任何其他單據的費用。

三、CFR 條件評註

（原文）

CFR Comments

1. For the seller's protection, he should provide in his contract of sale that marine insurance obtained by the buyer include standard warehouse to warehouse coverage.

2. The comments listed under the following CIF terms in many cases apply to CFR terms as well, and should be read and understood by the CFR seller and buyer.

（中譯）

CFR 條件評註

　　1.賣方為保護其本身，他應在其買賣契約中規定，由買方購買的海上保險應包括標準的倉庫至倉庫條款。

　　2.在後述 CIF 條件下所列的評註，在許多場合也適用於 CFR 條件，CFR 的賣方與買方應加閱讀並予以了解。

 # 第七節　運保費在內 (CIF) 條件

一、運保費在內條件的概念

　　本條件 CIF 為 Cost, Insurance, Freight 的縮寫。與前節 CFR 條件比較，賣方須多負擔海上保險費。依本條件報價時，賣方除必須負責安排船運並支付至目的地的運費外，尚須購買海上運輸險並支付保險費，以及負擔貨物直至裝上船舶（在要求裝運海運提單時）或交付海運運送人（在要求備運海運提單時）收管時為止的一切風險與費用；買方則負擔自此以後的風險與費用。又依本條件報價時，在 CIF 後面須註明「指定目的地點」(named point of destination) 的名稱，也即目的港的名稱。例如前述聖路易出口商以本條件報價如下：

> We offer...10,000 cases, US$23 per case, CIF Keelung, shipment during April.
>
> （謹報價……〔某項貨物〕10,000 箱，每箱售美金 23 元，至基隆運保費在內，4 月間交運。）

　　本條件與 Incoterms 的 CIF 相當，但有下列幾點不同。第一、本條件下賣方所提供的備運提單，未硬性規定須經船公司批註已裝上船，而 Incoterms 的 CIF 條件則規定如賣方所提供的為備運提單，則須經船公司批註已裝上船，並註明裝船日期。第二、Incoterms 的 CIF 條件，買賣雙方風險的移轉是以貨物越過出口港船舷為分界點；而本條件則有兩種情形，如可提供備運提單的場合，是在貨物交與海運運送人保管時，即由賣方移轉於買方，如需提供裝船提單時，則在貨物裝上船舶時，才由賣方移轉於買方。第三、在買賣契約中未規定保險種類時，依 Incoterms CIF 條件的規定，賣方只須購買協會貨物條款（倫敦保險人協會）或類似條款的最低承保條件，即平安險 (FPA) 或 ICC (C)即可，而本條件則無規定。第四、在買賣契約中未規定保險金額及保險幣別時，依 Incoterms CIF 條件的規定，應以 CIF 價款加百分之十作為保險金額，並應以買賣契約所載的貨幣作為保險幣別；而本條件對於保險金額及保險幣別均無特別的規定，只於評註中另加說明。第五、有關於兵險部分，依照 Incoterms CIF 條件的規定，只有在買方提出要求時，賣方才有義務代為購買；而依本條件規定，除雙方已約定由買方購買兵險外，賣方就有義務代為購買兵險。但兩者對於兵險的保險費，均規定由買方負擔。第六、Incoterms CIF 後面添加的是「目的港」，美國 CIF 後面添加的是「目的地」。

二、本條件定義原文及其中譯

（原文）

(V) CIF (Cost, Insurance, Freight)

NOTE: Seller and buyer should consider not only the definitions but also the "Comments" at the end of this section, in order to understand fully their respective responsibilities and rights under "CIF" terms.

CIF (named point of destination)

　　Under this term, the seller quotes a price including the cost of the goods, the marine insurance, and all transportation charges to the named point of destination.

　　Under this quotation:

Seller must

　　⑴ provide and pay for transportation to named point of destination;

　　⑵ pay export taxes, or other fees or charges, if any, levied because of exportation;

　　⑶ provide and pay for marine insurance,

(4) provide war risk insurance as obtainable in seller's market at time of shipment at buyer's expense, unless seller has agreed that buyer provide for war risk coverage [See Comment 10 (c)];

(5) obtain and dispatch promptly to buyer, or his agent, clean bill of lading to named point of destination, and also insurance policy or negotiable insurance certificate;

(6) where received-for-shipment ocean bill of lading may be tendered, be responsible for any loss or damage, or both, until the goods have been delivered into the custody of the ocean carrier;

(7) where on-board ocean bill of lading is required, be responsible for any loss or damage, or both, until the goods have been delivered on board the vessel;

(8) provide, at the buyer's request and expense, certificates of origin, consular invoices, or any other documents issued in the country of origin, or of shipment, or both, which the buyer may require for importation of goods into country of destination and, where necessary, for their passage in transit through another country.

Buyer must

(1) accept the documents when presented;

(2) receive the goods upon arrival, handle and pay for all subsequent movement of the goods, including taking delivery from vessel in accordance with bill of lading clauses and terms; pay all costs of landing, including any duties, taxes, and other expenses at named point of destination;

(3) pay for war risk insurance provided by seller;

(4) be responsible for loss of or damage to goods, or both, from time and place at which seller's obligations under (6) or (7) above have ceased;

(5) pay the cost of certificates of origin, consular invoices, or any other documents issued in the country of origin, or of shipment, or both, which may be required for importation of the goods into the country of destination and, where necessary, for their passage in transit through another country.

（中譯）

「運保費在內」條件

注意：賣方與買方為期充分了解在 CIF 條件下，雙方各自的權利與責任，不僅須顧及本定義，而且尚應注意本節後面的「評註」。

「指定目的地點運保費在內」條件

在本條件，賣方所報出的價格，包括貨物的成本、海上保險費以及至指定目的地點為止的一切運輸費用在內。在本報價下：

賣方必須

⑴辦理至指定目的地點為止的運輸，並支付運費。

⑵支付因出口而徵收的任何出口稅或其他規費或手續費。

⑶購買海上保險，並支付保險費。

⑷除非已同意由買方購買兵險外，賣方負責購買於裝船時可在賣方市場購得的兵險，費用由買方負擔（見評註 10 ⒞）。

⑸取得至指定目的地點的清潔提單，以及保險單或可轉讓的保險證明書，並迅速寄交買方或其代理人。

⑹在可提供備運海運提單的場合，負責貨物的任何滅失及（或）毀損，直至貨物交付海運運送人收管時為止。

⑺在要求裝船海運提單的場合，負責貨物的任何滅失及（或）毀損，直至貨物交到船上為止。

⑻循買方要求，並由其負擔費用，提供買方為進口貨物至目的國，以及必要時，為貨物在運送途中通過其他國家，可能需要而由產地國及（或）裝運國所簽發的產地證明書、領事發票或任何其他單據。

買方必須

⑴於單據提示時，予以接受。

⑵貨物一經運達，予以提領、處理並支付貨物的一切隨後搬運，包括依照提單條款及條件，從船上提貨；支付一切起岸費用，包括在指定目的地點的任何稅捐，以及其他費用。

⑶支付由賣方購買的兵險費。

⑷自上述⑹或⑺項所示賣方責任終了時、地起，負責貨物的滅失及（或）毀損。

⑸支付為進口貨物至目的國，以及必要時，為貨物在運送途中通過其他國家，可能需要而由產地國及（或）裝運國所簽發產地證明書、領事發票或任何其他單據的費用。

三、CFR 與 CIF 條件評註

（原文）

CFR and CIF Comments

Under CFR and CIF contracts there are the following points on which the seller and the buyer should be in complete agreement at the time that the contract is concluded:

1. It should be agreed upon, in advance, who is to pay for miscellaneous expenses, such as weighing or inspection charges.

2. The quantity to be shipped on any one vessel should be agreed upon, in advance, with a view to the buyer's capacity to take delivery upon arrival and discharge of the vessel; within the free time allowed at the port of importation.

3. Although the terms CFR and CIF are generally interpreted to provide that charges for consular invoices and certificates of origin are for the account of the buyer, and are charged separately, in many trades these charges are included by the seller in his price. Hence, seller and buyer should agree, in advance, whether these charges are part of the selling price, or will be invoiced separately.

4. The point of final destination should be definitely known in the event the vessel discharges at a port other than the actual destination of the goods.

5. When ocean freight space is difficult to obtain, or forward freight contracts cannot be made at firm rates, it is advisable that sales contracts, as an exception to regular CFR or CIF terms, should provide that shipment within the contract

period be subject to ocean freight space being available to the seller, and should also provide that changes in the cost of ocean transportation between the time of sale and the time of shipment be for account of the buyer.

6. Normally, the seller is obligated to prepay the ocean freight. In some instances, shipments are made freight collect and the amount of the freight is deducted from the invoice rendered by the seller. It is necessary to be in agreement on this, in advance, in order to avoid misunderstanding which arises from foreign exchange fluctuations which might affect the actual cost of transportation, and from interest charges which might accrue under letter of credit financing. Hence, the seller should always prepay the ocean freight unless he has a specific agreement with the buyer, in advance, that goods can be shipped freight collect.

7. The buyer should recognize that he does not have the right to insist on inspection of goods prior to accepting the documents. The buyer should not refuse to take delivery of goods on account of delay in the receipt of documents, provided the seller has used due diligence in their dispatch through the regular channels.

8. Sellers and buyers are advised against including in a CIF contract any indefinite clause at variance with the obligations of a CIF contract as specified in these Definitions. There have been numerous court decisions in the United States and other countries invalidating CIF contracts because of the inclusion of indefinite clauses.

9. Interest charges should be included in cost computations and should not be charged as a separate item in CIF contracts, unless otherwise agreed upon, in advance, between the seller and buyer; in which case, however, the term CIF and I (Cost, Insurance, Freight, and Interest) should be used.

10. In connection with insurance under CIF sales, it is necessary that seller and buyer be definitely in accord upon the following points:

(a) The character of the marine insurance should be agreed upon in so far as being WA (With Average) or FPA (Free of Particular Average), as well as any other special risks that are covered in specific trades, or against which the buyer may wish individual protection. Among the special risks that should be considered and agreed upon between seller and buyer are theft, pilferage, leakage, breakage, sweat, contact with other cargoes, and others peculiar to any particular trade. It is important that contingent or collect freight and customs duty should be insured to cover Particular Average losses, as well as total loss after arrival and entry but before delivery.

(b) The seller is obligated to exercise ordinary care and diligence in selecting an underwriter that is in good financial standing. However, the risk of obtaining settlement of insurance claims rests with the buyer.

(c) War risk insurance under this term is to be obtained by the seller at the expense and risk of the buyer. It is important that the seller be in definite accord with the buyer on this point, particularly as to the cost. It is desirable that the goods be insured against both marine and war risk with the same underwriter, so that there can be no difficulty arising from the determination of the clause of the loss.

(d) Seller should make certain that in his marine or war risk insurance, there be included the standard protection against strikes, riots and civil commotions.

(e) Seller and buyer should be in accord as to the insured valuation, bearing in mind that merchandise contributes in General Average on certain bases of valuation which differ in various trades. It is desirable that a competent insurance broker be consulted, in order that full value be covered and trouble avoided.

（中譯）
CFR 與 CIF 條件評註

在 CFR 與 CIF 契約下，買賣雙方在簽約時對於下列各點應取得協議：

1. 對於雜項費用，諸如過磅或檢驗費用，應事先協議究應由何方支付。

2. 應衡量船舶到達和卸貨時，買方在進口港免費保管期間內所能提貨的能力，事先協議船舶裝運數量。

3.在 CFR 與 CIF 條件下，雖一般解釋規定領事發票及產地證明書費用由買方負擔，並分別計收，但在許多交易中，這些費用已由賣方包括在其貨價中。因此，買賣雙方應事先協議這些費用究為售價的一部分，抑或將另行計收。

4.如船舶係在貨物實際目的地以外的港口卸貨，則其最後目的地應確切加以指明。

5.倘海運艙位取得困難或運送契約無法以確定運價訂定時，買賣契約宜規定在約定期間內裝運須以賣方可獲得海運艙位為條件，並應規定自出售時至裝船時之間，海運運費的變動，歸由買方負擔。

6.在正常情形下，賣方有義務預付海運運費。但在某些情形，係以運費到付方式裝船，而由賣方在所掣給的發票上扣除該項運費金額。對於此，必須事先加以協議，以避免因匯率波動而可能影響實際運費，以及憑信用狀融資時可能發生利息所引起的誤會。因此，除了賣方事先已與買方特別約定貨物得以運費到付方式裝船者外，賣方總是應預付海運運費。

7.買方應了解其在接受單據之前並無權堅持先行驗貨。如賣方已盡相當的努力以正常的途徑寄送該等單據，買方不得因遲延收到單據而拒絕提貨。

8.奉勸買賣雙方，不可將任何與本定義所規定的 CIF 契約義務相牴觸的不確定的條款列入 CIF 契約中。在美國及其他國家的法院，曾多次判決 CIF 契約因列有不確定的條款而告無效。

9.利息應包括在貨價的計算中，而不應在 CIF 契約中另列利息項目，除非買賣雙方事先已另有協議。但此場合，應使用 CIF and I（運費、保費、利息在內）條件。

10.關於 CIF 交易項下的保險，買賣雙方對於下列各點必須要有確切的協議。

(a)海上保險的性質應加以協議，究竟係 W.A.（水漬險）抑或 F.P.A.（平安險），以及任何其他在特定交易中應投保的特別風險，或買方為其個別保障所期望投保的特別風險。在這些特別風險中，買賣雙方應加考慮及協議的是偷竊、拔竊、漏損、破損、潮濕損、為其他貨物污損，以及對任何特定交易所特有的其他風險。對於或有的或到付運費，以及關稅等均應加保險，以彌補單獨海損，以及貨到通關後，提貨前所發生的全損。這點極為重要。

(b)賣方有義務盡其通常的注意及努力，選擇財務狀況良好的保險人。但獲致解決保險索賠的風險，仍歸買方負擔。

(c)在本條件下，兵險係由賣方以買方的費用與風險予以投保。賣方應就此點與買方確切協議，尤其是有關保險費負擔的問題。這點極為重要。貨物投保海上保險與兵險，最好由同一保險人承保，這樣對於損失原因的認定才不致引起爭議。

(d)賣方應確切查明其海上保險或兵險，含有標準的罷工、暴動及內亂險條款。

(e)買賣雙方對於保險價額的估算應加以協議，並記住貨物在共同海損的分擔中，係根據某些估算標準計算，而這些估算標準隨各種交易而異。因此，最好就教於有資格的保險經紀人，以期投保足額並避免糾紛。

第八節　碼頭交貨 (DEQ) 條件

一、碼頭交貨條件的概念

本條件中所稱 DEQ（碼頭）係指進口港碼頭而言。因此，本條件係目的地交貨條件之一。使用本條件報價時，賣方須負擔一切風險與費用，將貨物運至指定進口港碼頭上，於付訖進口稅捐後交付買方；而買方則負擔自貨物在進口港碼頭上容許免費期間屆滿後的一切風險與費用。又依此條件交易時，須在 DEQ 後面加上進口港名稱。例如上述聖路易出口商以本條件報價如下：

> We offer...10,000 cases, US$29 per case DEQ (Duty paid) Keelung, delivery during June.
>
> （謹報價……〔某項貨物〕10,000 箱，每箱售美金 29 元，基隆碼頭交貨，6 月間交貨。）

本條件大致相當於 Incoterms 的 DEQ 條件，但有下列兩點不同：

第一、Incoterms DEQ 後面不註明 "duty paid" 字樣，因此輸入通關手續、稅捐等均由買方負責，而 American DEQ 則在其後面附加 "duty paid" 字樣，因此輸入通關手續、稅捐等均由賣方負責。又本節所舉報價例是美國出口報價，實際上本條件主要用於美國進口貿易中，在出口貿易甚少採用本條件報價，上舉例子不過便於說明而已。第二、根據 Incoterms 的 DEQ 條件的規定，賣方在貨物於約定時間放置進口港的碼頭上時，即將貨物的風險移轉由買方負擔；而根據美國定義的 DEQ 條件，則以指定進口港碼頭容許的免費期間屆滿時 (the expiration of the free time allowed on the dock at the named port of importation) 為雙方責任的分界點，此前由賣方負責，此後歸由買方負責。

二、本條件定義原文及其中譯

（原文）

(VI) Delivered Ex Quay (duty paid) DEQ

NOTE: Seller and buyer should consider not only the definitions but also the " DEQ Comments" at the end of this section, in order to understand fully their respective responsibilities and rights under "DEQ" terms.

DEQ (duty paid) ...named port of importation

Under this term, seller quotes a price including the cost of the goods and all additional costs necessary to place the goods on the dock at the named port of importation, duty paid, if any.

Under this quotation:

Seller must

(1) provide and pay for transportation to named port of importation;

(2) pay export taxes, or other fees or charges, if any, levied because of exportation;

(3) provide and pay for marine insurance;

(4) provide and pay for war risk insurance, unless otherwise agreed upon between the buyer and seller;

(5) be responsible for any loss or damage, or both, until the expiration of the free time allowed on the dock at the named port of importation;

(6) pay the costs of certificates of origin, consular invoices, legalization of bill of lading, or any other documents issued in the country of origin, or of shipment, or of both, which the buyer may require for the importation of goods into the country of destination and, where necessary, for their passage in transit through another country;

(7) pay all costs of landing, including wharfage, landing charges, and taxes, if any;

(8) pay all costs of customs entry in the country of importation;

(9) pay customs duties and all taxes applicable to imports, if any, in the country of importation, unless otherwise agreed upon.

Buyer must

(1) take delivery of the goods on the dock at the named port of importation-within the free time allowed;

(2) bear the cost and risk of the goods if delivery is not taken within the free time allowed.

（中譯）

「碼頭交貨（稅訖）」條件

注意：賣方與買方為期充分了解在 DEQ 條件下，雙方各自的權利與責任，不
　　　僅須顧及本定義，而且尚應注意本節後面的「DEQ 評註」。

「指定進口港碼頭交貨（稅訖）」條件

在本條件下，賣方所報出的價格，包括貨物的成本，及將貨物放置於指
定進口港碼頭上所需的一切額外費用在內，並付清稅捐。

在本報價下：

賣方必須

(1)辦理至指定進口港的運輸，並支付運費。

⑵支付因出口而徵收的任何出口稅或其他規費或手續費。

⑶購買海上保險，並支付保險費。

⑷除買賣雙方另有協議外，購買兵險並支付保險費。

⑸負責貨物的任何滅失及（或）毀損，直至指定進口港碼頭免費保管期間屆滿時為止。

⑹支付買方為進口貨物至目的國，以及必要時，為貨物在運送途中通過其他國家，可能需要而由產地國及（或）裝船國所簽發產地證明書、領事發票、提單認可書或其他單據的費用。

⑺支付一切卸貨費用，包括碼頭費、起岸費，以及稅捐。

⑻支付在進口國通關的一切費用。

⑼除另有協議者外，支付在進口國的關稅及對進口貨物所課徵的一切稅捐。

買方必須

⑴在指定進口港碼頭上，於免費保管期間內提貨。

⑵如果未在免費保管期間內提貨，負擔該貨物的費用與風險。

三、DEQ 條件評註

（原文）

DEQ Comments

This term is used principally in United States import trade. It has various modifications, such as "Ex Quay", "Ex Pier", etc., but it is seldom, if ever, used in American export practice. Its use in quotations for export is not recommended.

（中譯）

DEQ 評註

本條件在美國主要係使用於進口貿易。它有種種變型，例如 Ex Quay, Ex Pier 等等。但在美國出口實務中，罕有使用此條件者。建議出口報價不宜使用此條件。

買賣雙方責任與費用劃分表

——1990" WITH CERTAIN PRACTICAL ADDITIONS
ETWEEN BUYER AND SELLER, AS PERTAINING TO THE
COMMONLY USED SERVICES

		FOB Vessel Named Point of Shipment		FOB Named Inland Point in Country of Importation		FAS vessel Named Port of Shipment		CFR Named Point of Destination		CIF Named Point of Destination	
	g.	Resp.	Chg.	Resp.	Chg.	Resp.	Chg.	Resp.	Chg.	Resp.	Chg.
		S	S	S	S	S	S	S	S	S	S
		S	S	S	S	S	S	S	S	S	S
		*	*	*	*	*	*	*	*	*	*
		S	S	S	S	S	S	S	S	S	S
		S	S	S	S	S	S	S	S	S	S
		S	S	S	S	S	**** S	S	S	S	S
		S	S	S	S	S	**** S	S	S	S	S
		S	S	S	S	B	B	S	S	S	S
		B	B	S	S	B	B	S	B	S	B
		S	S	S	S	B	B	S	S	S	S
		B	B	S	S	B	B	S	S	S	S
		B	B	S	S	B	B	B	B	S	S
		B	B	S	S	B	B	B	B	B	B
		B	B	S	*** S	B	B	B	B	B	B

contract of sale.

ABBREVIATIONS
Resp......Responsibility
Chg.......Charges
S..........Seller
B..........Buyer

第十節 各種運輸工具上記

Revised American Forei

契　約　條　件	裝　運　地　契　約		
	FOB named inland carrier at named inland point of departure		
種　　類	(1)	Freight prepaid to named point of exportation (2)	Freight allowed to named point (3)
內陸運費	○	×	●
通關、駁船費	○	○	○
裝船費用	○	○	○
出口稅捐	○	○	○
出口簽證費	○	○	○
領事簽證費	○	○	○
海運費	○	○	○
水險費	○	○	○
目的港費用	○	○	○
進口稅捐	○	○	○
進口國內運費	○	○	○

×：賣方負擔　○：買方負擔　●：雖由賣方負擔，但以運費到付方式裝運，

"REVISED AMERICAN FOREIGN TRADE DEFINITIONS
BREAKDOWN DIVIDING RESPONSIBILITY AND CHARGES B■
AMERICAN EXPORT TRADE ON THE

Service	EXW Named Place		FOB Named Inland Carrier Named Inland Point of Departure		FOB Named Inland Carrier Named Inland Point Freight Pre-paid to Named Point of Exportation		FOB Named Inland Carrier Named Inland Point Freight Al-lowed to Point of Exportation		FOB Named Inland Carrie Named Point of Exportatio	
	Resp.	Chg.	Resp.	Chg.	Resp.	Chg.	Resp.	Chg.	Resp.	Ch
Warehouse storage charges	S	S	S	S	S	S	S	S	S	S
Warehouse labor charges	S	S	S	S	S	S	S	S	S	S
Export packing	*	*	*	*	*	*	*	*	*	*
Loading at origin	B	B	S	S	S	S	S	S	S	S
Inland freight	B	B	B	B	B	S	B	**	S	S
Transportation at port	B	B	B	B	B	B	B	B	B	B
Storage at port	B	B	B	B	B	B	B	B	B	B
Forwarder's fee	B	B	B	B	B	B	B	B	B	B
Consular fee*	B	B	B	B	B	B	B	B	B	B
Loading on ocean carrier	B	B	B	B	B	B	B	B	B	B
Ocean freight	B	B	B	B	B	B	B	B	B	B
Marine insurance*	B	B	B	B	B	B	B	B	B	B
Charges in foreign port	B	B	B	B	B	B	B	B	B	B
Customs duties & taxes abroad	B	B	B	B	B	B	B	B	B	B

*Export packing, war risk insurance, and consular fees are sometimes controversial, depending on the ■
**Shipped "Collect" and deducted from the invoice amount.
***Seller is also responsible for foreign inland freight.
****Prior to delivery on dock subsequent charges for account of buyer.

gn Trade Definitions, 1990

| | 目　的　地　契　約 | |
FOB Vessel named point of shipment (4)	FOB named inland carrier at named point of exportation (5)	FOB named inland point in country of importation (6)
×		×
×	×	×
×	○	×
○	○	×
○	○	×
○	○	×
○	○	×
○	○	×
○	○	×
○	○	×
○	○	×
○		×

並從發票金額中扣除運費

第四篇

附錄二
華沙、牛津規則
解說

第一節　W-O Rules 的制定經過

國際法協會 (International Law Association) 與國際商會同為覺察國際貿易業者所使用的貿易條件 (trade terms) 過於紊亂，認為必須加以劃一的國際性機構。該協會於 1926 年在維也納開會時，決定對國際貿易使用最廣的 CIF 條件加以整理。經過二年的努力，參照英國的貿易習慣及先例判決，就 CIF 條件下買賣雙方的權利與義務訂下二十二條規則，於 1928 年在波蘭首都華沙會議中提出討論通過，稱為「華沙規則」(WarsawRules, 1928)。其後二、三年間，獲得國際商會協助，重予修訂，改為二十一條規則，於 1932 年英國牛津 (Oxford) 會議中討論通過，改名為「華沙、牛津 CIF 契約規則」(Warsaw-Oxford Rules for CIF Contracts, 1932)，簡稱「華沙、牛津規則」(Warsaw-Oxford Rules, W-O Rules)❶。

本規則全文共二十一條，對 CIF 條件下買賣雙方義務與權利的規定，其詳細程度，遠超過「國際商會貿易條件解釋規則」(Incoterms) 以及「修訂美國對外貿易定義」(Revised American Foreign Trade Definitions)。但從另一角度觀之，在上述三種解釋規則中，也可說華沙、牛津規則最嫌瑣碎，而使買賣雙方都感到不便。實際上在採用本規則時，往往會有若干事項，與當事人意思不符，而必須在買賣契約中另行約定。

本規則自 1932 年修訂以來，已逾七十年，迄未再修訂，以致其中若干規定，已難配合事實的需要，且幾乎已無人採用本規則。但其中一些規定，仍甚具意義，在實務上可供參考。茲列述於下：

(一)關於不可抗力的規定

規則 4 規定因不可抗力或賣方不能預見或避免的非常事由、意外事故或阻礙，或因其後果，致買賣貨物的全部或一部分遲延或不能裝船或交付運送人收管備運者，賣方可不負責任。在此場合，賣方應通知買方，將契約約定

---

❶　橋本英三，《外國貿易取引條件の研究》，pp. 48–50；上坂酉三，《統一國際賣買規則の研究》，初版，1926，pp. 1–16。

的裝船期限，展延至上述不可抗力等事件的影響消滅之時。但是，倘契約約
定的裝船期限屆滿已逾十四日，而不可抗力等事件的影響依然存在，則契約
的全部或剩餘部分是否有效，由當事人的一方選擇決定。此一決定及其通知，
應於上述十四日期限屆滿後七日內為之，而且任何一方，都不得因此向對方
請求賠償。例如：

```
8/25-    出口港發生碼頭工人罷工

8/31-    約定的裝船期限

9/14-    倘本日罷工的影響依然存在，則契約是否有效，應於七天內通
         知對方（即 9 月 21 日以前）
```

㈡關於所有權的移轉

關於貨物所有權的移轉時期，Incoterms、American Definitions 均無規定，
本規則的規則 6 規定貨物的所有權，自賣方將單據（主要指提單）交由買方
占有時，移轉至買方，但依規則 20 (II) 的規定，並不妨礙賣方依法得對買賣
契約貨物實施的留置權或扣留權或停止運送權。

㈢檢查貨物的時期

依規則 19 的規定，除另有特定行業習慣外，除非買方能獲得合埋的機會
及時間檢查其所購的貨物，不能認為買方已接受其貨物。檢查貨物或在貨物
運抵目的地時進行，或在裝船前辦理，不論檢查地點是在裝船港或卸貨港，
也不論是單獨檢查或會同檢查，買方應於檢查完畢後三天內，將不符契約的事
實通知賣方，倘買方怠於此項通知時，不得拒絕所交的貨物。但因隱藏瑕疵或
因有瑕疵所致的滅失或毀損，買方所享有的任何救濟的權利，不受此影響。

㈣索賠救濟

依規則 20 規定，在發生違約或請求賠償的場合，應於貨物運抵目的地後
十二個月以內提起訴訟或交付仲裁；如貨物未運抵時，則按通常情形下原可
運抵之日起十二個月以內進行訴訟或交付仲裁，否則如逾期，則違約的一方
解除責任。

第二節　W-O Rules for CIF Contracts

——中英文對照——

Rules for CIF Contracts (Warsaw-Oxford Rules. 1932)

Preamble

These Rules are intended to offer to these interested in the sale and purchase of goods on CIF terms who have at present no standard form of contract or general conditions available a means of voluntarily and readily adopting in their CIF contracts a set of uniform rules.

In the absence of any express adoption of these Rules in the manner hereinafter appearing, they shall in no case be deemed to govern the rights and obligations of the parties to a sale of goods on CIF terms.

Rule 1.　　　　　　　　　　Scheme of Rules

These Rules shall be known as the "Warsaw-Oxford Rules," and their adoption as herein provided shall be conclusive evidence that the parties intend their contract to be a CIF contract.

Any of these Rules may be varied, or amended, or other terms inserted in the CIF contract, but such variation, amendment or insertion may only be made by express agreement of the parties to the contract. In the absence of any such express agreement these Rules shall apply without qualification to any sale of goods involving either wholly or in part transit by sea, in connection with which they are expressly adopted by a reference to the term "Warsaw-Oxford Rules," and the rights and obligations of the parties shall be construed in accordance with the provisions of these Rules.

1932 年 CIF 契約華沙、牛津規則

序　言

本規則是為了對那些有意以 CIF 條件從事貨物買賣但目前尚無標準契約格式或一般條件可資應用者，提供一套可在 CIF 契約中任意、隨時採用的統一規則。

未明示依照下述方式採用本規則者，絕不可將本規則視為適用於以 CIF 條件進行買賣的當事人權義。

規則 1.　　　　　　　　　　　　總　則

本規則定名為「華沙、牛津規則」，如在契約中一經採用，即視為當事人所訂的契約為 CIF 契約的決定性證據。

在 CIF 契約中，本規則的任何一條都得予變更、修改或增列其他條件，但該項變更、修改或增列的條件，須經契約當事人明示的合意。若無此項明示的合意，則一切涉及全部或部分海上運送貨物的買賣，凡明示採用「華沙牛津規則」者，契約當事人的權利和義務均應援用本規則的規定辦理。

In case of a conflict between the Rules and a contract the latter shall govern. Reference to the Rules shall cover all other provisions on which the contract itself is silent.

The expression "usage of the particular trade" as employed in these Rules means a settled custom so general in the particular trade that the parties to the contract of sale must be held to know of the existence of such a custom and to have contracted with reference thereto.

Rule 2.　　　　　　　　Duties of the Seller as to Shipment

(I) The seller must provide goods of the contractual description and, subject to the provisions of the next succeeding paragraph and to those of Rule 7 (III) and (IV), have them loaded on board the vessel at the port of shipment in the manner customary at the port.

(II) Where the goods contracted to be sold are already afloat, or have already been delivered into the custody of the carrier in the manner provided in Rule 7 (III) and (IV), at the time the sale is made, or where the seller is entitled to purchase goods of the contractual description afloat in order to fulfil his contract, the seller shall have merely to appropriate these goods to the contract of sale. Such appropriation need not take place till the documents are tendered to the buyer and such tender shall imply the appropriation of the goods to the contract of sale.

Rule 3.　　　　　　　　Time of Shipment and Evidence of Date

(I) The whole quantity of the goods contracted to be sold must be shipped or delivered into the custody of the carrier, as the case may be, at the time or within the period, if any, specified in the contract of sale or, if no such time or period has been specified in the contract, within a reasonable time.

(II) The date of shipment or of delivery into the custody of the carrier, as the case may be, mentioned in the bill of lading or other document validly tendered as evidencing the contract of carriage, shall be prima facie evidence of the actual shipment or of the actual delivery, as the case may be, on that date without prejudice to the right of the buyer to prove the contrary.

本規則與契約規定牴觸時，適用契約的規定。契約未規定者，適用本規則的規定。

本規則所稱「特定行業習慣」，意指在該特定行業中已形成的且已相當通行的習慣從而被視為買賣契約當事人均知悉這一習慣的存在，並據以訂約者而言。

規則 2.　　　　　　　　　賣方的裝船責任

(I) 除次項及規則 7 第 (III) 項、第 (IV) 項所規定者外，賣方須供給契約所定的貨物，依照裝船港習慣方法，在裝船港將貨物裝於船上。

(II) 於買賣契約成立時，契約貨物已在航行中船上，或依規則 7 第 (III) 項、第 (IV) 項所規定方法已經交付運送人收管，或賣方有權購買運送中貨物以履行契約者，賣方只須將該貨物指撥於買賣契約即可（註：即將買賣契約部分的貨物予以特定）。在該項貨物的貨運單據未向買方提供之前，尚無需作此項指撥，而此項單據的提供，即表示以該貨物指撥於該買賣契約（註：即該貨物已特定）。

規則 3.　　　　　　　　　裝船時期及裝船日期的證明

(I) 契約貨物的全部必須在約定日期或期間內，無約定者，則須於相當期間內，裝船或交付運送人備運。

(II) 用以證明運送契約而有效提出的提單或其他單據，其所載的裝船日期或交付運送人收管的日期，乃為貨物於該日期實際裝船或交付的表見證據。但不影響買方提出反證的權利。

Rule 4.   Exceptions

The seller shall not be responsible for delays or failure to ship the goods contracted to be sold or any part thereof or to deliver such goods or any part thereof into the custody of the carrier, as the case may be, arising from force majeure, or from any extraordinary causes, accidents or hindrances of what kind soever or wheresoever or the consequences thereof which it was impossible in the circumstances for the seller to have foreseen or averted.

In the event of any of the said causes, accidents or hindrances preventing, hindering or impeding the production, the manufacture, the delivery to the seller, or the shipment of the goods contracted to be sold or any part thereof or the chartering of any vessel or part of vessel, notice thereof shall be given to the buyer by the seller, and on such notice being given the time for shipment or delivery into the custody of the carrier, as the case may be, shall be extended until the operation of the cause, accident or hindrance preventing, hindering or impeding the production, the manufacture, the delivery to the seller or the shipment of the said goods or any part thereof or the chartering of any vessel or part of vessel has ceased. But if any of these causes, accidents or hindrances continues for more than fourteen days from the time or from the expiration of the period, if any, specified in the contract of sale for the shipment of the goods or their delivery into the custody of the carrier, as the case may be, or, if no such time or period has been specified in the contract then from the expiration of the reasonable time contemplated in Rule 3, the whole contract of sale or such part thereof as shall remain to be fulfilled by the seller may, at the option of either party, be determined; such option shall be exercised and notice to that effect shall be given by either party to the other party at any time during the seven days next succeeding the period of fourteen days hereinbefore mentioned but not thereafter. And on such notice being given neither party shall have any claim against the other party in respect of such determination.

Rule 5.   Risk

規則 4.　　　　　　　　　　賣方裝船義務的例外規定

　　因不可抗力或賣方不能預見或避免的任何非常事由、意外事故或阻礙(不拘種類與地方)，或因其後果，致買賣貨物的全部或一部分遲延裝船或不能裝船或不能交付運送人收管備運者，賣方免負其責。

　　若因前述事由、意外事故或阻礙，致契約貨物的生產、製造、向賣方的交貨，或契約貨物全部或一部分的裝船，或船舶全部或一部分的租傭受到阻礙或妨礙時，賣方應將其事由通知買方。一經通知，裝船或交付運送人收管備運的時間，即延後至阻止或妨礙契約貨物的生產、製造、或向賣方交貨、裝船或傭船的事由、意外事故或阻礙終止之時。但若前述事由、意外事故或阻礙，自約定裝船或交付運送人收管備運的日期或期間屆止時起，如未約定日期或期間者，則於規則 3 所定相當期間屆止時起，續延十四天以上者，對於買賣契約的全部或賣方尚未履行的殘存部分，得依當事人一方的任意選擇，終止契約。此項選擇應於前述十四天之後的（註：自第十五天起）七日內通知他方當事人，不得在其後為之。一經通知，任何一方當事人不得就此項契約的終止，向他方當事人請求損害賠償。

規則 5.　　　　　　　　　　風險負擔

The risk shall be transferred to the buyer from the moment the goods are loaded on board the vessel in accordance with the provisions of Rule 2 or, should the seller be entitled in accordance with the provisions Rule7 (III) and (IV) in lieu of loading the goods on board the vessel to deliver the goods into the custody of the carrier, from the time such delivery has effectively taken place.

Rule 6.   Property

Subject to the provisions of Rule 20 (II), the time of the passing of the property in the goods shall be the moment when the seller delivers the documents into the possession of the buyer.

Rule 7.   Duties of Seller as to Bill of Lading

(I) It shall be the duty of the seller to procure, at his own cost, a contract of carriage that is reasonable having regard to the nature of the goods and the terms current on the contemplated route or in the particular trade. The said contract of carriage must, subject to the usual or customary exceptions therein contained, provide for the delivery of the goods at the contractual destination. Moreover, the said contract of carriage must, except as hereinafter provided, be evidenced by a "shipped" bill of lading, in good merchantable order, issued by the shipowner or his official agent or pursuant to a charter-party, duly dated and bearing the name of the ship.

(II) Where the contract of sale or the usage of the particular trade so allows, the contract of carriage may, subject to the provisions and qualifications hereinafter contained, be evidenced by a "received for shipment" bill of lading or similar document, as the case may be, in good merchantable order issued by the shipowner or his official agent, or pursuant to a charter-party, and in such circumstances such "received for shipment" bill of lading or similar document shall for all purposes be deemed to be a valid bill of lading, and may be tendered by the seller accordingly. Moreover, in all cases where such a document has been duly noted with the name of the ship and the date of shipment, it shall be deemed in all respects equivalent to a "shipped" bill of lading.

依規則 2 規定，自貨物裝上船時起，風險負擔即移轉買方。若賣方依規則 7 第 (III) 項、第 (IV) 項規定，得將貨物交付運送人收管備運以代替將貨物裝船者，則自有效交付運送人之時起，移轉買方。

規則 6. 所有權的移轉

除規則 20 第 (II) 項所規定者外，賣方將單據交付買方占有時，即為貨物所有權移轉之時。

規則 7. 賣方關於提單的責任

(I) 賣方應自行負擔費用，並考慮貨物的性質，依預定航線或該特定行業中通用的條件，訂定合理的運送契約。此項契約中，除通常或習慣的例外規定外，須規定於約定目的地交付貨物。再者，此項運送契約，除下列例外規定外，須以船舶所有人或其正式代理人或依照傭船契約所發行，具有良好交易性，並載有日期及船名的「裝船」提單作為證明。

(II) 倘買賣契約中規定，或為該特定行業習慣所允許時，運送契約得在下述規定及限制範圍內，以船舶所有人或其正式代理人或依傭船契約所發行，具有良好交易性的「備運」提單或類似單據作為證明。在此場合，此一「備運」提單或類似單據，視為有效的提單，賣方可將其有效交付買方。再者，此種單據如經正式記載船名及裝船日期，則在任何情形下，均視為與「裝船」提單具相同效力。

(III) When the seller is entitled to tender a "received for shipment" bill of lading, he must, subject to the provisions of Rule 2 (II), provide and have goods of the contractual description effectively delivered into the custody of the carrier at the port of shipment for transportation to the buyer with all reasonable dispatch.

(IV) When the seller is entitled by the terms of the contract of sale or by the usage of the particular trade to tender a "through" bill of lading, and such document involves part land and part sea transit, and should the carrier who issues the "through" bill of lading be a land carrier, the seller must, subject to the provisions of Rule 2 (II), provide and have goods of the contractual description effectively delivered into the custody of the said carrier for transportation to the buyer with all reasonable dispatch.

Goods shall not be transmitted by inland waterways unless the seller is entitled by terms of the contract of sale or by the usage of the particular trade to employ that means of transportation.

The seller shall not be entitled to tender a "through" bill of lading providing for part land and part sea transit where the contract of sale calls for sea transit only.

(V) When the goods are carried under a "through" bill of lading this document must provide for the full and continuous protection of the buyer from the moment the risk is transferred to the buyer in accordance with the provisions of Rule 5 throughout the whole of the transit, in respect of any legal remedy to which the buyer may be entitled against each and any of the carriers who shall have participated in the carriage of the goods to the point of destination.

(VI) If a particular route is stipulated by the contract of sale, the bill of lading or other document validly tendered as evidencing the contract of carriage must provide for the carriage of the goods by that route, or if no route has been stipulated in the contract of sale, then by a route followed by the usage of the particular trade.

(VII) The bill of lading or other document validly tendered as evidencing the

　　(III) 賣方有權提供「備運」提單者，須依規則 2 第 (II) 項規定，提供符合契約說明的貨物，並將其交付在裝船港的運送人收管，俾以合理的迅速將其運交買方。

　　(IV) 倘賣方依買賣契約規定，或依該特定行業習慣，有權交付「聯運」提單，而該提單包括陸運與海運，而且係由陸上運送人發行者，賣方依規則 2 第 (II) 項規定，須提供符合契約說明的貨物，並將其有效交付該運送人收管，俾以合理的迅速將其運交買方。

　　除買賣契約規定或依該特定行業習慣，賣方有權利用內河運送方法者外，不得以內河運送貨物。

　　買賣契約僅准海上運送時，賣方無權提供海、陸聯運的「聯運」提單。

　　(V) 以「聯運」提單運送貨物時，自規則 5 風險負擔移轉時起，至目的地為止，就買方得向參與的各運送人或任一運送人請求任何法律上救濟的權利，該單據須提供買方完全且連續的保障。

　　(VI) 若買賣契約規定有特別航線，則用以證明運送契約而有效提供的提單或其他單據，也須規定以該航線運送貨物。若買賣契約無航線的規定，則須依該特定行業習慣的航線運送貨物。

　　(VII) 為證明運送契約而有效提出的提單或其他單據，僅可記載約定的買

contract of carriage shall deal, and deal only, with the goods contracted to be sold.

(VIII) The seller shall not be entitled to tender a delivery order or a ship's release in lieu of a bill of lading unless the contract of sale so provides.

Rule 8.   Specific Vessel － Kind of Vessel

(I) Should the contract of sale call for shipment by a specific vessel, or generally where the seller shall have chartered a vessel or part of vessel, and undertaken to ship the goods accordingly, the seller shall not be at liberty to provide a substitute unless and until the buyer shall have given his consent thereto. Such consent shall not be unreasonably withheld.

(II) Where the contract of sale calls for shipment by steamer (unnamed) the seller may transmit the goods to the buyer either by steamer or by motor vessel, all other conditions being equal.

(III) If there is no provision made in the contract of sale as to the kind of vessel to be employed, or if a neutral term such as "vessel" is used therein, the seller shall be entitled, subject to any usage of the particular trade, to ship the goods on the kind of vessel by which similar goods are in practice shipped on the contemplated route.

Rule 9.   Freight Payable at Destination

On arrival of the goods at the point where they are finally discharged for delivery to the buyer, the buyer is bound to pay any unpaid freight which may be due to the carrier. The buyer shall be entitled to deduct the amount of any such payment which he may be called upon to make from the amount he has contracted to pay for the goods, unless the seller shall already have made proper allowance in respect of such unpaid freight in the invoice tendered to the buyer.

If the seller should have to pay any unpaid freight which may be due to the carrier, because tender of the documents is unavoidably made after the arrival of the goods, he may recover the amount thereof from the buyer.

Subject to the provisions of Rule 10, the buyer shall in no case be called upon

賣貨物。

(VIII) 除買賣契約另有規定外，賣方不得以提貨單或船方交貨單代替提單而為交付。

規則 8.　　　　　　　　船舶的特定與船舶種類

(I) 倘買賣契約規定以特定船舶裝運，或由賣方租傭船舶的全部或一部分以供裝運時，除非徵得買方同意，賣方不得任意以他船舶代替，此種同意不得無理保留。

(II) 買賣契約規定以（船名未定的）蒸汽船 (steamer) 裝運者，只要其他一切條件相同，賣方得將貨物以蒸汽船或機動船運交買方。

(III) 如買賣契約未約定以何種船舶裝運，或僅以「船舶」表示者。除有特定行業習慣外，賣方有權以在該預定航線實務上用來運送同類貨物的船舶裝運貨物。

規則 9.　　　　　　　　目的地支付運費

貨物運抵最後卸載港交付買方時，買方應向運送人支付任何未付的運費。買方可自約定價款中扣除此款項，但賣方已於交付的發票中扣除未付運費者，不在此限。

倘因無法避免的原因，於貨物運抵之後才能提供單據，致賣方須向運送人支付任何未付運費者，賣方得向買方請求償還。

除規則 10 所規定者外，無論如何，不得要求買方支付超過契約所定應付

to pay a larger sum in respect of unpaid freight than will make up the amount which he has contracted to pay for the goods.

Rule 10.　　　　　　　　　　Import Duties, etc.

The payment of customs duties and charges payable for the goods or of expenses incurred in respect of such goods during the course of transit to or after their arrival at the port of destination forms no part of the obligations of the seller, unless such expenses shall be included in the freight. If the seller should have to pay such duties and charges and/or any expenses not included in the freight, because tender of the documents is unavoidably made after arrival of the goods, he may recover the amount thereof from the buyer.

Rule 11.　　　　　　Duties of the Seller as to Condition of Goods

(I) The goods contracted to be sold must be shipped or delivered into the custody of the carrier, as the case may be, in such a condition as, subject to risk of deterioration, leakage or wastage in bulk or weight inherent in the goods (and not consequent upon the goods having been defective at the time of shipment or of delivery into the custody of the carrier, as the case may be, or incident to loading or transit) would enable them to arrive at their contractual destination on a normal journey, and under normal conditions in merchantable condition. In allowing for ordinary deterioration, leakage, or inherent wastage in bulk or weight, due regard shall be had to any usage of the particular trade.

(II) Where the goods contracted to be sold are already afloat or have been delivered into the custody of the carrier, as the case may be, at the time the sale is made, or where the seller in the exercise of any right to which he may be entitled to that effect purchases goods of the contractual description afloat in order to fulfil his contract, it is an implied condition in the contract of sale that the goods have been shipped or delivered into the custody of the carrier, as the case may be, in accordance with the provisions of the preceding paragraph.

(III) Should any dispute arise as to the condition of the goods at the time of

貨價以外的未付運費。

規則 10.　　　　　　　　　　進口稅捐等

　　貨物運送途中或運抵目的地港後所生的關稅、費用或支出，除非該等費用應包含在運費外，非屬賣方支付的義務。若因不可避免的原因，單據於貨物到達後才能提供，致賣方須支付此等稅捐、費用或支出時（運費除外），賣方得向買方請求償還。

規則 11.　　　　　　　　賣方關於貨物狀況的責任

　　(I) 契約貨物裝船或交付運送人收管時，其狀況需足以使其經過正常航行抵達約定目的港時，除因本質上變質、漏損、體積或重量耗損外（非因貨物裝船時或交付運送人收管時，已存在的瑕疵所致，或裝載或運送中的事故所致者），仍保持適銷狀態，對於通常本質上的變質、漏損、體積或重量耗損寬容率，應就該特定行業習慣，予以訂定。

　　(II) 在契約成立時，契約貨物已在海上運送中，或已交付運送人收管，或賣方有權購買符合契約說明的運送中貨物以履行契約者，該買賣契約含有貨物已依前項規定裝船或交付運送人收管的默示條件在內。

　　(III) 若對於貨物裝船時或交付運送人收管時的狀況，有任何爭執，而無

shipment or delivery into the custody of the carrier, as the case may be, and in the absence of any certificate issued in accordance with the terms of the contract of sale, with the usage of the particular trade, or with the provisions of Rule 15, the quality, the description and state, and/or the weight or quantity of the goods shall be determined according to their condition at the time they were loaded on board the vessel, or, should the seller be entitled in accordance with the provisions of Rule 7 (III) and (IV) in lieu of shipment to deliver the goods into the custody of the carrier, at the time such delivery has effectively taken place.

Rule 12.   Duties of the Seller as to Insurance

(I) It shall be the duty of the seller to procure at his own cost from an under-writer or insurance company of good repute a policy of marine insurance, evidencing a valid and subsisting contract, which shall be available for the benefit of the buyer, covering the goods during the whole of the course of transit contemplated in the contract of sale, including customary transhipment, if any. Subject to the next succeeding paragraph and to any special provision in the contract of sale, the policy must afford the holder thereof complete and continuous contractual protection against all those risks that are by the usage of the particular trade or on the contemplated route insured against at the time of the shipment of the goods or their delivery into the custody of the carrier, as the case may be.

The seller shall not be bound to procure a policy covering war risks unless (a) special provision to this effect shall have been made in the contract of sale, or (b) the seller shall have received prior to the shipment of the goods or their delivery into the custody of the carrier, as the case may be, notice from the buyer to procure a policy covering such risks. Unless such special provision shall have been made in the contract of sale, any additional cost of procuring a policy covering war risks shall be borne by the buyer.

(II) Should the policy not be available when the documents are tendered a Certificate of Insurance issued by an underwriter or insurance company of good

依買賣契約的條款、該特定行業習慣或本規則 15 規定所發行的任何證明書時，該貨物的品質、說明、狀況及（或）重量或數量應依貨物裝上船舶時的情況，或賣方依規則 7 第 (III) 項、第 (IV) 項規定有權將貨物交付運送人收管者，以有效交付時的狀況決定。

規則 12.　　　　　　　　　　賣方關於保險的責任

　　(I) 賣方應自行負擔費用，為買方向信譽良好的保險人或保險公司取得海上保險單，作為有效且確實存在的保險契約的證明，並載明承保貨物在買賣契約中所定全部運送過程中及習慣上的轉船風險。除下列及買賣契約中另有特別規定者外，該保險單對貨物裝船時或交付運送人收管時，依該特定行業習慣，及預定航線應付保的一切風險，須能提供持單人完全而且繼續的契約上保障。

　　　　除下列規定外，賣方無取得承保兵險的保險單的義務。⒜買賣契約有特別約定，⒝賣方於貨物裝船或交付運送人收管前，接到買方通知，指示其須取得承保兵險的保險單。除買賣契約中有特別約定外，取得兵險的保險單而增加的費用，歸買方負擔。

　　(II) 若於提供單據時，無法取得保險單時，以信譽良好的保險人或保險公司發行的保險證明書代替前項所規定的保險單，買方應了接受。該項保險證

repute in relation to a policy of insurance as above defined, which reproduces the essential terms and conditions of the policy in so far as they concern the goods mentioned in the bill(s) of lading and invoice(s) and conveys to the holder thereof all the rights under the policy, shall be accepted by the buyer in lieu thereof, and shall be deemed to be proof of marine insurance and to represent a policy of insurance within the meaning of these Rules. In such event the seller shall be deemed to guarantee that he will on the demand of the buyer, and with all due dispatch, produce or procure the production of the policy referred to in the Certificate.

(III) Unless it is the usage of the particular trade for the seller to tender to the buyer an Insurance Broker's Cover Note in lieu of a policy of insurance, such a Cover Note shall not be deemed to represent a policy of insurance within the meaning of these Rules.

(IV) The value of the goods for insurance purposes shall be fixed in accordance with the usage of the particular trade, but in the absence of any such usage it shall be the invoice CIF value of the goods to the buyer, less freight payable, if any, on arrival, and plus a marginal profit of 10 per cent of the said invoice CIF value, after deduction of the amount of freight, if any, payable on arrival.

Rule 13.　　　　　　　　　　　　Notice of Shipment

In order to give the buyer an opportunity of taking out at his own cost additional insurance either to cover risks not covered by "all those risks" contemplated in the first paragraph in Rule 12 (I), or to cover increased value, the seller shall give notice to the buyer that the goods have been shipped, or delivered into the custody of the carrier, as the case may be, stating the name of the vessel, if possible, the marks and full particulars. The cost of giving such notice shall be borne by the buyer.

The non-receipt of such notice by, or the accidental omission to give any such notice to, the buyer shall not entitle the buyer to reject the documents tendered by the seller.

明書，應將承保提單及發票所載貨物的保險單上的主要條件予以轉錄，且須將保險單上的權利移轉該保險證明書持有人。且依本規則的規定，視為海上保險的證據，並以其代表保險單。在此情形下，視為賣方保證：於買方要求時，將盡速提出或取得保險證明書所記載的保險單。

(III) 除非特定行業習慣允許賣方向買方提供保險經紀人投保通知單以代替保險單者外，依本規則的規定，此種投保通知單不能作為代表本規定意義內的保險單。

(IV) 貨物保險金額，應依該特定行業習慣定之，但如無該項習慣者，應依掣給買方的 CIF 發票金額（扣除於貨物運抵時須支付的運費）另加百分之十的預期利潤投保。

規則 13.　　　　　　　　　　裝船通知

　　為使買方有機會自行負擔費用加保不包括於規則12第(I)項前段所定「一切的風險」的風險或貨物增值，賣方應通知買方貨物已經裝船，或已交付運送人收管，如可能的話，並說明船名、標誌及明細。

　　買方未收到此項通知，或賣方因意外疏漏未通知買方，買方均不得以此為理由拒收賣方所提出的單據。

Rule 14.　　Import and Export Licences, Certificates of Origin, etc.

(I) Should an export licence be required in order to ship goods of the contractual description, it shall be the duty of the seller at his own expense to apply for the licence and to use due diligence to obtain the grant of such licence.

(II) Nothing contained in these Rules shall entitle the buyer to demand the tender by the seller of a certificate of origin or consular invoice in respect of the goods contracted to be sold unless (a) it is the usage of the particular trade for either or both of these documents to be obtained, or (b) the seller shall have been expressly instructed by the buyer, prior to the shipment of the goods or their delivery into the custody of the carrier, as the case may be, to obtain such certificates and/ or such invoices. The cost of procuring these documents shall be borne by the buyer.

Should an import licence be required by the country of destination for goods of the contractual description, it shall be the duty of the buyer to procure the same at his own expense and to notify the seller that such licence has been obtained prior to the time for shipment of the goods.

Rule 15.　　　　　　　　　Certificate of Quality, etc.

Where the contract of sale provides that a certificate of quality and/or weight or quantity shall be furnished by the seller, without specifying the person or body by whom this certificate is to be issued, or where the usage of the particular trade so allows, the seller shall furnish certificates issued by the appropriate public authority (if any) or a duly qualified independent inspector setting out the quality, description and state, and/or the weight or quantity of the goods at the time and place of shipment, or of delivery into the custody of the carrier, as the case may be. The cost (including legalisation charges if such a formality be necessary) of obtaining such certificates shall be borne according to the usage of the particular trade or, if none, equally in all cases by the seller and the buyer.

In the circumstances contemplated in the preceding paragraph of this Rule,

規則 14.　　　　　　　　　輸出入許可證、產地證明書等

　　(I) 如裝運契約貨物需要輸出許可證，賣方應自行負擔費用負責申請該許可證，並須盡相當努力以取得該項許可證。

　　(II) 本規則的任何規定並未賦予買方有權要求賣方提供契約貨物的產地證明書或領事發票，除非(a)依該特定行業習慣，應取得此等單據之一或兩者，或(b)在裝船前，或交付運送人收管前，買方曾明白指示賣方取得此項證明書及（或）發票。為取得此項單據所需的費用，歸買方負擔。

　　倘在目的國需要契約貨物的輸入許可證，買方應自己負擔費用負責取得，且須在裝船之前，通知賣方已取得該項許可證。

規則 15.　　　　　　　　　品質證明書等

　　若買賣契約規定賣方須提供品質證明書及（或）重量或數量證明書，而未訂有發行的人或機關者；或依該特定行業習慣，須提供此項證明書者，賣方應提供適當公家機關或合格獨立檢驗人所發行載有貨物在裝船時、地，或交付運送人收管時、地的品質、說明、狀況及（或）重量或數量的證明書。取得此項證明書的費用（包括簽認費用，如需要的話）依該特定行業習慣定其負擔，如無此項習慣，則由買賣雙方平均負擔。

　　依本條前段情形，該證明書視為賣方與買方間關於貨物在發行證明書時

such certificates shall be prima facie evidence as between buyer and seller of the quality, description and state, and/or of the weight or quantity of the goods at the time the certificate was issued, and as delivered under the contract of sale.

Rule 16.　　　　　　　　　Tender of Documents

(I) The seller must exercise all due diligence to send forward the documents, and it shall be his duty to tender them, or cause them to be tendered, with all due dispatch to the buyer. The documents shall not be forwarded by air route unless the contract of sale so provides.

By the term "documents" is meant the bill of lading, invoice and policy of insurance, or other documents validly tendered in lieu thereof in accordance with the provisions of these Rules, together with such other documents, if any, as the seller may by the terms of the contract of sale be obliged to procure and tender to the buyer. In the case of instalment deliveries, the invoice may be a pro forma invoice in respect of each instalment except the final instalment.

(II) The documents tendered to the buyer must be complete, valid and effective at the time of the tender, and drawn in accordance with the provisions of these Rules. Where the bill of lading or other document validly tendered in lieu thereof is drawn in a set and is made out in favour of the buyer, his agent or representative as consignee, the seller shall not be obliged to tender more than one of the set. In all other circumstances, the full set of bills or other documents validly tendered in lieu thereof must be tendered unless the seller shall provide, to the reasonable satisfaction of the buyer, an indemnity issued by a bank of good repute in respect of the bills or other documents as aforesaid which are not presented.

(III) Should any of the documents which the seller has to procure and tender to the buyer be at variance upon some material point with the conditions stipulated by the contract of sale. The buyer shall be entitled to reject the tender of the documents.

Rule 17.　　　　　　　　　Loss or Damage after Shipment

品質、說明、狀況及（或）重量或數量的表見證據，並視為已依買賣契約交付。

規則 16.　　　　　　　　　　單據的提供

(I) 賣方應盡一切適當努力，將單據交付買方，且有義務盡速向買方提供或予以提供此項單據。除非買賣契約有規定，單據不必以航空寄送。

所稱單據乃指提單、發票及保險單，或依本規則各項規定可有效替代的其他單據以及依買賣契約賣方應取得並提供的其他單據而言。在分期交貨時，除最後一期外，各期貨物的發票，得以預期發票代替。

(II) 向買方提供的單據，於提供時必須完整且有效，且須依本規則規定製作。在提單或有效替代提單的其他單據，係製成一套且以買方或其代理人或代表人為受貨人者，賣方無須提供全套中之一份以上。在其他情況，則須提供全套提單，或得有效替代提單的其他單據，但賣方對於未提出的提單或有效替代提單的其他單據，能提供信用良好的銀行所簽發的認賠書，並令買方滿意者，不在此限。

(III) 若賣方須取得並向買方提供的任何單據中，有某些重要事項與買賣契約規定不符時，買方有權拒收。

規則 17.　　　　　　　　　　裝船後的滅失或毀損

If goods of the contractual description have been shipped or have been delivered into the custody of the carrier, as the case may be, and proper documents have been obtained, the seller may validly tender such documents, even though at the time of such tender the goods may have been lost or damaged, unless the seller knew of such loss or damage at the time of entering into the contract of sale.

Rule 18.　　　　　Duties of the Buyer as to Payment of Price

(I) When the proper documents are tendered it shall be the duty of the buyer to accept such documents and to pay the price in accordance with the terms of the contract of sale. The buyer shall be entitled to a reasonable opportunity of examining the documents and to a reasonable time in which to make such examination.

(II) The buyer, however, shall not be entitled when the proper documents are tendered to refuse to accept such documents or to refuse to pay the price in accordance with the terms of the contract of sale, on the plea only that he has had no opportunity of inspecting the goods.

Rule 19.　　　　　Rights of Buyer as to Inspection of Goods

Subject to the provisions of Rules 15 and 18, and to any usage of the particular trade, the buyer shall not be deemed to have accepted the goods unless and until he shall have been given a reasonable opportunity of inspecting them, either on arrival at the point of destination contemplated in the contract of sale or prior to shipment, as the buyer may in his sole discretion decide, and a reasonable time in which to make such inspection. The buyer shall, within three days from the completion of such inspection, even though this has been a joint inspection, give notice to the seller of any matter or thing by reason whereof he may allege that the goods are not in accordance with the contract of sale. If the buyer shall fail to give such notice, he may no longer exercise his right of rejection of the goods. Nothing in this Rule shall affect any remedy to which the buyer may be entitled for any loss or damage arising from latent defect, or inherent quality or vice of the goods.

Rule 20.　　　　　Rights and Remedies under Contract of Sale

　　若契約貨物已經裝船或已交付運送人收管，且已取得適當單據，則縱使於提供該項單據時，貨物已滅失或毀損，除賣方於成立買賣契約時已知悉其滅失或毀損者外，此項單據的提供仍屬有效。

規則 18.　　　　　　　　　　買方關於支付貨款的責任

　　(I) 一經提供適當單據，買方即有責任予以接受，並按買賣契約條件支付貨款。買方享有合理機會於相當時間內檢查單據之權。

　　(II) 但適當單據提供時，買方不得以其無機會檢查貨物為理由，而拒收賣方所提供的單據，或拒絕依買賣契約條件支付貨款。

規則 19.　　　　　　　　　　買方關於貨物檢查的權利

　　除依規則 15 及規則 18 的規定及其他特定行業習慣之外，買方得到檢查貨物的合理機會及相當的檢查期間前，不得視為已接受貨物。檢查貨物或在貨物運抵買賣契約所定目的地時為之，或在裝船前為之，任由買方自由決定。縱使該項檢查是與賣方會同檢查，買方如擬主張貨物與買賣契約不符，應於檢查完畢後三日內，將不符契約的事實通知賣方。若買方怠於此項通知時，即喪失其拒絕接受該貨物的權利，但因該貨物隱藏缺陷或固有瑕疵所致的滅失或毀損，買方所享有的任何救濟的權利，不受本規則的影響。

規則 20.　　　　　　　　　　買賣契約下的權利與救濟

(I) Subject to any variation or amendment or insertion of other terms in the contract of sale, made in accordance with the provisions of Rule 1, the liabilities of the parties under these Rules shall be at an end when they shall have discharged their obligations as enunciated in these Rules.

(II) Nothing contained in these Rules shall affect any right of lien or retention or stoppage in transitu to which the seller may by law be entitled in respect of the goods contracted to be sold.

(III) In the case of a breach of contract, notwithstanding any other remedy to which the parties may be entitled, either party shall have the right to sell or buy against the other party and to charge him with the loss sustained thereby.

(IV) Nothing contained in these Rules shall affect any remedies whatsoever to which the buyer or the seller may be entitled for breach of contract and/or other claim arising out of the contract of sale.

Nevertheless, the seller and the buyer shall be respectively discharged from all liability in respect of any breach of contract and/or other claim arising out of the contract of sale unless formal application that the dispute shall be referred to arbitration is made or suit is brought within twelve calendar months after arrival of the goods at the point of destination contemplated by the contract of sale or, where the goods do not arrive, within twelve months of the date when the goods would in the ordinary course have arrived at the said destination.

Rule 21.   Notices

Any notice required or authorised to be given by either party under these Rules to the other party shall be served either in a prepaid telegram, radiogram or cablegram sent to the last known place of business of the other party, or through the post in a prepaid registered letter sent as aforesaid if such letter would in the ordinary course of events be delivered to the addressee within twenty-four hours from the time of the handing of such letter into the custody of the postal authorities.

(I) 除依規則 1 規定，將買賣契約加以變更、修改或增列其他條件者外，當事人於履行本規則所定各項義務後，本規則所規定當事人責任即告終止。

(II) 本規則的任何規定，均不影響賣方依法得對買賣契約貨物實施的留置權或扣留權或停止運送權。

(III) 若有違約時，受害當事人縱使享有其他救濟的權利，受害的賣方或買方有違背對方的意思而另行轉售或補進的權利，且其因而蒙受的損失，得向對方請求。

(IV) 本規則的任何規定，均不影響賣方或買方對於因違約或因買賣契約而生的其他索賠所享有的任何救濟權利。

當事人就違約或因買賣契約而生的其他索賠，未於貨物運抵買賣契約所預定目的地時起十二個月內，將其糾紛正式提付仲裁或起訴者，違約的當事人解除責任；若貨物未運抵時，未於依通常情形應運抵目的地之日起十二個月內提付仲裁或起訴者，亦同。

規則 21.　　　　　　　　通知方法

依本規則的規定，須向他方當事人為通知時，應以納費電報、無線電報或海底電纜電報，向他方當事人最後營業處所發出通知，若按通常情形，自郵件交付郵局起二十四小時內即可送達受信人者，則得以預付郵資掛號信發送。

第四篇

附錄三
非定型貿易條件與
美國統一商法貿易
條件

第一節　非定型貿易條件

本節所述各種非定型貿易條件，為現行 Incoterms、American Definitions 及 W-O Rules 等解釋規則所無，但實務上卻偶爾被使用者，例如 C&I, FOB&C, CIF&E 等等是。由於這些貿易條件並非定型者，有關買賣雙方應負的義務、費用及風險負擔的劃分，並無公認的解釋標準。因此，稍不注意就可能引起誤會，甚至導致無謂的糾紛。Incoterms 1980 在其序言中特別提醒：「業者在買賣契約中若使用此類條件 (指變型 CIF, C&F) 時，須特別注意。因為在 CIF 或 C&F 條件中，添加一字或一語，有時會造成意料不到的後果，而變更契約原有的本質，而將被法院拒絕承認為 CIF 或 C&F 契約。因此，在使用這種變型條件時，在契約中訂明各方當事人應負的義務與費用，總是比較安全。」

準此，業者使用以下所述各種非定型貿易條件時，應銘記：「因其並無任何規則可資解釋買賣雙方的權義，故在契約中應將買賣雙方的權義、風險負擔界限，作必要的約定。」

1. C&I

本條件是謂「保費在內」條件。此條件雖類似 C&F 或 CFR 條件，但兩者性質有異。C&F 或 CFR 是屬於 CIF 系統的定型貿易條件，Incoterms 及 American Definitions 均有規定；而 C&I 條件則為非定型貿易條件。一般學術上多不予承認。但在實務上，尤其在託收 D/A、D/P 交易，以此條件作為交易條件的情形卻常見。最常見的情形是買賣雙方以 FOB 條件訂約，但規定由賣方負責購買保險 (產生這種情形的原因有三，第一是有些國家為扶持本國保險事業而硬性規定凡進出口貨物的保險均應由本國保險公司承保，如輸出契約未能以 CIF 條件訂立，自不得不採用 C&I 條件。第二是買賣雙方以 FOB 條件訂約，但由於貨物性質特殊，買方無法從進口國家的保險公司購買到所要投保的險類，因此不得不請求賣方代為投保。第三是輸出入兩國保險公司的保險費率不一，買方為求減輕保險費負擔，而要求賣方代為投保)。在這種情形下，賣方所製作的發票，通常先列明 FOB 價格，然後再加上實際支付的保險費，而構成 C&I 價格。而買方則以 FOB 金額作為信用狀金額，但信用狀另規定賣方須提供保險單（並規定保險費可計入押匯金額），賣方即以 FOB 金額加上保險費簽發匯票辦理押匯。

除上述情形外，買賣雙方有時雖以 CIF 條件訂約，但因買方與運費同盟訂有契約費率可獲得運費優待，於是與賣方約定由買方指定船舶，運費則由其在進口地支付。在這種情形下，賣方在其發票上先列明 CIF 價格，然後扣除其所定的運費，而成 C&I 價格，賣方即以這金額作為押匯金額。

以 C&I 報價時，附在其後面的港埠名稱，究竟是裝船港抑是目的港呢？有的人以為既然是 FOB 類型者加上 I，則 C&I 後面應附列裝貨港名稱；但從賣方負擔保險費至目的港為止的觀點而言，其情形猶如 C&F 的 F，故在 C&I 的後面以附列目的港名稱較妥 ❶ 。 又 ， 在 C&I 場合的保險金額 (Insured Amount) 究應以 C&I 為準抑應以 CIF 為準呢？賣方的投保，其最終目的乃是為買方利益打算，假如貨物在途中滅失，鑒於一經裝上船即有支付運費義務，則其滅失的經濟損失，實際上包括運費在內。因此除非另有約定，應以 CIF 金額為準，另加 10％作為保險金額 ❷ 。

2. FOB&S; FOB&T; FOB&ST

FOB&S 又寫成 FOB Stowed 或 FOBS，姑譯為「積載費用在內船上交貨」條件。在 FOB 條件下，賣方所負擔的費用，是到貨物裝上船舶為止。貨物從船邊吊上船舶的裝貨費用 (Loading Charge)，以及貨物在船艙內堆積 (Stow) 的堆積費用 (Stowage)，在定期船 (Liner) 的雜貨運輸下，是包括在運費內而由負擔運費的買方負擔。但在不定期船 (Tramper) 的大宗貨物運輸下，運費多不包括裝貨費用及堆積費用在內，因此，在利用不定期船裝載貨物的交易，如貿易條件為 FOB&S（或 FOB Stowed），即表示賣方須負擔堆積費用（FOB 條件裝貨費用應由賣方負擔，自不待言）。

FOB&S 條件是用於包裝貨 (Packed Cargo) 的場合 。 如屬散裝貨 (Bulk Cargo) 則貨物在船艙內的平艙費用 (Trimming) 也發生同樣的問題。換言之，

---

❶　濱谷源藏，《貿易賣買の研究》，1964，p. 131–136。

❷　濱谷源藏，《貿易實務誌》，1940，pp. 24–26。

如以 FOB&T（或 FOB Trimmed 或 FOBT）條件交易，則表示賣方須負擔平艙費用。如一部分係包裝貨，一部分係散裝貨，則以 FOB&ST 或 FOB Stowed and Trimmed 表示。

由於 FOB 後面加上 Stowed 一詞之後，貨物滅失或毀損的風險是否也由船舷 (ship's rail) 轉移到船艙，並無定論。因此，當事人若無意改變貨物風險的分界點，則最好以 Stowage costs for seller's account 替代 Stowed 一詞❸。

3. FOB FI; C&F（或 CIF）FO; C&F（或 CIF）FIO; C&F（或 CIF）FIOST

FOB FI 條件姑譯為「裝貨費用除外船上交貨」條件；C&F FO 條件姑譯為「運費在內但卸貨費用除外」條件；CIF FO 條件姑譯為「運費、保費在內但卸貨費用除外」條件；C&F FIO 條件姑譯為「運費在內但裝卸費用除外」條件；CIF FIO 條件姑譯為「運費、保費在內但裝卸費用除外」條件；C&F FIOST 姑譯為「運費在內但裝卸積載平艙費用除外」條件；CIF FIOST 姑譯為「運費、保費在內但裝卸積載平艙費用除外」條件。FI、FO、FIO 及 FIOST 等為船方與貨主間約定的裝卸條件，在大宗貨物交易，賣方以 FOBFI 條件報價（即買方以 linerterm 訂立運送契約），即表示賣方不負擔裝貨費用，而由買方負擔裝貨費用，但貨物風險的移轉，仍與 FOB 條件相同，即貨物越過船舷時，風險即轉由買方負擔。至於 C&F（或 CIF）FO、C&F（或 CIF）FIO 及 C&F（或 CIF）FIOST 等條件，各表示賣方雖負擔運費，但不包括卸貨費用 (FO)，裝貨及卸貨費用 (FIO)，或裝貨、卸貨、堆積及平艙等費用 (FIOST)，各該項費用均由買方負擔，至於買賣雙方的其他義務則與定型的 C&F 與 CIF 條件相同。

倘貨物為包裝貨時，C&F（或 CIF）FIOST 宜改為 C&F（或 CIF）FIOS；反之，倘貨物為散裝貨時，宜改為 C&F（或 CIF）FIOT，只有部分是包裝貨，部分是散裝貨時才使用 C&F（或 CIF）FIOST。

以上所作解釋各界尚有爭議，業者最好不使用這些貿易條件。

---

❸　*Guide to Incoterms*, ICC Publication, No. 354, p. 46.

4. FOB Ex Chute; FOB Ex Spout

散裝穀物以 FOB 條件交易，而利用電動斜槽或噴吸管裝船的場合，賣方的交貨責任以裝船斜槽 (Chute) 末端或噴吸管 (Spout) 口為界限，而由斜槽末端流入或噴吸管口噴布艙內以後的平艙費用 (Trimming) 等一切費用與風險，則歸買方負擔。為表示此責任的界限，即可以 FOB Ex Chute 或 FOB Ex Spout 條件表示。實務上也有以 FOB Ex Spout Unstowed/Untrimmed 或 FOB Ex Chute Unstowed/Untrimmed 表示者，但既然是散裝，且利用斜槽或噴吸管裝船，不應該有 Stow 的問題，所以 Unstowed 一詞似屬贅詞。

5. FOB&C; C&F&C; CIF&C

FOB&C 可譯為「含傭船上交貨」條件，也可寫成 FOBC；C&F&C 可譯為「運費、佣金在內」條件，也可寫成 C&FC；CIF&C 可譯為「運費、保費、佣金在內」條件，也可寫成 CIFC，實際上就是 FOB（或 C&F 或 CIF）加上佣金 (Commission) 之意。此項佣金可能是銷貨佣金 (Selling Commission) 或回傭 (Return Commission)，但也可能是購貨佣金 (Buying Commission)。

例如本國出口廠商委託國外代理商銷貨的場合，例須支付銷貨佣金。倘出口廠商向國外代理商以 FOBC 5 條件報價，即表示該價格中已包含代理商應得銷貨佣金 5%，代理商出售貨物時，不必再加佣金。

反之，出口商（即採購代理商）受國外顧客的委託在本國採購貨物的場合，出口商例須賺取購貨（採購）佣金。例如出口商以 CIFC 5 報價，即表示價格中已包括出口商應得的購貨佣金 5%，顧客不必另付佣金。

又，中東、非洲、南美等地區的進口商往往是佣金代理商 (Commission Merchant)，即使出口商未委託其在當地銷貨，也依慣例在購貨後向出口商索求「佣金」，而出口商在報價時，也多將「佣金」計入售價中。倘出口商所報的價格為 CIFC 5（或 CIF&C 5 或 CIFC 5%），即表示售價中已含對方佣金 5%，出口商在事後即應支付佣金 5% 給對方。這種佣金多由出口商在事後匯付進口商，通常稱為「回傭」。實際上這種回傭既非委託銷貨的報酬，也非受委託購貨的報酬，而只是出口商按照慣例，給付進口商（即佣金代理商）的回扣而已 ❹。

---

❹　周渭泉，《國際貿易實務》，初版，中華出版社，民國61年，p. 41。

　　至於所稱佣金若干百分率，其計算基礎究以 FOB、C&F、CIF 值，抑以 FOBC、C&FC、CIFC 值為準，難免發生爭執。故，在報價時，不管是採用何種貿易條件，如須包括佣金，最好另以文字說明。例如「上述價格內含貴方佣金 5％，以 FOB 值計算。」(The above price includes your commission 5％ on FOB basis.)

　　實務上，在委託銷售或委託採購的場合，此項佣金多在契約中約定一方給予他方的銷售佣金或購貨佣金，因此逕以 FOB 或 CIF 條件報價。只有在給付回佣的場合才以 FOBC 或 CIFC 等條件報價。

6. CAF

　　本條件通常是謂「運保費在內」條件，為 Cost, Assurance, Freight 三字的縮寫，與 CIF 同義。在英國及歐洲大陸，保險常以 Assurance 代替 Insurance，故有 CAF 的用語。但也有人認為係 C&F 的縮寫，為避免混淆，不宜使用此用語。

7. CIF&E

　　本條件是 CIF 加上 "E"，以 "E" 代表 Exchange。一般對於本條件內的 "E" 有兩種解釋。第一種解釋是指「銀行手續費或費用」(Banker's Commission or charge) 而言，賣方使用這種條件交易，即表示貨款中已包括賣方銀行費用（包括押匯手續費、郵電費及雜費等）。買方可不必支付。

　　另一種解釋是指「匯兌風險」(Exchange Risks) 而言，也即貨款因匯率變動而發生的風險。倘報價條件是 CIF&E，即表示匯兌風險歸賣方負擔。

　　本條件的涵義既不明確，又無依據，故宜避免使用。貿易商最好按 CIF 或 FOB 等定型貿易條件交易，再另約定銀行費用由何方，或匯兌風險由何方負擔，例如約定 Banking charges outside of exporting countries are for buyer's account 或 Exchange risks, if any, for seller's account 等是。

8. CIF&I

　　本條件是 CIF 加上 "I"，"I" 代表 interest，即利息之意。倘賣方以 CIF&I 報價，即表示利息已計算在價格中，買方不必另行支付。此項利息通常係從匯票發票日起算，計算到收到票款時為止。但是，實務上，以 CIF&I 報價的情形，並不多見。

在採用外幣即期信用狀交易的場合，賣方於貨物出口後開發即期匯票向出口地外匯銀行押匯取得國幣，押匯銀行即扣除從墊付資金之日起至收回票款時這一段期間的利息。這項利息事實上是由賣方負擔，所以在以即期信用狀為付款條件的交易中，並無採用 CIF&I 的必要。在採用外幣遠期信用狀交易的場合，如契約未訂明利息條款，信用狀也未列有貼現息條款，則賣方將遠期匯票請求外匯銀行予以貼現時，貼現息將歸由賣方負擔，而賣方通常已將這項貼現息列入 CIF 價款中，所以實際上亦無採用 CIF&I 條件的必要。如契約約定或信用狀條款規定貼現息由賣方負擔，自無產生 CIF&I 條件可言，因在這種情況下，貼現銀行所收的貼現息也仍歸由賣方負擔。所以 CIF&I 這種條件在實務上甚為罕見。

然而，以託收 D/P、D/A 或延期付款方式交易時，買賣雙方也可能特別約定利息由買方負擔。在此情形，賣方將開出附息匯票 (Interest Bill)，令買方於支付票款時，一併支付利息。倘賣方以 CIF&I 報價，則表示利息已計入售價中而由賣方支付，日後出口商開製匯票時，將不附帶利息。

9. CIF&CI（或 CIFC&I）

本條件是 CIF 加上 "C" 及 "I"，"C" 為 Commission（佣金），"I" 為 Interest（利息）之意，故可譯為「運費、保費、佣金、利息在內」條件。至於 Commission 與 Interest 的解釋，與上面 5 及 8 兩項所述相同。為避免不必要的誤會，這種貿易條件應避免使用，而宜採用定型的 CIF 或 FOB 等條件交易，對於佣金、利息等條件則另外以文字約定。

10. CIF cleared

本條件是謂「運費、保費、通關費在內」條件，為變體 CIF 之一。以本條件交易，賣方負擔的義務除定型的 CIF 條件所示者外，尚須負擔貨物在進口國的通關費用 (Customs Clearance Fees)，包括進口關稅、其他稅捐（例如內地稅 [Interior Taxes]、消費稅 [Excise Duties]、統計稅 [Statistical Taxes] 等附加稅捐）及報關費等在內。因此本應由買方負擔的產地證明書費、領事簽證費及其他進口通關所需單據的費用等均應由賣方負擔（因為這些單據均為進口通關所需者)。在本條件下,賣方除須多負擔通關費用外,其所負擔風險與 CIF 條件一樣,以裝船港船舷為界限。

11. CIF customs duty paid

　　本條件是謂「運費、保費、關稅在內」條件。與 CIF 條件比較,賣方須多負擔貨物在進口國的進口關稅,與 CIF cleared 條件比較,賣方不負擔進口關稅以外的其他通關費用(例如其他稅捐及報關費等),也有以 CIF duty paid 表示者,但其中 "duty" 一詞是否僅指 customs duty 並無定論。

　　在 American Commerce Co. Ltd. v. Frederick Boehm Ltd. (1919) 訟案中,關於糖精的買賣係依 to be shipped from New York to a British port at the price of 220 s. per lb. CIF "duty paid" 條件交易。但自買賣契約訂立後至提供運送單據時,糖精輸入英國的進口稅提高,賣方因而支付比訂約時所預定更多的進口稅。賣方乃就增加的進口稅部分向買方請求償還。Bray 法官判決說:"duty paid" 一詞並不包括訂約後增加部分的 duty,且當事人的此種約定與英國 1901 年 Finance Act 第 10 條第 1 項 「當事人另有約定 (An agreement to the contrary)」的規定相符,故賣方得依本規定向買方請求返還買賣契約訂立後增加部分的進口稅❺。

12. CIF landed

　　本條件是謂「運費、保費、起岸費用在內」條件。依照 Incoterms 1990 序言解釋❻,貨物在目的港的卸貨費用,除非已包含於運費內或交運時已由船公司向賣方收訖者外,均歸由買方負擔。但如以 CIF Landed 條件交易,則表示此項卸貨費用,包括駁船費及碼頭費,歸由賣方負擔。但賣方僅多負擔此項費用而已,貨物危險的移轉分界點及其他買賣雙方義務與 CIF 同,故不可與 Landed Term (岸上交貨條件) 混淆。

13. Duty Unpaid

　　本條件是謂「稅前交貨」條件,相當於 In Bond,詳本節 24 項說明。

---

❺　David M. Sassoon and H. Orren Merren, op. cit., p. 212.

❻　參閱Incoterms 1990序言。

14. Duty Paid

本條件是謂「進口稅捐付訖」條件，依本條件交易，賣方須將貨物運至進口國，向海關辦妥進口報關手續，繳清進口稅捐後，在海關區域 (Customs Compounds) 內交予買方，是卸貨地交貨條件之一。與 DEQ(duty paid) 及 Ex Customs Compounds 條件相當。其表示方法，如：Duty Paid Keelung 是。

15. Ex Customs Compounds

本條件是謂「稅訖海關區域交貨」條件，相當於 Duty Paid 或 DEQ(duty paid)。嚴格言，用作交貨條件時，應用 Ex Customs Compounds，而用作價格條件時，應使用 Duty Paid❼。

16. Ex Quay(named port)

本條件是謂「指定港碼頭交貨」條件。所謂「指定港」實際上係指進口港而言。依本條件交易時，賣方須自行負擔費用與風險將貨物運至目的港的碼頭上交貨。本條件原為 Incoterms 1936 的一貿易條件，於 1953 修訂時，將本條件改為 Ex Quay(duty paid) ... (named port)，新舊兩條件雖均指進口港碼頭交貨，但新條件已明示進口稅捐由賣方負擔，而舊條件則未予規定。雖然一般認為本條件既未指明「稅捐付訖」(Duty Paid)，則進口稅捐應由買方負擔，但這種解釋並無絕對的根據。因易引起爭執，故宜避免使用本條件。

17. Ex Wharf; Ex Pier

均指「進口港碼頭交貨」條件，與 DEQ 同義。

18. Franco

本條件 Franco 為法文，又稱 Franco Rendu 或 Rendu(=Delivered)，是謂「進口國指定目的地交貨」條件或稱「全部費用在內」條件，相當於 Incoterms 1936 的 Free or Free Delivered... (named point of destination)，或 Free Destination，或 Incoterms 2000 的 Delivered Duty Paid 或 American Definitions 的 (II–F)FOB 條件。依本條件交易時，賣方須負擔一切風險與費用，將貨物運至進口國買方指定目的地交付買方。因此，除 CIF 條件下的各項費用外，在進口港的一切費用，包括卸貨費、進口稅捐、報關費用，乃至運至指定目的地內陸搬運

---

❼　來住哲二、中村弘，《貿易實務小事典》，1974，p. 132。

費等，均須由賣方負擔。對賣方而言，除非在進口地設有分公司或代理人代辦一切進口手續，否則不宜以此條件交易。

19. Free Delivered

本條件與上述 Franco 條件相同，也是指「進口國指定目的地交貨」條件，所不同的，只是使用英文而已。但是應注意者有三點：第一、本條件在使用時，常略作 Free... (named point of destination)。第二、本條件依德國的解釋，價格中不包括進口稅、進口報關費用及附加稅捐，荷蘭則恰恰相反。第三、Incoterms 1936 曾列有本條件，但對於進口稅捐及費用的負擔是採折衷規定，以致與各國實際情形都不同，國際商會有鑒於此，乃將其自 Incoterms 1953 中剔除❽。但在 1980 年又以 Delivered Duty Paid 的形式出現。

20. Free Destination

本條件與上述 Free Delivered 條件相當。

21. Free Godown; Free Warehouse

本條件為在買方所在地的買方「倉庫交貨」條件，與 Franco 或 Free Delivered 相當。而與 Ex Godown 或 Ex Warehouse 正相反。唯為避免誤會，實際上以 Free Buyer's Godown(or Warehouse) 表示。

22. Ex Godown

本條件是謂「倉庫交貨」條件，而所稱 Godown 乃指營業倉庫而言。故本條件是以約定營業倉庫為交貨地點的交易條件。如以賣方倉庫交貨 (Ex Seller's Godown) 為條件者，則應屬於現場交貨 (Ex Works, Ex Factory...) 條件。約定以營業倉庫為交貨條件時，因涉及與倉庫業者訂立寄託契約、倉單的發行、寄託物的風險負擔、保管費、貨物搬進搬出倉庫費用的負擔等許多問題，致有關貨物的交付在法律上將變成很複雜。因此，對於此等問題，均應有所約定。又 Godown 與 Warehouse 雖均是「倉庫」，但依國際習慣，Godown 是指在出口地點的倉庫而言。因此，如當事人擬以買方倉庫為交貨地點者，應以 Ex Buyer's Godown 表示，以免發生誤會。

---

❽　周渭泉，《國際貿易實務》，初版，中華出版社，民國61年，p. 44。

23. FIS

　　本條件為 Free Into Store 的縮寫，依此條件交易，賣方須負擔一切風險責任及費用，直至貨物送到買方的儲藏庫。因此與上述 Free Godown 或 Free Warehouse 相當，本條件近年流行於澳洲與紐西蘭一帶，為一種尚未定型的貿易條件。

24. In Bond

　　本條件是謂「保稅倉庫交貨」條件，又稱「關棧中交貨」條件，或 Duty Unpaid（稅前交貨條件）。係以尚未完納進口稅的貨物，在進口地保稅倉庫交貨的貿易條件。依本條件交易時，賣方須自行負擔費用與風險，將貨物運到進口地辦妥保稅手續後寄存 (In Bond) 在保稅倉庫 (Bonded Warehouse)，並須負擔交貨日期交貨完竣為止的一切費用（包括運到保稅倉庫的搬運費、進倉費用，及到交貨日為止的倉租及保險費）及風險；買方則須在約定交貨日接受貨物，向海關辦理進口手續，繳納進口稅，並負擔交貨以後的倉租以及提貨時的搬運費。具體的交貨方法是由賣方將倉單交付買方，所有權則於交付倉單時移轉買方。如不擬運入本國，也可依再裝運 (Re-shipment) 的手續，將貨物重新運到外國。因此，本條件可應用於出口商先將貨物運至進口地待售的場合（即寄售），也可用於進口商將貨物先運至進口地存入保稅倉庫伺機轉售他國的場合（例如三角貿易）。在報價時，其表示方法類如：US$5 per kg. In Bond Keelung（基隆保稅倉庫交貨每公斤美金 5 元）。

25. LDP

　　本條件為 Landed Duty Paid 的縮寫，依此條件交易，賣方應負責將貨物安全送達目的港起岸並繳清進口稅捐後，交予買方，其責任方告終了。其性質類似 Ex Dock 及 DEQ(duty paid)。

26. Landed Term

　　本條件是謂「岸上交貨」條件，是以貨物起岸為停止條件的買賣條件。依本條件交易時，賣方須負擔一切費用與風險，將貨物運至約定目的港起卸於岸上交付買方。倘貨物因故未能起岸，則買賣不成立，為中世紀帆船貿易時代的遺物。其表示方式，如：US$12 per dozen landed Houston。如應用於現代貿易，可與 D 類型條件連用，而以 Delivered Ex Ship Landed Term 或 Delivered Ex Quay (or Wharf) Landed Term 等方式表示。Delivered Ex Ship Landed Term 的賣方比 Delivered Ex Ship 的賣方須多負擔卸貨費用及風險,至於進口通關手續及進口稅捐則由買方負擔,故與 Delivered Ex Quay(duty unpaid) 實際上並無差異。

27. Loco Term

本條件是謂「現場交貨」或「原地交貨」條件。Loco 一詞源自拉丁語,即「現場」或「原地」之意。相當於英國的 On Spot, At the Place 或美國的 Point of Origin。係在出口國的存貨地點交貨的條件,賣方報價時只需包括貨物的成本及利潤。依此條件交易,買方必須自備運輸工具至約定地點提貨;貨物搬離倉庫後的一切風險責任及費用均由買方負擔。Incoterms 中的 Ex Works, Ex Factory, Ex Mill, Ex Plantation, Ex Warehouse 均屬此條件。報價表示方法例如:US$6,000 per M/T Loco Taichung。

28. Ex Customs term

本條件是謂「通關交貨」條件,相當於前述 Duty Paid, Ex Customs Compounds 或 Ex Quay(duty paid) 等。

29. At (named) Station

本條件是謂「火車站交貨」條件,乃以貨物在約定火車站交付為條件者。依本條件交易時,賣方須負擔將貨物運至火車站交給站方收管為止的一切費用與風險。貨物一經交付站方,其後的一切費用與風險即歸買方負擔。本條件在美國主要用於 LCL（Less than Carload Lot,零擔貨）的貨物買賣。其表示方式如:US$50 per dozen at Chicago Station。

30. Free Overside (named port of destination)

本條件是謂「目的港船上交貨」條件,相當於 Incoterms 的 DES,又稱為 Free Overboard。但有些人則認為本條件係「目的港船邊交貨」條件,其風險與費用的分擔以目的港船邊碼頭或駁船上為分界點,而非如 Incoterms 的 DES 以目的港船上為風險與費用的分界點❾。

---

❾　東京銀行調查部編,《新貿易為替辭典》,1977,p. 47;濱谷源藏,《貿易賣買研究》,1964,p. 79。

31. Franco Quay (named port of destination)

　　本條件是謂「指定目的港碼頭交貨」條件，依本條件交易時，賣方須負擔一切費用及風險，將貨物運至目的港卸下碼頭交付買方，並須支付進口稅捐及卸貨費用（包括駁船費、碼頭費及搬運費等），與 Delivered Ex Quay(duty paid) 相當。

32. Delivered Ex Quay (duty unpaid)

　　本條件是謂「目的港碼頭交貨（稅前）」條件，請參閱第二章第十二節 (p. 248) 說明，與 In Bond 相當。

33. FOB origin

　　本條件是謂「現場運輸工具上交貨」條件，或稱「原地運輸工具上交貨」條件。origin 為 point of origin 之意，與美國定義的 (II–A)FOB 相似。依本條件交易時，賣方須負擔一切費用與風險，在契約貨物所在地，將貨物裝上或裝入運輸工具，並交由運送人收管；買方則須負擔自運送人收管貨物後的一切費用與風險。因貨物所在地的不同，本條件有 FOB factory, FOB works, FOB mill, FOB mine, FOB plantation 等多種。根據美國的先例判決，FOB factory 是 FOB railroad cars at the factory 之意 ❿。但運輸工具不應限於 railroad cars，實際上，卡車 (truck) 或貨櫃車也包括在內。本條件與 Ex Works(factory, mill, mine, plantation) 很相似，只是依本條件交易時，賣方須負擔「裝上運輸工具的費用與風險」而已。目前貨櫃運輸盛行，貨櫃車開到工廠，由賣方將貨物裝上貨櫃車的場合，即可使用本條件。但因本條件並非定型貿易條件，且 Incoterms 1990 已有 Free Carrier 條件，所以還是使用 Free Carrier 此一條件較妥。又使用本條件時，其表示方式，如：US$100 per set FOB seller's factory at 60 Broad Street, Newark, N. J. 又，在 FOB origin 條件下，即使附有 Ship to...(named destination) 或 Send to...(named destination) 的字樣，並不表示賣方須負擔費用與風險，將貨物運至指定目的地，這種字樣只不過表示貨物運送目的地而已。換言之，在 FOB origin 條件下，即使附有此類字樣，並不因此

---

❿　Richter v. Zoccoli, 8 N. J. Misc. Rep. 289; Berkshine Cotton Mfg. Co. v. Cohn, 204 App. Div. 397, 198 N. Y. S. 240.

而變成目的地交貨條件❶。

34. FOB destination

　　本條件是謂「目的地運輸工具上交貨」條件，係屬於目的地交貨條件，與 American Definitions 的 (II–F)FOB 相當。依此條件交易時，賣方須負擔一切費用與風險，將貨物運至買方的工廠、營業處所或其他目的地交予買方；買方則須負擔自此以後的一切費用與風險。因此，從起運地點至目的地的運輸費用、運輸責任均歸賣方負責。

35. C&F cleared

　　本條件是謂「運費通關費在內」條件，為變型 C&F 之一。以本條件交易時，賣方須負擔的義務除定型的 C&F 條件所示者外，尚須負擔貨物在進口國的通關費用，包括進口關稅，其他稅捐（例如國內消費稅、統計稅等附加稅捐）以及報關費等在內，因此本應由買方負擔的產地證明書費及領事發票簽證費等均應由賣方負擔。在本條件下，賣方除須多負擔通關費用外，其所負擔風險與 C&F 一樣，以裝船港船舷為界限。

36. C&F customs duty paid

　　本條件是謂「運費關稅在內」條件。與 C&F 條件比較，賣方須多負擔貨物在進口國的進口關稅，與 C&F cleared 比較，賣方免負擔進口關稅以外的其他通關費用（例如其他稅捐及報關費等）。也有以 C&F duty paid 表示者，但其中 duty 一詞是否僅指 customs duty，並無定論。

37. FOB aircraft

　　本條件是謂「機上交貨」條件，又寫成 FOB airplane 或 FOB plane（簡稱 FOP）。

38. Free to Docks (named port of shipment)

　　本條件是謂「裝船港碼頭交貨」條件，又稱 Delivery to Docks(named port of shipment)，與 FAS 條件大致相當，不同的是，在本條件下，dock dues, wharfage, porterage, lighterage 及類似費用，歸買方負擔❷。

---

❶　同❶。

❷　C. M. Schmitthoff, *Export Trade*, 7th ed., pp. 15, 43.

39. Free to Docks (named port of destination)

本條件是謂「目的港碼頭交貨」條件，相當於 Franco Quay(named port of destination), DEQ(duty paid)，及 Ex Dock ❸ 。

40. Franco Domicile

本條件相當於 Franco, Free Delivered 及 Incoterms 的 Delivered Duty Paid，但並非定型貿易條件。

41. Franco Frontier

本條件是謂「邊境交貨」條件，相當於 Incoterms 的 Delivered at Frontier，但本條件並非定型貿易條件。

42. Arrival

本條件是謂「到達目的港交貨」條件，相當於 Incoterms 的 Delivered Ex Ship 條件 ❹ 。

43. Ex Lighter

是謂「目的港駁船上交貨」條件，即海輪將貨物運至目的港後，將貨物卸入駁船，然後由駁船駛至指定水域，在駁船上交貨的條件，與 Delivered Ex Ship 同屬目的地交貨條件。

44. Free on Lighter

是謂「裝船港駁船上交貨」條件，即在裝船港，將貨物在駁船上交貨的條件。貨物一經裝上駁船，賣方的責任即終止。至於貨物裝上駁船並駛至海船裝上海船的一切費用與風險均歸買方負擔。

45. FOP

本條件為 Free on Plane 的縮寫，意謂「機上交貨」條件，相當於 FOB aircraft。參閱本節第 37 項。

46. C&F Airport (named airport of destination)

本條件姑譯為「空運費在內」條件。航空提單並非物權證券 (document of title)，因此在理論上，使用航空提單的航空貨物運送不適用以單據交付替代

---

❸　朝岡良平，《貿易賣買と商慣習》，初版，1976，p. 323。

❹　同❷，pp. 42–43。

貨物交付為前提的 C&F 契約。然而，利用航空運送的貨物買賣契約，實際上也常有使用 C&F 條件者。在此場合，這種 C&F 與其說是貿易條件 (Trade Term)，還不如說是價格條件 (Price Term)❺。

47. CIF Airport (named airport of destination)

本條件姑譯為「空運費、保費在內」條件。說明請參閱本節第 46 項。

48. FIT

為 Free in Truck 的縮寫，相當於 Incoterms 1980 的 FOT(=free on truck) 或 FOR。

49. FIW

為 Free in Wagon 的縮寫，相當於 Incoterms 1980 的 FOT(=free on truck) 或 FOR。

50. Free at Quay (port of arrival)

本條件是謂「目的港碼頭交貨」條件，為美國用語，相當於 American Definitions 的 Ex Dock(named port of destination)。

51. FOS

為 Free Overside the Ship 的縮寫，姑譯為「目的港船邊交貨」條件，本條件與 Incoterms 的 Delivered Ex Ship 大致相同。所不同者，本條件的風險與費用負擔，以目的港船邊碼頭或駁船上為分界點，而 Incoterms 的 Delivered Ex Ship 則以目的港船上為費用與風險的分界點。因此，在本條件下，卸貨費用將歸賣方負擔❻。

第二節　美國統一商法中的貿易條件

美國是將 FOB、CIF 等條件予以法典化的少數國家之一❼。美國統一商

---

❺　中村弘，《貿易契約の基礎》，初版，1983，p. 68。

❻　Edward F. Stevens, *Dictionary of Shipping Terms and Phrases*, p. 40.

❼　北歐三國（瑞典、丹麥、挪威）在其共通買賣法（稱為Scandinavian Sales Act）中，就FOB與CIF條件有簡單的規定。

法，於 §2–319 就 FOB、FAS，於 §2–320, §2–321 就 C&F、CIF，於 §2–322 就 Ex Ship 條件詳加規定買賣雙方的義務。該法規定這些條件除另有約定外，即使僅使用於有關記載價格 (Stated Price) 的場合，仍為交貨條件 (Delivery Term)。

如前所述 Incoterms、American Definitions 是任意規則，必須在契約中約定適用此等規則時，才對買賣雙方具有拘束力，而美國統一商法中所規定的 FOB、FAS、C&F、CIF 及 Ex Ship 等條件則為習慣法或任意法。在美國，買賣雙方若未明文約定，或在交易過程中未有約定或無交易習慣時，即適用統一商法的這些規定。這是與上述 Incoterms 等規則不同的地方。以下就美國統一商法中有關貿易條件（該法稱為交貨條件）的原文及中譯列於下：

一、FOB 及 FAS 條件

§ 2–319.　FOB and FAS Terms

(1) Unless otherwise agreed the term FOB (which means "free on board") at a named place, even though used only in connection with the stated price, is a delivery term under which

(a) when the term is FOB the place of shipment, the seller must at that place ship the goods in the manner provided in this Article (Section 2–504) and bear the expense and risk of putting them into the possession of the carrier; or

(b) when the term is FOB the place of destination, the seller must at his own expense and risk transport the goods to that place and there tender delivery of them in the manner provided in this Article (Section 2–503);

(c) when under either (a) or (b) the term is also FOB vessel, car or other vehicle, the seller must in addition at his own expense and risk load the goods on board. If the term is FOB vessel the buyer must name the vessel and in an appropriate case the seller must comply with the provisions of this Article on the form of bill of lading (Section 2–323).

(2) Unless otherwise agreed the term FAS vessel (which means "free

alongside") at a named port, even though used only in connection with the stated price, is a delivery term under which the seller must

(a) at his own expense and risk deliver the goods alongside the vessel in the manner usual in that port or on a dock designated and provided by the buyer; and

(b) obtain and tender a receipt for the goods in exchange for which the carrier is under a duty to issue a bill of lading.

(3) Unless otherwise agreed in any case falling within subsection (1)(a) or (c) or subsection (2) the buyer must seasonably give any needed instructions for making delivery, including when the term is FAS or FOB the loading berth of the vessel and in an appropriate case its name and sailing date. The seller may treat the failure of needed instructions as a failure of cooperation under this Article (Section 2–311). He may also at his option move the goods in any reasonable manner preparatory to delivery or shipment.

(4) Under the term FOB vessel or FAS unless otherwise agreed the buyer must make payment against tender of the required documents and the seller may not tender nor the buyer demand delivery of the goods in substitution for the documents.

第 2–319 條　運輸工具上交貨條件與運輸工具邊交貨條件

(1)除另有約定外,「FOB 指定地」一詞,縱使僅用於有關記載價格的場合,仍為一交貨條件,於此:

(a)如該條件為「FOB 裝運地」時,賣方須在該地,依本編(第 2–504 條)所定方法裝運貨物,並負擔將貨物交由運送人占有的費用及風險。

(b)如該條件為「FOB 目的地」時,賣方須自行負擔費用及風險,將貨物運至該地,並依本編(第 2–503 條)所定方法交貨。

(c)在本項(a)或(b)款,如條件也是「FOB 船舶、車輛或其他運輸工具」時,賣方尚須自行負擔費用及風險,將貨物裝載於該運輸工具上,如該條件為「FOB 船舶」時,買方須指定船舶,而在適當情形下,賣方須遵循本編(第 2–323 條)有關提單格式的規定。

(2)除另有約定外，「FAS 船舶」一詞，縱使僅用於有關記載價格的場合，仍為一交貨條件，依本條件賣方須：

(a)自行負擔費用及風險，依該港口的通常方法，將貨物置於該船邊或置於買方所指定及準備的碼頭上，且

(b)取得並提供運送人有責任憑以換發提單的貨物收據。

(3)除另有約定外，在本條第(1)項(a)或(b)款或第(2)項的情形，買方須適時提供任何必須的交貨指示，如該條件係 FAS 或 FOB，該項指示應包括該船舶的裝貨船席，及在特定情形下，尚須指定船名及開航日期。賣方得將買方怠於提供必要指示的事實視為未依本編（第 2–311 條）規定合作。賣方也得依其選擇，將貨物以合理的方式予以搬動，以備交貨或裝運。

(4)除另有約定外，在「FOB 船舶」或 "FAS" 條件下，買方須憑規定單據的提出而付款，賣方不得以提出貨物代替單據的提供，買方也不得要求以交付貨物代替單據的提供。

美國統一商法中的 FOB 或 FAS，不僅適用於對外貿易且適用於國內交易。再者，統一商法中所指的 Shipment 一詞除指「裝上船舶」之外，尚包括「裝上（船舶以外的）運輸工具」或「交給運送人占有」之意[18]。

統一商法中所規定的 FOB，可分為三種類型，即：

(1) FOB place of shipment

(2) FOB place of destination

(3) FOB vessel, car or other vehicle

(1)與(3)的不同處在於(1)的場合，賣方須負擔費用與風險直至將貨物在發貨地交給運送人占有時為止，自此以後的費用與風險則歸買方負擔，而在(3)的場合，賣方須負擔費用與風險直至將貨物裝上運輸工具時為止，自此以後的費用與風險才歸買方負擔。在(2)的場合，賣方須負擔一切費用與風險將貨物運至指定目的地，並在運輸工具上交貨。如將 1990 年修訂美國對外貿易定義的六種 FOB 予以歸入上述三類，可得如下[19]：

---

[18]　大崎正瑠，《FOB條件とCIF條件》，p. 84。

[19]　同[16]，p. 88。

(1) FOB place of shipment: (II−A)

(2) FOB place of destination: (II−F)、(II−D)

(3) FOB vessel, car or other vehicle: (II−A)、(II−B)、(II−C)、(II−E)

二、CIF 及 C&F 條件

§ 2−320.　CIF and C&F Terms

(1) The term CIF means that the price includes in a lump sum the cost of the goods and the insurance and freight to the named destination. The term C&F or CF means that the price so includes cost and freight to the named destination.

(2) Unless otherwise agreed and even though used only in connection with the stated price and destination, the term CIF destination or its equivalent requires the seller at his own expense and risk to

(a) put the goods into the possession of a carrier at the port for shipment and obtain a negotiable bill or bills of lading covering the entire transportation to the named destination; and

(b) load the goods and obtain a receipt from the carrier (which may be contained in the bill of lading) showing that the freight has been paid or provided for; and

(c) obtain a policy or certificate of insurance, including any war risk insurance, of a kind and on terms then current at the port of shipment in the usual amount, in the currency of the contract, shown to cover the same goods covered by the bill of lading and providing for payment of loss to the order of the buyer or for the account of whom it may concern; but the seller may add to the price the amount of the premium for any such war risk insurance; and

(d) prepare an invoice of the goods and procure any other documents required to effect shipment or to comply with the contract; and

(e) forward and tender with commercial promptness all the documents in due form and with any indorsement necessary to perfect the buyer's rights.

(3) Unless otherwise agreed the term C&F or its equivalent has the same effect and imposes upon the seller the same obligations and risks as a CIF term except the obligation as to insurance.

(4) Under the term CIF or C&F unless otherwise agreed the buyer must make payment against tender of the required documents and the seller may not tender nor the buyer demand delivery of the goods in substitution for the documents.

第 2-320 條　運保費在內條件與運費在內條件

(1) CIF 條件係指包含貨物成本，保險費及至目的地運費在內總金額的價格。C&F 或 CF 係指包含貨物成本及至目的地運費在內的價格。

(2)除另有約定外，縱使僅用於有關價格及目的地，在「CIF 目的地」或其相當的條件下，賣方須自行負擔費用及風險：

(a)將貨物在裝船港交由運送人占有，並取得一份或數份涵蓋至指定目的地全程運輸的可轉讓提單。

(b)將貨物裝船並自運送人取得載明運費已付訖或業已備付（可記載於提單中）的收據。

(c)取得在裝船港現行且包含兵險條件的保險單或保險證明書。其保險金額應為一與買賣契約所使用貨幣相同的通常金額，並顯示所承保貨物與提單所載者相同，且載明遇險時，將由保險人將保險金給付與買方所指定的人或其關係人；但賣方得將兵險部分的保險費加入價格中計算。

(d)繕製貨物發票並取得裝船所需或依契約所必需的單據。

(e)以商業上的快捷速度，將所有形式適當並包含為使買方取得完整權利經作成背書的單據向買方遞送並提出。

(3)除另有約定外，C&F 或其相當的條件，與 CIF 條件具有相同效果，賣方除無保險義務外，負擔與 CIF 條件下賣方相同的義務與風險。

(4)除另有約定外，依 CIF 或 C&F 條件，買方須於所需單據提出時付款，賣方不得以提出貨物代替單據的提出，買方也不得要求以交付貨物代替交付單據。

§ 2-321.　CIF or C&F: "Net Landed Weights"; "Payment on Arrival"; Warranty of Condition on Arrival

Under a contract containing a term CIF or C&F

⑴ Where the price is based on or is to be adjusted according to "net landed weights", "delivered weights", "out turn" quantity or quality or the like, unless otherwise agreed the seller must reasonably estimate the price. The payment due on tender of the documents called for by the contract is the amount so estimated, but after final adjustment of the price a settlement must be made with commercial promptness.

⑵ An agreement described in subsection ⑴ or any warranty of quality or condition of the goods on arrival places upon the seller the risk of ordinary deterioration, shrinkage and the like in transportation but has no effect on the place or time of identification to the contract for sale or delivery or on the passing of the risk of loss.

⑶ Unless otherwise agreed where the contract provides for payment on or after arrival of the goods the seller must before payment allow such preliminary inspection as is feasible; but if the goods are lost delivery of the documents and payment are due when the goods should have arrived.

第 2-321 條　運保費在內或運費在內：起岸淨重；到貨付款；到貨狀況擔保

在含有 CIF 或 C&F 條件的契約下：

⑴倘價格係以「起岸淨重」、「交貨重量」、「卸貨」數量或品質或其他方式為基礎而計算或調整時，除另有約定外，賣方須以合理方式估算其價格。因此而算定的價格，即為於契約所需單據提出時應支付的金額。但價格經最後調整後，須以商業上快捷速度結算。

⑵當賣方依第⑴項合意或其他任何以貨物到達時的品質或狀況為擔保條件時，運送途中貨物的通常惡化、縮水或類似風險，雖將歸由賣方負擔，但對於指撥於買賣契約項下、交貨或風險負擔的移轉時、地，不受影響。

⑶除另有約定外，倘契約規定於貨物抵達時或抵達後付款，則賣方於付款前須在可能範圍內允許買方對貨物作初步檢查；但貨物如已滅失，則於貨

物應抵達之時，交付單據與付款。

在國際貿易中，關於品質、數量的確定時、地，可分為 Shipped Quality /Weight Final Terms 與 Landed Quality/Weight Final Terms 兩種。而 UCC §2–321 (1)所規定以 Net Landed Weights, Delivered Weights 或 Outturn Quantity 計算或調整價格的方式，實際上即指 Landed Weight Final Terms 而言；又 UCC §2–321 (1)所規定以 Outturn Quality 計算或調整價格的方式，以及 UCC §2–321 (2)所規定以 Warranty Of Quality or Condition on Arrival，實際上即指 Landed Quality Final Terms 而言。

茲就 Landed Quality/Weight Final Terms 作進一步的分析：

就所買賣貨物而言，買方收到貨物，經檢查後，如發現與契約不符，買方當然可拒絕接受。但這種檢查，原則上應於交貨時舉行。假如以 DEQ 條件交易，則因係於起岸後交貨，故當然是屬於 Landed Quality/Weight Final Terms。另，DES 條件也差不多一樣。但以 C&F 或 CIF 條件交易，則其交付時、地為裝船時的裝船港。因此，理論上，其貨物檢查應在裝船時的裝船港舉行。換言之，在 C&F 或 CIF 條件下，其品質、數量的確定時、地，以 Shipped Quality/ Weight Final Terms 為原則。

然而，在 C&F, CIF 契約下，實際上買方幾乎不可能於裝船時舉行品質、數量的檢查。因此，乃有 C&F 或 CIF Landed Quality/ Weight Final Terms 的產生。

按貨物在運送中發生毀損或滅失的情形，約可分為四種：①通常不會發生，但運送中因某種事故，致發生者。這種情形完全是屬於偶然者，②在運送中，因外在原因 (External Cause) 而發生，且這種毀損或滅失時常發生者，③雖起因於外在原因，但這種情形，殆無法避免者 (Inevitable)，④起因於貨物固有瑕疵或性質 (Inherent Vice or Nature) 者。起因於①的偶然性毀損或滅失，即使約定 Landed Quality/Weight Final，其毀損或滅失仍應歸買方負擔，但買方可憑保險向保險公司索賠。起因於④的貨物固有瑕疵或性質的毀損或滅失，通常無法自保險公司獲得補償，在此場合，起因於貨物固有瑕疵者，固然應由賣方負擔，但起因於貨物固有性質 (Inherent Nature) 的毀損與滅失

——雖非起因於外在事故，但因溫度、自然蒸發、時間的經過等，在通常運送中無法避免的變質 (Deterioration) 或減量 (Shortage)——在 C&F 或 CIF 條件下，應歸買方負擔。②的情形，也應歸買方負擔，但可藉保險，而自保險公司獲得補償。至於③的情形，例如玻璃板、陶瓷器等，在運送中，難免會發生若干破損，這種情形，雖起因於某種外在原因，但係屬於通常破損 (Ordinary Breakage)，與液體貨物的通常漏損 (Ordinary Leakage) 一樣，統屬於通常滅失 (Ordinary Loss)。這種通常滅失，因缺乏偶然性，所以原則上無法憑保險自保險公司獲得補償。這種 loss 在 C&F 或 CIF 條件下，也應歸買方負擔。因此，買方於計算其成本時，應將此項損失予以列計。

由上述可知，在 C&F 或 CIF 條件下，應歸買方負擔的運送中風險，而無法藉通常的保險獲得補償者，共有兩種：

(1)因貨物固有性質而變質或減量。

(2)因外在原因而發生，且無法避免的通常變質或減量。

假如將上述兩種風險以特約方式規定由賣方負擔者，即為 Landed Quality/Weight Final Terms。就實務而言，上述風險，在某種條件下，保險公司也可以特約予以承保。所以，以 C&F 或 CIF Landed Quality/Weight Final Terms（也即以 C&F〔或 CIF〕Net Landed Weights, Delivered Weights, Outturn Quality/Quantity 或 Warranty of Quality or Condition on Arrival 條件）交易時，賣方自宜設法將這種風險付保，以便將其轉嫁出去。

茲將上述，列表說明於下：

shipped final terms 與 landed final terms 下風險負擔的區別 [20]

損害的性質	損害的種類		能否獲得保險補償	在 C&F、CIF 條件下損害負擔者	
	變質	減量		shipped final 時	landed final 時
1.起因於外在原因					
⑴通常不會發生	因海難而生	裝卸貨時落	能	買　方	買　方

---

❷　濱谷源藏，《貿易賣買の研究》，1964，pp. 67–73。

	的潮濕	海			
(2)有時會發生	鉤　損	竊　盜	能	買　方	買　　方
(3)無法避免發生	玻璃板的通常破損	粉裝物從袋中外洩的通常減量	不　能	買　方 →	賣方
2.起因於內在原因 (1)貨物固有瑕疵	因蛀蟲而蝕壞	短　裝	不　能	賣　方	賣　方
(2)貨物固有性質	自然變色	液體物的自然蒸發	不　能	買　方 →	賣方

三、Ex Ship 條件

§2–322.　Delivery "Ex-Ship"

⑴ Unless otherwise agreed a term for delivery of goods "ex-ship" (which means from the carrying vessel) or in equivalent language is not restricted to a particular ship and requires delivery from a ship which has reached a place at the named port of destination where goods of the kind are usually discharged.

⑵ Under such a term unless otherwise agreed:

⒜ the seller must discharge all liens arising out of the carriage and furnish the buyer with a direction which puts the carrier under a duty to deliver the goods; and

⒝ the risk of loss does not pass to the buyer until the goods leave the ship's tackle or are otherwise properly unloaded.

第 2–322 條　目的港船上交貨

⑴除另有約定外,「目的港船上」交貨（意指從載貨船舶）條件一詞或其相當的條件,並不限於僅指一特定的船舶,而係指從一艘已抵達指定目的港的船上交貨,此目的港係該類貨物通常起卸之處。

⑵除另有約定外,依此條件:

　　(a)賣方須排除所有因運送而生的留置權，並提供指示予買方，表明運送人有義務將貨物交付的事實。

　　(b)貨物脫離船舶索具或以其他方式適當卸載之前，風險負擔不移轉於買方。

　　由上述規定，可知 UCC 的 Ex Ship 與 Incoterms 的 Delivered Ex Ship 有如下的差異：

　　Incoterms 的 Delivered Ex Ship，賣方在目的港船上將貨物另行放置或標明妥當，得供買方處置時，風險就移轉買方。UCC 的 Ex Ship 則於貨物脫離船舶索具或以其他方式適當卸載 (Properly Unloaded) 時，風險才移轉買方。

参考文獻

一、英文部分

1. Ann Anderson (2010). "Incoterms® 2010 An Essential Revision or a Pointless Custom." Jönköping University.

2. CLOUT Case No. 340 (Oberlandesgericht Oldenburg, Germany, 22 September 1998－raw salmon case).

3. Edited by Charles Debattista (1995). *Incoterms in Practice*. ICC.

4. Francesco Berlingirei (2010). "Revisiting the Rotterdam Rules." *Lloyd's Maritime and Commercial Law Quarterly*.

5. Frank Reynolds (2010). *Incoterms® for Americans® (Completely Rewritten for Incoterms® 2010)*. International Projects, Inc.

6. ICC: Incoterms (Incoterms 1990 Questions and Answers) 1998.

7. ICC (2010). "'Incoterms®' Trademark and Logo Usage Rules."

8. ICC (2011). "Incoterms® Rules Q&A."

9. Jan Ramberg, Philippe Rapatout, Frank Reynolds, and Charles Debattista (2000). *Incoterms 2000: A Forum of Experts*. ICC.

10. Jan Ramberg (2011). *ICC Guide to Incoterms® 2010*. ICC publication.

11. Jonas Malfliet (2011). "Incoterms® 2010 and the Mode of Transport: How to Choose the Right Term." City University of Seattle Bratislava.

12. Michael G. Bridge (2003). "Uniformity and Diversity in the Law of International Sale." *Pace International Law Review*, 55–89, vol. 15.

13. Michael K. Fung, Leonard K. Cheng, & Larry D. Qiu (2003). "The Impact of Terminal Handling Charges on Overall Shipping Charges: An Empirical Study."

14. Prof. Debattista (2011). "Professor Debattista on Incoterms 2010." *Lloyd's List*.

二、中文部分

1. 2020 年版國貿條規編譯委員會編譯 (2020)。《國貿條規 2020》。臺北：臺灣金融研訓院。

2. 2010 年版國貿條規編譯委員會編譯 (2010)。《國貿條規 2010》。臺北：外貿協會。

3. David M. Sassoon 著，郭國汀譯 (2001)。《CIF 和 FOB 合同》。上海：復旦大學出版社。

4. 沈榮嘉、孫蘭英、楊安和、劉鴻益 (2000)。《2000 年版國貿條規 (INCOTERMS 2000)》。臺北：財團法人台灣金融研訓院。

5. 余延滿 (2002)。《貨物所有權的移轉與風險負擔的比較法研究》。武漢：武漢大學出版社。

6. 李巍 (2009)。《聯合國國際貨物銷售合同公約評釋》。北京：法律出版社。

7. Clive M. Schmitthoff 著，趙秀文譯 (1993)。《國際貿易法文選》。北京：中國大百科全書出版社。

8. 張錦源 (2003)。《貿易條件詳論》。臺北：三民書局。

9. 張錦源 (2010)。《國際貿易付款方式的選擇與策略》。臺北：三民書局。

10. 楊良宜 (1997)。《船運實務叢談第六冊——租期合約》。大連：大連海事大學出版社。

11. 楊良宜 (1998)。《船運實務叢談第七冊——程租合約》。大連：大連海事大學出版社。

12. 楊大明 (2011)。《國際貨物買賣》。北京：中國政法大學出版社。

13. 趙麗敏 (2010)。〈FOB 貿易術語下賣方的風險綜述和非常情況下的應對方法〉，《對外經貿實務》，第 5 期。

14. 鄭琮憲 (2005)。〈GATS 郵政快遞服務貿易相關問題之研究——以分類標準與到達費議題為中心〉。國立政治大學法律研究所碩士論文。

15. 顧科明 (2006)。〈國際貨物買賣中劃撥制度探究——英美、大陸、CISG 法律制度比較分析〉。北大法律資訊網。

三、日文部分

1. 北川俊光、柏木昇 (1999)。《国際取引法》，頁 37–38。有斐閣。

2. 田口尚志 (2005)。〈國際航空運送と定型取引條件—Ex 系，Delivered 系條件を中心として—〉，《產業經營プロジェクト報告書》，第 28 號。日本大學經濟學部產業經營研究所。

3. 合田浩之 (2004)。《コンテナ物流の静かな革命》，頁 71。產業經營研究。

4. 長光正名 (2010)。《Incoterms 2010 のコメント》。

5. 神田善弘 (2003)。〈輸出入申告に使用している FOB と CIF の変更の必要性に關する提言〉，修道商學，44(2)。廣島修道大學。

6. 高玲 (2007)。〈チャイナ・ランド・ブリッジの発展方向と検討課題〉，《立命館國際地域研究》，第 25 號。立命館國際地域研究所。

7. 新堀聰 (1992)。《貿易取引入門》。日本經濟新聞社。

8. 新堀聰、椿弘次 (2006)。《國際商務論の新展開》。同文館。

稅務會計：理論與實務 卓敏枝、盧聯生、劉夢倫／著

　　本書之編寫，建立在全盤租稅架構與整體節稅理念上，係以營利事業為經，各相關稅目為緯，援引最新法規修訂，綜合而成一本理論與實務兼備之「稅務會計」最佳參考書籍，對研讀稅務之學生及企業經營管理人員有相當之助益。

　　本書對於最新之法規修訂，如所得稅、稅捐稽徵法、產業創新條例等皆有詳細介紹；營業稅之申報、營利事業所得稅結算申報，及關係人移轉訂價亦均有詳盡之表單、範本、說明及實例。

　　本書專章說明境外資金匯回管理運用及課稅規定，分別解釋產業投資之直接與間接投資，金融投資等相關程序與課稅規定。期待本書對讀者研習了解稅務會計，可收事半功倍之效。

簡明經濟學（修訂二版） 王銘正／著

　　本書利用眾多實際或與讀者貼近的例子來說明本書所介紹的理論。例如，以林書豪的投籃命中率以及陳偉殷的防禦率說明邊際概念與平均概念之間的關係。另外，本書也與時事結合，說明「一例一休」新制的影響、我國實質薪資在過去十餘年間停滯的原因，以及如何從經濟的角度來看「太陽花學運」等重要的經濟現象與政府政策。

　　我國的經濟表現與個人生活水準深受國際景氣與主要國家經濟政策的影響，因此，本書除了介紹「國際貿易」與「國際金融」的基本知識外，也說明歐洲與日本中央銀行的負利率政策，以及美國次級房貸風暴的成因與影響及政府政策等重要的國際經濟現象與政策措施。

　　本書在每一章的開頭列舉該章的學習重點，一方面有助於讀者一開始便能對各章的內容有基本的概念，另一方面也讓讀者在複習時能自我檢視學習成果。另外，每章章前以時事案例或有趣的內容作為引言，激發讀者繼續閱讀該章內容的興趣。

初級統計學：解開生活中的數字密碼（修訂二版）

呂岡坪、楊佑傑／著

　　以生活案例切入，避開艱澀難懂的公式和符號，利用簡單的運算推導統計概念，最適合對數學不甚拿手的讀者。

　　以直覺且淺顯的文字介紹統計的觀念，再佐以實際例子說明，初學者也能輕鬆理解，讓統計不再是通通忘記！

　　從應用的觀點出發，讓讀者暸解統計其實是生活上最實用的工具，可以幫助我們解決很多周遭的問題。統計在社會科學、生物、醫學、農業等自然科學，還有工程科學及經濟、財務等商業上都有廣泛的應用。

財務報表分析（修訂二版）　　　　　　盧文隆／著

　　行文簡單明瞭，逐步引導讀者檢視分析財務報表；重點公式統整於章節末，並附專有名詞中英索引，複習對照加倍便利。

　　有別於同類書籍偏重原理講解，本書新闢「資訊補給」、「心靈饗宴」及「個案研習」等應用單元，並特增〈技術分析〉專章，融會作者多年實務經驗，讓理論能活用於日常生活之中。

　　彙整各類證照試題，有助讀者熟悉題型；隨書附贈光碟，內容除習題詳解、個案研習參考答案，另收錄進階試題，提供全方位實戰演練。

西洋經濟思想史（七版）　　　　　　　林鐘雄／著

　　這是以現代用語和觀點探討、介紹西洋經濟思想演進的書。作者依時間順序與學說性質，詳細描述兩百年來西洋經濟學家在經濟思想上的貢獻，另外對現代主要經濟學家的理論及其思想淵源亦有深入的剖析。有志研讀經濟理論的年輕朋友，或有意充實經濟知識的人士，可以本書作為研究現代經濟學的起點。

國家圖書館出版品預行編目資料

國貿條規解說與運用策略／張錦源,劉鶴田著.——修
訂二版.——臺北市: 三民,2020
　　面;　　公分

　ISBN 978-957-14-6825-9　（平裝）
　1.國際貿易法規 2.論述分析

558.2　　　　　　　　　　　　　109006734

國貿條規解說與運用策略

作　　　者	張錦源　劉鶴田
發 行 人	劉振強
出 版 者	三民書局股份有限公司
地　　　址	臺北市復興北路 386 號 (復北門市) 臺北市重慶南路一段 61 號 (重南門市)
電　　　話	(02)25006600
網　　　址	三民網路書店 https://www.sanmin.com.tw
出版日期	初版一刷 2012 年 5 月 修訂二版一刷 2020 年 9 月
書籍編號	S554760
I S B N	978-957-14-6825-9

三民書局